Thorsten Mahler

**Interaktionsmodelle für ubiquitäre Anwendungsszenarien**

Thorsten Mahler

# Interaktionsmodelle für ubiquitäre Anwendungsszenarien

Südwestdeutscher Verlag für Hochschulschriften

**Impressum/Imprint (nur für Deutschland/only for Germany)**
Bibliografische Information der Deutschen Nationalbibliothek: Die Deutsche Nationalbibliothek verzeichnet diese Publikation in der Deutschen Nationalbibliografie; detaillierte bibliografische Daten sind im Internet über http://dnb.d-nb.de abrufbar.
Alle in diesem Buch genannten Marken und Produktnamen unterliegen warenzeichen-, marken- oder patentrechtlichem Schutz bzw. sind Warenzeichen oder eingetragene Warenzeichen der jeweiligen Inhaber. Die Wiedergabe von Marken, Produktnamen, Gebrauchsnamen, Handelsnamen, Warenbezeichnungen u.s.w. in diesem Werk berechtigt auch ohne besondere Kennzeichnung nicht zu der Annahme, dass solche Namen im Sinne der Warenzeichen- und Markenschutzgesetzgebung als frei zu betrachten wären und daher von jedermann benutzt werden dürften.

Coverbild: www.ingimage.com

Verlag: Südwestdeutscher Verlag für Hochschulschriften GmbH & Co. KG
Dudweiler Landstr. 99, 66123 Saarbrücken, Deutschland
Telefon +49 681 37 20 271-1, Telefax +49 681 37 20 271-0
Email: info@svh-verlag.de

Zugl.: Ulm, Universität, Dissertation, 2011.

Herstellung in Deutschland:
Schaltungsdienst Lange o.H.G., Berlin
Books on Demand GmbH, Norderstedt
Reha GmbH, Saarbrücken
Amazon Distribution GmbH, Leipzig
**ISBN: 978-3-8381-2694-4**

**Imprint (only for USA, GB)**
Bibliographic information published by the Deutsche Nationalbibliothek: The Deutsche Nationalbibliothek lists this publication in the Deutsche Nationalbibliografie; detailed bibliographic data are available in the Internet at http://dnb.d-nb.de.
Any brand names and product names mentioned in this book are subject to trademark, brand or patent protection and are trademarks or registered trademarks of their respective holders. The use of brand names, product names, common names, trade names, product descriptions etc. even without a particular marking in this works is in no way to be construed to mean that such names may be regarded as unrestricted in respect of trademark and brand protection legislation and could thus be used by anyone.

Cover image: www.ingimage.com

Publisher: Südwestdeutscher Verlag für Hochschulschriften GmbH & Co. KG
Dudweiler Landstr. 99, 66123 Saarbrücken, Germany
Phone +49 681 37 20 271-1, Fax +49 681 37 20 271-0
Email: info@svh-verlag.de

Printed in the U.S.A.
Printed in the U.K. by (see last page)
**ISBN: 978-3-8381-2694-4**

Copyright © 2011 by the author and Südwestdeutscher Verlag für Hochschulschriften GmbH & Co. KG and licensors
All rights reserved. Saarbrücken 2011

*gewidmet meinem Vater und meiner Mutter,
die einen größeren Anteil an dieser Arbeit haben
als sie selbst für möglich halten.*

# Inhaltsverzeichnis

**1. Ubiquitous Computing und die Herausforderungen**    **1**
    1.1. Interaktion in Ubiquitous Computing . . . . . . . . . . . . . . . 3
    1.2. Interaktionsmodelle für ubiquitäre Anwendungsszenarien . . . 4
    1.3. Aufbau der Arbeit . . . . . . . . . . . . . . . . . . . . . . . . . 9

**2. Design und Richtlinien**    **13**
    2.1. Gestaltgesetze – historische Entwicklung . . . . . . . . . . . . 14
        2.1.1. Erste Schritte – Christian von Ehrenfels . . . . . . . . . . 14
        2.1.2. Berliner Schule . . . . . . . . . . . . . . . . . . . . . . . 15
        2.1.3. Gestaltgesetze . . . . . . . . . . . . . . . . . . . . . . . 15
    2.2. Style Guides und Guidelines . . . . . . . . . . . . . . . . . . . 18
        2.2.1. Bewertung . . . . . . . . . . . . . . . . . . . . . . . . . 19
    2.3. Principles . . . . . . . . . . . . . . . . . . . . . . . . . . . . . . 20
        2.3.1. 8 Golden Rules von Ben Shneiderman . . . . . . . . . . 20
        2.3.2. 7 Principles von Don Norman . . . . . . . . . . . . . . . 22
        2.3.3. 10 Rules of Simplicity von John Maeda . . . . . . . . . . 23
        2.3.4. 10 Basic Usability Principles von Jacob Nielsen . . . . . . 25
        2.3.5. Standard DIN EN ISO 9241-110 . . . . . . . . . . . . . 26
        2.3.6. Bewertung . . . . . . . . . . . . . . . . . . . . . . . . . 26
    2.4. Patterns . . . . . . . . . . . . . . . . . . . . . . . . . . . . . . 28
        2.4.1. Erste Patterns von Christopher Alexander . . . . . . . . 29
        2.4.2. Patterns im Software Design . . . . . . . . . . . . . . . 34
        2.4.3. Patterns im Interface Design . . . . . . . . . . . . . . . 36
        2.4.4. Anti-Patterns . . . . . . . . . . . . . . . . . . . . . . . . 44
        2.4.5. Patternidentifikation . . . . . . . . . . . . . . . . . . . 45
        2.4.6. Pattern Languages . . . . . . . . . . . . . . . . . . . . . 45
        2.4.7. Bewertung . . . . . . . . . . . . . . . . . . . . . . . . . 49
    2.5. Fazit . . . . . . . . . . . . . . . . . . . . . . . . . . . . . . . . 50

2.5.1. Identifizierte Aufgabe . . . . . . . . . . . . . . . . . . 52

## 3. Software-Designprozess     55
3.1. Klassisches Wasserfall-Modell . . . . . . . . . . . . . . . . . . . . 56
    3.1.1. Requirement Analyse . . . . . . . . . . . . . . . . . . . 57
    3.1.2. Architektur Design . . . . . . . . . . . . . . . . . . . . 58
    3.1.3. Detail Design . . . . . . . . . . . . . . . . . . . . . . . 58
    3.1.4. Implementierung & Unit Tests . . . . . . . . . . . . . . 58
    3.1.5. Integration & Gesamttests . . . . . . . . . . . . . . . . 59
    3.1.6. Einsatz & Wartung . . . . . . . . . . . . . . . . . . . . 59
    3.1.7. Interaktive Systeme im Wasserfall-Modell . . . . . . . . 59
3.2. Modellierung der Nutzerschnittstelle . . . . . . . . . . . . . . . . 61
3.3. User Centered Design . . . . . . . . . . . . . . . . . . . . . . . . 61
    3.3.1. Informelle Modellierung der Nutzerschnittstelle . . . . . 63
3.4. Zusammenarbeit von User Interface Design und Software Engineering . . . . . . . . . . . . . . . . . . . . . . . . . . . . . . . . 64
    3.4.1. Verschiedene Disziplinen – gleiche Ziele . . . . . . . . . 65
    3.4.2. Trennung von Systemkern und Präsentation . . . . . . . 66
    3.4.3. Usability Ziele im Designprozess . . . . . . . . . . . . . 70
    3.4.4. Systemeinsatz zur Unterstützung des Interface Design . 77
    3.4.5. Generierung von Interfaces . . . . . . . . . . . . . . . . 79
    3.4.6. Formulierung von Designzielen . . . . . . . . . . . . . . 82
    3.4.7. Modellbasiertes Vorgehen zur User Interface Entwicklung    82
    3.4.8. Patterns im Software Design Prozess . . . . . . . . . . . 83
3.5. Fazit . . . . . . . . . . . . . . . . . . . . . . . . . . . . . . . . . 95

## 4. Design für Ubiquitous Computing     99
4.1. Mixed Interactive Systems . . . . . . . . . . . . . . . . . . . . . 101
4.2. Neue Interfaces und Paradigmen – das Ubiquitous Computing . 107
    4.2.1. Interaktion in ubiquitären Umgebungen . . . . . . . . . 108
    4.2.2. Einbindung der Peripherie . . . . . . . . . . . . . . . . 109
    4.2.3. Synonyme für Ubiquitous Computing . . . . . . . . . . 110
    4.2.4. Überlappungsbereiche mit Ubiquitous Computing . . . . 111
4.3. Probleme neuer Interaktionsformen und Grenzen klassischer Interfaces . . . . . . . . . . . . . . . . . . . . . . . . . . . . . . . . 114
    4.3.1. Paradox of Technology . . . . . . . . . . . . . . . . . . 118

4.4. Interaction ........................... 120
4.5. Interaktion in ubiquitären Umgebungen ............ 123
4.6. Fazit ............................... 125

## 5. Objekt – Werkzeug – Werk                                      129
5.1. Die Wahrnehmung der Realität und die Interaktionsmöglichkeiten 130
    5.1.1. Vom Objekt und dessen Charakter ........... 131
    5.1.2. Vom Werk und Werkzeug im Handeln .......... 132
    5.1.3. Eine neue Anschauung der Objekte – Dada, ein neuer Kunstbegriff ............................ 133
    5.1.4. Readymades ...................... 134
5.2. Auswirkungen für Objekte und Interfaces ........... 135
    5.2.1. Digital erweiterte Objekte ................ 136
5.3. Tangible Interaction ....................... 137
5.4. Fazit ............................... 140

## 6. Mobile Ubiquitous Interaction                                 143
6.1. Peephole Displays ........................ 145
    6.1.1. Mobile Augmented Reality ................ 146
    6.1.2. Kontextsensitive mobile Systeme ............ 149
6.2. Mobile Geräte und Tangible Interfaces .............. 152
6.3. Fazit ............................... 155

## 7. Interaktionsdimensionen                                        159
7.1. Interaktion in ubiquitären Umgebungen ............ 160
7.2. Interaktionsmodell – klassisch – mobil – ubiquitär ........ 161
7.3. Kategorisierung ......................... 165
    7.3.1. Interface-Dimensionen .................. 168
    7.3.2. Constraints ....................... 174
    7.3.3. Vergleich zu bestehenden Kategorisierungen ...... 178
    7.3.4. Kategorisierung im Einsatz ............... 190
7.4. Fazit ............................... 201

## 8. Interaktionsmodellierung                                       205
8.1. Schichten-Modell ........................ 207
    8.1.1. Aufgabe ........................ 209
    8.1.2. Interaktion ....................... 210

    8.1.3. Interface . . . . . . . . . . . . . . . . . . . . . . . . . . . 211
    8.1.4. Gerät . . . . . . . . . . . . . . . . . . . . . . . . . . . . . . 219
    8.1.5. System . . . . . . . . . . . . . . . . . . . . . . . . . . . . . 220
    8.1.6. Mensch . . . . . . . . . . . . . . . . . . . . . . . . . . . . . 221
8.2. Die Teile des Modells im Zusammenspiel . . . . . . . . . . . . 224
    8.2.1. Geräte und Interface-Typen . . . . . . . . . . . . . . . . 224
    8.2.2. Interfaces und Aufgaben . . . . . . . . . . . . . . . . . . 227
    8.2.3. Patterns und Designwissen . . . . . . . . . . . . . . . . 228
8.3. Die Anwendung des Modells . . . . . . . . . . . . . . . . . . . . 229
    8.3.1. Analyse des dimian-Projektes . . . . . . . . . . . . . . . 229
    8.3.2. Synthese . . . . . . . . . . . . . . . . . . . . . . . . . . . . 236
8.4. Fazit . . . . . . . . . . . . . . . . . . . . . . . . . . . . . . . . . . . 254

## 9. Fazit     257
9.1. Zusammenfassung . . . . . . . . . . . . . . . . . . . . . . . . . . 258
9.2. Ausblick . . . . . . . . . . . . . . . . . . . . . . . . . . . . . . . . . 259
9.3. Schlusswort . . . . . . . . . . . . . . . . . . . . . . . . . . . . . . 260

## A. Projekte     265
A.1. Buchkapitel »Mobile Device Interaction in Ubiquitous Computing« 265
A.2. Konferenzbeiträge . . . . . . . . . . . . . . . . . . . . . . . . . . 266
    A.2.1. dimian – Direct Manipulation and Pen Based Mindmapping 266
    A.2.2. Universal Device Access with FreeMote . . . . . . . . . . 270
    A.2.3. The Tangible Reminder . . . . . . . . . . . . . . . . . . . 271
    A.2.4. Mobile Interfaces in Tangible Mnemonics Interaction . . 273
    A.2.5. Pedestrian Navigation System Implications on Visualization . . . . . . . . . . . . . . . . . . . . . . . . . . . . . . . 274
    A.2.6. Visual Attention in Auditory Display & Attention Driven Auditory Display . . . . . . . . . . . . . . . . . . . . . . . 275
    A.2.7. A Method for Smart Graphics in the Web . . . . . . . . . 277
    A.2.8. nometa . . . . . . . . . . . . . . . . . . . . . . . . . . . . . 277
    A.2.9. grid – Generic Rectilinear Interface Device . . . . . . . . 278
A.3. æsthetic computing praktikum . . . . . . . . . . . . . . . . . . . 279
    A.3.1. typotisch . . . . . . . . . . . . . . . . . . . . . . . . . . . . 279
    A.3.2. sehen und gesehen werden . . . . . . . . . . . . . . . . . 280
    A.3.3. soundscape . . . . . . . . . . . . . . . . . . . . . . . . . . 281

A.4. Fazit . . . . . . . . . . . . . . . . . . . . . . . . . . . . . . 281

**B. Literaturverzeichnis** **285**

*»The best way to predict the future is to invent it.« - Alan Kay*

# 1
# Ubiquitous Computing und die Herausforderungen

Die rasante Entwicklung von Computern in den letzten 60 Jahren hat uns eine Realität beschert, in der heute *Personal Computer*-Systeme allgemein und jedem zur Verfügung stehen. Diese Systeme leisten bereits heute ein Vielfaches früherer Supercomputer und diese Entwicklung schreitet weiter voran. Doch die Entwicklung beschränkt sich nicht nur auf die Erhöhung der *Performance*, sondern verschiebt sich in den letzten Jahren zunehmend auf andere Bereiche: die fortschreitende Miniaturisierung und die Entwicklungen neuer Technologien ermöglichen zusehends eine Loslösung von festen Arbeitsplätzen hin zum *Mobile Computing*. Bildet der Computer ein universelles Werkzeug vor allem für die Arbeitswelt, so ist die fortschreitende Computerisierung unserer gesamten Umwelt nicht zu leugnen. Laptops, Netbooks, *Personal Digital Assistants* (*PDAs*) und *Smartphones* sind mittlerweile Teil unseres täglichen Lebens und bescheren uns allgegenwärtig enorme Rechenleistung im Handumdrehen, unabhängig von Zeit und Ort. Doch nicht nur die Computer selbst werden immer kleiner und mobiler und dringen in immer neue

Bereiche vor, sondern die Computerisierung unser Umwelt schreitet allgemein fort. Die Integration von Computern in Alltagsgegenstände und deren Vernetzung lässt ein immer dichteres virtuelles Netz um uns herum entstehen.

Marc Weiser beschrieb eine solche Vision der ständigen und allgegenwärtigen Vernetzung und Durchdringung von virtueller und realer Welt bereits 1991 in seinem wegweisenden Artikel »*The Computer for the 21st Century*« [Weis 91]. Darin wird eine Vision vorgestellt, die weit über das heutige *Mobile Computing* hinaus geht: Anstelle von *Personal Computern* und deren exklusiver Benutzung durch jeweils einen Nutzer, bilden die Geräte des *Ubiquitous Computing* ein große, virtuelle Welt, auf die immer und überall zugegriffen werden kann. Die Computer in dieser Vision sind dabei soweit in die reale Welt integriert, dass sie nicht mehr als Computer wahrgenommen werden. Vielmehr wird diese ubiquitäre Technologie als Teil einer einzigen Welt wahrgenommen. Die Interaktion mit der virtuellen Welt muss dann zwangsläufig implizit bewerkstelligt werden. Natürliche Interaktion, die Interaktion in unserer gewohnten Umwelt mit Gegenständen unseres Alltages, muss Auswirkungen auf die virtuelle Welt haben, um wiederum unterstützend wirken zu können oder gewünschte Ergebnisse zu liefern.

Jedoch fußt jede neue Technologie auf bekannten Paradigmen um neue Ideen zu erklären und neue Wege aufzuzeigen. Um neue Ideen allerdings in ihrer Gesamtheit erfassen zu können benötigt man ein tieferes Verständnis der zugrunde liegenden Prozesse. Für die Interaktion im ubiquitären Raum stellt sich nun allgemein die Frage, wie die virtuelle Welt in die reale Welt eingewoben werden kann, ohne zum Einen die natürliche Interaktion zu behindern und zum Anderen die Interaktionsmöglichkeiten und die Auswirkungen der realen Interaktionen auf die virtuelle Welt zu verdeutlichen. Ziel dieser Arbeit ist es, hier Abhilfe und Verständnis zu schaffen. Ein grundlegendes Modell, wie Interaktion in ihrer Gesamtheit gefasst und kategorisiert werden kann, wird erarbeitet. Es fußt auf vorangegangenen Arbeiten, eigenen und aus der Literatur. Die vorliegende Arbeit beleuchtet die verschiedenen Aspekte der ubiquitären Interaktionsmöglichkeiten und führt sie in einem Modell zusammen. Die Themen, die dazu behandelt werden sind:

Wie können verschiedene Interfaces verglichen werden? *Interface* bezeichnet ganz allgemein die Schnittstelle zu Computersystemen. Unter diesem Begriff wird eine Vielzahl an unterschiedlichen Möglichkeiten und Ausprägungen zusammengefasst. Es fehlt allerdings an Modellen, diese unterschiedlichen Möglichkeiten in ihrer Bandbreite gegenüberzustellen und zu vergleichen.

Welche grundlegenden Gemeinsamkeiten bestehen? Trotz der Eigenheiten der einzelnen Interfaces ist eine Herausarbeitung der Gemeinsamkeiten beziehungsweise der Ähnlichkeiten notwendig, um die Dimensionen des Vergleichsraums für Interfaces zu erarbeiten.

Welche Aufgaben müssen von einem Interface gelöst werden? Unabhängig von der Ausprägung eines Interfaces, hat es Aufgaben zu erfüllen, die es zum Interface machen. Ein tieferes Verständnis dieser Aufgaben ermöglicht die Bewertung von Interfacelösungen und ergibt im Gegenzug die zu erfüllenden Ziele für den konstruktiven Aufbau von Interfaces vor.

Wie können erfolgreiche Interfacelösungen festgehalten werden? Der Aufbau von neuen Interfaces, genauso wie die Entwicklung neuer Interfacelösungen, geht immer von bestehenden Lösungen aus. Um die Qualität und den Kern der bestehenden Lösungen festhalten zu können, müssen geeignete Muster gefunden werden.

Wie kann eine sinnvolle Entscheidung für ein Interface fallen? Dem Design von Interfaces mangelt es an der Externalisierung von Designwissen und damit an der Möglichkeit, die Entscheidung für ein bestimmtes Interface begründen zu können. Ein Modell, das Designwissen strukturiert festhält, kann hier Abhilfe schaffen.

## 1.1. Interaktion in Ubiquitous Computing

In ubiquitären Umgebungen zu interagieren bedeutet nicht, alle bisher bekannten Interfaces über Bord zu werfen. Vielmehr geht es darum, angemessene Interfaces zu finden, die für die jeweiligen Aufgaben passen. Oberstes Ziel ist die Integration in eine natürliche Umgebung, sei es zuhause, unterwegs oder am Arbeitsplatz. Immer steht im Vordergrund, wie der Mensch die Interaktion mit dem computerisierten System auffasst. Damit geht es nicht darum, den Computer auch rein physisch verschwinden zu lassen, sondern vielmehr darum, ihn soweit in den Hintergrund zu stellen, dass die entstehenden Systeme nicht mehr als Computer im heutigen Sinne erkannt werden. Sie fügen sich vielmehr nahtlos in die Umgebung ein und lassen sich nutzen, als ob es sich bei den Artefakten[1] um reale Werkzeuge handle.

Ist dieses Verständnis der Interaktion zwar in der Vision des *Ubiquitous Computing* festgehalten, so behandeln doch andere Disziplinen die Interaktionsformen als solche. Beispielsweise beschäftigt sich die Disziplin *Tangible Interaction* mit der Nutzung realer Objekte zur Computersteuerung und *Augmented Reality* befasst sich mit dem Einblenden von Informationen in reale Umgebungen.

Daneben gibt es noch eine Reihe von Disziplinen, die für die ubiquitäre Interaktion auch interessant sind, wie etwa das *Sounddesign* oder das *Affective Computing*. Ebenso sind die klassischen Bereiche der grafischen *User Interfaces* weiterhin von Bedeutung, genauso wie mobile Interaktion. Um ein ubiquitäres Interface zu realisieren, stellen sich allein schon für die Auswahl der grundlegenden Interaktionsart eine Reihe von Fragen, die im Folgenden genauer betrachtet werden.

## 1.2. Interaktionsmodelle für ubiquitäre Anwendungsszenarien

Ausgehend von Arbeiten aus den Bereichen *Designpatterns für GUIs*, *Ubiquitous Computing* und *Interaction Design* wird im Folgenden ein Modell aufgebaut, das Designentscheidungen für ubiquitäre Anwendungen unterstützt. Dazu gibt es eine Vielzahl an Literatur. Im Bereich *Designpatterns für GUIs* etwa ist zuvorderst Jennifer Tidwell mit ihrem Buch »*Designing Interfaces*« [Tidw 05] zu nennen, in dem ein *Pattern Framework* für *GUIs*, speziell für *Web*-Applikationen, vorgestellt wird. Dieses Buch bildet zusammen mit dem *Amsterdam Design Pattern Set* von Martijn van Welie [Weli] die größte Sammlung an Designpatterns in diesem Bereich. Bemerkenswert an der Herangehensweise beider Autoren ist ihre Entscheidung für Patterns, um die Möglichkeiten für das Interfacedesign festzuhalten. Ein Pattern bezeichnet dabei

---

[1] Artefakt in diesem Zusammenhang bezeichnet ein angefertigtes reales Objekt, das virtuelle Funktionen bereitstellt.

ein Vorgehensmuster das nur den Kern einer Lösung festhält und die Lösung in Bezug setzt zu den Voraussetzungen für den Einsatz und zu den Folgen des Einsatzes. Ein Pattern eignet sich deshalb recht gut, weil es weniger Vorschriften, als vielmehr Bedingungen, Zusammenhänge und Auswirkungen eines bestimmten Lösungsansatzes fasst. Es lässt Entscheidungsspielraum für die Gestaltung der letztendlichen Instanziierung, wodurch es sich von einer beispielorientierten Herangehensweise absetzt. Beispiele werden vielmehr dazu verwendet, Einsatzgebiete zu illustrieren. Ein Pattern hingegen stellt die mit ihm beschriebene Lösung abstrahiert dar. Leider ist der Abstrahierungsgrad einzelner Patterns nicht gleich. Vielmehr handelt es sich bei Patternsammlungen (im ursprünglichen Sinne) eher um lose und recht unstrukturierte Sammlungen von Herangehensweisen. Diese Auffassung von Patterns ist durchaus beabsichtigt und erfreut sich in der *Gestalter-* sowie teilweise in der *Interaction-Community* großer Beliebtheit. Dieses Verständnis geht auf die ursprüngliche Fassung von Patterns von *Christopher Alexander* zurück, der Patterns für den Bereich der Architektur eingeführt hat. Die Anwendung von Patterns wird, außer durch die unterschiedlichen Abstraktionsgrade, zusätzlich durch die fehlende Struktur der Patternsammlungen erschwert. Diese Strukturierung können die Patterns selbst nicht leisten. Dazu muss ein Modell dienen, in das Designwissen in Form von Patterns eingepasst werden kann.

Betrachtet man die Prozesse des *Software-* und *Interface-*Designs gleichermaßen, so ist zu bemerken, dass sich, trotz vieler Beispiele aus wissenschaftlichen Arbeiten, der Einsatz von innovativen, ubiquitären Interfaces in Grenzen hält. Stattdessen wird in den meisten Fällen auf die immer gleichen, bekannten *WIMP-*Interfaces[2] zurückgegriffen. Jedes Design wird aber mit einem mentalen Modell im Kopf begonnen. Um die Ideen zum Einen in Arbeitsgruppen kommunizieren zu können und zum Anderen den Blick für mögliche Ansätze zu erweitern, ist eine Modellierung nötig, die die Interfacelösungen aufführt und gegenüberstellt.

Im klassischen Sinne ist vorliegende Arbeit eine *HCI*[3]-Arbeit [Shne 04], da sie Modelle zur Mensch-Maschinen-Interaktion bereitstellt. Interaktion wird hierbei allerdings nicht allein klassisch als *Maus-und-Tastatur-*Interaktion aufgefasst, sondern vielmehr auf alle Interaktionsarten des *Ubiquitous Compu-*

---

[2] *WIMP* steht für *Windows Icons Menues Pointers*.
[3] HCI steht für *Human Computer Interaction*, der *Mensch-Maschine-Interaktion*.

*ting* ausgedehnt. Neben der klassischen Interaktion des *WIMP* wird genauso das gesamte Spektrum von *Mobile Interaction* über *Augmented Reality* bis hin zu *Tangible Interaction* inklusive *Bodily Interaction* mit einbezogen. Dieser umfassende Ansatz basiert auf der Erkenntnis der Notwendigkeit, die Gesamtheit der Interaktionsmöglichkeiten zu betrachten, um die am besten passende finden und verwenden zu können.

Deshalb fußt diese Arbeit neben der Literatur vor allem auf eigenen Arbeiten, die in den verschiedenen Bereichen als Basis dienen. Tabelle 1.1 bietet einen Überblick über eine Auswahl von eigenen Arbeiten, die die unterschiedlichen Bereiche behandeln. Alle hier aufgeführten Arbeiten wurden publiziert oder einem breiten Publikum als Exponate präsentiert und legen den Grundstein für das Modell zur Interaktionsmodellierung für ubiquitäre Anwendungsszenarien.

Die Modellierung selbst umfasst eine Taxonomie, um die Gesamtheit der möglichen Interfaces gegenüberzustellen und analysieren zu können und die Möglichkeit des generativen Einsatzes der Modellierung für die Erstellung von Interfaces.

Die Erstellung von Interfaces hat zum Ziel eine benutzbare, für den Einsatzzweck passende, neue, interessante Schnittstelle zu schaffen. Im *Software*-Interfacedesign ist aber festzustellen, dass die Interfaces kaum neu und interessant sind, sondern sich auf bewährte, immer gleiche Lösungen beschränken [Beau 04]. Vor allem für ubiquitäre Anwendungen sind diese Ansätze aber fatal. Anstelle der klassischen Interaktionsformen und Schnittstellen ist für den Erfolg von ubiquitären Anwendungen der Einsatz des passenden Interfaces wichtig. Dabei geht es allerdings weniger darum, klassische Interaktionsformen zu verdrängen, sondern vielmehr darum, das jeweils passende Interface für den Einsatzzweck zu verwenden.

Die Entwicklung eines erfolgreichen Interfaces baut auf bestehende gute Lösungen, lässt gleichzeitig aber der Kreativität durch Offenheit Spielraum für Verbesserungen. Ziel einer Modellierung für den generativen Ansatz muss also sein, auf der einen Seite die grundlegenden Muster eines erfolgreichen Vorgehens zu erfassen und es auf die aktuelle Situation anzuwenden und auf der anderen Seite der Kreativität Freiräume zu gewähren, um neue, interessante Interfaces zu ermöglichen.

Ein Vorgehen, Designwissen so festzuhalten, dass es den Kern einer Lösung festhält und gleichzeitig in Verbindung zu Vorbedingungen und Folgen

| bearbeitete Themen | [Mahl 08] Mobile Device Interaction in Ubiquitous Computing | [Mahl 09b] Dimian – Direct Manipulation and Pen Based Mindmapping | [Hipp 09] Universal Device Access with FreeMote | [Mahl 09a] Mobile Interfaces in Tangible Mnemonics Interaction | [Herrn 07] The Tangible Reminder | [Mahl 07] Pedestrian Navigation System Implications on Visualization | [Mahl 05] Attention Driven Auditory Display | [Mahl 06] Visual Attention in Auditory Display | [Mahl 04] A Method for Smart Graphics in the Web | [Horn 09] GRID – Generic Rectilinear Interface Device | *æsthetic computing Projekte* |
|---|---|---|---|---|---|---|---|---|---|---|---|
| 1. ubiquitous computing | • | o | • | • | • | o | o | o |  | o | o |
| 2. tangible interaction | • |  | • | • | • |  |  |  |  | • | o |
| 3. spatial interaction | • |  |  | • | • | o | o |  |  | o | o |
| 4. mobile interaction | • | • |  | • |  | • |  |  |  |  |  |
| 5. positioning | • |  |  | • | o | • |  |  |  | • | o |
| 6. gesture control | • | • | • |  |  |  |  |  |  |  |  |
| 7. visual input |  |  |  |  |  |  | • | • |  | o | o |
| 8. sound input |  |  |  |  |  |  | • | • |  |  | o |
| 9. augmented reality | • |  |  | o |  | o |  |  |  |  | o |
| 10. visual display | • | • |  |  | • | o | • |  | • |  | o |
| 11. ambient displays | • |  |  |  | • |  | o | o |  |  | o |
| 12. sound generation & auditory display |  |  |  |  |  |  | • | • |  | • | o |
| 13. center\|periphery & Aufmerksamkeit | • |  |  |  | • | • | o | o |  |  |  |
| 14. Ästhetik |  | o |  |  |  | o |  |  | • | • | • |
| 14. world wide web |  |  |  |  |  |  |  |  | • |  |  |
| 15. modelling | • | o | o |  |  |  |  |  | • |  |  |

Tabelle 1.1.: Aufstellung der bearbeiteten Themen aufgeschlüsselt nach Arbeiten (explizite Charakteristika sind mit einem »•« markiert, implizite mit einem »o« gekennzeichnet. Die Spalte *æsthetic computing Projekte* beschreibt *alle* Projekte. Dort markiert ein »•«, dass alle Projekte dieses Themengebiet bearbeiten, ein »o« ein Teil der Projekte das Themengebiet bearbeitet.)

setzt, sind Patterns. Der Einsatz von Patterns geht auf den Architekten Christopher Alexander zurück, der den Charakter von Patterns beschrieb als:

»*Each pattern describes a problem which occurs over and over again in our environment, and then describes the core of the solution to that problem, in such a way that you can use this solution a million times over, without ever doing it the same way twice*«. – *Christopher Alexander [Alex 77, X]*

Eine erfolgreiche Lösung millionenfach zu verwenden, ohne sie jemals zweimal gleich anzuwenden, dies ist genau auch das Ziel des Interfacedesign. So lässt sich der Ansatz der Formalisierung von Designwissen auf das Interfacedesign übertragen und hier einsetzen. Der Einsatz von Patterns für das Interfacedesign wurde bereits von verschiedenen Gruppen gezeigt [Tidw 05] [Weli].

Was den Patterns allerdings fehlt, ist die *Strukturierung* um sie anwendbar zu machen. Welches Pattern aus der riesigen Menge aller möglichen Patterns ist für welche Zwecke einsetzbar? Durch die Einbettung der Patterns in das hier vorgestellte Modell ist dieser Nachteil ausgeglichen. Mit der Bereitstellung des Designwissens sind durch die Strukturierung auch die Designalternativen erkennbar.

Jeder Designentwurf für Interfaces beginnt bereits mit einem mentalen Modell, das der Designer im Kopf hat. Dies bedeutet auch, dass jedes Interface vor dem Design bereits feststeht, um gebaut werden zu können. Um diesem Umstand Rechnung zu tragen und dem entgegen zu wirken, dass dadurch immer gleiche Interfacelösungen entstehen, wird auf den Einsatz des Modells im Hinblick auf den *Software*-Designprozess Wert gelegt. Durch den Einsatz in der ersten Phase des *Software*-Designprozesses kann das mentale Modell des Designers externalisiert werden und so mit allen im Designteam diskutiert werden. Im Designteam herrscht damit sowohl eine einheitliche Sicht auf das Modell und alternative Ansätze können mit Hilfe des Modells aufgezeigt werden.

Das Modell in seiner Gesamtheit ermöglicht es, strukturiert Designwissen zu fassen, Interfacelösungen für *Ubiquitous Computing*-Anwendungen in ihrer Gesamtheit gegenüberzustellen. Es macht einen generativen Ansatz möglich, passende Interface für ubiquitäre Anwendungen zu finden und damit dem oftmals festen Begriff des klassischen Interfacedesigns entgegenzuwirken. Vielmehr wird ein Ansatz aufgezeigt, der vor dem eigentlichen Design mögliche Interfaces aufzeigt, basierend auf gelungenen Lösungen und ohne den kreativen Prozess zu stören.

Der Fokus dieser Arbeit liegt auf dem Design von Interfaces für ubiquitäre Anwendungen. Bisher existiert kein Modell, das die Erfassung der großen Bandbreite von Interfacemöglichkeiten ubiquitärer Anwendungen erlaubt und eine Interfacesentscheidung zulässt. Diese Arbeit stellt ein solches Modell vor. Damit ist es möglich, Alternativen für das Interfaces abzuwägen und sich für ein Interface passend zu den gegebenen Voraussetzungen zu entscheiden. Die weiteren Hauptbeiträge der Arbeit sind sind:

- Die Arbeit bietet ein Modell für den Einsatz in der ersten Designphase. Je interaktiver ein System ist, desto stärker greift das Interface in den Applikationsablauf ein. Daher ist es notwendig das Interface im *Software Design* möglichst früh zu entwerfen.

- Das Design eines Interfaces wird immer mit einem bereits vorhandenen mentalen Modell begonnen. Durch die Anwendung des hier vorgestellten Modells können Alternativen entwickelt werden und so der Umsetzung gefestigter Interfaceslösungen entgegengewirkt werden.

- Im Gegensatz zu klassischen Interaktionsmodellen der HCI tritt beim *Ubiquitous Computing* das System als Interaktionspartner in den Hintergrund. Deshalb leistet Diese Arbeit die Klärung des Begriffs der Interaktion im *Ubiquitous Computing*.

- Neben dem generativen Ansatz zur Erarbeitung von Interfacelösungen bietet diese Arbeit eine Klassifikation an, um verschiedene Interfaces zu vergleichen.

Der Rest dieses Kapitels gibt kurz die Themen der einzelnen Kapitel und den Aufbau der Arbeit wieder.

## 1.3. Aufbau der weiteren Arbeit

Kapitel 2 befasst sich mit den verschiedenen Möglichkeiten, wie Designwissen festgehalten werden kann. Beginnend bei den Gestaltgesetzen werden die Möglichkeiten analysiert, Gesetzmäßigkeiten für das Design im Allgemeinen und für Nutzerschnittstellen im Besonderen aufzustellen. Speziell Patterns werden hier eingeführt und ihre Vorteile im Vergleich zu *Style Guides* und *Principles* werden erläutert, um das geeignete Mittel zum Transport von Designwissen für das Modell herauszuarbeiten.

In Kapitel 3 wird das grundlegende Vorgehen des Interfacedesigns in Bezug gestellt zum *Software*-Design. Hier steht die Frage im Vordergrund in welchem Schritt des *Software*-Design die Modellierung der Nutzerschnittstelle sinnvoll ist, um einen Einsatz des Modells und dessen Position im Designprozess zu erörtern.

Kapitel 4 fokussiert auf die aktuell bestehenden Ansätze für das Design ubiquitärer Systeme und *Mixed Interactive Systems*. Angeschlossen ist eine Analyse der ubiquitären Interaktion, ihrer Herausforderungen und Probleme speziell mit heutigen Interaktionsmodellen und Designvorgehen.

Im Anschluss vertieft die Analyse in Kapitel 5 die Grundlagen für das *Ubiquitous Computing* und den Begriff der Interaktion in ubiquitären Umgebungen. Es wird speziell auf das Verständnis von Objekt, Werkzeug und Werk als grundlegende Begriffe in der Vision des *Ubiquitous Computing* eingegangen.

Gehen die Ursprünge des *Ubiquitous Computing* auf Arbeiten zurück, die mittlerweile zwanzig Jahre alt sind, so handelt es sich dabei dennoch nicht um eine etablierte Technologie. Vielmehr geht die Umsetzung der Paradigmen langsam vonstatten. In Kapitel 6 wird ein Weg aufgezeigt, wie das *Mobile Computing* als Übergangs- und Brückentechnologie für das *Ubiquitous Computing* dienen kann.

Nach den Analysen in den vorhergehenden Kapiteln und dem aufgezeigten Weg zum *Ubiquitous Computing*, beginnt die Vorstellung der eigenen Ansätze. Kapitel 7 arbeitet die Kategorisierung ubiquitärer Interfaces und interaktiver Systeme heraus für die Modellierung der Interaktion in ubiquitären Systemen und zeigt dessen analytische Verwendung auf.

Kapitel 8 beschreibt das entwickelte Modell in seiner Gesamtheit und dessen Einsatz im generativen Prozess. Zur Veranschaulichung des Einsatzes wird es anhand durchgeführter Projekte besprochen.

Die Arbeit schließt mit einem Fazit in Kapitel 9.

Im Anhang A befindet sich eine kurze Beschreibung der eigenen Projekte, die zur Entwicklung und Validierung des Modells dieser Arbeit dienten und die an verschiedenen Stellen referenziert werden.

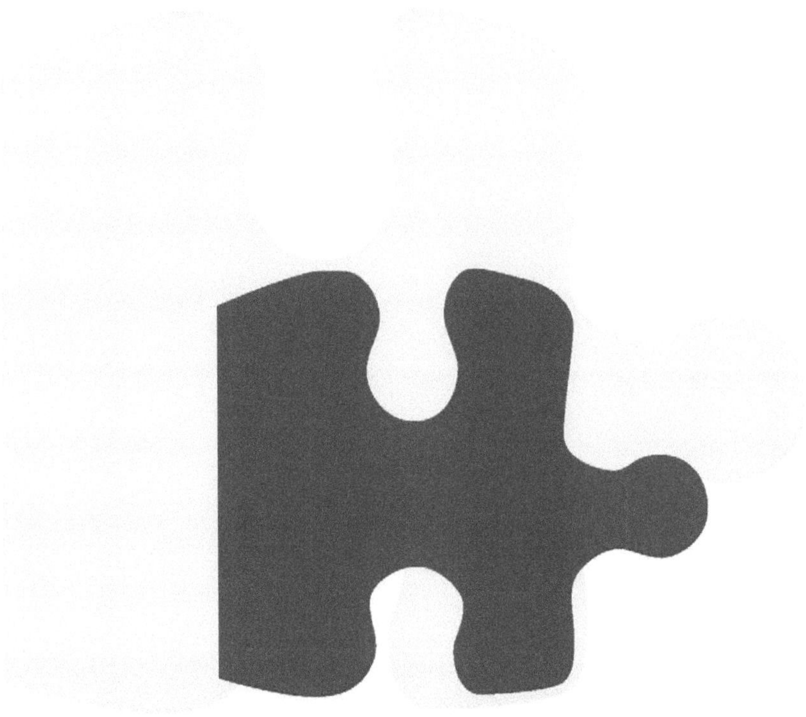

»Design is a funny word. [...] Creativity is just connecting things.« – Steve Jobs

# 2

# Design und Richtlinien

Jedes Programm dient einem Zweck. Doch der Nutzen einer *Software*-Lösung hängt nicht alleine von deren Korrektheit und Zweckmäßigkeit im Bezug auf die Lösung eines Problems ab, sondern auch davon, wie zu dieser Lösung gelangt werden kann. Verstärkt treten neben den Anforderungen des Nutzens auch solche der Bedienbarkeit und der Ästhetik [Gran 01] in den Vordergrund. In zunehmendem Maße wird bei der Entwicklung von Systemen auf Ergonomie, Benutzbarkeit, Anmutung, Eingliederung in bestehende Umgebungen und Konformität geachtet. Die Erhöhung der Nutzbarkeit im Allgemeinen wird langsam auch als wirtschaftlicher Faktor erkannt. Dies bezieht sich sowohl auf die Effektivität der Systeme im eigenen Entwicklungsprozess, als auch auf den Mehrwert für die entwickelten Produkte.

Neben der Einbeziehung von Experten aus verschiedenen Fachgebieten in den Designprozess, führt diese Entwicklung zu unterschiedlichen Ansätzen, wie Kriterien wie Ästhetik oder Benutzbarkeit aufgefasst und in den Designprozess einfließen können. Eines der zentralen Probleme im Designprozess ist es, Designern und *Software*-Entwicklern Leitfäden an die Hand zu geben, mithilfe derer Entscheidungen für ein Design getroffen und Folgen abgeschätzt werden können. Die Anfänge solcher Designleitfäden gehen dabei zurück bis auf die *Gestalttheorie*, aufgestellt Anfang des 20. Jahrhunderts. Gutes Design von Nutzerschnittstellen stützt sich auf Lösungen, die ihre Tauglichkeit bereits bewiesen haben. Ausgehend von diesen Ansätzen werden neue Kombinationen oder Erweiterungen gesucht, die dem aktuellen Problem Rechnung tragen. Um ein Modell für den generativen Einsatz im *Ubiquitous Computing* bereitstellen zu können, muss ein Ansatz erarbeitet werden, der es erlaubt, bestehende Designlösungen in geeigneter Form festzuhalten. Die Unterschiede der verschiedenen bestehenden Ansätze, sich dem Design zu nähern, werden in diesem Kapitel aufgezeigt und zusammengetragen, um dann eine Entscheidung für eine geeignete Lösung zur Erfassung von Designwissen treffen zu können. Im Folgenden wird auf die unterschiedlichen Ansätze *Style Guides und Guidelines* sowie *Principles* und *Patterns* eingegangen [Dix 98] [Shne 04] [Pree 94] [Niel 93].

## 2.1. Gestaltgesetze – historische Entwicklung

Seit jeher haben Interface Designer versucht, Regeln aufzustellen, mithilfe derer Ideen und Erkenntnisse zur Gestaltung von Schnittstellen festgehalten werden können. Die Anfänge dieser Regeln lassen sich jedoch weit vor das Zeitalter der Computer zurückverfolgen. Bereits im ausgehenden 19. Jahrhundert befasst sich der Philosoph *Christian von Ehrenfels* mit dem Phänomen Wahrnehmung und führt den Begriff der Gestalt ein.

### 2.1.1. Erste Schritte – Christian von Ehrenfels

Bezugnehmend auf eine Schrift von Ernst Mach [Mach 86] analysiert von Ehrenfels als Vertreter der deskriptiven Psychologie in seinem aufsehenerregenden Artikel »*Über Gestaltqualitäten*« [Ehre 90] zunächst Musikstücke und Melodien und extrahiert Qualitäten, die über das rein physiologische Tonphänomen hinausgehen und vielmehr eine psychische Qualität haben. Die Existenz solcher Qualitäten erkennt er ebenfalls auf dem Gebiet der visuellen Wahrnehmung und führt dafür den Begriff der Gestalt ein als:

»... nicht als blosse Zusammenfassung von Elementen, sondern als *etwas (den Elementen gegenüber, auf denen sie beruhen,) Neues und bis zu gewissem Grade Selbstständiges betrachtete.«* [Ehre 90]

Er legt dabei besonderen Wert auf die Unterscheidung der Gestaltqualitäten als »*Schöpfung der Phantasie*« [Ehre 90] im Gegensatz zu den Elementarvorstellungen. Das Erkennen der Gestaltqualitäten als solche verläuft aber nicht bewusst, wie von Ehrenfels bemerkt, sondern unbewusst:

»*Wo und wann immer sich im Bewusstsein ein Complex zusammenfindet, welcher die Grundlage für eine Gestaltqualität abgeben kann, ist dieselbe eo ipso und ohne unser Zuthun im Bewusstsein mitgegeben.*« [Ehre 90]

Bereits von Ehrenfels trifft eine Unterscheidung zwischen zeitlichen und unzeitlichen Qualitäten und führt Prinzipien wie Ähnlichkeit und Widerspruch für die Herausbildung eines Merkmals an.

## 2.1.2. Berliner Schule

Inspiriert von der von Ehrenfels'schen Arbeit entwickeln zwischen 1910 und 1915 vor allem Wertheimer und Koffka die von Ehrenfels'schen Thesen weiter und beschäftigen sich mit visueller Wahrnehmung. Zusammen mit Köhler bilden Wertheimer und Koffka die Vertreter der späteren Berliner Schule, die die erste Gestalttheorie veröffentlichten [Koff 15]. Bereits in [Wert 22, Wert 23] werden die Gestaltgesetze der Nähe, Gleichheit, guten Fortsetzung, Kontinuität, guten Gestalt, Geschlossenheit, des gemeinsamen Schicksals und der Erfahrung aufgeführt und deren Beziehungen erörtert. In verschiedenen Experimenten wird extensiv auf die Wirkung und das Zusammenspiel beziehungsweise das Entgegenwirken der einzelnen Gestaltgesetze eingegangen [Wert 22, Wert 23, Wert 25] [Koff 22] [Khle 67].

## 2.1.3. Gestaltgesetze

Die Gestaltgesetze werden heute in allen Bereichen des Designs als Regelsysteme herangezogen, um an ihnen gangbare Lösungen auszurichten. Die auf Wertheimer, Koffka und Köhler zurückgehenden Gestaltgesetze sind im einzelnen:

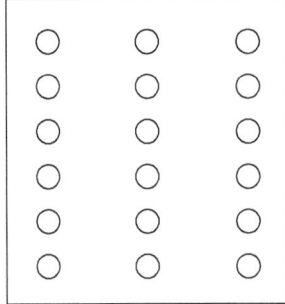

**Prinzip der Nähe**

Die Gruppierung und die Zusammengehörigkeit einzelner Objekte zu einem großen Ganzen resultiert »*Im Sinn des kleinen Abstandes*« [Wert 22]. Das Beispiel zeigt dieses Prinzip anhand von Kreisen, die, obwohl von gleicher Form und Größe, über die Nähe Linien bilden.

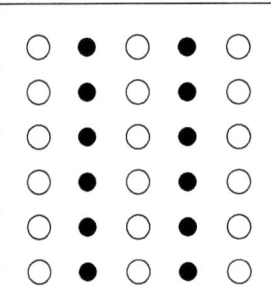

**Prinzip der Ähnlichkeit**

Der Faktor der Gleichheit oder Ähnlichkeit von Eigenschaften von Objekten kann eine Gemeinsamkeit schaffen. Das Beispiel illustriert dieses Gestaltgesetz: Die Kreise unterscheiden sich in Größe und Füllung. Anhand dieser Eigenschaften werden die Elementarobjekte zu Einheiten, vertikalen Linien, zusammengefasst.

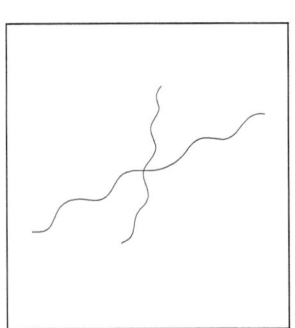

**Prinzip der guten Fortsetzung**

Wertheimer führt zunächst ein Prinzip ein, das er »*Gesetz der guten Linie*« nennt. Damit beschreibt er das Phänomen, dass bei Kreuzungen *sich schneidende Linien* anstatt abgeknickter Linien gesehen werden. Allerdings bemerkt er weiter, dass dieses Prinzip nicht nur mit geraden, sondern mit Linien aller Art funktioniert. Das Beispiel zeigt Wellenlinien, die auch Wertheimer als Beispiel wählt. In der Literatur wird dieses Prinzip auch häufig als Prinzip der guten Kurve oder durchgängigen Linie angeführt.

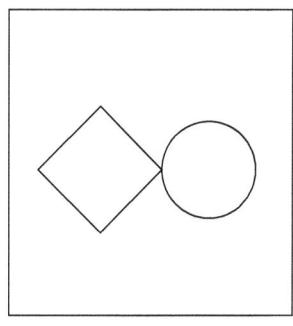

**Prinzip der guten Gestalt**

Je prägnanter eine Form, desto einfacher lässt sie sich erkennen. Einfache *Grundformen* haben einen *hohen Erkennungswert* und werden leichter wahrgenommen. Das Prinzip der guten Gestalt thematisiert diesen Zusammenhang, wie in nebenstehender Abbildung festgehalten. Hier werden die Linien in zwei Grundformen, Kreis und Quadrat, geteilt. Anspielend auf die notwendige Qualität der *Prägnanz* wird dieses Prinzip häufig auch als Prinzip der Prägnanz angeführt.

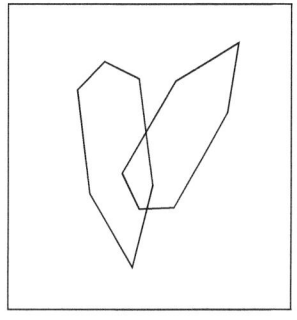

**Prinzip der Geschlossenheit**

*Geschlossenheit an sich* kann selbst als ordnendes Prinzip dienen. *Geschlossene Linien* bilden hierbei Formen, die als Einheit erkannt werden. Das Beispiel illustriert diesen Zusammenhang anhand von Linienzügen, die keine Grundformen bilden.

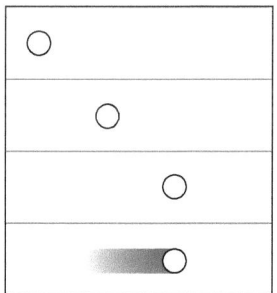

**Prinzip der Kontinuität**

Neben den rein visuellen Gestaltgesetzen existieren solche, die zusätzlich die Zeit als Dimension einschließen. Das Prinzip der Kontinuität beschreibt eine *zeitliche Abfolge*. Dabei werden einzelne Objekte, die nacheinander präsentiert werden, zu einer Einheit zusammengefasst und erscheinen als Bewegung, wie in der Abbildung illustriert. Zusammenhänge können also auch über die Zeit erfasst werden.

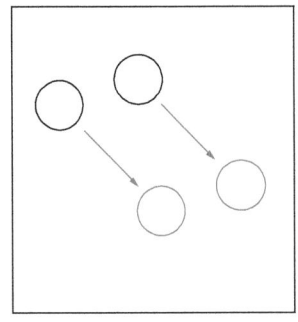

**Prinzip des gemeinsamen Schicksals**

Das Prinzip des gemeinsamen Schicksals ist ebenfalls stark von der Zeit abhängig. Dieses Prinzip beschreibt, dass Elemente, die sich über die Zeit gleich verändern als Einheit erfasst werden. Das Beispiel zeigt die Bewegung mehrerer Objekte in die gleiche Richtung.

**Erfahrung**

Ein Prinzip, das in den meisten Gestaltgesetzsammlungen fehlt, hier aber aufgeführt werden soll, da es in [Wert 22] [Wert 23] aufgeführt ist, ist das Gesetz der Erfahrung. Das Beispiel zeigt dies anhand einer Linie, die verschieden interpretiert werden kann: Griechisch Gebildete können darin die Kombination aus »σ« und »γ« erkennen, lateinisch Geprägte ein reich verziertes »V«.

## 2.2. Style Guides und Guidelines

*Style Guides* und *Guidelines* ein weiterer Schritt hin zum Design von Schnittstellen im Bereich der *Mensch-Maschine-Interaktion*. Der Begriff *Style Guide* bezieht sich dabei eher auf konkrete Vorschriften, die für Konsistenz sorgen und dem Interface ein erwartetes »*look and feel*« geben sollen. Eng mit *Style Guides* verbunden sind *graphische Guidelines*, die eher auf ästhetische Lösungen abzielen und bewährte Lösungen vorstellen beziehungsweise propagieren. Eine dritte Form von *Guidelines* beinhaltet bereits abstraktere Paradigmen, die eher konzeptionell zu sehen sind und nicht nur auf ein spezielles Programm, sondern auf eine ganze Klasse von Programmen oder Systemen anwendbar sind [Dix 98].

In den meisten Fällen sind die Formen *Style Guides* beziehungsweise *Guidelines* nicht einfach zu trennen. Vielmehr stellen die meisten *Style Guides* für spezielle Systeme eine Mischung aus *Style Guides* und *Guidelines* dar. Vor allem *Style Guides* und *grafische Guidelines* beruhen teilweise auf den Prinzipien der bereits vorgestellten Gestaltgesetze.

**Grafische Guidelines** Grafische Guidelines stellen Regelsysteme dar, die sich vor allem mit den ästhetischen Aspekten des Interface Design befassen. Der Fokus liegt auf ganz konkreten Lösungen, meist durch Beispiele untermauert. Die Lösungen reichen dabei von ordnenden Prinzipien, abgeleitet aus den Gestaltgesetzen, bis hin zu modischen Gesichtspunkten einzelner Primitive und deren Eigenschaften wie Farbe, Form oder Texturierung [Mull 95] [Gali 02].

**Style Guides** Mit dem Auftreten von grafischen Interfaces wurden auch die *Style Guides* eingeführt. Diese dienten – und dienen bis heute – vor allem der Konsistenz. Sie zielen darauf ab, das *»look and feel«* einer neuen Applikation dem erwarteten und aus der jeweiligen Windows/Apple/Linux-Gnome-Welt bekannten Aussehen anzupassen, und sich diesem konform zu verhalten. Damit wird zum Einen die Zugehörigkeit, vor allem aber die Benutzbarkeit des jeweiligen Programmes gewährleistet durch den Rückgriff aufAltbekanntes beziehungsweise Erlerntes [Appl 92] [Corp 92] [GNOM 08].

**Guidelines** Eine der ersten umfassenden *Guidelines*-Sammlungen wurden von Smith and Moiser [Smit 86] für die *Mitre Corp.* zusammengetragen. Sie bestehen aus einer Mischung von Auswertungen, festgehaltener Designerfahrung, Meinung und Fingerzeigen aus Experimenten [Pree 94]. Die Mitre-*Guidelines* stellen ein generelles Handbuch dar, das als Grundlage für das Design von Interfaces dienen kann. Eine Reihe von *Guidelines* [Smit 86] [Mars 87] [Brow 88] [Mayh 92] kann in der Literatur gefunden werden, alle bringen eine recht hohe Anzahl an Vorschriften mit sich.

### 2.2.1. Bewertung

Tendenziell haben *Guidelines* in ihrer Gesamtheit das Problem, dass sie, ob der großen Anzahl an Vorschriften, schnell unübersichtlich werden und damit schwer zu befolgen sind. Ein weiterer Kritikpunkt, der immer wieder angesprochen wird, sind die vielen Einschränkungen, die solche Systeme mit sich bringen: Es ist recht schwierig, sich an soviele Vorschriften zu halten. Außerdem beziehen sich die meisten *Guidelines* einzig auf grafische, in den meisten Fällen allein auf *Window*-Systeme und lassen eine Verallgemeinerung vermissen [Gran 01]. Sind die *Guidelines* konkreterer Natur, so tritt zudem das Problem auf, dass sie – gewollt – keine Freiheiten für die Entfaltung neuer Ideen lassen: Sie dienen vor allem der Wahrung der Kohärenz und der Vereinheitlichungen, haben dadurch aber Schwächen, was die Diversität, die Designentscheidungen und die Freiheit in der Gestaltung anbelangt. *Guidelines* sind damit entweder zu allgemein oder zu speziell [Dear 06] [Dix 04] [Mahe 98].

Ob *Guidelines* eingesetzt werden können hängt zudem meist vom Kontext ab, der in den einzelnen *Guidelines* aber nicht thematisiert wird. Damit wird es dem Designer schwer gemacht, zu entscheiden, ob eine Regel angewendet werden kann oder nicht. Die Arbeit mit *Guidelines* und entsprechend ihrer Vorschriften wird weiter erschwert dadurch, dass sie keine Begründungen liefern, meist nicht durch Studien validiert sind und sich zudem widersprechen [Weli 00] [Craf 05].

## 2.3. Principles

Abzuheben von den *Guidelines* sind *Principles*, Sammlungen von Prinzipien, die versuchen, allgemeine Regeln für das Design von Nutzerschnittstellen anzugeben. Im Gegensatz zu *Guidelines* sind die Prinzipien abstrakter, fundamentaler Natur und beschränken sich nicht auf ein bestimmtes Interface sondern versuchen vielmehr allgemeine, immer gültige Regeln festzuhalten. Generell beschränken sich Prinzipien auf eine sehr begrenzte Anzahl von Regeln, die grundlegende Anhaltspunkte formulieren, welche dem Anwender ein hohes Maß an Freiheit lassen, aber von ihm auch ein hohes Maß an Professionalität fordern, um in gutem Design zu resultieren [Shne 04] [Dix 04].

Im Folgenden werden einige Prinzipiensysteme vorgestellt. Bei allen handelt es sich um Sammlungen von *Interface Design*-Prinzipien. Allerdings ist auch hier der Blickwinkel verschieden, weswegen die Prinzipien unterschiedlich gefasst sind und nur zum Teil übereinstimmen.

## 2.3.1. 8 Golden Rules von Ben Shneiderman

Ben Shneiderman führt in [Shne 04] eine Liste von 8 Prinzipien an, die er selbst »goldene Regeln« nennt. Er beschreibt sie als passend für die meisten interaktiven Systeme und beruft sich für die Validität auf Erfahrung und Heuristiken aus über 20 Jahren [Shne 04]. Gleichzeitig weist er aber darauf hin, dass sie weder Anspruch auf Vollständigkeit erheben noch für alle Anwendungsfälle exakt passen, sondern vielmehr im Einzelfall an die jeweiligen Anwendungsgebiete angepasst werden müssen.

1. **Konsistenz** Für ähnliche Aufgaben sollten konsistente Aktionssequenzen verwendet werden. So sollten Bezeichnungen konsistent gewählt werden in Formulierung, Aussehen und Gestaltung. Farben, Layout und Positionen sollten konsistent gewählt werden für die gesamte Applikation. Ausnahmen sollten nur sehr selten zugelassen und dann bewusst eingesetzt werden, etwa bei Sicherheitsabfragen (Änderung der Anordnung von Buttons) oder Passwortabfragen (keine Visualisierung).

2. **Universelle Nutzbarkeit** Die Anforderungen der verschieden Nutzergruppen unterscheiden sich erheblich. Unerfahrene Benutzer brauchen mehr Erklärungen, Experten benötigen Shortcuts. Anwender aus verschiedenen Altersgruppen müssen unterschiedlich unterstützt werden. Ein gutes Interface sollte alle diese Faktoren einbeziehen.

3. **Aussagekräftige Rückmeldungen** Ein System sollte Rückmeldungen zu allen Aktionsschritten geben. Dabei ist darauf zu achten, dass die Rückmeldung informativ ist. Oft auftretende, gewöhnliche Aktionen benötigen weniger Aufmerksamkeit als unerwartete, wichtige Ereignisse und Aktionen.

4. **Zusammengehöriges als Einheit anbieten** Zusammengehörige Aktionssequenzen sollten auch so gestaltet werden. Gruppen mit klarem Anfang, Mittelteil und Ende, die bei Beendigung eine informative Rückmeldung bieten, vermitteln Sicherheit und Zufriedenheit. So wird dem Nutzer klar vermittelt, wann eine Aufgabe abgeschlossen und somit aus dem Gedächtnis gestrichen werden kann.

5. **Fehlervermeidung** Systeme sollten so gestaltet sein, dass sie Fehler

gar nicht erst entstehen lassen. Sinnvolle *Constraints*[1] und Voreinstellungen helfen dabei, Fehler zu vermeiden. Sollte dennoch ein Fehler auftauchen, sollte der Nutzer dabei unterstützt werden, nur den Fehlerteil beheben zu müssen, anstatt ganze Arbeitsabläufe wiederholen zu müssen.

6. **Einfaches Undo** So weit wie möglich sollten Aktionen rückgängig gemacht werden können. Dies gibt dem Nutzer Sicherheit im Umgang mit dem System und erlaubt ihm, auch unbekannte Funktionen des Systems kennenzulernen.

7. **Benutzerbestimmte Interaktion** Der Nutzer sollte immer das Gefühl haben, die Kontrolle über das System zu haben. Unerwartete Ereignisse und die Unmöglichkeit, Daten oder den Systemstatus abzurufen führen zu Misstrauen und Unzufriedenheit.

8. **Reduktion der Belastung des Kurzzeitgedächtnises** Das System sollte den Nutzer bei der Lösung seiner Aufgabe unterstützen. Dies gilt vor allem auch bei Informationen, die der Nutzer für die Erfüllung einer Aufgabe benötigt. So weit wie möglich sollte der Nutzer über externes Wissen unterstützt werden, anstatt alle Abläufe selbst verinnerlicht haben zu müssen. Vor allem das Kurzzeitgedächtnis sollte dabei entlastet werden (als Faustregel wird *$7 \pm 2$ chunks* angegeben).

### 2.3.2. 7 Principles von Don Norman

Don Norman gibt in [Norm 88] sieben Prinzipien an, wie »*schwierige Aufgaben in leichte*« verwandelt werden können. Anders als Shneiderman, der sich auf *User Interfaces* und vor allem auf den *Software*-Bereich bezieht, sind die Prinzipien von Norman weiter gefasst und auf eine weite Gruppe von Systemen und Produktdesign im Allgemeinen gemünzt.

1. **Verwende internes und externes Wissen** Menschen lernen besser und fühlen sich sicherer, wenn das Wissen für eine Aufgabe extern vorliegt,

---

[1]*Constraints* bedeutet wörtlich *Beschränkung*. In der *HCI* werden darunter sowohl Beschränkungen etwa physikalischer Natur als auch Konventionen, sogenannte *kulturelle Constraints*, verstanden.

explizit oder implizit, zum Beispiel in *Constraints*. Internalisiertes, gelerntes Wissen trägt allerdings dazu bei, Aufgaben schneller zu erledigen. Dieser Umstand sollte vom System zusätzlich unterstützt werden.

2. **Vereinfache die Struktur von Aufgaben** Aufgaben sollten einfach strukturiert sein, um den Aufwand für die Planung und Problemlösung gering zu halten. Komplexe Aufgaben sollten restrukturiert werden. Dabei sollte immer im Auge behalten werden, wieviel ein Nutzer im Gedächtnis behalten kann (Faustregel gelten *7 ± 2 chunks*). Deshalb sollten Gedankenstützen angeboten und Automation verwendet werden, um Aufgaben einfacher zu gestalten, ohne dem Nutzer dabei die Kontrolle zu entziehen.

3. **Mache Vorgänge sichtbar** Das System sollte dem Menschen zeigen, was machbar ist und wie eine Aktion ausgeführt werden kann. Die Auswirkungen einer Aktion sollten vorhersehbar und der aktuelle Systemzustand immer erkennbar sein.

4. **Verwende gute Mappings** Natürliche *Mappings*[2] sollten genutzt werden, um die Zusammenhänge von Absicht und möglichen Aktionen, von Aktionen und deren Effekt auf den aktuellen Systemzustand und dessen Visualisierung sowie zwischen Systemzustand und Intention des Nutzer erfahrbar zu machen.

5. **Nutze Constraints** *Constraints* sollten verwendet werden um dem Nutzer die richtige Bedienung zu suggerieren.

6. **Entwerfe fehlersicher** Jeder Fehler, der eintreten kann, wird eintreten. Deshalb sollte das System so geplant werden, dass es dem Nutzer erlaubt, einfach aus einem Fehlerzustand zurückzukehren und die gemachten Aktionen zurückzunehmen.

7. **Als letztes Mittel verwende Standards** Wenn es keine andere Möglichkeit gibt, sollte auf Standards zurückgegriffen werden. Standards müssen nur einmal gelernt werden und können dann effektiv eingesetzt werden.

---

[2] *Mapping* bedeutet wörtlich *Abbildung*. Hier bezeichnet *Mapping* eine Analogie um eine Handlung verständlich mit ihrem Effekt zu verbinden.

## 2.3.3. 10 Rules of Simplicity von John Maeda

Einen ähnlichen Ansatz wie Don Norman wählt John Maeda. Er befasst sich in [Maed 06] mit der Frage, wie Technik einfach gestaltet werden kann oder zumindest einfach empfunden wird. Seine zehn Regeln beziehen sich, aus dem Blickwinkel des Designs, auf technische Produkte. Ein Ansatz, der mittlerweile in das Interaktionsdesign Einzug gehalten hat, wie etwa Arbeiten für *Tangible Interfaces* zeigen [Chan 07].

1. **Reduzierung** Ein Interface sollte auf das reduziert werden, was zwingend notwendig ist. Das Interface sollte verkleinert, Funktionen die nicht oft verwendet werden versteckt, und zu vermittelnde Botschaften bereits in der konkreten Form vermittelt werden.

2. **Organisation** Die Einteilung von Funktionen in Kategorien und das Ordnen des Interfaces macht es für den Benutzer einfacher erfassbar.

3. **Zeit** Je besser der Faktor Zeit erfasst werden kann, desto einfacher erscheint uns ein Interface. Dies bezieht sich zum Einen auf die Zeit, die eine Aktion benötigt (zum Beispiel beeinflussbar durch Automation), zum Anderen darauf, wie die Zeit erfahren wird (beispielsweise durch konstante Rückmeldungen über den Systemzustand).

4. **Lernen** Wissen macht alles einfacher. Der Nutzer sollte beim Lernen unterstütze werden durch die Verwendung guter Metaphern und ein System, das die Nutzung zum Erlebnis macht.

5. **Unterschiede** Einfachheit und Komplexität benötigen einander. Ohne Komplexität ist Einfachheit nicht erfahrbar und umgekehrt. Es kommt darauf an, eine gute Balance zwischen beiden zu finden.

6. **Kontext** Was momentan relevant erscheint, kann im nächsten Moment in den Hintergrund treten und eine zu diesem Zeitpunkt periphere Aufgabe in den Mittelpunkt rücken.

7. **Emotion** Kenne deinen Nutzer. Ein System sollte für den Nutzer gestaltet sein, auch wenn dies die Verletzung anderer Regeln, etwa der Reduktion, bedeutet.

8. **Vertrauen** Einfachen Interfaces, die überblickbar und vorhersagbar sind, wird vertraut.

9. **Scheitern** Manche Dinge können einfach nicht einfach gemacht werden.

10. **Das Eine** In einer Regel: Einfachheit ist die Kunst, das Offensichtliche wegzulassen und das Bedeutsame hinzuzufügen.

### 2.3.4. 10 Basic Usability Principles von Jacob Nielsen

Jacob Nielsen stellt ebenfalls eine Liste von 10 grundlegend Prinzipien bereit, die als Leitfaden für die Gestaltung von einfach benutzbaren Interfaces herangezogen werden können [Niel 93]. Entwickelt wurden diese Regeln zusammen mit Molich [Moli 90]. Sie stellen den Versuch dar, Regeln aus *Guidelines* zu extrahieren und auf eine überschaubare Anzahl zu reduzieren, um diese einsetzbar zu machen [Niel 94].

**Einfache und natürliche Dialoge** Dialoge sollten auf das Wesentliche reduziert sein, da jede unnötige Information relevante Information verschleiert. Information sollte in einer logischen und natürlichen Strukturierung dargeboten werden.

**Sprich die Sprache des Nutzers** Dialoge sollten klar und verständlich gehalten werden. Was verständlich ist, ist jedoch vom Nutzer abhängig und niemals vom System.

**Reduziere die Gedächtnislast** Der Nutzer sollte keine Information benötigen, die ihm das System nicht bietet. Vielmehr sollte der Nutzer zu jedem Zeitpunkt mit der relevanten Information unterstützt werden.

**Konsistenz** Nutzer sollten nie verunsichert werden, indem unterschiedliche Worte für ein und dieselbe Begebenheit verwendet werden.

**Rückmeldung** Das System sollte den Nutzer immer über den aktuellen Systemzustand informieren.

**Klare Abbruchmöglichkeiten** Versehentliche Änderungen sollten einfach zurückgenommen werden können, indem einfach in einen gewollten Systemzustand zurückgekehrt kann.

**Abkürzungen** Das System sollte verschiedene Nutzer unterstützen. Experten können über Shortcuts wesentlich schneller arbeiten.

**Aussagekräftige Fehlermeldungen** Fehlermeldungen sollten nie maschinenspezifisch sein, sondern in der Sprache des Nutzers verfasst, kurz und exakt sein. Nach Möglichkeit sollte eine Lösung für das aufgetretene Problem gleich mitgeliefert werden.

**Entwerfe fehlersicher** Es ist immer besser, das System so zu entwerfen, dass Probleme gar nicht erst entstehen.

**Hilfe und Dokumentation** Obwohl das System ohne Dokumentation bedienbar sein sollte ist es sinnvoll, Hilfe und Dokumentation zu bieten. Diese sollten an den Aufgaben des Nutzer orientiert, einfach zu durchsuchen und nicht zu umfangreich sein.

### 2.3.5. Standard DIN EN ISO 9241-110

Mittlerweile existieren auch Standards, die sich mit Richtlinien für die *Mensch-Maschine-Interaktion* beschäftigen. Zu nennen ist hier vor allem die Norm DIN EN ISO 9241, ein internationaler *Multi Part*-Standard, der sich mit der Ergonomie der *Mensch-System-Interaktion* beschäftigt, insbesondere Part 10 in der Überarbeitung von 2006, *DIN EN ISO 9241-110* [DIN 06], der sich mit den Grundsätzen der Dialoggestaltung befasst. Die Prinzipien des DIN-Standards unterscheiden sich nicht wesentlich von den bereits vorgestellten, vielmehr sind diese in den Standard eingeflossen. Der DIN-Standard für die für die Dialoggestaltung beinhaltet daher die Prinzipien:

Die Prinzipien, die der Standard für die Dialoggestaltung daher beinhaltet, sind:

- Aufgabenangemessenheit
- Selbstbeschreibungsfähigkeit
- Steuerbarkeit
- Erwartungskonformität
- Fehlertoleranz

- Individualisierbarkeit

- Lernförderlichkeit

## 2.3.6. Bewertung

Auch wenn sich die aufgeführten Prinzipien in Blickwinkel und Anzahl unterscheiden ist doch festzuhalten, dass sie in ihren Aussagen übereinstimmen. Unterschiede liegen eher in der Formulierung und dem Blickwinkel.Alle Regelsammlungen befassen sich mit Konsistenz und Standards und stellen die Bedeutung der Nutzer und deren Vorkenntnisse und Fähigkeiten heraus. Ebenso sind sich die Autoren einig bei der Bedeutung der Sichtbarkeit des Systemstatus und der Kontrolle des Nutzers über das System. Die Behandlung von Fehlern wird bei Maeda im Gegensatz zu den anderen Sammlungen weniger thematisiert, was darauf zurückzuführen ist, dass er sich eher mit der Strukturierung des Interfaces und gestalterischen Fragestellungen auseinandersetzt als mit dem Interaktionsablauf. Diese Strukturierung fehlt bei Nielsen. Stattdessen favorisiert er die Dokumentation und Erklärung des kompletten Systems. Norman thematisiert als einziger explizit die Verwendung guter *Mappings*.

Alle Regeln können, wie Dix bemerkt, als Checkliste und grobes Raster für gutes Design herangezogen werden. Allerdings gibt er zu bedenken, dass es sich nur um grobe Richtlinien handelt, deren Verwendung »*besser als nichts*« sei [Dix 04]. Alle Autoren sind sich im Klaren darüber, dass die Richtlinien mit Bedacht eingesetzt und zuweilen auch gebrochen werden müssen [Shne 04]. Es bleibt allerdings offen, wann dies zu geschehen hat, eine Regel dafür wird nicht angegeben.

Genau darauf macht auch Maeda [Maed 06] aufmerksam in seinen Ausführungen über das Scheitern von Design und in seinem Kapitel über Kontext und Emotion. Dort macht er klar, dass das Design stark abhängig ist sowohl vom Zustand des Nutzers als auch vom Kontext der Nutzung.

Don Norman geht auf die Relativität des einfachen Designs und der Bedeutung des Nutzers auch in [Norm 07b] ein, wo die Allgemeingültigkeit der Regeln, allen voran der Vereinfachung, in Frage stellt. In »*The Design of Future Things*« [Norm 07a] versucht Norman dann, seine ursprünglichen Design Prinzipien zu präzisieren, indem er sie trennt in Prinzipien für Menschen, die Systeme entwickeln (*Biete reiche, komplexe und natürliche Signale; Reagiere vorhersagbar; Biete gute konzeptuelle Modelle; Wähle eine verständliche Ausgabe; Biete immer Auskunft über den Systemzustand ohne zu nerven; Verwende natürliche Mappings*) und Regeln für interaktive Systeme, die mit Menschen arbeiten (*Halte alles einfach; Biete ein konzeptuelles Modell; Gib immer Gründe an; Lass den Nutzer glauben, dass er die Kontrolle hat; Rückversichere dich ständig; Taxiere menschliches Verhalten nie als Fehler*).

Die Neufassung der Regeln durch Norman verdeutlicht, dass die Formulierung seiner Regeln stark abhängig ist von den Systemen, für die sie zum Einsatz kommen sollen. Der Kontext des Systems ist demnach von entscheidender Bedeutung, was bereits bei Maeda durchklingt. Zudem ist die Anwendung der Prinzipien nicht immer einfach. Um mit den Prinzipien umgehen zu können, muss vielmehr ein Experte herangezogen werden, der beurteilen kann, wann eines der Prinzipien gebrochen werden darf und wann es befolgt werden muss. Die Reduktion von *Guidelines* auf Prinzipien macht diese damit zwar anwendbarer, allerdings existieren immer noch zahlreiche Probleme, die die Prinzipien nur bedingt für Nutzer einsatzfähig machen, die keine Interaktionsdesignexperten sind.

## 2.4. Patterns

Ein Ansatz, *Guidelines* ein wenig brauchbarer zu machen ist die Einführung von unterstützenden *Software*-Lösungen, Werkzeugen, die die Handhabung der Vorschriften erleichtern [Vand 99c]. Allerdings wird hierbei nur die Anwendung von *Guidelines* erleichtert, das eigentliche Problem der unzulänglichen Einbindung in einen Nutzungskontext oder die Erklärung der Einsetzbarkeit mit all ihren Folgen wird dabei nicht gelöst [Weli 01]. Statt dieser »Linderung der Symptome« wird vielmehr ein Ansatz benötigt, der zum Ersten klar Designlösungen erfasst, zum Zweiten diese in Beziehung stellt zu den zu lösenden Problemen und zum Dritten gleichzeitig weder deren Handhabung stört noch die Freiheit für neue Lösungen verhindert.

Mit *Patterns* hat in den letzten Jahren ein Ansatz viel Aufmerksamkeit gewonnen, der genau auf diese Probleme eingeht. Bei Patterns handelt es sich um strukturierte Beschreibungen invarianter Lösungen für wiederkehrende Probleme, wobei diese Probleme stets in einen Kontext gestellt werden [Marc 04] [Dear 06].

Für den Interaktions- und Gestaltungsbereich hat Borchers in [Borc 00a] die Abgrenzung von *Style Guides*, *Guidelines*, *Principles* (Borchers nennt diese »*Golden Rules*«) und *Standards* herausgestellt. Die großen Stärken von Patterns liegen dabei sowohl in der klar strukturierten Form jedes Patterns mit seinen klar definierten Bestandteilen, die sowohl Problem, Lösung und Kontext erfassen, als auch in der größeren Struktur, die Patterns untereinander bilden. *Pattern Languages* machen es möglich, anerkannte Lösungen für verschiedene Abstraktionsebenen zu bieten, um Probleme schrittweise zu lösen und auch, um Lösungen für ganz spezielle Probleme zu finden [Barf 94] [Grif 05]. Patterns bilden damit einen wichtigen Schritt, um sowohl die Entwickler von *Software*-Lösungen als auch deren Designprozess als Ganzes zu unterstützen [Craf 05]. Der Einsatz von Patterns ist in allen Phasen des Designprozess möglich. Vor allem aber unterstützen sie die Kommunikation zwischen den verschiedenen, am Designprozess beteiligten Gruppen, da sie sich eignen, als Basis, gleichsam einem gemeinsamen Vokabular, einer »*lingua franca*«, für Diskussionen zu dienen. Erickson weist auf diesen hoch interaktiven und kommunikativen Prozess zwischen immer heterogeneren Gruppen in [Eric 00] hin. Erickson sieht für neue Applikationen die Notwendigkeit immer größerer Entwicklungsteams mit einer ganzen Reihe von Spezialisten aus ganz unterschiedlichen Domänen wie Architektur, Musik, Video, Kunst oder Mode- und Schmuckdesign.

Patterns sind nicht domänengebunden und haben ihren Ursprung außerhalb der Informatik. Das Prinzip des Patternansatzes wurde von Christopher Alexander für die Architektur entwickelt und publiziert [Alex 77, Alex 79]. Seine Arbeiten haben dabei viele andere Domänen beeinflusst und werden heute unter anderem im *Software*-Design und im *Web*-Design für die Entwicklung sicherheitskritischer Anwendungen, Multimedia Ausstellungen, *Hypertext*- und *Hypermedia*-Systemen, *Kleingeräte*-Applikationen und im *Game*-Design eingesetzt [Dear 06] [Folm 06].

### 2.4.1. Erste Patterns von Christopher Alexander

Patterns und *Pattern Languages* wurden als erstes in der Architektur eingesetzt, als Muster und Leitfaden für die Konzeption neuer Siedlungen, Gebäude und einzelner Gebäudeteile. Christopher Alexander entwickelte zusammen mit einigen Kollegen dieses Vorgehen ab Mitte der 1970er Jahre

[Dear 06]. Die Architektur Ende der 1960er Jahre wird zu dieser Zeit zunehmend als unangenehm empfunden, da soziale und territoriale Gegebenheiten nur unzureichend berücksichtigt werden [Grif 05]. Wolfe kritisiert in seinem Buch »*From Bauhaus to our house*« [Wolf 81] die moderne Architektur, vorwiegend die des Bauhauses mit seinen Hauptvertretern Mies van der Rohe, Le Corbusier und Gropius, als entrückt und nicht für den Menschen gemacht. Auch wenn die Thesen von Wolfe bis heute kontrovers diskutiert werden, lässt sich zumindest festhalten, dass Architektur, vor allem in Verbindung mit Kunst und Avantgarde, große Differenzen in deren Wahrnehmung hervorruft. Diese Kontroverse sieht Doug Lea in [Lea 94] als einen der Gründe für die Entwicklung der neuen menschzentrierten Vorgehensweise der Architektur, vertreten durch Christopher Alexander.

Sein neuer Ansatz, der sich auf Patterns und *Pattern Languages* gründet, wird ab 1977 in einer Reihe von Büchern publiziert. Im ersten Band der Serie, »The Timeless Way of Building«, beschreibt und erarbeitet Alexander allgemein seine Vorgehensweise der Konzeption. Er führt die Begriffe der Patterns und der *Pattern Language* ein und erklärt sowohl, wie diese zustande kommen, als auch, wie sie angewendet werden [Alex 79]. Der zweite Band der Serie, »A Pattern Language: Towns, Buildings, Construction«, beschreibt eine konkrete Instanz einer *Pattern Language*, in diesem Fall für die Planung und Konzeption von Architektur, beginnend bei großflächigen Konzepten der Städteplanung über Gebäude bis hin zu einzelnen Gebäudeelementen. Insgesamt werden dort 253 verschiedene Patterns detailliert beschrieben [Alex 77]. Die folgenden Bücher der Serie, »The Oregon Experiment« [Alex 75], »The Linz Café/Das Linz Café« [Alex 81], »The Production of Houses« [Alex 85] und »A New Theory of Urban Design« [Alex 87] stellen Beispiele dar, bei denen der Patternansatz eingesetzt wurde [Prib 05] [Dear 06].

**Pattern Aufbau**

Ein ganz entscheidender Punkt bei den Patterns von Alexander ist, dass sie selbst einen festen Aufbau haben von dem nie abgewichen wird, vielmehr folgt er immer demselben Muster [Barf 94] [Eric 00] [Marc 04] [Grif 05] [Dear 06]. Um diesen Aufbau zu verdeutlichen wird die Struktur im Folgenden anhand des STREET CAFE Patterns aus »A Pattern Language: Towns, Buildings, Construction« [Alex 77, 436–439] illustriert.

**Nummer** Jedes Pattern beginnt mit einer Referenznummer, die die Identifikation erleichtern soll »88«. [Alex 77, 436]

**Titel** Es folgt ein Name für das Pattern, der kurz und prägnant das Pattern beschreiben soll »*STREET CAFE*«. [Alex 77, 436]

**Gewicht** Mit der Anzahl Sternen hinter dem Namen wird die Signifikanz des Patterns zwischen keinem und zwei Sternen angegeben »\*\*«. [Alex 77, 436]

**Bild** Dies ist ein Archetype [Grif 05] für das Pattern, ein Bild, das die Idee des Patterns illustriert (siehe nebenstehende Abbildung). [Alex 77, 436]

**Kontext** In einer kurzen Einleitung wird das Umfeld des Patterns erklärt und die Verbindung zu übergeordneten Patterns hergestellt. »... *neighborhoods are defined by Identifiable Neighborhood (14); their natural points of focus are given by Activity Nodes (30) and Small Public Squares (61). This pattern, and the ones which follow it, give the neighborhood and its points of focus, their identity.*« [Alex 77, 437]

**Kurzbeschreibung** Ist eine Kurzbeschreibung des Patterns. »*The street cafe provides a unique setting, special to cities: a place where people can sit lazily, legitimately, be on view, and watch the world go by.*« [Alex 77, 437]

**Problembeschreibung** Der Kurzbeschreibung folgt eine ausführliche Problembeschreibung mit empirischem Hintergrund als Beleg für die Wichtigkeit und die Diskussion aller Kräfte, die in diesem Pattern wirken. »*The most humane cities are always full of street cafes. Let us try to understand the experience which makes these places so attractive. We know that people enjoy mixing in public, in parks, squares, along promenades and avenues, in street cafes. The preconditions seem to be: the setting gives you the right to be there, by custom; there are a* *few things to do that are part of the scene, almost ritual: reading the newspaper, strolling, nursing a beer, playing catch; and people feel safe enough to relax, nod at each other, perhaps even meet. A good cafe terrace meets these conditions. But it has in addition, special qualities of its own: a person may sit there for. [...]*[3] *«* [Alex 77, 437–438]

**Lösung** Mit einem einleitenden *»therefore«* beginnend, folgt als Aufforderung formuliert die Lösung des dargestellten Problems mit den wirkenden Kräften. *»Therefore: Encourage local cafes to spring up in each neighborhood. Make them intimate places, with several rooms, open to a busy path, where people can sit with coffee or a drink and watch the world go by. Build the front of the cafe so that a set of tables stretch out of the cafe, right into the street.«* [Alex 77, 439]

**Diagramm** zusätzlich zur formulierten Lösung wird ein Diagramm angeführt, der den Sachverhalt illustriert (siehe nebenstehende Abbildung).

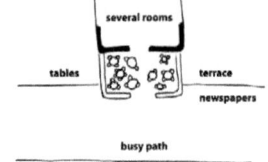

**Empfehlungen** Ebenso wie das Kapitel mit dem Kontext der übergeordneten Patterns beginnt, endet es mit Empfehlungen, welche Patterns durch dieses Pattern nun eingesetzt und im Weiteren verwendet werden können. *»Build a wide, substantial opening between the terrace and indoors-OPENING TO THE STREET (165); make the terrace double as A PLACE TO WAIT (150) for nearby bus stops and offices; both indoors and on the terrace use a great variety of different kinds of chairs and tables - DIFFERENT CHAIRS (251); and give the terrace some low definition at the street edge if it is in danger of being interrupted by street action - STAIR SEATS (125), SITTING WALL (243), perhaps a CANVAS ROOF (244). For the shape of the building, the terrace, and the surroundings, begin with BUILDING COMPLEX (95) ...«* [Alex 77, 439]

---

[3] Anmerkung: Die Beschreibung ist hier nicht komplett aufgeführt, sie erstreckt sich über weitere zwei Seiten.

Patterns bringen durch ihre klar vorgegebene, strukturierte Form die Voraussetzungen für den Einsatz eines Patterns zusammen mit dem Nutzen und den Auswirkungen. Dabei ist zu bemerken, dass Patterns keineswegs nur Bauten in der ein oder anderen Form beschreiben, sondern diese vielmehr mit den Ereignissen, die an einem bestimmten Ort stattfinden in Beziehung setzen.

> *»every place is given its character by certain patterns of events that keep on happening there«* – Christopher Alexander [Alex 79, 66]

Patterns haben damit eine sehr starke Menschenkomponente, sie rücken den Nutzer in den Vordergrund und stellen einen Bezug zwischen den physikalischen Elementen der Umgebung und der Nutzung her [Coad 92] [Borc 00a].

Die Patterns selbst können dabei als Regeln aufgefasst werden, die aus drei Teilen bestehen: dem Kontext, in dem das Pattern eingesetzt werden kann, den Kräften, die inhärent wirken und berücksichtigt werden müssen wenn das Pattern eingesetzt wird und der Konfiguration, den letztendlich realen physikalischen Verbindungen, die aufgebaut werden müssen, um das Kräftefeld zu lösen [Barf 94] [Grif 05]. Auf Patternebene sind bei Alexander immer die Kräfte, die im Pattern wirken ins Gleichgewicht zu bringen, um das Pattern sinnvoll einsetzen zu können.

Jedes Pattern liefert zusätzlich immer eine Begründung für seinen Einsatz und gibt Beispiele oder führt empirische Auswertungen an, auf die sich die Relevanz gründet (und die sich im Übrigen bereits in der ersten Zeile, in den Sterne hinter der Überschrift widerspiegelt). Patterns stellen keineswegs erarbeitete Konzepte dar, sondern halten vielmehr wiederkehrende Phänomene und Strukturen fest [Borc 01].

> *»Each pattern describes a problem which occurs over and over again in our environment, and then describes the core of the solution to that problem, in such a way that you can use this solution a million times over, without ever doing it the same way twice.«* – Christopher Alexander [Alex 77, X]

Die zentrale Berechtigung für die Existenz eines Patterns hat Alexander mit dem Erfassen der *»Quality without name«*, der *»Qualität ohne Namen«*, genannt. Und die Aufgabe eines Patterns ist, diese Qualität hinüber zu retten in neue Entwürfe und Gebäude, die damit lebendig, ganz, komfortabel, im übertragenen Sinne *ich-los* und ewig sind [Grif 05].

Patterns sind nicht wertneutral, sie spiegeln vielmehr die in einem bestimmten Kulturkreis und zu einer bestimmten Zeit mehrheitlich anerkannten Vorgehensweisen, Werte und teilweise auch Moden wider [Eric 00].
Bei Alexanderschen Patterns stehen nicht alleine und werden auch nicht alleine eingesetzt. Sie bilden ein Netz von zusammenhängenden Patterns, eine *Pattern Language*, die Lösungen auf unterschiedlichen Abstraktionsebenen bietet. Um ein Problem zu lösen wird zunächst das Pattern gesucht, das ein zu lösendes Problem am besten beschreibt und von diesem Pattern ausgehend kann nun das Problem in kleinere Probleme zerlegt werden, die wiederum über Patterns gelöst werden können. Werden für jedes Pattern die Kräfte ins Gleichgewicht gebracht, werden damit die Unterprobleme gelöst und durch Zusammenfügen letztendlich auch das Urspungsproblem [Dear 06].

Die Patterns von Christopher Alexander haben, obwohl nicht unumstritten in der eigenen Disziplin [Dove 90] [Saun 02], mittlerweile eine ganze Zahl von Disziplinen beeinflusst und ihre Prinzipien in diese Domänen übertragen [Dear 06].

### 2.4.2. Patterns im Software Design

Ab Ende der 1960er Jahre führte die Entwicklung immer komplexerer und größerer Programme vermehrt zum Scheitern kompletter Projekte, da die Software eine nicht mehr überschaubare Größe erlangte. Der Begriff der *Software*-Krise wurde geprägt. Die Größe einzelner Projekte macht die Zusammenarbeit zwischen Entwicklern nötig, was Kommunikation, Dokumentation und strukturiertes Vorgehen erfordert. Ein Schritt zur Strukturierung der Programme war die Entwicklung des Klassenkonzeptes. Eine der ersten Sprachen die diesen Ansatz verfolgte und schließlich propagierte war Smalltalk, von Alan Kay und Kollegen 1972 in der der ersten Version bei *Xerox PARC* entwickelt [Gold 76] [Kay 96]. Neben der reinen Strukturierung der Programmiersprache treten auch Konzepte der Strukturierung der *Software* in den Vordergrund. Als Beispiel dafür sei hier das *Model-View-Controller*-Paradigma (MVC) von Krasner und Pope genannt, das sich auf objektorientierte Herangehensweisen in Smalltalk stützt, aber einen allgemeinen Ansatz zur Trennung von Domänenlogik, Darstellung und Interaktion liefert [Kras 88].

Ab etwa Anfang der 1990er Jahre hält der Pattern Ansatz auch Einzug in das *Software Engineering* und wird populär durch das Erscheinen des Buchs

»*Design Patterns. Elements of Reusable Object-Oriented Software*« von Erich Gamma, Richard Helm, Ralph Johnson und John Vlissides [Gamm 95], der Autorengruppe, die seitdem als »*Gang of Four*« (*GoF*) bekannt wurde.
Dem Ansatz von Christopher Alexander folgend, strukturieren Gamma et al. ihre Patterns immer gleich. Sie haben vier essentielle Elemente [Gamm 95]:

**Pattern Name** Ein kurzer, prägnanter Name, der sowohl das Design Problem beschreibt, als auch dessen Lösung und die Konsequenzen klar macht.

**Problem** Die Problembeschreibung setzt das Pattern in einen Kontext und macht klar, wann dieses Pattern eingesetzt werden kann. Sie kann auch Voraussetzungen enthalten, die erfüllt werden müssen, um einen Einsatz zu rechtfertigen.

**Lösung** Die Lösung enthält alle Elemente die das Design ausmachen, deren Verbindungen untereinander und deren Zusammenarbeit.

**Konsequenzen** Die Konsequenzen beinhalten das Resultat das entsteht, wenn das Pattern eingesetzt wird, inklusive der *Trade Offs*, speziell fokusiert auf die Flexibilität, Erweiterbarkeit und Portabilität des Systems.

Die Gesamtstruktur eines Patterns bei Gamma et al. ist aber weit größer und beinhaltet vor allem noch auf die praktische Anwendung zugeschnittene Teile. Die Patterns beinhalten meist durchgehend Klassendiagramme, teilweise Ablaufdiagramme und immer Beispiel-*Code*.

Gamma et al. sehen Patterns als einen Weg, explizit Lösungen als Anleitung für den Designprozess zu geben. Die Autoren legen dabei Wert darauf *Software* zu entwickeln, die einfach wiederzuverwenden und robust gegen Änderungen ist [Gamm 95], eine Auffassung, die im *Software Engineering* von mehreren Autoren vertreten wird. So definieren Winn et al. Patterns als Prinzip, die großen Ideen und die System-»*hot spots*« zu erfassen, die invariant sein sollten [Winn 02].

Diese Einstellung und Auffassung von Patterns führt zu einem Regelwerk, das es auch weniger erfahrenen Entwicklern ermöglicht, schneller zu einem guten Systemdesign zu gelangen. Zusätzlich wird in größeren Designteams die Kommunikation gefördert und ein gemeinsames Vokabular geschaffen, was die Zusammenarbeit wesentlich verbessert [Beck 96] [Clin 96].

Darauf ausgerichtet ist auch die ganze Organisation der Patterns. Gamma et al. teilen ihre 23 Patterns in drei Kategorien ein, *Creational, Structural* und *Behavioral Patterns*. *Creational Patterns* lösen immer ein Problem, das mit der Erzeugung von Objekten zu tun hat. *Structural Patterns* haben im Kern stets mit der Zusammensetzung und Struktur zwischen Objekten zu tun und *Behavioral Patterns* beschreiben, wie sich Objekte in der Zusammenarbeit mit anderen Objekten verhalten.

Zusätzlich gibt es Netze, die den Zusammenhang zwischen den einzelnen Patterns illustrieren. Dabei fällt auf, dass nicht alle Patterns überhaupt verbunden sind und der ganze Verbund eher schwach strukturiert ist [Zimm 95]. Es handelt sich bei den Patterns von Gamma et al. eher um eine lose Sammlung von »Tricks« [Borc 00a] als um eine *Pattern Language* wie bei Alexander. Ein weiterer Punkt, der gerne als Kritikpunkt angeführt wird, ist die Nichtberücksichtigung des Endnutzers, einem zentralen Punkt beim Alexanderschen Ansatz [Tidw 99b] [Grif 05]. Gamma et al. geht es eher um den *Software-Entwickler* und *Maintainer*, der in gewisser Weise auch als Nutzer gesehen werden kann, als Nutzer des für ihn offenen Software.

### 2.4.3. Patterns im Interface Design

Mit der Publikation des Buches über Design Patterns von Gamma et al. [Gamm 95] werden Patterns in der Informatik populär und auch in der *Mensch-Maschine-Interaktion* wahrgenommen. Die ersten *HCI*-Patterns können sogar direkt auf die *Gang of Four* zurückgeführt werden, nachdem sie durchaus auch Konzepte wie *Observer* und *Composite*, die zusammen etwa das MVC-Paradigma bilden, bieten oder *Decorator*, die eine Lösung für Probleme bei der Datenvisualisierung bieten [Gamm 95] [Dear 06].

In den letzten Jahren wurden umfangreiche Sammlungen von *HCI*-Patterns und *Pattern Languages* publiziert, die sich in den meisten Fällen auf das Design von *Web*-Seiten und grafischen Benutzerschnittstellen beziehen so zum Beispiel von Tidwell [Tidw 99a, Tidw 05], van Welie et al. [Weli 00, Weli 01], Graham [Grah 02], van Duyne et al. [Duyn 03], der *Brighton Usability Group* [Brig 03] und vom *Yahoo! Development Network* [Leac 05] [Yaho 06]. Aber auch zu anderen Themen, etwa zu der Konzeption interaktiver *Multimedia-Ausstellungen* von Borchers wurden Arbeiten veröffentlicht [Borc 00b, Borc 01].

Im Allgemeinen berufen sich alle genannten Patternsammlungen auf Christopher Alexander als Ursprung und haben auch vom Aufbau der Patterns, genauso wie bei Gamma et al., eine ähnliche Form. Die Einflussgrößen, die bei *HCI*-Patterns die entscheidenden Rollen spielen sind der Nutzer, der Kontext in dem sich der Nutzer befindet und in dem das Pattern eingesetzt werden soll und die Aufgabe die es zu lösen gilt mit allem Wissen, das dazu nötig ist. Die Lösung des Patterns besteht wieder darin, die Kräfte ins Gleichgewicht zu bringen, die inhärent beim Einsatz eines Patterns wirken [Gran 01].

Patterns werden beim Interfacedesign eingesetzt, um, analog zum *Software*-Design, Designern und *Usability Engineers* zu helfen, häufig auftretende, bekannte und schwere Probleme des *User Interface*-Designs mittels nicht trivialer, bewährter Konzepte zu lösen [Lour 99]. Neben der Funktionalität sind Interfacedesigner zusätzlich an Ästhetik und sozialen Aspekten interessiert [Gran 01]. Implizit nutzen erfahrene Designer Patterns von jeher [Gran 01], werden diese jedoch externalisiert, ergeben sich einer Reihe von Möglichkeiten und Nutzen:

- *HCI*-Patterns können eingesetzt werden um der zunehmenden Komplexität und Diversität im *HCI*-Design zu begegnen [Bayl 98].

- *HCI*-Patterns können Wissen über Design transportieren [Tidw 99b].

- *HCI*-Patterns bieten eine wichtige Quelle für die Analyse gegenwärtiger Gegebenheiten und bieten Abschätzungen für das Design neuer Systeme [Eric 98].

- *HCI*-Patterns können zur Lehre eingesetzt werden.

- *HCI*-Patterns bieten einen formalen Weg um *User Interfaces* und Wissen darüber zu dokumentieren.

- *HCI*-Patterns dienen zur Synchronisierung von Ideen und Vorgehen.

- *HCI*-Patterns können als »*lingua franca*« dienen um innerhalb von Gruppen zu kommunizieren [Eric 00].

- *HCI*-Patterns können als gemeinsame Basis für die Kommunikation zwischen den verschiedenen involvierten Gruppen dienen [Borc 00a].

Anders als *Software*-Designpatterns von Gamma et al. steht bei den *HCI*-Patterns ganz explizit der Endnutzer im Mittelpunkt. Borchers geht sogar so weit, dass er fordert, den Nutzer in den Designprozess mit einzubeziehen und alle Patterns für den Endnutzer lesbar festzuhalten [Borc 00a]. Analog zu Alexander, der den Bewohner als letzte Instanz für ein Gebäude sieht, sieht Borchers den Endnutzer als höchste Instanz für die Interface Gestaltung.

»*artefacts that architects design is something that its inhabitants directly interact with and live in - the artefacts that the user interface designer creates is something that its users directly interact with or even live in.*« *[Borc 00a]*

**Was macht ein Pattern aus?**

Nach dieser Einführung in Interfacedesignpatterns soll nun beleuchtet werden, was die essentiellen Aspekte eines Patterns sind. Dabei geht die Auffassung über die Wichtigkeit einzelner Aspekte zum Teil stark auseinander, andere Aspekte finden breite Anerkennung.

Interfacepatterns wurden mittlerweile von einer ganzen Reihe von Forschungsgruppen erstellt oder untersucht. Dabei besteht weitgehend Einigkeit über die wichtigen Bezugsgrößen, den Nutzer, den Kontext, die Aufgabe und die Kräften, die ausgeglichen werden müssen, um das Pattern einzusetzen [Gran 01]. Auch der Einsatz einer klaren Strukturierung und Benennung von Patterns und der daraus resultierende Nutzen ist prinzipiell ein Aspekt, in dem alle Patternsysteme übereinstimmen, da diese Maßnahme das Verständnis für jedes Pattern fördert [Dear 06].

Bei den Charakteristika von Patterns gehen die Ansichten jedoch auseinander. Tabelle 2.1 gibt einen Vergleich verschiedener Patternsysteme aus [Dear 06] wieder:

Dearden et al. richten ihren Vergleich an den Charakteristika für Patterns aus, die explizit von Winn und Calder in [Winn 02] erarbeitet wurden und erweitern diese um Aspekte, die in anderen Patternsystemen zusätzlich zum Tragen kommen.

**1. Ein Pattern muss einen Gegenstand haben und dessen Design beeinflussen**

Darin stimmen beinahe alle Patternsysteme überein. Dieser Aspekt ist direkt zurückzuführen auf den Ansatz, den Alexander in seinem Patternsystem

| Ein Pattern ... | Winn und Calder, 2002 [Winn 02] | Bayle et al., 1998 [Bayl 98] | van Welie et al., 2000 [Weli 00] | Granlund et al., 2001 [Gran 01] | Borchers, 2000 [Borc 00b] | Finlay et al., 2002 [Finl 02] | Fincher und Utting, 2002 [Finc 02] | Erickson, 2000 [Eric 00] | van Duyne et al., 2003 [Duyn 03] | Tidwell, 1998, 2005 [Tidw 98, Tidw 05] |
|---|---|---|---|---|---|---|---|---|---|---|
| 1. ... muss einen Gegenstand haben und dessen Design beeinflussen | ● | | ○ | ○ | ● | ○ | ○ | ○ | ● | ○ |
| 2. ... bietet Information auf verschiedenen Abstraktionsebenen | ● | | | | | | ○ | | ○ | |
| 3. ... enthält eine Begründung | ● | ○ | ● | ○ | ● | ○ | ○ | ○ | ● | ○ |
| 4. ... ist klar in der Lösung zu erkennen, falls es eingesetzt wird | ● | | | | | | | | | |
| 5. ... beschreibt »hot spot« | ● | | | | | | | | | |
| 6. ... ist Teil einer Pattern Language | ● | ○ | ● | ● | ● | ● | ● | ● | ● | ○ |
| 7. ... validiert durch Existenz erfolgreicher Lösungen | ● | ○ | ● | ○ | | ● | | ○ | | ● |
| 8. ... ist domänenbezogen | ● | ○ | ○ | | ● | ● | ○ | | ● | ● |
| 9. ... beschreibt eine nicht triviale Lösung | ● | | | | | ● | | | | |
| 10. Patterns bilden eine »lingua franca« | ● | ○ | ○ | ● | ● | ● | ● | ● | ○ | ● |
| 11. Patterns thematisieren Probleme auf unterschiedlichen Stufen | ● | ● | ● | ● | ○ | ○ | ○ | ● | ● | ● |
| 12. Patterns spiegeln Designwerte wider | ● | ○ | | ● | ● | ● | ● | ● | ○ | ● |
| 13. Patterns halten gängige Designpraxis fest | ● | ● | ○ | ○ | ○ | ● | | | ● | ○ |

Tabelle 2.1.: Ein Vergleich der verschiedenen Ansichten über die essentiellen Aspekte von Patterns. (aus [Dear 06] explizit genannte Charakteristika sind mit einem »●« markiert, implizite Übereinstimmung mit einem »○«.)

verfolgt indem er ein Pattern definiert als etwas, das einem Ort eine Charakteristik verleiht, durch Ereignisse, die immer wieder auftreten [Alex 79, 66]. Implizit unterstützten praktisch alle betrachteten Patternsysteme diese Ansicht, Borchers beispielsweise weist explizit in [Borc 00b] darauf hin.

## 2. Ein Pattern bietet Information auf verschiedenen Abstraktionsebenen

Diese Forderung und deren spärliche Unterstützung wird klar, wenn man sieht, dass Winn et al. dies vor allem vor dem Hintergrund der *Software*-Entwicklung fordern. Dort macht es durchaus Sinn, ein Pattern auf mehreren Abstraktionsebenen zu bieten, von einer abstrakten Beschreibung bis hin zu konkretem *Program Code* [Winn 02]. Damit erleichtert man dem *Software*-Entwickler das Design, was sich in Zeitersparnis niederschlägt [Beck 96] und es auch einem weniger erfahrenen Entwickler erlaubt, schnell zu guten Lösungen zu gelangen. Es fällt auf, dass diese Ansicht in der *User Interface Pattern Community* nicht geteilt wird. Vielmehr ist dies einer der häufigsten Kritikpunkte an *Software Engineering*-Patterns, am stärksten geäußert durch Tidwell in ihrem Artikel »*The Gang of Four Are Guilty*« [Tidw 99b].

## 3. Ein Pattern enthält eine Begründung

Alle betrachteten Patternsysteme stimmen in diesem Aspekt überein. Auch diese Auffassung ist eine der Kernforderungen in Christopher Alexanders Pattern Aufbau.

## 4. Ein Pattern ist klar in der Lösung erkennbar, falls es eingesetzt wird

Der Einsatz von Patterns im *Software*-Design schlägt sich auch in der Strukturierung der Programme nieder. Patterns sind damit nicht nur Werkzeuge, die im *Software*-Designprozess eingesetzt werden, sondern strukturieren auch die Programme selbst [Winn 02]. Aus der *Software*-Design Sicht ist dieses Verständnis durchaus gerechtfertigt, allerdings in einer engen Sicht nicht für *User Interface*-Designpatterns anwendbar. Deshalb lassen Dearden et al. alle Spalten außer Winn et al. unausgefüllt. Man kann jedoch argumentieren, dass, auf das *User Interface* bezogen, *User Interface*-Patterns wenn sie eingesetzt werden ebenfalls im Ergebnis erkennbar sind. Dearden et al. trennen diese beiden zugegebenermaßen unterschiedlichen Auffassungen und greifen die *User Interface*-Aspekte später, in den Punkten 12 und 13 extra auf.

### 5. Ein Pattern beschreibt einen »hot spot«

Wie im vorherigen Punkt, ist dieser Aspekt streng auf das *Software*-Design beschränkt, womit sich erklärt, wieso an dieser Stelle keine *User Interface*-Patternsysteme genannt werden. Vielmehr ist der Punkt 12 als Analogon im *User Interface*-Bereich zu sehen.

Dadurch wird klar, warum Dearden et al. hier nur Winn et al. [Winn 02] eingereiht haben, die ein Pattern als ein Mittel sehen, im *Software*-Design einen Ausgleich zu schaffen zwischen Stabilität und Flexibilität. Dies kann dadurch erreicht werden, dass an den für das System wichtigen Stellen, den »*hot spots*«, Patterns eingesetzt werden.

### 6. Ein Pattern ist Teil einer Pattern Language

Die Wichtigkeit einer Sprache, einer *Pattern Language*, zum effektiven Einsatz von Patterns findet praktisch über alle Patternsysteme hinweg breite Zustimmung. Auch Bayle et al. [Bayl 98] verneinen den Wert von *Pattern Languages* nicht, sondern fassen den Begriff des Patterns weiter, indem sie ihn auf alle Gegebenheiten auch trivialer Natur ausweiten, die das System nur dokumentieren und die nicht in einer *Pattern Language* gefasst sein müssen.

### 7. Ein Pattern validiert sich durch die reale Existenz erfolgreicher Lösungen

Die Relevanz von Patterns fußt auf der Existenz realer, erfolgreicher Lösungen. Dieser Punkt hängt stark mit den Punkten 4 und 13 zusammen, wobei es hier laut Dearden et al. rein um die Menge der existierenden Beispiele geht, auf die sich das Pattern gründet.

### 8. Ein Pattern ist immer domänenbezogen

Patterns beziehen sich immer auf eine bestimmte Domäne. Außerhalb der Domäne, für die sie entworfen worden sind, können sie nicht ohne weiteres verwendet werden. Praktisch alle Patternsammlungen, die hier untersucht wurden, wurden für eine klar definierte Domäne entworfen. Dies ist durchaus auch ein Kritikpunkt, den einige der Autoren der Patternsammlungen selbst anführen. Van Welie et al. etwa äußern die Ansicht, dass einer der Kernpunkte für folgende Arbeiten sein wird, nach Strukturen zu suchen, wie bestehende unterschiedliche Patternsammlungen miteinander verbunden werden können [Weli 03].

## 9. Ein Pattern beschreibt eine nicht triviale Lösung

Dieser Aspekt erfordert explizit, dass das Pattern eine schöpferische Höhe hat. Alexander umschreibt diese Qualität mit den Begriffen »*invariant*« und »*quality without name*«, deren Diskussion für die *User Interface*-Patterns von Dearden et al. in Punkt 12 behandelt werden.

## 10. Patterns bilden eine »lingua franca«

Dieser und die folgenden Punkte der Aufzählung von Dearden et al. sind speziell auf *User Interface*-Patterns gemünzt. Anders als im Bereich des *Software Engineering* ist der Einsatz von Patterns als Standardvokabular, einer »*lingua franca*«, ein wichtiger Aspekt [Dear 06]. Zum Ersten wird die Kommunikation innerhalb der Gruppe ermöglicht, beispielsweise im *Software*-Designteam oder im *User Interface*-Designteam, und führt zu einer Präzision der Kommunikation und Angleichung der Sprache innerhalb einer Gruppe.

Zum Zweiten ermöglicht der Patterneinsatz auch die Kommunikation über die Domänengrenzen hinweg, ein Aspekt der heute im *Software*-Design immer wichtiger wird, da Entwicklergruppen immer heterogener werden. Patterns können verwendet werden, um zwischen den einzelnen Gruppen mit *Requirements*-Analysten, Designern, Psychologen und Domänenexperten zu kommunizieren oder, um dem Management Entscheidungen zu vermitteln [Schm 96] [Fowl 98] [Eric 00]. Eine ganz wichtige Forderung im *User Interface*-Patterndesign ist, Patterns auch für Endnutzer verständlich zu formulieren. In diesem Sinne sind Patterns bereits bei Alexander eine »*lingua franca*«.

## 11. Patterns thematisieren Probleme auf unterschiedlichen Stufen

Ein wichtiger Aspekt aller *User Interface*-Designpatternsysteme, der eng verknüpft ist mit dem Aufbau einer *Pattern Language*, ist die Granularität der Patterns selbst. Patterns können Probleme auf verschiedenen Ebenen lösen und auf verschiedenen Abstraktionsebenen eingeführt werden. Erst so wird eine Dekomposition des Problems und seine punktuelle Lösung durch einzelne, in sich abgeschlossene kleinere Patterns, möglich. In der Zusammenführung der punktuellen Lösungen auf den unteren Ebenen werden Lösungen auf höheren Ebenen geschaffen, bis letztendlich das Ursprungsproblem gelöst wird. Die Probleme können dabei durchaus sehr unterschiedlich gelagert sein und von Problemen genereller Natur bis hin zu kleinen, zum Beispiel grafischen, Probleme gehen. Die Strukturierung der Patterns anhand der räumlichen Größe, die sie behandeln, ist dabei in der Domäne Architektur, auf die sich die Alexander'schen Patterns beziehen, eingängig. Eine Strukturierung der *User Interface*-Designpatterns gestaltet sich jedoch wesentlich schwieriger, was im Kapitel 2.4.6 *Pattern Languages* noch einmal aufgegriffen wird.

## 12. Patterns spiegeln Designwerte wider

Designpatterns sind nicht wertneutral, vielmehr spiegeln sie die Werte des Autors, der Kultur und der aktuellen Gegebenheiten wider. Bayle et al. merken zusätzlich an, dass soziale Aspekte ebenfalls in Patterns gefasst werden [Bayl 98].

Christopher Alexanders Patterns haben den Anspruch, die *eine Qualität*, die *»quality without name«* [Alex 79], zu transportieren. Dabei stellt sich die Frage, wie diese Qualität in die Informatik hinüber gerettet werden kann, wie die Werte eines guten Design dort definiert werden können. Gamma et al. definieren diese Qualität als *leicht wiederzuverwenden* und *robust gegen Änderungen* [Gamm 95]. Im *User Interface*-Design stellt Borchers die *»Transparenz«* heraus [Borc 00b], van Welie et al. bevorzugen *»Usability«* [Weli 02], Pemperton definiert die Qualität als *»fesselnd, mit hoher Anziehungskraft«* [Pemb 00] und Christiansen als *»Kompetenzbestätigung«* [Chri 05]. Auch wenn in der Frage der Definition der Qualität keine Einigkeit herrscht, so ist doch zu bemerken, dass für alle Werte im Vordergrund stehen, die über rein technische Fragestellungen hinausgehen und immer den Endnutzer in den Mittelpunkt rücken.

## 13. Patterns halten gängige Designpraxis fest

Patterns basieren auf real existierenden Lösungen und geben diese wieder. Sie halten die gängige Praxis fest. In ihrer Form bilden Patterns eine Abstraktion von guten Ansätzen, um als Vorlagen für neue Designs und Lehrmaterial für Designer zu dienen [Bayl 98] [Finc 02] [Dear 06]. Über die Abwägung gut verstandener *Trade Offs* kann über Designalternativen entschieden werden [Gamm 95] [Clin 96]. Das Festhalten der gängigen Praxis beinhaltet aber immer auch, dass sich Patterns mit der Zeit anpassen und verändern müssen, um weiterhin den *State of the Art* zu repräsentieren [Gran 01].

### Zeit und Zeitlosigkeit

Ein Aspekt den Dearden et al. nicht explizit in ihren Vergleich der Charakteristika der Patterns aufgenommen haben, der aber implizit in allen *User Interface*-Designpatternsystemen vorhanden ist, ist der Aspekt der Zeit.

Während Alexander von seinen Patterns explizit die Qualität der Zeit*los*igkeit fordert, ist die Zeit als Komponente der Interaktion bei den *User Interface*-Patterns eine neue Dimension [Borc 00a]. Dass die Zeit in den *User Interface*-Patterns eine Rollen spielen muss, ist ob ihrer immanenten Natur für die Interaktion offenkundig.

Trotzdem ist die Diskussion der Zeit beziehungsweise der Zeitlosigkeit in der Literatur nicht nur ein Streit um unterschiedliche Definitionen. Auch wenn man die Zeit als neue Dimension der *User Interface*-Domäne gegenüber der Architektur annimmt, so bleibt die Forderung von Alexander nach zeitlosen Lösungen bestehen.

In gewisser Weise deckt sich diese Forderung mit der von Winn et al. [Winn 02] in Punkt 9 nach der Beschreibung einer nicht trivialen Lösung. Im Vergleich zu Punkt 12., dem Widerspiegeln von Designwerten, ist aber eine gestalterische Höhe gefordert, die invariant über die Zeit ist und diese Qualität festhält. Mit der hohen Diversität in den *User Interface*-Designpatternsystemen, die von sehr abstrakten und hohen Konzepten bis hinunter auf spezielle Interfacedetails gehen, ist diese Zeitlosigkeit nicht unbedingt gegeben. Genau dies merken auch Bayle et al. [Bayl 98] an und gestehen den *High Level*-Konzepten zwar durchaus eine Zeitlosigkeit im Alexander'schen Sinne zu, zweifeln diese jedoch für die sehr speziellen Patterns an, die sich um Details, beispielsweise des *GUI*-Designs, kümmern und gerade gängige, möglicherweise sehr kurzlebige, Paradigmen festhalten [Dear 06].

### 2.4.4. Anti-Patterns

Eine Variante des Patternansatzes, der allerdings nicht solche Verbreitung gefunden hat, ist der *Anti-Pattern*-Ansatz [Brow 98]. Im Gegensatz zu normalen Patterns werden hier nicht positive Ansätze dokumentiert, sondern vielmehr Lösungen gezeigt, die sich an schlechten Beispielen orientieren. *Anti-Patterns* können deshalb als Patterns verstanden werden, denen ein schlechtes Beispiel voransteht. Im *User Interface*-Design Bereich vor allem [Grif 00], sind solche Beispiele plakativ und eingängig. Allerdings sind sie keineswegs zielführend. Sie helfen nicht, das eigentliche Designproblem zu lösen, sondern benötigen vielmehr eine zusätzliche Lösungsbeschreibung, eine *Refactoring Solution*, die die Fehler erklärt um wiederum eine positive Lösung für das Design anbieten zu können [Weli 03].

### 2.4.5. Patternidentifikation

Vor dem Einsatz eines Patterns stellt sich die Frage, wie ein Pattern überhaupt zustande kommt. Christopher Alexander gibt in [Alex 79] eine Vorgehensweise vor, die aus drei Schritten besteht [Grif 05].

1. Identifiziere den Gegenstand des Patterns. Was fühlt sich gut an, was funktioniert gut, was spricht einen an, was fühlt sich lebendig an? Identifiziere die *»quality without name«* [Alex 79].

2. Identifiziere das Problem, das dieses Pattern löst.

3. Identifiziere die Invarianten.

Anschließend daran müssen die Kräfte identifiziert und untersucht werden, je nachdem, ob sie in einem guten Beispiel vorhanden sind oder in einem schlechten fehlen. Die Patterns selbst kommen dabei immer aus der Praxis, nicht aus der Theorie. Es werden immer empirisch ausgewertete, bestehende Lösungen untersucht und die positiven nicht trivialen Lösungen festgehalten [Dear 06].

Analog wird bei der Identifikation von *HCI*-Patterns vorgegangen. Die Patterns basieren auf der Beobachtung von gebräuchlichen Designlösungen. Die

Patterns sollen die Praxis festhalten, die sowohl gut als auch signifikant ist [Finc 02] und *das große Ganze* transportiert [Winn 02]. Dies alles muss in einen Kontext gesetzt werden, der kulturelle und soziale Aspekte beinhaltet [Hall 03]. In diesem Kontext wird, neben dem Wie, auch erklärt, warum ein Pattern eingesetzt werden kann [Dear 06].

### 2.4.6. Pattern Languages

Der Aspekt der Vernetzung von Patterns in einer *Pattern Language* lässt erst das ganze Potential des Patternansatzes erkennen. In dieser Vernetzung liegt auch der größte Unterschied zu anderen Ansätzen wie beispielsweise *Guidelines* oder *Principles*. Die qualifizierten Verbindungen zwischen den einzelnen Patterns [Barf 94] lassen die Patterns in einem Netz erscheinen, mithilfe dessen sich je nach Bedarf aus den möglichen Lösungen ganze Konzepte aufbauen lassen. Nicht das einzelne Pattern ist dabei die Quelle des Designwissens, vielmehr ist das Designwissen wesentlich in der Vernetzung festgehalten und erst das Zusammenspiel der einzelnen Patterns macht eine tragfähige Lösung möglich [Gran 01] [Mahe 01]. Die Dekomposition von Problemen und die schrittweise Verfeinerung der Lösung wird durch die Vernetzung erst möglich. Jedes einzelne Pattern liefert als einzelnes Puzzlestück einen kleinen Beitrag zur großen Lösung [Weli 03] [Grif 05].

Die Einbettung in eine *Pattern Language* wird bereits im Aufbau der Patterns deutlich; Alexander [Alex 77] etwa beginnt seine Beschreibung eines Patterns immer mit einer Rückwärtsreferenz auf Patterns, die den Kontext für das aktuelle Pattern ausmachen und einer Vorwärtsreferenz, die die Verbindungen zu möglichen anderen Patterns aufzeigt, die weiter zur Lösung beitragen können (vergleiche 2.4.1) [Dear 06].

**Strukturierung von Pattern Languages**

Ein entscheidender Punkt für die Nutzbarkeit einer *Pattern Language* ist dabei die sinnvolle Organisation, um den Zugriff auf die einzelnen Patterns und damit deren Einsatz einfach zu gestalten. Dazu muss das Organisationsprinzip eingängig sein, um dem Anwender ein leichtes Auffinden der einzelnen Patterns zu ermöglichen. Verwandte Patterns sollten eine Verbindung aufweisen, um Folgen zu identifizieren. Alternativen sollten ausgemacht werden können und eine Abwägung vom aktuellen Standpunkt aus treffen zu können, um letzten Endes eine neue, generative, genau auf die Situation zugeschnittene Lösung zu ermöglichen [Finc 00] [Dear 06].

Alexanders *Pattern Language* orientiert sich anhand der räumlichen Größe auf die ein Pattern Einfluss hat. Seine Patterns beginnen damit bei städtebaulichen Prinzipien und Vorgehen, behandeln dann Gebäude und haben schließlich und endlich auch einzelne Gebäudeteile zum Gegenstand. Mag diese Einteilung für die Architektur schlüssig sein, so ist sie für die *User Interface*-Designpatterns schwierig anzuwenden. Die Frage nach dem Organisationsprinzip für *User Interface Pattern Languages* ist nach wie vor offen [Grif 05].

Tidwell [Tidw 98, Tidw 05] und auch van Duyne et al. [Duyn 03] organisieren ihre Patterns anhand von Aufgaben, die im *Web*-Design gelöst werden müssen. Andere Ansätze versuchen, sich am Systemdesignprozess zu orientieren und einzelne Schritte darin zu unterstützen. Zum Beispiel schlägt Mahemoff eine Einteilung in *Tasks, Users, User Interface Elements* und *Entire System* vor [Mahe 98]. Van Welie schlägt in [Weli 03] einen auf Ebenen basierten *Top Down*-Ansatz vor. Ausgehend von den *Business Goals* verfeinert van Welie über mehrer Ebenen seine Ziele immer weiter, bis er letzten Endes von der abstrakten *Business Goals*-Ebene auf der sehr konkreten *Action*-Ebene angekommen ist. Es entsteht so ein hierarchisch aufgebauter gerichteter Graph.

**The Gang of Four are Guilty**

Die Patterns von Gamma et al. [Gamm 95] bilden keine *Pattern Language* im eigentlichen Sinne. Stattdessen handelt es sich vielmehr um einen lose verbundenen *Pattern-Katalog*. Dies ist auch einer der Hauptkritikpunkte der *User Interface Pattern Community* an diesem Ansatz. Borchers etwa nennt das Vorgehen einen unstrukturierten Ansatz, der nichts weiter als einer Sammlung von »*Tricks*« für System Designer entspricht [Borc 00a]. Der Ansatz wurde laut Griffiths [Grif 05] auch von Christopher Alexander selbst beim *Invited Talk* auf der *OOPSLA Konferenz 1996* kritisiert. Dort bemängelte er die Organisation des Designraumes zur reinen Annehmlichkeit der Experten ohne Rücksicht auf den Nutzer und bemerkt, dass dieses Vorgehen aus dem *Software*-Design nur die oberflächlichen Aspekte seines Patternansatzes aufgreift. Dieselben Aspekte formuliert auch Tidwell in ihrem Aufsatz »The Gang of Four are Guilty« [Tidw 99b].

Die, aus Perspektive der *Pattern Languages* strukturellen Schwächen des Ansatzes von Gamma et al. greift Zimmer in [Zimm 95] auf und arbeitet an der Strukturierung der Kollektion weiter. Zimmer beginnt ebenfalls mit der Strukturierung der Patterns in Ebenen, die er *Layer* nennt, und führt neue Patterns ein, die als Generalisierung bestehender Patterns Verbindungen schaffen. Weiterhin führt er eine Klassifizierung der Verbindungen ein, um die Zusammenhänge zwischen den einzelnen Patterns deutlich zu machen.

## Zusammenhänge zwischen Patterns

Neben der Organisation von Patterns innerhalb einer *Pattern Language*, können auch die Verbindungen der Patterns untereinander noch genauer untersucht und spezifiziert werden. In seiner Analyse der Patterns von Gamma et al. [Gamm 95] stellt Zimmer [Zimm 95] drei verschiedenartige Zusammenhänge zwischen den einzelnen Patterns heraus. Er führt als erste eine Beziehung ein, die eine Spezialisierung einer Klasse bezeichnet (»*X uses Y in this solution*«). Die zweite Beziehung stellt die Aggregation dar durch die die Möglichkeit einer Kombination herausgestellt wird (»*X can be combined with Y*«). Als Drittes werden Alternativen zum aktuellen Pattern gefasst (»*X is similar to Y*«).

Diese Analyse aufgrund von *Software*-Designpatterns kann durchaus auch für *User Interface*-Patternsysteme gelten. Ähnliche Beziehungen werden von van Welie et al. in [Weli 03] festgelegt:

**Spezialisierung** Abstraktere oder einfachere Lösungen können spezialisiert werden (»*is-a*«).

**Aggregation** In einem Pattern können mehrere andere Patterns eingesetzt werden, um dieses Pattern zu realisieren (»*has-a*«).

**Assoziation** Um den Einsatz bestimmter Patterns abwägen zu können, müssen die Alternativen klar werden. Diese Beziehung wird als Assoziation (»*related-to*«) bezeichnet.

**Studien zu Patterns**

Für die Bildung einer *Pattern Language* ist allerdings ein hoher und konstanter Aufwand nötig. Patterns müssen identifiziert, ständig auf ihre Aktualität hin überprüft und gegebenenfalls verbessert werden, und *Pattern Languages* müssen erweitert werden. Bisher existieren nur sehr wenige Studien, die die Nützlichkeit von Patternsystemen und den Einsatz von Patterns überhaupt untersucht haben. Die erste belegte empirische Studie ist [Chun 04] aus dem Jahre 2004 von Chung et al. Gegenstand der Studie ist die Entwicklung von ubiquitären Anwendungen durch Designer, die auf diesem Gebiet keine Experten sind. Es konnte dabei festgestellt werden, dass der Einsatz von Patterns in der ersten Design Phase helfen kann, Problemen frühzeitig zu begegnen. Erste Arbeiten zur Evaluation von Patterns finden sich auch in den Bereichen Wissensvermittlung [Borc 02] und simuliertes Design [Dear 02] [Finl 02]. Erste Studien, die die Nützlichkeit von Patterns im realen Einsatz zur Softwareentwicklung nahe legen werden gerade publiziert [John 09]. Nichtsdestotrotz ist an dieser Stelle noch Arbeit nötig, da die bisher wenigen Studien keine empirisch gültigen Schlüsse zulassen. Des Weiteren existieren praktisch keine Vergleiche von *Style Guides*, *Principles* und *Patterns* untereinander, die die Überlegenheit der einen oder anderen Methodik oder das Einsatzgebiet der verschiedenen Methoden klar aufzeigen.

### 2.4.7. Bewertung

Mit Patterns existiert mittlerweile ein Konzept, das es erlaubt, Gestaltungsrichtlinien in einer Form festzuhalten, die abstrakt genug ist, um Designer nicht einzuengen, und konkret genug, um Probleme einzugrenzen und Lösungen zu identifizieren. Patterns als einzelne Elemente haben eine klare, fest definierte Struktur, die es erlaubt, die einzelnen behandelten Punkte exakt zu differenzieren und zu extrahieren. Sie beinhalten eine Problembeschreibung in einem Kontext, deren Lösung mit allen Einflussfaktoren und eine Begründung für das Vorgehen. Die Validierung und die Identifikation von Patterns basieren beide auf der Existenz vorhandener, konkreter, erfolgreicher Lösungen.

Das wahre Potential der Patterns entfaltet sich allerdings erst in deren Kombination und Einbettung in eine *Pattern Language*. Die Verbindung der

Patterns untereinander lässt eine Struktur entstehen, mithilfe derer Probleme in kleinere, überschaubarere unterteilt und durch entsprechende Patterns gelöst werden können. Der Kontext eines Patterns beschreibt dabei immer auch, in welchem Patternumfeld ein bestimmtes Pattern eingesetzt werden kann und enthält die Empfehlung, durch welche Patterns dieses Pattern weiter unterteilt oder ersetzt werden kann.

Als Folgerung aus konkret eingesetzten, erfolgreichen Lösungen sind *Pattern Languages* nicht statisch, sondern drücken vielmehr den aktuellen *State of the Art* aus und können wachsen. Neben dem aktuellen Wissensstand bzgl. des Designs drücken die Patterns aber immer auch die Werte und Einschätzungen des Autors aus.

Bereits in den ursprünglichen Patterns von Christopher Alexander, aber auch in den Patternsystemen des *user Interface*-Designs, steht der Endnutzer im Mittelpunkt. Das zentrale Problem, das gelöst werden soll, ist, wie dem Endnutzer, Bewohner oder Anwender ein »gutes« Umfeld geboten werden kann. *Gut* im architektonischen Umfeld wird dabei von Christopher Alexander als *bewohnbar*, *förderlich* und *lebendig* definiert. Im *Software*- und *User Interface*-Design ist die Definition weniger klar und reicht von »einfach wiederzuverwenden« und »robust gegen Änderungen« [Gamm 95] für das *Software*-Design im *User Interface*-Design über »transparent« [Borc 00b], »benutzbar« [Weli 02], »fesselnd«, »mit hoher Anziehungskraft« [Pemb 00] bis zu »bestätigend« [Chri 05]. In jedem Fall sind alle Interfacedesigndefinitionen stark auf den Endnutzer bezogen und versuchen, ebenso wie Christopher Alexander, Werte bis hin zum letztendlichen Nutzer zu transportieren. Dabei sind *User Interface*-Designer zusätzlich zur Funktionalität an sozialen, ergonomischen und ästhetischen Aspekten interessiert [Gran 01].

## 2.5. Fazit

»Nothing is made without a pattern language in the maker's mind.« –
Christopher Alexander [Alex 79]

Das Erfassen von Grundlagen der Gestaltung und die Formulierung von Richtlinien ist ein Anliegen, das Designer nicht erst seit der *Mensch-Maschine-Interaktion* beschäftigt. Die grundsätzliche Auseinandersetzung mit der menschlichen Wahrnehmung und die Ableitung von Gesetzmäßigkeiten bilden die

Grundlage für die Gestaltgesetze von Christian von Ehrenfels Ende des 19. Jahrhunderts. Diese haben Auswirkungen auf alle nachfolgenden gestalterischen Disziplinen, unter anderem auch auf die Gestaltung der Nutzerschnittstelle von Computern.

Die Gestaltung der Nutzerschnittstelle ist eine Aufgabe, die ob ihrer Komplexität oft ganze Designteams beschäftigt. Um Konsistenz zu wahren und den Designprozess zu unterstützen wurden daher *Style Guides* für bestimmte System wie Windows, Apple Mac OS oder Gnome-Linux entworfen. *Style Guides* stellen allerdings ein recht starres und sehr umfangreiches Regelwerk dar, das nur auf ein bestimmtes System zugeschnitten ist und nicht verallgemeinert werden kann. Ihnen entgegen stehen Richtlinien oder Prinzipien, Sammlungen von wenigen, allgemein gehaltenen Ratschlägen zur Gestaltung von Systemschnittstellen. Diese Richtlinien wiederum beinhalten allgemein zu bedenkende Themenkomplexe, aber keine konkreten Ansatzpunkte für das Design der Nutzerschnittstelle.

Um die Prinzipien und Ideen des Interfacedesigns gemeinsam nutzen zu können, müssen sie externalisiert werden. Findet diese Externalisierung in Form von Patterns statt und werden diese in ein Netz von Beziehungen eingebettet, ergeben sich Vorteile.

Innerhalb von Designteams werden Ideen klar benannt, es entsteht ein gemeinsames Vokabular, das neben der Sprache auch die Bedeutung vereinheitlicht.

Die Kommunikation über Domänengrenzen hinweg wird gefördert durch die Bildung einer »*lingua franca*«, einer gemeinsamen Sprache. Die Kommunikation bis zum Endnutzer wird dadurch möglich, und dieser potentiell in den Designprozess eingebunden.

Patterns können neben der Kommunikation auch die Dokumentation von Systems leisten und dafür eingesetzt werden. Als Wissenssammlung aufgefasst ermöglichen sie die Kommunikation über die Zeit hinweg und können damit als Grundlage für die Lehre dienen. Einzelnen, auch weniger erfahrenen Nutzern wird dadurch die Möglichkeit eröffnet, sich einzubringen und schneller gute Designs zu produzieren. Insgesamt wird der Zeitaufwand für die Designphase reduziert.

Viel wichtiger aber ist, dass nun Begründungen für Designentscheidungen geliefert werden können. Verschiedene Möglichkeiten können abgewägt werden und durch eine Analyse der *Trade Offs* eine fundierte Vorhersage über den Designerfolg getroffen werden.

Gegenüber den anderen vorgestellten Ansätzen um Designrichtlinien festzuhalten haben Patterns einige Vorzüge: Patterns stellen eine gute Balance dar zwischen sehr konkreten *Style Guides* und sehr abstrakten *Principles*. In der Organisation als *Pattern Language* können Patterns die Vorteile beider Ansätze auf sich vereinen, ohne deren Nachteile in Kauf nehmen zu müssen. *Style Guides* sind sehr stark an ein bestimmtes System gebunden und damit sehr unflexibel. Patterns können diesen Nachteil durch die Abstraktion und vor allem durch die Vernetzung verschiedener, in ihrem Abstraktionsgrad unterschiedlicher Patterns ausgleichen. Sie sind gegenüber den *Principles* wesentlich konkreter, da sie Probleme klar spezifizieren und Lösungen in einem Kontext anbieten, der alle beteiligten Kräfte nennt und zudem eine Begründung für den Einsatz des Patterns liefern. Zusätzlich erleichtert die Einbindung der Patterns in ein Netz mit Alternativen die Abwägung, welche Regel eingesetzt werden soll. Die starke Organisation innerhalb des Verbundes und die klare, immer gleiche Form der Patterns erleichtern deren Anwendung.

### 2.5.1. Identifizierte Aufgabe

Damit ergeben sich für weitere Arbeiten im Bereich von Patterns und *Pattern Languages* eine Reihe von Aufgaben, die der Bearbeitung bedürfen:

Die Auswertung von Patterns, Patternsystemen und *Pattern Languages* bedarf sicher weiterer Bearbeitung, was allerdings große Gruppen und Studien mit hoher Teilnehmerzahl erfordert. Studien in diesem Bereich sind zudem schwierig durchzuführen, da die Messung von Größen wie Kreativität oder Designgüte Probleme bereitet.

Der Einsatz von Patterns und *Pattern Languages* in verschiedenen Bereichen wie Design und Wissensvermittlung ist momentan ebenfalls noch nicht ausgelotet, ein Nutzen nicht belegt.

Des Weiteren ist der Prozess, wie Patterns identifiziert werden können sehr vage und bedarf weiterer Untersuchung. Neben der Untersuchung des eigentlichen Vorgehens ist eine Einteilung der einzelnen Patterns vonnöten, die die Unterscheidung verschiedenartiger und vor allem die Identifikation gleicher Patterns erleichtert. Viele Patternsysteme beschreiben gleiche Vorgehensweisen und Lösungen unter verschiedenen Namen. Eine Klassifikation kann hier helfen, der zunehmenden Unübersichtlichkeit entgegen zu wirken.

Patterns im *User Interface*-Bereich orientieren sich oft an konkreten Designlösungen und sind sehr stark auf eine bestimmte Plattform oder Gerätekonfiguration festgelegt. Es bleibt die Frage, wie generativ und, im Alexander'schen Sinne, zeitlos diese Patterns sein können. Die Formulierung zeitloser Patterns, etwa durch Abstraktion bestehender oder Einführung neuer Patterns, sollte möglich sein und weiter untersucht werden.

Eng damit verbunden ist die Organisation von *Pattern Languages*. Bisher ist kein Prinzip gefunden, das die Organisation der *Pattern Languages* für das *User Interface*-Design zufriedenstellend löst. Möglicherweise ist der Multidimensionalität dieser Disziplin dadurch zu begegnen, mehrere Zugangswege zu bieten.

Die Pflege von *Pattern Languages* bedeutet einen hohen Aufwand. Da *Pattern Languages* allerdings soziale und kulturelle Werte transportieren, sind soziale Netze und *Communities* ein Ansatz, wie *Pattern Languages* lebendig und auf dem Stand des aktuellen Wissens gehalten werden können.

Der Einsatz von Patterns im in dieser Arbeit vorgestellten Modell für ubiquitäre Anwendungsszenarien ermöglicht eine detaillierte Repräsentation und im generativen Einsatz die Präsentation von Designwissen. Das Modell stellt dabei den Patterns Struktur und Organisation zur Verfügung, die für den Einsatz von Patterns nötig sind, und bietet damit die nötige Orientierung für das Design. Das Modell kann genauso zur Analyse und Einordnung bestehender Patterns herangezogen werden, um so Übersichtlichkeit zu schaffen und Duplikate aus unterschiedlichen Patternsammlungen kenntlich zu machen. Die Strukturierung und Einordnung auf verschiedenen Ebenen hilft zudem, »*zeitlose Patterns*« als Vorgehen abstrakter Art von konkreten Patterns zu unterscheiden. Das Modell bietet zudem mehrere Zugangswege, wodurch die Anwendbarkeit der Patterns weiter verbessert wird.

Mit der Einbeziehung von Patterns in das Modell kann das Designwissen repräsentiert werden und darauf gründend können fundiert Empfehlungen für Interfacedesigns gegeben werden. Neben der Frage der Formulierung von Designwissen, die in diesem Kapitel behandelt wurde, stellt sich für das Modell nun die Frage, wie das Designwissen im Designprozess eingesetzt werden kann. Patterns können den Designprozess in allen Phasen unterstützen. Durch den Ansatz der Verbindung von Kontext und Lösung fokusieren Patterns nicht nur auf das »*Wie*«, die Lösung die in der Designphase betrachtet wird. Vielmehr beinhalten konzeptionelle Patterns das »*Was*«, die Problembeschreibung und bieten damit Wissen, das bereits in der Analysephase vonnöten ist [Moli 02]. Um nun festzustellen, an welcher Stelle des Entwicklungsprozesses das Modell für ubiquitäre Anwendungsszenarien zum Interfacedesign angewendet werden soll, werden im folgenden Kapitel nun die grundlegenden Modelle des *Software*-Designprozesses behandelt und dessen Phasen aufgezeigt.

»The tools we use have a profound (and devious!) influence on our thinking habits, and, therefore, on our thinking abilities« – Edsger W. Dijkstra

# 3
# Software-Designprozess

Wurde der Schwerpunkt im vorhergehenden Kapitel auf die Formulierung von Designwissen gelegt, so befasst sich dieses Kapitel mit der Einbettung der Interfaceentscheidung in den *Software*-Designprozess. Dies muss angesprochen werden, führt man sich vor Augen, dass jede ubiquitäre Anwendung zum großen Teil auf *Software* beruht. Der Designprozess der *Software* muss beleuchtet werden um klarzustellen, wo und wie das hier entwickelte Modell für ubiquitäre Anwendungsszenarien in den Designprozess eingreift und wann es eingesetzt wird.

In klassischen Modellen zur *Software*-Entwicklung spielt die Einbindung des Interfaces praktisch keine Rolle. Dies liegt vor allem an der *Task*-orientierten Herangehensweise der Modellierung an sich und an der Fokussierung auf das *System Model*.

Die Ansätze die dabei verfolgt werden bedienen sich zumeist den klassischen Verfahren der Dekomposition großer Aufgaben in kleinere Einheiten, die dann irgendwann gelöst werden können. Neben dieser schrittweisen Verfeinerung wird in den meisten Fällen aber auch eine Trennung verschiedener

Gebiete vorgenommen, die über definierte Schnittstellen verbunden werden. Dies trägt auch dem Umstand Rechnung, dass moderne Entwicklungsteams aus Experten verschiedenster Gebiete zusammengesetzt sind, die alle ihre Expertise an bestimmten Punkten des Projekts einbringen. Die Trennung des *Software*-Designprozesses in verschiedene Phasen soll die Zusammenarbeit der unterschiedlichen Gruppen ermöglichen, ohne sich gegenseitig zu behindern.

Wird die Modellierung des Interfaces im *Software Engineering* behandelt, so befasst es sich nicht damit, welche Interfaces für eine Aufgabe in Frage kommen, sondern vielmehr mit der Frage, wie diese Interfaces strukturiert erfasst werden können, um die Einbettung in das *Software Engineering* zu verbessern. Das Augenmerk liegt mehr auf der *Software* und dem Zusammenspiel der verschiedenen *Software*-Komponenten. Eine größtmögliche Flexibilität der Architektur steht eher im Vordergrund als die Erfassung der Schnittstelle zum Menschen und deren Bewertung.

Parallel zu den Methoden des *Software Engineering* haben sich Methoden entwickelt, die auf das *User Interface* beziehungsweise auf *kognitive Vorgänge* fokussieren. Die verschiedenen heute gängigen Ansätze der *Software*-Modellierung werden im Folgenden nun angerissen und Vorgehen, Vorzüge und Defizite aufgezeigt. Das Verständnis des Zusammenspiels von *Software*-Entwicklung und Interfacedesign führt letzten Endes zur Einordnung des hier entwickelten Modells in den gesamten Designprozess.

## 3.1. Klassisches Wasserfall-Modell

Zwar haben *User Interface*- und *Usability*-Themen Relevanz in allen Schritten des *Software Life Cycles* interaktiver Systeme, trotzdem sind die Modelle des *Software Engineering* weniger auf den Endnutzer sondern vielmehr stark auf den Entwickler fokussiert. Zunächst wird der *Software Life Cycle* als ein Modell vorgestellt, das die verschiedenen Aufgaben des Software Designs erfasst und in aufeinander folgende Phasen trennt [Pree 94] [Dix 98].

Abbildung 3.1 zeigt die einzelnen Schritte des im *Software*-Design als *Wasserfall-Modell* bekannt gewordenen Modells. Im Einzelnen werden darin fünf Schritte in der Entwicklung plus ein operationaler Zustand unterschieden. Das klassische *Wasserfall-Modell* in der hier gewählten Variante folgt dem Modell aus [Dix 98].

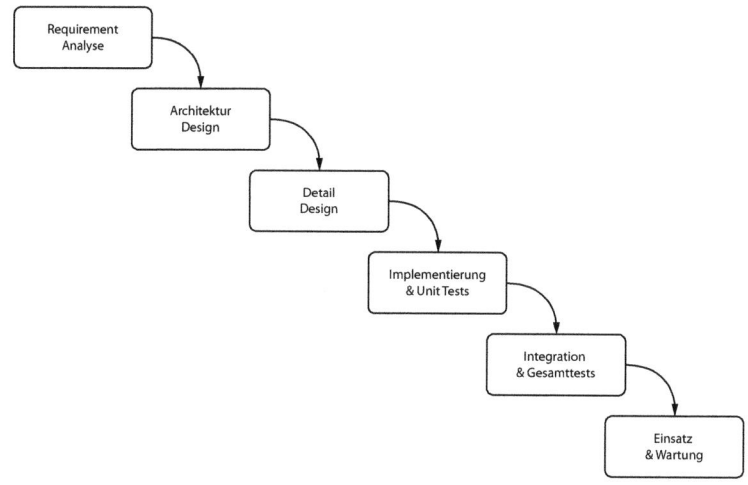

Abbildung 3.1.: Aufbau des klassischen *Wasserfall-Modells* im Design Prozess (Abbildung aus [Dix 98]).

### 3.1.1. Requirement Analyse

Im ersten Schritt, der *Requirement Analyse*, werden die Ziele des Systems festgehalten. Dies geschieht meist in Sitzungen mit Beteiligten aus dem *Software*-Design und dem Kunden, der als Auftraggeber in Erscheinung tritt. Es wird geklärt, was das letztendliche System leisten soll. Neben den Angaben des Auftraggebers sind deswegen Eingaben aus unterschiedlichen Domänen nötig, um das System komplett spezifizieren zu können. Nicht nur die Funktionalität des System spielt eine Rolle, sondern auch non-funktionale Faktoren, zum Beispiel, in welchem Umfeld das System zum Einsatz kommen soll und mit welchen Systemen eine Zusammenarbeit notwendig ist.

Die Anforderungen, die in dieser Phase eruiert werden, müssen in einer Form erfasst werden, die die spätere *Software*-Entwicklung und Implementierung unterstützt und klare Ziele festhält. Es kommt also in der *Requirement Analyse* darauf an, die Anforderungen des Kunden herauszuarbeiten und diese in eine präzise und klare Formalisierung zu übersetzen.

## 3.1.2. Architektur Design

Nachdem die Ziele des Systems festgelegt sind, wird im zweiten Schritt die Architektur des Systems entwickelt und festgelegt, wie die Ziele erreicht und die Funktionen bereitgestellt werden können. Dazu werden die einzelnen funktionalen Komponenten identifiziert und deren Verhalten klar spezifiziert. Das Zusammenspiel der einzelnen Komponenten wird festgeschrieben, um später die Kommunikation zwischen diesen zu ermöglichen. Zudem wird in diesem Schritt erfasst, wie das System Zugriff auf *Ressourcen* erhält und wie das *Ressourcen*-Management funktioniert. Zu bemerken bleibt, dass *Architektur Design* rein funktionale Eigenschaften und Verhalten festgehalten werden und non-funktionale Anforderungen keine Rolle spielen. Das Augenmerk dieses Vorgehens liegt klar auf dem Entwickler und der Implementierung des Systems.

## 3.1.3. Detail Design

Nach der Dekomposition des Systems im *Architektur Design* und der damit verbundenen Identifikation der benötigten Komponenten, werden in diesem Schritt die einzelnen Komponenten isoliert entwickelt um sie später in die Architektur einbinden zu können. Das Endprodukt dieses Verfeinerungsschrittes der *Architektur Design*-Spezifikation einer Komponente ist eine Beschreibung, die direkt in einer Programmiersprache umgesetzt werden kann. Da typischerweise die Anforderungen für eine Komponente auf verschiedene Weisen erfüllt werden können, gilt es in diesem Schritt, die Möglichkeiten abzuwägen und an die *Implementierung & Unit Tests* weiter zu geben.

## 3.1.4. Implementierung & Unit Tests

Die Beschreibung einer Komponente aus dem ttermDetail Design erlaubt eine direkte Umsetzung in einer Programmiersprache. Typischerweise durchlaufen die Komponenten in *Implementierung & Unit Tests* mehrere Evolutionsstufen, die jeweils über Tests auf ihre Tauglichkeit bezüglich der geforderten Funktionalitäten geprüft werden.

 Abhängig von der Formulierung der Designspezifikation aus dem Detail Design können Teile der Implementierung auch generiert werden. Zumindest semiautomatische Verfahren für die Implementierung sind heute im Einsatz.

Damit verschiebt sich die Arbeit vor allem auf die Schritte vorher, speziell das *Detail Design*, in dem das System dann formal exakt spezifiziert werden muss. Eine ähnliche Tendenz ist beim Testen festzustellen. Auch hier wird mittlerweile versucht, Teile von *Software*-Lösungen automatisiert zu testen.

### 3.1.5. Integration & Gesamttests

Sind die einzelnen Komponenten des Systems implementiert, so wird in Integration & Gesamttests das System zu einer Einheit zusammengefügt. Die einzelnen Komponenten werden gemäß der Architekturbeschreibung in Beziehung gesetzt und anschließend deren Zusammenspiel getestet. Nun muss das Verhalten jeder Komponente im Verbund stimmen und der Zugriff auf Ressourcen abgestimmt werden.

In dieser Phase kann der Test mit den Kunden erfolgen, um die *Software* ausliefern und letztendlich einsetzen zu können.

### 3.1.6. Einsatz & Wartung

Nach der Freigabe und der Veröffentlichung der *Software* kommt Schritt *Einsatz & Wartung*. Hier werden ständige Arbeiten, die für den Betrieb des Systems notwendig sind zusammengefasst. Kleinere Änderungen am System und Fehlerbehebungen werden durchgeführt als Reaktion auf Probleme, die in früheren Schritten nicht erkannt oder berücksichtigt wurden; die Erkenntnisse aus *Einsatz & Wartung* fließen somit potentiell zurück in alle Schritte des *Software Engineering*-Prozesses und werden vor allem für ein möglicherweise später nötiges, komplettes *Redesign* wertvoll.

### 3.1.7. Interaktive Systeme im Wasserfall-Modell

Im Gegensatz zu den Systemen der 1960er und 1970er Jahre, für die das *Wasserfall-Modell* ursprünglich konzipiert wurde, sind heutige Programme hochgradig interaktiv. Die Systeme sind nicht mehr nur dazu da, komplexe Probleme zu lösen, sondern auch, um dem Menschen die Funktionalität bereitzustellen und in einer Form zu präsentieren, dass dieser sie anzuwenden versteht.

Die großen Herausforderungen heutiger Systeme sind damit die *Mensch-Maschine-Interaktion* und die *Usability* eines Systems. Versucht man dies

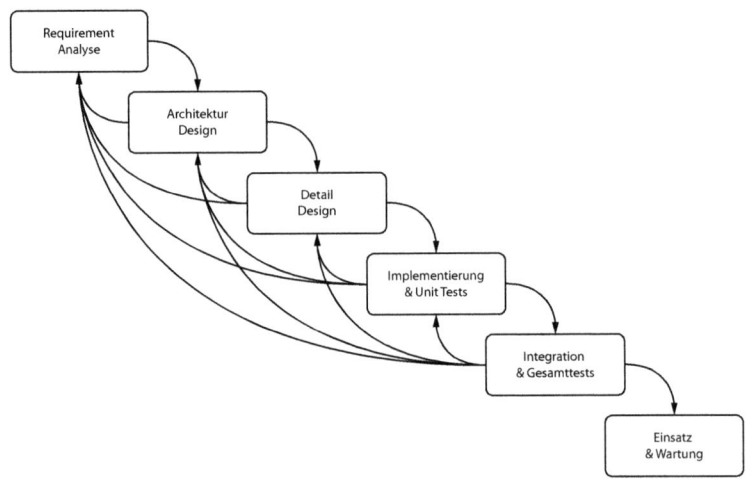

Abbildung 3.2.: Für interaktive Systeme stellt sich der Aufbau des klassischen *Wasserfall-Modells* komplexer dar, da in allen Phasen neue Erkenntnisse gewonnen werden können, die Redesigns in früheren Phasen erfordern (Abbildung nach [Dix 98]).

in das vorgestellt klassische *Software*-Entwicklungsmodell einzubringen, so stellt man fest, dass die Gestaltung der *Mensch-Maschine-Schnittstelle* nicht einfach als ein letzter Schritt an den *Workflow* des *Software Engineering* angehängt werden kann. Vielmehr beeinflusst die *Mensch-Maschine-Interaktion* alle Schritte des *Software*-Designs und muss daher im ganzen Prozess unterstützt werden.

Der traditionelle *Software Life Cycle* lässt die Nutzerperspektive außen vor. Stattdessen werden das System und dessen Implementierung in den Vordergrund gerückt und sich auf die Funktionalität beschränkt.

Abbildung 3.2 stellt die beste Annäherung des *Wasserfall-Modells* für interaktive Systeme dar [Dix 98]. In jedem Schritt des Designs müssen nun auch *non-funktionale* Aspekte berücksichtigt werden, die möglicherweise eine Änderung der Spezifikationen und ein *Redesign* in früheren Schritten erfordern. Das Modell enthält daher gegenüber dem klassischen *Wasserfall-Modell* (siehe Abbildung 3.1) Rückwärtsverweise aus jedem Schritt in alle vorhergehenden Schritte.

Testen und Revidieren des Systems ist bei diesem Vorgehen unumgänglich. Kleine Änderungen an der Mensch-Maschine Schnittstelle können große Wirkung auf die Gebrauchstauglichkeit und den letztendlichen Gebrauch haben. Der Gebrauch durch den Nutzer selbst ist nicht immer vorauszusehen. Geräte werden anders genutzt oder verstanden als sie von Entwicklern erdacht wurden. Manche Funktionen oder Probleme entstehen erst durch die Kombination der einzelnen Interaktionsmöglichkeiten.

Es ist einleuchtend, dass der Prozess der Entwicklung eines interaktiven Systems umso besser durchgeführt werden kann, je besser die Schnittstelle und der Gebrauch durch den Nutzer vorhergesehen und modelliert werden können. Je früher Probleme erkannt und Entscheidungen im Designprozess getroffen werden, desto effizienter und schneller kann das Systemdesign vonstatten gehen. Schon mit dieser Betrachtung wird deutlich, dass die Einbeziehung des Interaktionsdesigns in die frühen Phasen des *Software*-Design geboten ist.

## 3.2. Modellierung der Nutzerschnittstelle

Neben der Sicht des *Software*-Entwicklers auf das System ist die zweite wichtige Sicht, die des *User Interface*-Spezialisten, der für die Gestaltung der Nutzerschnittstelle zuständig ist. Er nimmt dabei nicht den Standpunkt des Systems, sondern den des Nutzers ein und versucht, das System aus dessen Sicht und damit von genau der entgegengesetzten Seite zum klassischen *Software*-Design zu modellieren. In größeren Projekten handelt es sich bei den *User Interface*-Spezialisten um Gruppen, zusammengestellt aus unterschiedlichen Disziplinen wie der Psychologie, dem Design, der Grafik und der *Usability*.

## 3.3. User Centered Design

Wie bereits in der Adaption des *Wasserfall-Modells* zu sehen ist, werden für interaktive Systeme andere Herangehensweisen zur Umsetzung von Lösungen gewählt. Ein Vorgehen, das dazu verwendet wird, nennt sich *User Centered Design*. Dabei handelt es sich allerdings weniger um einen genau vorge-

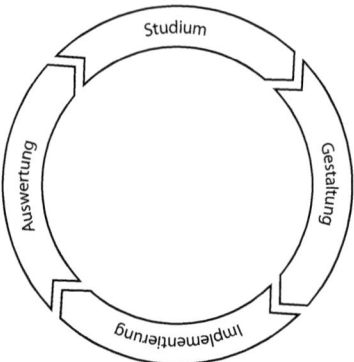

Abbildung 3.3.: Der Lineare zyklische Ablauf des *User Centered Design* nach [Harp 08].

schriebenen Prozess, sondern vielmehr um eine ständige Abfolge von *Studium* der aktuellen Situation, Design der Schnittstelle, anschließender *Implementierung* und schließlich *Auswertung* (siehe Abbildung 3.3). Die Erkenntnisse aus einer Iteration fließen dann wiederum in einen neuen Studiumsschritt ein und der Zyklus wird erneut durchlaufen mit dem Ziel, sukzessive das Interface zu verbessern. Die Werkzeuge, die in den jeweiligen Schritten zum Einsatz kommen, sind dabei nicht vorgeschrieben und rekrutieren sich oft aus den bereits vorgestellten *Guidelines* und *Principles* [Norm 88] [Dix 98] [Harp 08] [Weli 02].

Ein Kritikpunkt am Vorgehen des *User Centered Design* besteht in der wenig zielgerichteten Herangehensweise. In jedem neuen Zyklus kann es dazu kommen, dass Änderungen an der Schnittstelle zurückgenommen werden, die im vorherigen Schritt eingefügt wurden und das kann sich wiederholen, das System oszilliert [Weli 02]. Zudem kann eine kleine Änderung an dem Interface eine große Auswirkung auf den Eindruck des gesamten Interfaces haben. Die Zielführung und der Zeitaufwand an sich sind damit schwer absehbar [Carr 90].

Trotzdem bleibt festzuhalten, dass dieses grundlegende Vorgehen des *User Interface*-Designs sich prinzipiell nicht stark vom Vorgehen im *Software Engineering* unterscheidet. Vielmehr werden ähnliche Techniken angewandt, allerdings unter verschiedenen Prämissen und Zielrichtungen. Verwiesen sei an dieser Stelle auf die Ansätze des *Usage Centered Design* von Constantine und Lockwood [Cons 99] oder des *Participatory Design*, des *Parallel Design* und des Prototyping des *Usability Life Cycles* bei Nielsen [Niel 93].

### 3.3.1. Informelle Modellierung der Nutzerschnittstelle

Die Parallelität der Entwicklung von Nutzerschnittstelle und System macht es nötig, unabhängige Prototypen zu generieren, die trotzdem Rückschlüsse auf die spätere Interaktionsweise und die spätere Anmutung gewähren. Die informelle Modellierung über Skizzen ist immer noch die gebräuchlichste Methodik, sich dem Problem des Nutzerschnittstellendesign zu nähern [Weli 01]. Abbildung 3.4 zeigt dabei eine erste Skizze einer graphischen Nutzerschnittstelle, die einen Wizard verwendet, um einen Interaktionsschritt in einem bestehenden System zu gestalten. Nach der reinen Skizze der für diesen Interaktionsschritt notwendigen Inkarnation der Schnittstelle kann eine prototypische Umsetzung folgen, die mit einigen Nutzern sofort getestet werden kann, um so erste Rückschlüsse auf die Tauglichkeit der Lösung ziehen zu können. Diese Tests können durchaus auch im *Wizard of Oz*-Verfahren [Kell 83] [Gree 85] durchgeführt werden, bei dem das System durch einen Menschen simuliert wird, der, für den Nutzer transparent im Hintergrund, die Systemantwort ad hoc generiert. Bei diesem Verfahren können im einfachsten Fall die Skizzen selbst als Interfaceplatzhalter dienen. Im Beispiel aus Abbildung 3.4 würden dann einzelne Interface Skizzen einem Daumenkino gleich ausgetauscht werden, je nachdem, welche Funktion der Nutzer aufzurufen im Begriff war [Kell 83] [Gree 85] [Dahl 93].

Um größere Zusammenhänge festzuhalten, kann auf weitere informelle Methoden wie das *Story Boarding* zurückgegriffen werden. Dem Vorgehen des Erstellens eines Drehbuches gleich, werden einzelne *User Interfaces* in Beziehung zueinander gesetzt und deren Abfolge nacheinander festgelegt. Damit kann letzten Endes ein Skript erstellt werden, das die kompletten Interaktionsmöglichkeiten und Übergänge des *User Interfaces* beinhaltet [Dix 98].

Die informelle Modellierung von Nutzerschnittstellen bietet enorme Vorteile was die Geschwindigkeit der Erstellung und die Freiheitsgrade des Designs anbelangt, hat allerdings auch Nachteile. Die völlige Freiheit bringt dem Designer letzten Endes auch alle Pflichten, es gibt keinen klar definierten Desi-

Abbildung 3.4.: Informelle Skizze eines graphischen Interfaces, welches das *Wizard*-Vorgehen verwendet.

gnprozess. Die Zusammenarbeit der einzelnen Teilnehmer ist schwierig, da sie immer über die Skizzen erfolgen muss oder sich auf das Zusammenspiel innerhalb der Gruppe verlassen muss.

Je konkretere Formen die Ideen annehmen, desto schwieriger wird es, diese exakt festzuhalten. Beschreibende Texte zur Skizze werden nötig. Dies trifft vor allem auf interaktive und dynamische Anzeigen zu. Auch die Masse an benötigtem beschreibendem Beiwerk wird immer größer. Die Masse an beschreibendem Text und die Uneindeutigkeit informeller Beschreibungen stellen insbesondere dann ein Problem dar, wenn es um die Umsetzung und damit um das Zusammenspiel mit dem *Software Engineering* geht [Weli 02].

## 3.4. Zusammenarbeit von User Interface Design und Software Engineering

Die Zusammenarbeit zwischen den Disziplinen des *Software Engineering* und der *HCI*, im Speziellen dem *User Interface*-Design, ist ein zentraler Punkt der aktuellen *Software*-Entwicklung. Der Erfolg einer *Software* wird mittlerweile nicht mehr alleine durch die zu lösende Aufgabe sondern vor allem auch durch die Nutzbarkeit und Nutzerbindung bestimmt.

Gerade die Probleme der Bedienung werden bei klassischen Vorgehen erst sehr spät, meist erst in der *Test*- oder *Deployment*-Phase entdeckt. Neben der sich daraus ergebenden Verzögerung stellt die Problembehebungen ebenfalls einen hohen Kostenfaktor dar, da im schlimmsten Fall der komplette *Software*-Designzyklus wieder von vorn durchlaufen werden muss [Folm 03] [Chru 00] [Dona 01]. Studien zeigen, dass 80% der Wartungskosten auf Probleme in der Bedienung zurückzuführen sind [Pres 92], wobei 64% direkt mit Nutzungsproblemen zusammenhängen [Land 96] [Lede 92].

Dass die Probleme der Bedienung erst in der *Test*- und *Deployment*- statt bereits in der *Design*- oder *Implementierungsphase* entdeckt werden, liegt zum Ersten an der einfachen Tatsache, dass die Evaluation der *Usability* einen funktionierenden Prototypen bedingt [Folm 04]. Die Entwicklung des Prototypen, der durch andere *HCI*-Methoden wie *Rapid Prototyping* [Niel 93] oder *Wizard of Oz* [Kell 83] [Gree 85] [Dahl 93] realisiert werden könnte, hat aber keine Auswirkungen auf die *Software*-Architektur selbst [Folm 03]. Zum Zweiten sind die Möglichkeiten, die *Usability Requirements* vorherzusagen beschränkt [Cons 99]. So haben Studien ergeben, dass etwa 50% der späteren Probleme übersehen werden [Cuom 94]. Und zum Dritten ändern sich die Anforderungen auch im laufenden Betrieb, da Nutzer einfach neue Arten der Nutzung finden, die nicht bedacht werden konnten [Gurp 02] [Folm 03].

### 3.4.1. Verschiedene Disziplinen – gleiche Ziele

Die beiden Disziplinen des *Software Engineering* und des *User Interface*-Designs verwenden Methoden, die sich auf den ersten Blick zwar unterscheiden, einander aber dennoch durchaus ähneln. Was die beiden Disziplinen vor allem unterscheidet, ist der Blickwinkel, den sie einnehmen, um ein und dasselbe Ziel zu erreichen: die Steigerung der Produktqualität [Bele 03] [Hvan 03]. Dies spiegelt sich im ISO 9126-1 Standard [ISO 01] wider, in dem die *Produktqualität* definiert wird als Qualität in zwei Teilgebieten, der *internen und externen Produktqualität* sowie der *Nutzungsqualität*. Die *interne Produktqualität* bezieht sich dabei auf die *Designphase im Produktdesign*, inwiefern das Produkt, das sich noch nicht im laufenden Betrieb befindet, Qualitätsstandards erfüllt. Die *externe Produktqualität* bezeichnet die Qualität im laufenden Betrieb, eine Qualität, die direkt mit der *Testphase* in Verbindung gebracht werden kann. Sowohl interne als auch externe Produktqualität bezeichnen damit Eigenschaften, die in der Disziplin des *Software Engineering* behandelt und sichergestellt werden wollen. Die *Nutzungsqualität* bezieht sich explizit auf *die Anmutung* und den *Nutzereindruck des Produktes*, was beides in der Disziplin des *User Interface*-Design bearbeitet wird.

Konsequenterweise werden deswegen große *Software*-Projekte in Gruppen bearbeitet, die mit Experten aus verschiedenen Disziplinen besetzt sind [Bele 03]. Die Frage stellt sich nun allerdings, wie eine Zusammenarbeit der verschiedenen Gruppen vonstatten gehen kann. Die Meinungen darüber, wie weit die Verflechtung der beiden Disziplinen gehen soll, gehen auseinander. Fordern die meisten Autoren mittlerweile eine engen Zusammenarbeit in allen Phasen des klassischen Designprozesses, mit dem Gewicht auf immer frühere Phasen, so gibt es auch Stimmen, die auf eine Trennung der beiden Disziplinen Wert legen. Hvannberg [Hvan 03] beispielsweise argumentiert für eine Trennung der beiden Disziplinen und einen parallelen Entwicklungsprozess. Hvannbergs Grund dafür ist allerdings einzig und allein die größere Vielfalt der zu erwartenden Lösungen und der höhere Grad an Kreativität der ausgeschöpft werden kann. Anstelle einer Verflechtung fordert Hvannberg klar definierte Schnittstellen. Insofern wird die Notwendigkeit der Zusammenarbeit nicht verneint.

Im Folgenden werden verschiedene Ansätze aufgezeigt, die versuchen, die Kluft zwischen den beiden Disziplinen *Software Engineering* und *User Interface*-Design zu überbrückt, beziehungsweise, welche Methoden dabei zum Einsatz kommen. Besonderer Wert wird darauf gelegt herauszuarbeiten, welche Probleme diese Vorgehen mit sich bringen, um Rückschlüsse für das eigene in dieser Arbeit entwickelte Modell ziehen zu können.

### 3.4.2. Trennung von Systemkern und Präsentation

Eine der ältesten Methoden der Integration von *Software Engineering* und *User Interface*-Design ist die konsequente Trennung des Systemkernes von allen interaktiven Komponenten. Eingeführt wurde diese Methodik mit dem *Model-View-Controller* (*MVC*) Paradigma durch Krassner und Pope [Kras 88].

**Model-View-Controller**

Dem *Model-View-Controller* Paradigma liegt die Idee zugrunde, dass Systeme mehrere Aufgaben erfüllen müssen: Zum Einen hat das System einen Zweck für den es geschaffen wurde, zum Zweiten müssen die Funktionen abrufbar sein und zum Dritten muss das Ergebnis präsentiert werden. Prinzipiell sind dies auch die Komponenten, in die beim *MVC*-Paradigma ein System unterteilt und in der Folge modelliert wird.

**Model** Im *Model* wird alle domänenspezifische Funktionalität gekapselt, ergo die Funktionalität, die nötig ist, um eine bestimmte Aufgabe zu lösen. Zum funktionalen Kern gehören darüber hinaus alle zentralen Daten und deren Strukturierung. Die Idee hinter diesem Vorgehen ist die komplette Kapselung des funktionalen Applikationsteils, um ihn von den beiden anderen Komponenten, dem *Controller* und der *View*, unabhängig zu machen. Das *Model* existiert in einer Applikation genau einmal.

**View** Die Aufgabe der *View* ist die Präsentation der Daten, die im funktionalen Kern vorliegen.

**Controller** Der *Controller* modelliert die Verbindung zum Nutzer. Dabei ist anzumerken, dass jede interaktive *Software*-Komponente, wie beispielsweise ein *Button* oder ein *Menu*, als *Controller* aufgefasst werden kann.

Abbildung 3.5 zeigt schematisch die Komponenten eines Systems, modelliert nach dem *Model-View-Controller* Paradigma. Das *MVC*-Paradigma trennt dass *Model* klar von *View* und *Controller*. Es ist aus Sicht des *Software Engineering* eine hervorragende Möglichkeit, das *User Interface*-Design in den *Software*-Entwicklungsprozess einzubinden. Durch die Trennung ist ein paralleles Arbeiten von *Software Engineers* am *Model*, dem funktionalen Kern, und von *User Interface*-Designern an der Spezifikation und Ausarbeitung von *Controllern* und *Views* möglich. Es kann sogar mit mehreren *Views* und *Controllern* gearbeitet werden, die prinzipiell auch während der Laufzeit ausgetauscht werden können.

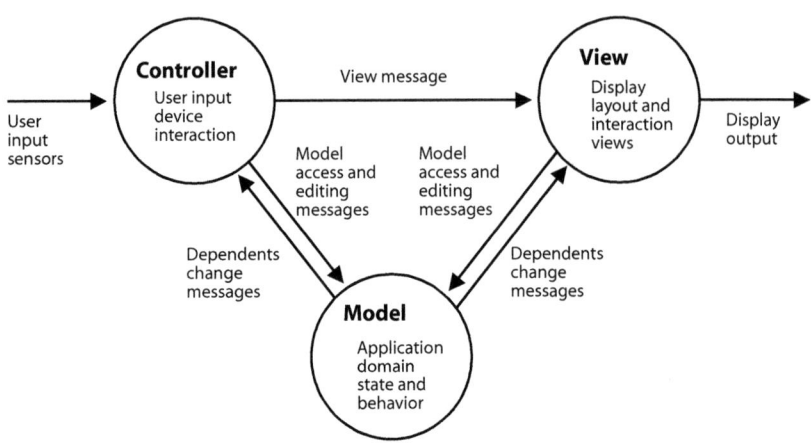

Abbildung 3.5.: Die einzelnen Komponenten und die Kommunikation zwischen diesen beim *MVC*-Paradigma (nach [Kras 88]).

**Andere Ansätze zur Trennung von funktionalem Kern und Präsentation**

Neben dem *MVC*-Paradigma existieren mittlerweile eine ganze Reihe an weiteren Vorgehen, die versuchen, eine Trennung zwischen Systemkern und Präsentation zu erreichen. Weit verbreitet ist das *Presentation-Abstraction-Control* (*PAC*) Paradigma [Cout 87]. Das *PAC*-Paradigma arbeitet mit einer Trennung ähnlich der des *MVC*-Paradigmas, allerdings hierarchisch und auf mehreren Ebenen, sodass Agenten entstehen, mit jeweils eigenen Kontrollern, Präsentationen und Abstraktionskernen.

Eine weitere bekannte Trennung ist *Arch/Slinky* [Work 92] [Kazm 94], eine Erweiterung des *Seeheim*-Modells [Pfaf 85], die eine Applikation in fünf Teile zerlegt: Erstens einem *Functional Core*, der, ähnlich dem *Model* im *MVC*-Paradigma, die domänenspezifische Funktionalität kapselt. Zweitens fußt darauf ein *Functional Core Adaptor*, der ein *Interface* zwischen dem *Dialog* und dem *Functional Core* darstellt, domänenspezifische Daten in höherwertige, verwendbare Strukturen bringt und semantische Checks ausführt. Drittens folgt die *Dialogkomponente*, die zwischen dem domänenspezifischen Kern und der Präsentation vermittelt. Hier werden Daten aufbereitet und transformiert, um in einer spezifischen *Präsentationskomponente* angezeigt werden zu können. Diese Trennung ermöglicht auch eine gleichzeitige Bedienung mehrerer Präsentationskomponenten. Viertens folgt die *Logical Interaction*-Komponente, die virtuelle Objekte und noch präsentationsunabhängige Funktionen bereitstellt. Fünftens folgt die eigentliche *Physical Interaction*, die Interaktionskomponente, die die gerätespezifischen Instanzen der Präsentation kapselt und letztendlich die Interaktion ermöglicht [Kazm 94].

**Probleme der Trennung von funktionalem Kern und Präsentation**

Die traditionelle Auffassung der Nutzbarkeit und Nutzungsqualität als alleinige Präsentationsaufgabe, die als Trennung von *User Interface* und Applikation in den *Software*-Designprozess eingeht und am Ende der Designkette behandelt wird, greift zu kurz. Nutzungsqualität bedeutet wesentlich mehr, als alleinig die korrekte Implementierung des funktionalen Kerns und der Präsentationsschicht. Vielmehr ist eine enge Zusammenarbeit nicht nur zwischen den Ein- und Ausgabeschichten, wie etwa *View* und *Controller* im *MVC*-Paradigma nötig, sondern auch zwischen dem funktionalen Kern und der *Presentation* beziehungsweise der *View*. John et al. führen an, dass viele Aspekte der Nutzungsqualität Funktionalität fordern, die bis in den funktionalen Kern reichen [John 05]. Als Beleg für diese Behauptung können verschiedene Beispiele angeführt werden:

Das Abbrechen einer Funktion, eine Funktionalität, die die Nutzbarkeit einer Applikation ungemein erhöht, kann nur geboten werden, wenn alle beteiligten Objekte im funktionalen Kern diese Möglichkeit unterstützen. Die Funktionalität kann nur geboten werden, wenn erhebliche Eingriffe im funktionalen Kern stattfinden. Ähnlich verhält es sich mit der mittlerweile etablierten Funktionalität der *Undo*-Funktion. Dabei werden Aktionen, die auf einen bestimmten Datensatz oder eine bestimmte Sicht angewandt werden, rückgängig gemacht. Also eine Funktionalität, die der *Abbrechen*-Funktion ähnelt. Allerdings muss zum eigentlichen Rückgängigmachen eine Historie der Ereignisse vorgehalten werden, um die Tiefe der *Undo*-Funktion zu gewährleisten und einen Verlauf zu modellieren. Diese Funktionalität hat in erheblichem Maße Einfluss auf die Datenhaltung.

Ein Eingriff in den funktionalen Kern wird nicht nur durch interaktive Elemente verursacht, vielmehr kann das auch bereits eine einfache Präsentation erfordern. Die einfache Rückmeldung der zu erwartenden Bearbeitungszeit, etwa über eine *Progress Bar*, erfordert eine relativ genaue Abschätzung der Dauer eines Vorgangs, eine Funktionalität, die ohne genaue Kenntnis aus dem Kern nicht zu machen ist. Eben diese Zeitabschätzung und -Berechnung muss schon vom Kern bereitgestellt werden [Bass 01a, Bass 01b, Bass 02, Bass 03] [Bosc 03] [John 04, John 05].

Die hier aufgeführten Punkte wurden für das *MVC*-Paradigma formuliert, die Kritik lässt sich allerdings auf alle vorgestellten Modelle ausweiten [Bass 01b] [John 05]. Dies bedeutet allerdings nicht, dass Modellierungen als solche nur ungenügende Programme hervorbringen könnten, sondern vielmehr, dass die Trennung im und vor allem die Auffassung der Implementierung der Präsentationsschicht als zusätzlichen Schritt am Ende des *Software*-Designprozess nicht gehalten werden kann.

Vielmehr ist eine enge Kopplung von Interface- und *Software*-Design in früheren Phasen vonnöten, um Aspekte der Nutzbarkeit in den Designprozess und in die ureigenen Prozesse des *Software Engineering* einzubringen.

### 3.4.3. Usability – Einbeziehung von User Interface Zielen in den Designprozess

Änderungen eines Systems nach der Fertigstellung des funktionalen Kerns, um etwa Anforderungen der Nutzbarkeit einzubauen, sind nicht einfach möglich. Vielmehr ist damit ein komplettes *Redesign* des Systems verbunden [Folm 05]. Folglich müssen alle Anforderungen an das System inklusive der Anforderungen an die Nutzbarkeit bereits in der Designphase vorliegen, um einen vollständigen Systementwurf ausarbeiten zu können.

Um die Nutzbarkeit in den *Software*-Designprozess einzubringen, und damit in die Domäne des *Software Engineering* zu überführen, ist eine Spezifikation der Ziele sowie der beteiligten Entitäten vonnöten. Neben der Modellierung des Systems ist damit die Modellierung des Nutzers selbst beziehungsweise seiner für die Interaktion maßgeblichen Eigenschaften notwendig und eine Formulierung der einzelnen Ziele, deren Umsetzung die Nutzbarkeit sichern.

**Aktionszyklus von Don Norman**

Ein Modell, das die Verbindung zwischen Nutzer, Zielen und Umwelt eingängig herstellt, ist der *Aktionszyklus von Don Norman*.

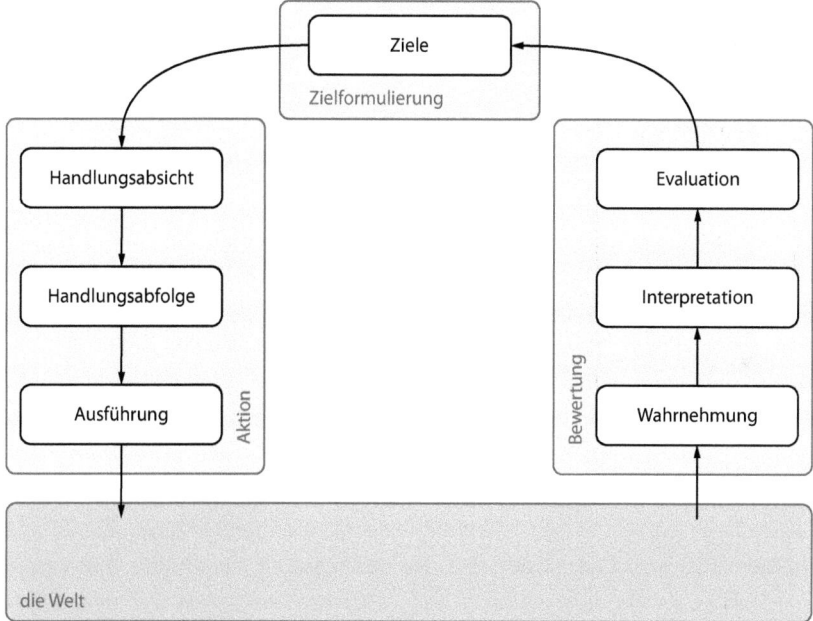

Abbildung 3.6.: Der Aktionszyklus nach Don Norman (nach [Norm 88]).

Don Norman legt mit seinem Aktionszyklus ein Modell vor, das die Interaktion zwischen Mensch und Umwelt im Allgemeinen und zwischen Mensch und Computer im Besonderen beinhaltet. Norman fasst dabei unsere Interaktion mit der Welt als ständige Wiederholung von drei Phasen auf, der *Zielformulierung*, der *Aktion* und der *Bewertung*. Er unterteilt diese drei Phasen weiter und kommt letztendlich zu einem Modell mit sieben Schritten, die zusammen einen Durchlauf des Aktionszyklus bilden.

1. **Ziele** Festlegung des Handlungszieles, das erreicht werden soll.

2. **Handlungsabsicht** Bildung einer das Ziel konkretisierenden Handlungsabsicht.

3. **Handlungsabfolge** Spezifikation der Handlung als klar bestimmte Handlungsabfolge zur Umsetzung der Absicht beziehungsweise des Plans.

4. **Ausführung** Ausführung der Handlungabfolge als physikalische Aktionen, im Bereich der *Mensch-Maschine-Interaktion* in Form von Systemeingaben.

5. **Wahrnehmung** Wahrnehmung der Umwelt beziehungsweise des Systemzustands nach Verarbeitung der Eingaben durch das System.

6. **Interpretation** Interpretation des wahrgenommen Systemzustandes.

7. **Evaluation** Bewertung der Interpretation und Abgleich mit den Zielen.

Nach jeder Ausführung eines Zykluses kann es, abhängig von der Evaluation, einen neuen, angepassten Durchlauf mit modifizierten Zielen geben. Neben dem Verständnis für den Vorgang der Nutzerinteraktion führt Norman auch die Bildung eines mentalen Modells eines jeden Nutzers an, welches in engem Zusammenhang mit dem Interaktionszyklus steht. Unter dem *mentalen Modell* versteht man das Bild, das ein Nutzer von einem System hat. Der Nutzer definiert seine Ziele anhand seines mentalen Modells. Ein fatales Problem tritt also überall dort auf, wo das mentale Modell, das ein Nutzer sich von einem System gemacht hat nicht mit der Realität übereinstimmt. In diesem Fall sind bereits im ersten Schritt des Aktionszykluses die Ziele des Nutzers zum Scheitern verurteilt, da die darauf aufbauenden Aktionen zwangsläufig falsch sein müssen und zu einem schlechten Ergebnis und damit zu Unbedienbarkeit und Frustration führen [Norm 88].

Es bleibt anzumerken, dass neben der häufig verwendeten Modellierung nach Normans Aktionszyklus weitere existieren, die für unterschiedliche Zwecke, beispielsweise die Vorhersage von Interaktionszeiten angepasst sind mit GOMS [Card 80] von Card, Moran und Newell.

**Modellierung des Nutzers**

Die Modellierung des Nutzers beinhaltet im Wesentlichen zwei Kategorien. Eine Klassifizierung des Umfeldes, in welchem sich ein Nutzer befindet, und die allgemeine Herangehensweise, wie sich ein Nutzer einem Problem und damit dem System nähert. Letzteres ist ein Thema, das viel Beachtung gefunden hat und in den letzten Jahren im Bereich der *Mensch-Maschine-Interaktion* durch die Zusammenarbeit verschiedener Disziplinen, insbesondere der Kognitionspsychologie, eine Vielzahl von Ergebnissen und Modellen hervorgebracht hat. Bereits im Kapitel 2.1.1 wurden die ersten Schritte im Bereich der visuellen Wahrnehmung und damit der Modellierung des menschlichen visuellen Wahrnehmungsapparates angeführt. Die Modellierung der menschlichen Wahrnehmung und der Interaktion mit der Umwelt wird zum Beispiel von Norman in [Norm 88] beschrieben und ist auch in dem in vorliegender Arbeit entwickelten Modell enthalten (siehe Kapitel 8.1.6).

Neben der Herangehensweise des Nutzers, um Ziele zu erreichen, sind andere Randbedingungen von Interesse, die etwa die kognitiven oder perzeptiven Möglichkeiten des Nutzers betreffen [Shne 04] [John 05].

Die Eigenschaften des Nutzers sind Größen, die in Experimenten bestimmt und klar festgehalten und für alle Nutzer angenommen werden können. Das gilt beispielsweise für physiologischen Eigenschaften wie das Hörvermögen und das Farbensehen. Zunehmend rücken allerdings Eigenschaften ins Blickfeld, die weniger klar gefasst werden können beziehungsweise stark vom jeweiligen Nutzer abhängen, trotzdem aber Einfluss auf den Aktionszyklus, etwa in der Formulierung von Zielen oder Handlungsabfolgen haben können.

Um den mentalen Status einer Person zu modellieren, können Modellierungen aus der Psychologie herangezogen werden (zum Beispiel [Ekma 72]). Andere Größen wie etwa Vorkenntnisse oder die jeweilige Rolle, die ein Benutzer gegenüber dem System einnehmen kann, können durch *Personas* [Java 07] modelliert werden. Der Nutzer selbst oder zumindest seine Fähigkeiten und Eigenschaften werden damit zunehmend als Ressourcen im Designprozess betrachtet [Hvan 03].

**Aufgabenmodellierung**

Neben den Randbedingungen, denen Menschen unterliegen oder den Umständen, in denen sie sich befinden, ist die Kenntnis der Ziele und damit des Zwecks einer Applikation von Bedeutung. Hierbei ist festzuhalten, dass die Modellierung der Ziele durchaus nicht nur auf die Funktionalität der Applikation beschränkt ist, sondern vielmehr auch auf die Modellierung von Zielen für die Benutzbarkeit bezogen werden kann. Ebenso wie die funktionalen Ziele können Ziele der Benutzbarkeit formuliert werden und in *Task*-Modellen festgehalten werden. Dazu kann beispielsweise *ConcurTaskTrees* [Pate 97] verwendet werden [Prib 05]. Dabei werden auf verschieden Ebenen Ziele verschiedenen Abstraktionsgrades formuliert und, ähnlich der Formulierung von Handlungsabfolgen im Aktionszyklus von Norman, in kleinere Interaktionsziele unterteilt. Abhängig von verschiedenen Modalitäten kann es dabei durchaus auch zu mehreren verschieden *Task*-Bäumen kommen.

### ConcurTaskTrees

Ein Modell, das häufig verwendet wird, um Interfaces formal zu beschreiben, ist das von Paternò eingeführte die *ConcurTaskTrees*, *CTT* [Pate 97].

Bei *CTT* handelt es sich um eine formale Beschreibung, die sowohl textuell als auch als Baum dargestellt werden kann. Die grafische Darstellung ist für Anwender einfach zu verstehen. Zum *CTT*-Modell gehört ein eigenes Tool, das sowohl als Visualisierung als auch als Editor dienen kann und es ermöglicht, die Darstellung des Systems kompakt und übersichtlich zu halten. Gleichzeitig unterstützt das Tool den Designer bei der Erstellung von Modellen, indem es einfache Aufgaben bereits übernehmen kann.

Um zur Beschreibung von Interfaces mit ihrem hohen Interaktionsgrad herangezogen werden zu können, wird in *CTT* vor allem auf die exakte Beschreibung temporaler Zusammenhänge zwischen verschiedenen *Tasks* Wert gelegt. Das *CTT*-Modell gliedert in *Tasks*, *Aktionen* und *Objekten*.

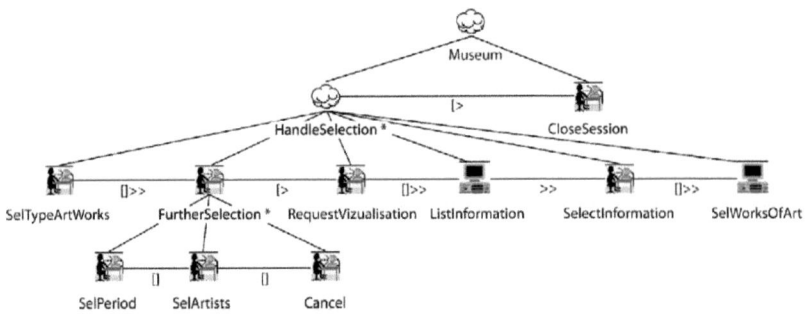

Abbildung 3.7.: Modellierung eines Systems mit *ConcurTaskTree* (nach [Pate 97]).

**Tasks** *Tasks* sind in *CTT* die Elemente, die die Ziele des Nutzers repräsentieren, die durch die Verwendung des Systems erreicht werden sollen. *Tasks* sind die Basiselemente in *CTT*. *Tasks* werden in *CTT* in vier verschiedene Arten eingeteilt, *User Tasks*, *Application Tasks*, *Interaction Tasks* und *Abstract Tasks*.

*User Tasks* sind alle Aufgaben, die der Nutzer komplett selbst ausführt. Dazu zählen alle kognitiven Leistungen und physikalische Aktivitäten, die keine Systeminteraktion erfordern.

*Application Tasks* sind alle Aufgaben, die komplett vom System ausgeführt werden. Ihre Aktivierung geht alleine auf das System zurück, die Auswirkungen können allerdings durchaus vom Nutzer wahrgenommen werden können, etwa im Falle der Darstellung einer Fehlermeldung.

*Interaction Tasks* sind Aufgaben, die im Zusammenspiel zwischen System und Nutzer gelöst werden. Alle *Interaction Tasks* sind dabei nutzerinduziert.

*Abstract Tasks*, sind komplexe Aufgaben, und zusammengefasste *Tasks*, die nicht eindeutig einer der drei anderen Arten von *Tasks* zugeordnet werden können.

**Aktionen** Aktionen sind alle kognitiven, logischen oder physikalischen Aktivitäten, die ein Nutzer durchführt, um ein Ziel zu erreichen. Dies geschieht, indem er Objekte manipuliert.

**Objekte** *Objekte* sind alle Repräsentanten, die durch Aktionen manipuliert werden können. Es werden zwei Arten von Objekten unterschieden, *wahrnehmbare Objekte* und *interne Objekte*.

*Wahrnehmbare Objekte* sind alle Einheiten, die vom Nutzer wahrgenommen und von ihm manipuliert werden können. Sie stellen damit die kleinsten Einheiten des Interfaces dar, zum Beispiel Menüs und Schaltflächen.

*Interne Objekte* sind Einheiten, die auf wahrnehmbare Einheiten abgebildet werden und die nur indirekt manipuliert werden können. Ein Beispiel für ein internes Objekt ist eine Datenbank.

Die Vorgehensweise nach dem *CTT*-Modell ist die, ein System in drei Schritten zu modellieren. Als Erstes werden die *Tasks* des Systems in immer kleinere, spezifischere *Tasks* zerlegt. Dadurch entsteht eine logische, hierarchische Struktur. Als Zweites werden die zeitlichen Zusammenhänge und Abhängigkeiten zwischen den *Tasks* identifiziert und festgehalten. Als Drittes werden die Objekte identifiziert, die einem Task angehören und die Aktionen eruiert, mit deren Hilfe die Objekte manipuliert werden und damit untereinander kommunizieren können. Dieser Prozess der Objekt- und Aktionsidentifikation wird von oben nach unten, Schicht für Schicht durchgeführt.

Abbildung 3.7 zeigt ein einfaches Beispiel eines *ConcurTaskTree*-Modells aus [Pate 97], das eine einfache Interaktion mit einem virtuellen Museum realisiert.

Das Vorgehen bei der Modellierung ist immer Schicht für Schicht, von oben nach unten, wobei jede neue Schicht das Problem der darüber liegenden näher spezifiziert und es so letzten Endes gelöst wird. *CTT* verwendet damit die schrittweise Verfeinerung und die Modellierung auf verschiedenen Abstraktionsebenen. Durch die hohe temporale Ausdrucksmächtigkeit lassen sich interaktive Prozesse gut beschreiben. Durch die Werkzeugunterstützung ist zum Einen eine sowohl einfach zu verstehende, als auch kompakte, grafische Visualisierung gegeben und zum Anderen eine Unterstützung des Designprozesses durch semiautomatisches Vorgehen gewährleistet [Pate 97]. Bei dieser Interaktionsmodellierung handelt es sich um eine Modellierung der Abfolge verschiedener Interaktionsschritte. Ist die aus Sicht des *Software Engineering* und des *User Interface*-Designs im Sinne der Spezifikation der Abläufe genügend, so ist doch noch nichts über die Qualität des Interfaces, im Sinne von Nutzbarkeit, ausgesagt.

**Usability-Ziele im Software Design Prozess**

Die Nutzbarkeit von Systemen wird oft mit dem Begriff *Usability* gefasst. *Usability* bezeichnet dabei die funktionalen Anforderungen, die ein System erfüllen muss, um benutzbar zu sein [Juri 07].

Der Frage was unter *Usability* zu verstehen ist, wurde im Grunde bereits im Kapitel 2, im Speziellen unter 2.3 behandelt, auch wenn der Fokus dort auf der Formalisierung von Designregeln liegt. Nichtsdestotrotz sind die dort angeführten Prinzipien Grundlage für die Formulierung von *Usability*-Zielen, insbesondere die von Jacob Nielsen [Niel 93] formulierten Richtlinien.

Eine eingehende Behandlung der Inhalte von *Usability*-Zielen ist in [Juri 07] zu finden. Dort gehen Juristo et al. vor allem auf die Anforderungen ein, die sich aus *Usability*-Zielen für das *Software Engineering* ergeben. Tabelle 3.1 zeigt das Ergebnis der Untersuchung als Gegenüberstellung der Hauptkategorien, die Juristo et al. beziehungsweise Bass et al. in [Juri 03a, Juri 03b] und [Bass 01a, Bass 03] erarbeitet haben, und der *Usability*-Ziele aus der *Usability*-Literatur Hix et al. [Hix 93], Nielsen [Niel 93], Shneiderman [Shne 97] und Constantine et al. [Cons 99]. Wert gelegt wird vor allem auf die Auswahl der *Usability*-Ziele, die vom *Software Engineering* berücksichtigt werden müssen, da sie auf frühe Phasen des *Software*-Designprozesses Einfluss haben. Auf die Auswirkungen einiger *Usability*-Ziele auf den funktionalen Kern einer Applikation, wie »*Undo*«- und »*Cancel*«-Funktion, etwa formuliert durch John et al. [John 05] und Bass et al. [Bass 01a] [Bass 01b], wurde bereits in Kapitel 3.4.2 eingegangen und wird jetzt hier wieder aufgegriffen. Juristo et al. folgern, dass *Usability*-Ziele, die Einfluss auf den funktionalen Kern haben, den Fachleuten für das *Software Engineering* und das Systemdesign bereits in der Phase der *Requirement*-Analyse deutlich gemacht werden müssen [Juri 07], eine Forderung, die auch von anderen Forschergruppen etwa Golden et al. [Gold 05] erhoben wird. Die Unterstützung der Einbindung der *Usability*-Ziele in den *Software*-Designprozess geht dabei von der Formulierung von Designzielen für die *Requirement*-Analyse bis hin zu *Frameworks* zur Unterstützung des kompletten Designprozesses. Ein Beispiel dafür stellt die *Software*-Architekturlösung von Folmer et al. in [Folm 03, Folm 05] dar.

In diesem Kapitel wurden bisher *Usability*-Ziele mit Einfluss auf die frühen Phasen des *Software*-Designprozessen bis hin zur *Requirement*-Analyse, sowie auf den ganzen Designprozess herausgearbeitet. Was noch keine Beachtung gefunden hat, sind die konkrete Formulierung der *Usability*-Ziele sowie die Einbeziehung und Unterstützung des Designprozesses. Auf beides wird im Folgenden kurz eingegangen.

| Kategorie | Beschreibung | Hix et al. [Hix 93] | Nielsen [Niel 93] | Shneiderman [Shne 97] | Constantine et al. [Cons 99] |
|---|---|:---:|:---:|:---:|:---:|
| 1. Rückmeldung | Halte den Nutzer ständig über die Vorgänge im System informiert. | • | • | • | • |
| 2. Undo/Cancel | Ermögliche dem Nutzer aktuell laufende oder bereits ausgeführte Operationen zurückzunehmen. | • | • | • | • |
| 3. Fehlerbehandlung/ -vermeidung | Behebe Fehler so bald als möglich (beziehungsweise lasse sie nie entstehen), um sowohl die Eingabe für den Nutzer zu erleichtern als auch die Datenqualität zu erhöhen. | • | | • | • |
| 4. Wizard | Zur Unterstützung von Aufgaben, die mehrere Schritte erfordern. | | | | • |
| 5. Benutzerprofil | Zur Anpassung der Applikation an den jeweiligen Nutzer und seine Voraussetzungen und Vorlieben. | • | | | |
| 6. Hilfe | Verständliche und sinnvolle Hilfestellungen bieten, um den Nutzer zu erklären wie eine Aufgabe ausgeführt werden kann. | | • | | • |
| 7. Kommandoaggregation | Um dem Nutzer die Möglichkeit zu bieten, mehrere Aufgaben parallel ausführen zu lassen. | • | • | • | |
| 8. Shortcuts | Biete die Möglichkeit, eine Aufgabe mit nur einer schnellen Aktion zur Ausführung zu bringen. | • | • | • | • |
| 9. Wiederverwendung von Informationen | Ermögliche dem Nutzer, einfach Daten von einem Systemteil in einen anderen zu übernehmen. | | | | • |

Tabelle 3.1.: *Usability*-Kategorien, die Einfluss auf das *Software Engineering* haben, nach Juristo et al. sowie Bass et al. in [Bass 01a, Bass 03] und [Juri 03a, Juri 03b] im Vergleich mit den *Usability*-Kategorien aus der *Usability*-Literatur nach [Juri 07] (vorhandene Charakteristika sind mit einem »•« markiert).

### 3.4.4. Systemeinsatz zur Unterstützung des Interface Design

Prinzipiell lassen sich zwei verschiedene Arten des Systemeinsatzes zur Unterstützung des *User Interface*-Design im *Software*-Designprozess unterscheiden. Zum Einen werden Systeme genutzt, um die Anforderungen an das Interfacedesign zu kommunizieren und deren Implikationen für das Interfacedesign aufzuzeigen, zum Anderen werden Systeme eingesetzt, um Interfaces zu generieren. Greift die Kommunikation der Anforderungen die Vorgänge in der *Requirement*-Phase auf, so ist die Interfacegenerierung ein Tool zur Unterstützung der *Implementierungsphase*. Im Folgenden wird auf die unterschiedlichen Möglichkeiten in der *Implementierungsphase* eingegangen.

### 3.4.5. Generierung von Interfaces

Die Anforderungen aus der *Requirement*-Phase werden in der *Architektur*- und *Detail Design*-Phase verfeinert, um letzten Endes in der Implementierungsphase in *Software* umgesetzt zu werden. Dabei gibt es verschiedene Möglichkeiten, wie das Interface für das System sowohl designt als auch implementiert werden kann; zum Ersten kann es, wie auch das System selbst, komplett von Hand designt und programmiert werden. Zum Zweiten können Werkzeuge zum Einsatz kommen, die sowohl das *System*- beziehungsweise das *Detail Design* als auch die Generierung der Nutzerschnittstelle unterstützen. Und zum Dritten kann das Interface automatisch designt und komplett generiert werden [Moli 02].

**Manuelles Interfacedesign**

Sowohl die Designphase als auch letztlich die Implementierung können komplett manuell vonstatten gehen. Dabei ist die Erfahrung des Systemdesigners von entscheidender Bedeutung. In der Designphase betrifft dies für das *User Interface*-Design vor allem sein Wissen über die *Usability* und deren Auswirkungen auf das komplette *Software*-Design.

In der Implementierungsphase kommt es zusätzlich auf die Erfahrung und das Können bezüglich der Programmierung an. Vor allem in der Implementierungsphase ist zu bemerken, dass *manuelles Programmieren* gegenüber den anderen Möglichkeiten tendenziell *langwieriger* und *fehleranfälliger* ist [Moli 02].

**Semiautomatisches Interfacedesign**

Beim semiautomatischen Interfacedesign wird das Design nicht manuell, sondern mit Unterstützung von *Tools* durchgeführt, die den Designer in der Auswahl von Designs und Implementierungsmöglichkeiten unterstützen. Wird in der *Designphase* ein *Tool* verwendet, so kann dies auch in der *Implementierungsphase* genutzt werden. Es existieren *Tools*, die zumindest teilweise, *Code* generieren beziehungsweise *Code*-Teile liefern, die verwendet werden können. Ein Beispiel hierfür ist das *SEGUIA System* von Vanderdonckt et al. [Vand 99a, Vand 99b], das eine *semiautomatische Generierung* unter Einflussnahme des Designers bietet. Bell zeigt in [Bell 98] die verschiedenen Ansätze der *semiautomatischen Code-Generierung* und mögliche Übergänge zwischen *Design-* und *Implementierungphase* auf.

Die Unterstützung der *Designphase* durch *Tools* ermöglicht es auch weniger erfahrenen Designern zu *User Interface*-Lösungen zu kommen, die annehmbar sind. Der Einsatz von *semiautomatischem Interfacedesign* erhält dem Designer eine *hohe Wahlmöglichkeit*, die Güte der Ergebnisse ist damit allerdings immer noch vom Designer selbst und dessen Erfahrung abhängig. Dies gilt genauso für die Abbildung der Anforderungen, die vom System nur unterstützt werden, letzten Endes aber vom Designer festgeschrieben werden müssen. Der Zeitaufwand des unterstützenden Ansatzes ist gegenüber dem manuellen Design tendenziell geringer. Die durch den *Designer* als entscheidenden Faktor gegebene *Fehleranfälligkeit* ist gegenüber dem manuellen Design ebenfalls geringer.

Die Unterstützung rein der *User Interface*-Implementierung durch Tools ist ebenfalls eine Möglichkeit, die teilweise auch ohne Spezifikationen aus der *Designphase* auskommt beziehungsweise deren Einhaltung dann dem Designer obliegt. Solche Wizards existieren für die Implementierungsphase in vielen Umgebungen und reichen von unterstützenden Systemen zur Erstellung von grafischen *User Interfaces* in verschiedenen Entwicklungsumgebungen bis hin zu *Template*-basierten Systemen, etwa in *Macromedia Flash*, die es auch programmiertechnisch weniger beschlagenen Entwicklern ermöglichen, ansprechende Interaktionssysteme zu entwickeln [Moli 02].

## Automatische Interfacegenerierung

Eine komplette *Systemunterstützung* sowohl für die *Design-* als auch die *Implementierungsphase* setzt eine genaue Spezifikation in der *Requirement-* und *Analysephase* voraus. Ist dies geschehen, so kann die dort gesammelte und festgeschriebene Information als Eingabe für den Designprozess genutzt werden, um sowohl das *Design systemgestützt* ausführen zu lassen, als auch die *Code-Generierung* selbst. Der erhöhte Zeitaufwand in der *Requirement*-Phase ist gleichzeitig auch der Vorteil der automatischen Interfacegenerierung, da nur in dieser Phase eingegriffen werden muss. Die Schritte danach sind automatisiert und mit keinerlei Aufwand verbunden. Damit wird weder Zeit in diesen Phasen benötigt, noch ist das *Procedere* fehleranfällig [Moli 02].

| Aspekte | Manuelles Design | Semiautomatisches Design | Automatisches Design |
|---|---|---|---|
| 1. Design Aufwand | hoch | mittel | niedrig |
| 2. Design Wahlmöglichkeiten | viele | viele | wenige |
| 3. Fehleranfälligkeit | ja, sehr hoch | ja, mittel | nein |
| 4. Abbildung von Requirements | abhängig von Designer | abhängig von Designer, systemunterstützt | immer |
| 5. Zeitaufwand | hoch | mittel | niedrig |
| 6. Benutzeranpassbarkeit | hoch | mittel | niedrig |
| 7. Durchführbarkeit | abhängig von Designer | mittel | hoch |

Tabelle 3.2.: Die Hauptvor- und Nachteile von manuellem, semiautomatischem und automatischem Design von Interfaces nach Molina [Moli 02].

Dafür wird allerdings in Kauf genommen, dass es weder Anpassbarkeit an individuelle Anforderungen noch Einfluss auf den Designprozess gibt. Vielmehr müssen diese Anforderungen alle in der *Requirement*-Phase spezifiziert werden. Das Design selbst ist immer nur so gut, wie das Tool, das zur automatischen Interfacegenerierung zum Einsatz kommt. Molina et al. halten die Vorteile für so schwerwiegend, dass sie die Nachteile aufwiegen. Molina et al. werten den automatischen Interfacegenerierungsprozess als besten Ansatz [Moli 02]. Sie gestehen zwar, dass sowohl das semiautomatische als auch das automatische Vorgehen Schwächen hat, halten diese allerdings tendenziell für nicht gravierend und mit anschließendem manuellem Eingreifen für behebbar. Ein Punkt, der auch von Belenguer et al. angeführt wird, allerdings mit anderer Schlussfolgerung [Bele 03]. Belenguer et al. attestieren automatisch generierten *User Interfaces* durchaus eine gewisse Qualität, bemerken jedoch, dass praktisch immer Nacharbeiten nötig sind und die Ideen von menschlichen Designern in aller Regel den automatisch generierten Beschreibungen und *User Interfaces* überlegen sind. Zudem geben Belenguer et al. zu bedenken, dass die Systeme nie vollkommen und von ihrer Abdeckung beschränkt sind. Tabelle 3.2 zeigt die Vor- und Nachteile von manuellem, semiautomatischem und vollautomatischem Design.

### 3.4.6. Formulierung von Designzielen

Je nach gewählter Methode des Interfacedesigns müssen verschieden stark formalisierte Ausdrucksformen zum Einsatz kommen. Wird eine manuelle Herangehensweise im kompletten *Software*-Designprozess verwendet, ist keine Form vorgeschrieben, die Formulierung bleibt den beteiligten Personen überlassen. Wird allerdings auf die Unterstützung von *Tools* oder automatischen Systemen zurückgegriffen, so müssen bestimmte Formen eingehalten werden. Je nach Herangehensweise der Unterstützung kann eine externe Formalisierung vonnöten sein. Bei *Tool*-basierter Unterstützung für komplette Bereiche ist die Formalisierung im *Tool* selbst möglich. Die Eingabe der Anforderungen durch den Systemdesigner in Masken macht die vorherige, konkrete Formalisierung überflüssig. Stattdessen werden die Formalisierung und deren Überprüfung durch das System selbst geleistet.

Die in Frage kommenden Formalismen hängen stark vom Schritt im Designprozess ab auf den sie sich beziehen. In der Regel wird versucht entweder auf bekannte und bewährte Methoden zurückzugreifen, etwa *CTT* für die Modellierung der *Tasks* in der *Requirement*-Phase, und beziehgunsweise oder eine Formalisierung zu verwenden, die in mehreren Schritten des Designprozesses verwendet werden kann.

Während in der klassischen *Usability*-Literatur auf *Guidelines* und *Principles* zurückgegriffen wird, siehe [Moli 90] [Niel 93] und Kapitel 2.3.4, und die jeweiligen notwendigen Prinzipien daraus abgeleitet werden, etwa die funktionalen Anforderungen für die *Requirement*-Phase [Juri 07], so setzen sich auch hier mittlerweile Patterns als Form der Dokumentation durch.

### 3.4.7. Modellbasiertes Vorgehen zur User Interface Entwicklung

Die Entwicklung von *User Interfaces* mithilfe von automatischen oder semiautomatischen Systemen hat einige Systeme hervorgebracht, die sich stark an den Prozessen des *Software Engineering* orientieren. Die Modellierung von *Tasks*, *Domains* und *Users* und damit die möglichst genaue Beschreibung der Anforderungen, hat zu einer Formalisierung und späteren Deduktion von Interfaces durch *Tools* geführt [Java 07] [Prib 07]. Zentraler Punkt dieser Systeme ist neben der Instanziierung der verschiedenen Modelle das *Mapping* zwischen den unterschiedlichen Ebenen. Damit müssen die Systeme die *Mapping*-Probleme lösen, um Zusammenhänge zwischen den verschiedenen Modellen, die in den verschiedenen Schritten des Designprozesses verwendet werden, zu erzeugen, und diese pflegen [Puer 99]. *Mappings* können hierbei zwischen den verschiedenen Phasen des Designprozessen auftreten. Es ist allerdings auch durchaus möglich, dass innerhalb einer Phase mehrere Modelle zum Einsatz kommen zwischen denen *Mappings* notwendig sind oder Beziehungen bestehen. Pribeanu weist in [Prib 07] neben dieser Bedeutung des *Mappings* auf weitere Probleme hin, die gelöst werden müssen. Eng damit verbunden sind die Probleme der Konstistenzwahrung [Cler 04] und der Auswahl passender Beschreibungssprachen und *Tools* [Limb 04] sowie der Erarbeitung eines Referenz-*Frameworks* [Calv 03]. Sind alle diese Probleme gelöst, so kann im Idealfall aus den bestehenden initialen Modellierungen durch *Mappings* ein *User Interface* komplett generiert werden. Über das Vorhandensein verschiedener *Mappings* können sogar *User Interfaces* für unterschiedliche Geräte erzeugt werden [Flor 04] [Pate 07].

Der Ablauf eines modellbasierten Vorgehens beginnt immer mit der deklarativen Beschreibung der einzelnen Modelle für Aufgaben, Nutzer und relevante Randbedingungen. Durch schrittweises Verfeinern und Mappen auf verschiedenen Abstraktionsebenen wird das *User Interface*-Design erarbeitet, bis zuletzt automatisch oder semiautomatisch ein *User Interface* aus den Modellbeschreibungen erzeugt werden kann [Silv 01].

## 3.4.8. Patterns im Software Design Prozess

Anders als bei den modellbasierten Ansätzen, bei denen das *Mapping* zwischen den einzelnen Schritten der Generierung im Vordergrund steht, rücken mittlerweile andere Verfahren in den Blickpunkt des wissenschaftlichen Interesses, die die Beschreibung und Erzeugung von Interfaces anhand von Patterns bewerkstelligen. Ähneln sich der patternorientierte und der modellbasierte *User Interface*-Ansatz in der Einführung von verschiedenen Schichten oder Phasen und dem Festhalten von *Requirements* in einem bestimmten Kontext, so unterscheiden sie sich doch im Vorgehen [Java 07].

Die treibende Kraft hinter der Interfaceentwicklung ist bei patternorientierten *User Interface*-Ansätzen nicht die Transformation, sondern die Existenz beziehungsweise Erfassung des *Designwissens* in *Patterns*, *Pattern Languages* oder *Patternnetzwerken* und letzten Endes *die Wahl von geeigneten Patterns*. Die Verbindungen zu nachfolgenden Phasen im Entwicklungsprozess wird nicht über Transformationen erzeugt, sondern ist bereits in den *Pattern Languages* oder Patternnetzwerken vorhanden. Vielmehr muss eine Auswahl aus den möglichen Patterns getroffen werden.

Die zunehmende systemgestützte Durchführung des *Software*-Designs ermöglicht es, die Formalisierung der einzelnen Ziele zum Einen dem System zu überlassen, sodass der Nutzer mit der eigentlichen Kodierung nicht in Berührung kommt, zum Anderen, dem Designer eine Auswahl an möglichen Lösungen zu bieten und unterstützend zu wirken.

Die Beschreibung des Designs durch Patterns lässt die Systeme einen eher unterstützenden Standpunkt einnehmen. Die Verbindungen zwischen den einzelnen Stufen des Designs wird nicht generiert, sondern ist in den Patterns bereits beschrieben und lässt dem *User Interface*-Designer Spielraum zur bewussten Entscheidung für ein Design. Die Systeme geben vielmehr mögliche Richtungen vor. Neben den Vorteilen der Patterns für Arbeitsgruppen und Designlösungen unter Berücksichtigung des Kontextes, wie in Kapitel 2.4 herausgearbeitet, ist ein wesentlicher Aspekt für die Nutzung von Patterns die Einbeziehung von *Pattern Languages* und Patternnetzwerken [Gran 01] [Borc 01] [Weli 03]. Patternnetzwerke können sich aus unterschiedlichen *Pattern Languages* zusammensetzen, deren Elemente trotzdem miteinander verbunden sind. Im Gegensatz zu den Elementen der *Pattern Language* selbst, können Verbindungen zwischen diesen Elementen der unterschiedlichen *Pattern Languages* auch durch *Mappings* definiert werden, wodurch auch hybride Systeme entstehen, die nicht die Modellierung der einzelnen Teilgebiete über unterschiedliche Beschreibungssprachen realisieren. In jüngerer Zeit gibt es für viele modellbasierten Ansätze Varianten oder Entwicklungen, die zumindest für die Beschreibung der konkreten *User Interface*-Elemente Patterns verwenden. Teilweise werden aber auch komplette Systeme auf *Pattern Languages* umgestellt [Prib 05].

Ein *Mapping* wie zwischen den Elementen verschiedener *Pattern Languages* ist aber auch zwischen strukturellen Beschreibungen, wie etwa *CTT*, und Patterns möglich. Dieses Vorgehen birgt den Vorteil, bestehende und etablierte Beschreibungssprachen für bestimmte Aufgaben weiter zu verwenden und trotzdem mit Patternsystemen, etwa für Beschreibungen in der Designphase verbinden zu können [Seff 02] [Sinn 05].

Ungeachtet des konkreten Vorgehens und der verwendeten Beschreibungen werden solche System sehr schnell sehr umfangreich. Durch die Systemunterstützung werden allerdings hybride Systeme genauso wie *Pattern Languages* oder -netzwerke beherrschbar, da Zusammenhänge dynamisch systemseitig angezeigt oder verborgen werden können und so der Unübersichtlichkeit ob der schieren Menge an Patterns entgegengewirkt werden kann [Weli 03].

Der Einsatz von Patternnetzwerken lässt, wie van Welie bemerkt die Abstraktionsebenen hervortreten. In [Weli 03] beginnt er damit, von den *UI*-Designpatterns her kommend, abstraktere Patterns einzuführen, die nun nicht mehr nur im konkreten Design sondern auf höheren Ebenen des *Software Engineering* fungieren und die grundlegende Aufgabe der Applikation [Duyn 03] mit Lösungsansätzen und Handlungen des Nutzers verbinden. Diese abstrakten Patterns verweisen wiederum auf weitere Patterns bis hinunter zu konkreten Designpatterns und letzten Endes *Widgets*, die die Patterns implementieren.

Van Welies Ansatz sieht fünf Abstraktionsebenen vor, um *Web*-Applikationen zu designen. Abbildung 3.8 zeigt ein Beispiel zum Thema *Shopping*. Die Ebenen des Ansatzes sind im Einzelnen:

**Business Goals** *Business Goals* beschreiben die übergeordneten Ziele der Applikation.

**Posture Level** *Posture Level* bezeichnet das Genre der *Site*, in die diese *Site* fällt. Diese Einteilung in *Genres* oder *Postures* ist der Erfahrung geschuldet, was sich mit Patterns als »*Best Practice*«-Beschreibung gut vereinbaren lässt. Eine *Site* muss im Allgemeinen nicht einem einzigen Genre zugeordnet werden, sondern kann auch zu mehreren gehören.

**Experience Level** Ausgehend von den identifizierten *Postures* rückt auf dieser Ebene der Nutzen in den Mittelpunkt. Der *Experience Level* beinhaltet Vorgehenspatterns, in denen beschrieben wird, wie der Nutzer seine Ziele erreicht, die durch die *Postures* formuliert sind. Dabei handelt es sich immer noch um *konzeptionelle Patterns*, die nicht auf technologische Umsetzungen Rücksicht nehmen.

**Task Level** Auf dieser Ebene kommen nun aus dem *User Interface*-Design bekannte Patterns ins Spiel, die allerdings immer noch unabhängig sind von konkreten Umsetzungen. Stattdessen werden die *Experience Level*-Patterns weiter verfeinert, indem einzelne Schritte einer Interaktion aufgeschlüsselt werden. *Task Level*-Patterns stellen die einzelnen Interaktionsschritte dar, die ein Nutzer unternehmen muss, um ein *Experience Level*-Pattern zu realisieren, und können deshalb oft als *Flow-Diagramm* und Skizzen dargestellt werden. *Task Level*-Patterns sind in der Regel domänenunabhängig. Der Kontext von *Task Level*-Patterns wird aber durch die *Posture*- und *Experience Level*-Patterns bestimmt.

**Action Level** *Action Level*-Patterns bilden die unterste Schicht des *Frameworks* und nehmen nun konkreten Bezug auf die Umsetzung.

Das Framework stellt eine der frühen Arbeiten dar, von konkreten *User Interface*-Patterns zu abstrahieren und stattdessen den Fokus von einzelnen Patterns hin zu *Pattern Languages* und -netzwerken zu verschieben, um die Strukturierung der Patterns voranzutreiben und letzten Endes auch das *User Interface*-Design zu strukturieren und zu konkretisieren.

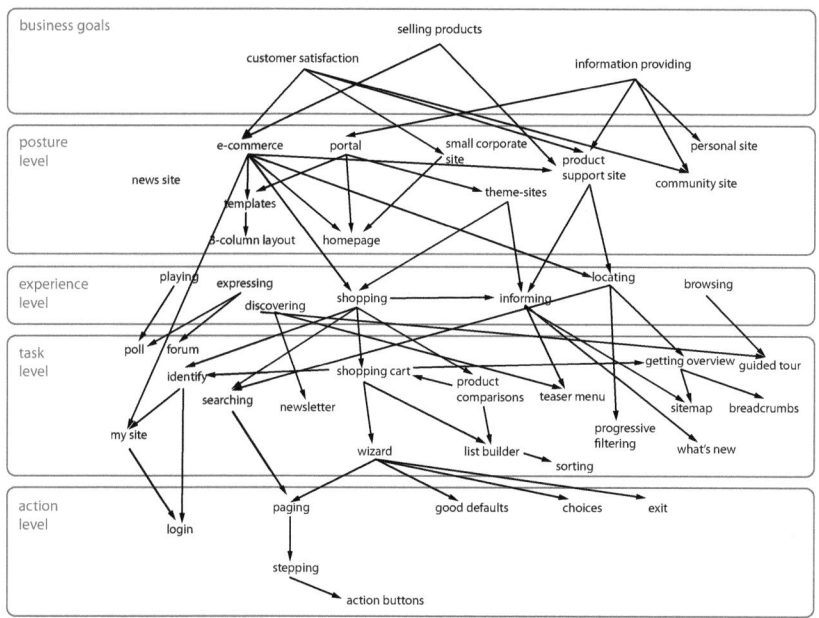

Abbildung 3.8.: Ein Ausschnitt aus der *Pattern Language* zum Thema *Online Shopping*, inklusive abstrakten Patterns, aufgeteilt in verschiedene Level (nach [Weli 03]).

Im Grunde werden hier ebenfalls die verschiedenen Schritte des *Software*-Designs durchlaufen, allerdings bereits anhand von abstrakten Patterns, die *Requirements* und Ziele formulieren und diese immer weiter herunterbrechen, bis letzten Endes ein *User Interface* beschrieben werden kann [Trae 00, Trae 02].

Der Nutzen von Patterns für den gesamten Designprozess sofort ab der ersten Phase und insbesondere in der *Requirement*-Phase ist von verschiedenen Forschergruppen festgehalten worden. Juristo et al. [Juri 07] argumentieren, dass *Usability*-Ziele in der *Requirement*-Phase zwingend notwendig behandelt werden müssen und fassen diese als Patterns. Zwar wird der Aufwand dadurch in der *Requirement*-Phase erhöht, doch es ergeben sich in allen weiteren Phasen Vorteile. Molina et al. [Moli 02] vertreten die Ansicht, dass eine formale Notation durch Patterns zum Einen die Dokumentation in der *Analysephase* erleichtert, zum Anderen für alle beteiligten Gruppen die

Transparenz erhöht und eine gemeinsame Basis geschaffen werden kann. Vor allem aber legen Molina et al. Wert auf den Einsatz von *Tools*, die letzten Endes in der Designphase semiautomatisch zum Designerfolg führen, ohne den Designer zu sehr in seiner Kreativität einzuschränken [Java 07].

Der Aufteilung des Designprozesses folgend, sofern verschiedene Patternsysteme oder Modellierungssprachen vom ersten Schritt an in der jeweiligen Phase verwendet werden, können die Abbildungen oder Möglichkeiten der Weiterführung auf folgenden Schichten durch Tools geleistet oder unterstützt werden. So können diese helfen, sinnvolle Schlussfolgerungen in späteren Phasen zu treffen, aufbauend auf Wissen, das in früheren Phasen erarbeitet und formuliert wurde. Molina et al. stellen in [Moli 02] genau dies heraus und nennen es den *Delta-Effekt*: Eine Auswahl die in einer früheren Phase getroffen wird, wirkt sich auf nachfolgende Phasen aus (siehe Abbildung 3.9). Ein Umstand, der dem Patternansatz insofern geschuldet ist, indem in *Pattern Languages* die Verbindungen zwischen den Ebenen fest vorhanden sind und der Designer systemgestützt die für die jeweilige Situation passende Designauswahl treffen kann.

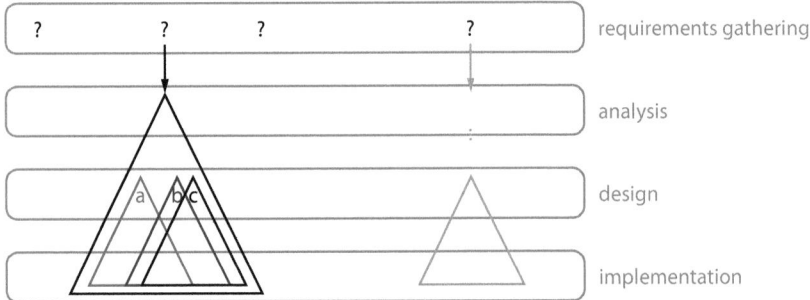

Abbildung 3.9.: Delta-Effekt: Die Auswahl von bestimmten Patterns in frühen Phasen haben Auswirkungen auf die spätere Ausgestaltung einer Modellierung und auf die resultierende Applikation (nach [Moli 02]).

**Pattern Supported Approach**

Einer der ersten Ansätze Patterns nicht nur in der *Designphase* sondern bereits wesentlich früher einzusetzen, ist der *Pattern-Supported Approach* (*PSA*) von Granlund et al. [Gran 99, Gran 01].

Ausgehend von der Prämisse, die Wiederverwendung etablierter Lösungen zu fördern, werden Patterns empfohlen, um Lösungen für häufig auftretende, bekannte und schwere Probleme mittels nicht trivialer, bewährter Konzepte parat zu haben [Lour 99]. Granlund et al. merken allerdings an, dass Patterns alleine nicht als Quelle für das Designwissen herangezogen werden können, sondern vielmehr ein System aus Patterns oder *Pattern Languages* nötig ist, um das Zusammenspiel der verschiedenen Patterns zu beschreiben. Dazu werden Ebenen eingeführt, deren Patterns aufeinander aufbauen und schrittweise verfeinert werden können.

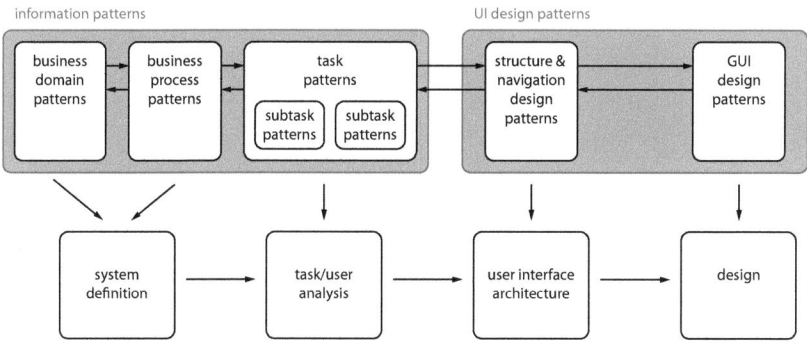

Abbildung 3.10.: Das PSA Framework nach Granlund et al. inklusive der Verbindungen zwischen den verschiedenen PSA Patternsystemen (nach [Gran 01]).

Ziel ist es, den kompletten nutzerzentrierten *User Interface*-Entwicklungsprozess zu unterstützen, der in vier Phasen aufgeteilt wird, *System Definition*, *Task/User Analysis*, *User Interface-Architecture* und *Design* aufgeteilt werden. Für alle Phasen werden Patterns definiert, die die jeweilige Phase unterstützen. Abbildung 3.10 zeigt den schematischen Aufbau des Frameworks. Die verschiedenen Patterns sind untereinander verknüpft und bilden Verbindungen zu nachfolgenden Patterns in anderen Phasen. Im Einzelnen sind die Patterns in fünf Kategorien eingeteilt:

**Business Domain Patterns** Business Domain Patterns beschreiben die *Ziele* und *den Nutzen der Applikation*, inklusive aller beteiligten Akteure und verweisen auf relevante Geschäftsprozesse, formuliert durch die *Business Process Patterns*.

**Business Process Patterns** beschreiben die typischen *Prozesse* die notwendig sind, um die Ziele der Applikation zu erreichen und verweisen auf *Task Patterns*.

**Task Patterns** *Task Patterns* beschreiben die *Aufgaben*, die gelöst werden müssen, um die Business Process Patterns zu erfüllen. *Task Patterns* können *Subtasks* aufgeteilt werden. Die *Task Patterns* verweisen auf *Structure & Navigation Design Patterns*.

**Structure & Navigation Design Patterns** *Structure & Navigation Design Patterns* sind dazu da, um dem Nutzer *ein klares, strukturiertes und übersichtliches Interface* zu bieten, was sowohl die *Navigation* als auch die *Datenstrukturierung* anbelangt. Diese Patterns für die abstrakte Modellierung verweisen auf konkrete *GUI Design Patterns*.

**GUI Design Patterns** *GUI Design Patterns* beschreiben *konkrete Designmöglichkeiten*, passend zu *Task-* und *Structure & Navigation Design Patterns*. Es existieren mittlerweile umfangreiche *GUI Design Pattern*-Sammlungen. Konkret verwiesen wird etwa auf die *GUI*-Patternsammlung nach Tidwell [Tidw 99a, Tidw 05].

Das Format der Patterns folgt weitgehend der klassischen Alexander'schen Notation wie in Kapitel 2.4.1 aufgeführt. Interessant ist dieses Vorgehen vor allem, weil es Patterns einsetzt, um zum Einen von deren Vorteilen, vor allem der Beschreibungsmächtigkeit durch *Forces* und *Kontext* zu profitieren, zum Anderen, weil es eine Unterstützung des gesamten Design Prozesses zulässt. Patterns werden bereits in der Analyse- und Konzeptionsphase verwendet und sind nicht nur untereinander in einer Ebene verbunden, sondern liefern Anhaltspunkte für folgende Phasen.

Im *PSA*-Ansatz ist auch ein weiterer interessanter Punkt zu beobachten: Es wird nicht nur explizit auf den Nutzen von Patterns hingewiesen, was die Wiederverwendung und Dokumentation von Wissen anbelangt, sondern implizit auch auf die Möglichkeit der Verwendung von anderen Patternsystemen.

Insofern ist der Wert des *PSA*-Ansatzes vor allem in seinem *Framework*-Charakter zu sehen, der sowohl eine Integration des gesamten Designprozesses vorschlägt als auch die Einordnung anderer Systeme in das *Framework* vorwegnimmt.

**SALUTA**

Einen etwas anderen Fokus legen Folmer et al. in ihren Arbeiten [Folm 03, Folm 05] über den Zusammenhang von *Software Engineering* und *Usability*. Ihr Hauptaugenmerk gilt der *Architekturphase* im *Software*-Entwicklungsprozess als dem Teil, in dem die Applikation beschrieben wird und in den *Usability*-Ziele eingebracht werden müssen, um spätere *Redesigns* zu vermeiden. Ausgehend von den *Usability*-Kriterien, die in der wissenschaftlichen Literatur erarbeitet und präsentiert wurden, werden Patterns anhand ihres Wertes für die Architektur strukturiert und in drei Ebenen aufgeteilt. Abbildung 3.11 zeigt diese Aufteilung im Usability Framework.

Die Identifikation und Trennung von Patterns anhand ihrer architektonischen Relevanz führt zum Einen zu der Unterscheidung von visuell relevanten und strukturell relevanten Patterns. Zum Anderen wird bereits die Brücke zu Kernanforderungen und damit zur *Requirement*-Phase im *Software*-Designprozess geschlagen. Der Ansatz unterscheidet die drei Ebenen *Attribute Layer*, *Properties Layer* und *Patterns Layer*.

**Attribute Layer** Der *Attribute Layer* enthält die *Kernanforderungen* an die *Usability*, die aus der Literatur identifiziert wurden (siehe Kapitel 3.4.3).

**Properties Layer** Der *Properties Layer* enthält eine *Konkretisierung* der *Usability*-Ziele, beschreibt also die *Attribute*-Patterns näher und hält als abstrakte Ebene Eigenschaften fest, die Einfluss auf die Erfüllung der Kernanforderungen haben.

**Patterns Layer** Der *Patterns Layer* enthält die *architektonisch relevanten Patterns*, die zum Einsatz kommen, um *Usability* in die *Architekturphase* einzubringen. Bei diesen Patterns handelt es sich um konkrete Patterns, allerdings mit klarer architektonischer Relevanz, die durchaus aus Patternsammlungen oder Projekten zusammengetragen werden können.

In [Folm 03] werden die *Usability*-Patterns formal beschrieben, weitgehend den Feldern folgend, die bereits in Kapitel 2.4 beschrieben wurden. Prinzipiell ist festzuhalten, dass die architektonisch relevanten *Usability*-Patterns wie in Abbildung 3.11 dargestellt eine Verbindung zu den *Usability Properties*

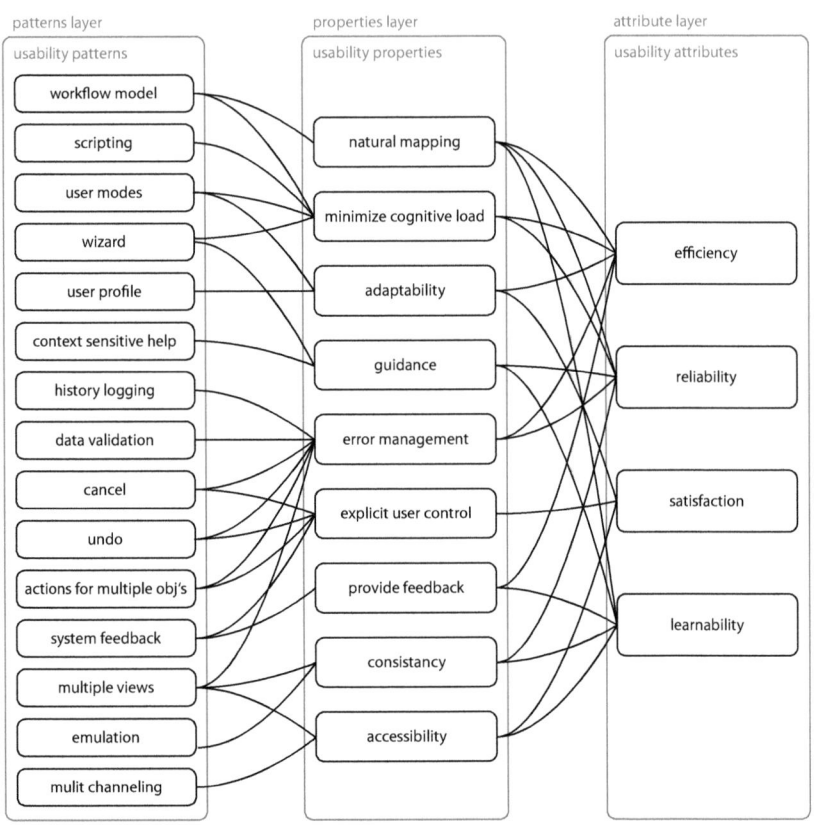

Abbildung 3.11.: Das Usability Framework nach Folmer et al. (nach [Folm 03]).

haben. Diese Verbindungen können als *Forces* im *Usability*-Sinn aufgefasst werden.

Dieses Framework für den Einsatz in der Architekturphase stellt über die *Usability Attributes* eine Verbindung her, zum Einen zu Verfahren aus der *Usability*-Literatur, zum Anderen zur *Requirement*-Phase, in der abstrakte Ziele für das System definiert werden. In [Folm 05] verfolgen Folmer et al. diesen Ansatz weiter, indem sie ihn im SALUTA Ansatz verwenden, einem Ansatz zur Analyse von architektonischen *Usability*-Zielen. Dabei werden wie im klassischen *Software*-Design in einer *Requirement*-Phase Nutzer beziehungsweise Nutzerrollen, Aufgaben, Attribute und Szenarien definiert und bewertet, aber gleichzeitig die jeweils verbundenen *Usability*-Ziele formuliert. Die *Usability*-Ziele decken sich hierbei mit den oben vorgestellten *Usability Attributes*.

Über die Verbindung des *Properties Layers* kann eine Verbindung bis zu Patterns erarbeitet werden und diese Ergebnisse können über Transformationen bis hin zu konkreten Interfaces weiterverwendet beziehungsweise generiert werden.

SALUTA zeigt damit die mögliche Unterstützung von *Usability*-Zielen über Patterns im Designprozess. Trotz des Fokuses auf der Architekturphase wird der Nutzen für den kompletten Designprozess aufgezeigt und stellt zudem eine Verbindung hergestellt zur klassischen *Usability*-Literatur und den Zielen und Vorgehen dieser Richtung der *Software*-Entwicklung.

**Usability Supporting Architectural Patterns (USAP)**

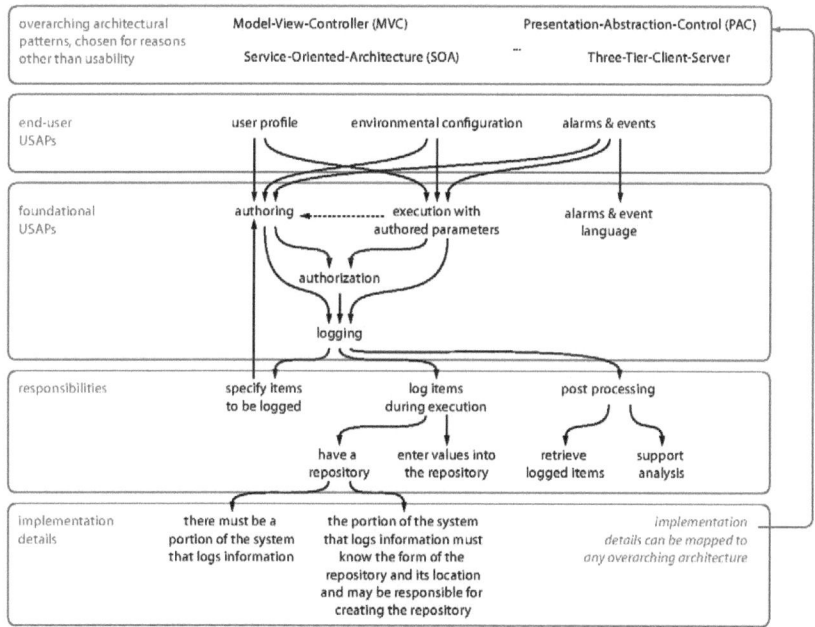

Abbildung 3.12.: Ausschnitt der *USAP Pattern Language* mit Zuordnung in verschiedene Schichten (nach [John 09]).

John et al. präsentieren in [John 09] ihren Ansatz der *Usability Supporting Architectural Patterns (USAPs)*. Ein Ansatz der von der Erkenntnis ausgeht, dass *Usability*-Fragestellungen bis in die *Software*-Architektur hinein reichen und deshalb bereits in der *Analyse- und Requirement*-Phase zu berücksichtigen sind [Bass 01b] [John 05]. Zurückgehend auf den Patternkatalog von Bass et al. [Bass 01a] und auf den einzelnen Patterns aufbauend, werden eine *Pattern Language* und ein Vorgehen entwickelt, die *Usability*-Fragestellungen in den *Software*-Designprozess einbetten. Dazu werden Patterns im Stile der Alexander'schen Patterns verfasst. Sie enthalten alle wichtigen Aspekte, von Szenario- und Kontextbeschreibung über die beeinflussenden Kräfte bis hin zu Beispielen und Lösungsdiagrammen, die in *UML* verfasst sind [John 05].

In Abbildung 3.12 ist ein Ausschnitt der *USAP Pattern Language* dargestellt, die die verschiedenen Ebenen erkennen lässt. Wie in [Folm 03, Folm 05] wird eine Verbindung zu Patterns und Vorgehen in der Literatur hergestellt, allerdings aus Sicht des *Software*-Design. Zwischen dieser ersten Ebene und den Implementierungsdetails sind nun Patterns eingefügt, die sich in drei Kategorien einteilen lassen.

**End User USAPs** *End User USAPs* sind Patterns, die aus Sicht des *Software*-Designs *Tasks*, die direkt mit *Usability*-Fragestellungen zusammenhängen, für Nutzer formulieren. *End User USAPs* sind abhängig von *Foundational USAPs* und verwenden diese wie im klassischen Alexanderschen *Pattern Language*-Aufbau.

**Foundational USAPs** *Foundational USAPs* enthalten Patterns, die nicht direkt auf Nutzerebene sichtbar sind, allerdings benötigt werden, um höhere Patterns zu realisieren. *Foundational USAPs* können selbst wieder aus *Foundational USAPs* aufgebaut sein und beziehungsweise oder sind auf *Responsibilities* zurückführbar. *Foundational USAPs* sind Mittlerpatterns. Deshalb sind für die Patternbeschreibung der *Kontext* und die *Forces* besonders wichtig und ist die formale Spezifikation auf diese Aspekte beschränkt.

**Responsibilities** *Responsibilities* sind Patterns, die Implementierungsaspekte in den Designprozess einbringen. *Responsibilities* können selbst aus *Responsibilities* aufgebaut sein oder aus *Implementierungsdetails*.

Der Ansatz von John et al. versucht ebenfalls, eine komplette Unterstützung des *Software*-Design Prozesses zu ermöglichen, nimmt allerdings einen wesentlich technischeren, eher am *Software*-Design angelehnten Standpunkt ein als etwa Folmer et al. Trotzdem sind das Vorgehen und die Modellierung in verschiedene Ebenen ähnlich. John et al. stützen sich auf einen großen Katalog von Patterns, erarbeitet durch Bass et al. [Bass 01a]. Die Unterstützung des Designprozesses verläuft dann systemgestützt.

Die Ergebnisse dieser Arbeit wurden in ersten Tests in realen Einsatzbedingungen getestet und als wirkungsvoll erachtet. Der Einsatz des Tools für die Verwendung von *USAPs* und der dadurch entstehende Mehraufwand in der ersten Designphase wurde mit bis zu 17:1 angegeben [John 09] [Stol 08, Stol 09]. Ein anderes Ergebnis, das die Auswertungen und Begutachtungen durch *Software Engineers* ergeben hatten, ist, dass die Diagramme in *UML*-Form eher hinderlich sind und die Entscheidungen in Richtung bestimmter übergeordneter Patterns (zum Beispiel *MVC*, *PAC*) beeinflussen, je nachdem, auf welche Lösung die Diagramme zugeschnitten sind [John 09]. Bemerkenswert an diesen Auswertungen vor allem in Hinblick auf unser eigenes Modell, ist der offenkundig gewordene Einfluss, den die Repräsentation von Interfacelösungen, in diesem Falle bezogen auf die Architektur des Interfaces, auf die Entscheidung zur Implementierung hat. Schon allein die Repräsentation der Lösungen in der *Requirement*-Phase beeinflusst die Entscheidung für oder gegen eine Lösung. Die Entscheidung über die Interfacelösung sollte aber nicht von der Technik, schon gar nicht von der am besten repräsentierten Technik abhängen. Vielmehr sollte eine Entscheidung für eine Interfacelösung prinzipiell unabhängig, und damit vor der Wahl der Architektur, getroffen werden. Als Einschränkung für diese Aussage kann allenfalls gelten, dass die Architektur eine Randbedingung darstellen kann, die nicht verletzt werden darf, etwa bei der Notwendigkeit der Einbindung in ein existierendes *Framework*.

## 3.5. Fazit

Die *Sicherung der Qualität* von *Software* ist die treibende Kraft hinter den Vorgehensweisen sowohl des *Software Engineerings* als auch des *User Interface*-Designs. Dabei fokusiert das *Software Engineering* auf die *Produktqualität*, die Disziplin des *User Interface-Design* hingegen auf die *Nutzungsqualität* als Einheit aus *Usability* und *Gestaltung* [Bele 03] [Hvan 03]. Die klassische Trennung dieser Disziplinen und die daraus resultierende einfache Anbindung des *User Interface*-Designs als letzten Schritt, nach dem klassischen strukturierten Vorgehen des *Software Engineerings* etwa im *Wasserfall-Modell*, greift allerdings zu kurz. Zwar kann auf diese Weise eine schöne Trennung der Disziplinen und damit ein paralleles Arbeiten, ohne sich gegenseitig ständig zu stören, erreicht werden, jedoch ist dieses Vorgehen sehr fehleranfällig: Probleme, insbesondere in der Bedienung der *Software*, werden erst in den letzten Phasen des Tests oder, noch schlimmer, im laufenden Betrieb entdeckt. Dies führt unweigerlich entweder zu schlechter *Nutzerakzeptanz* oder zu einem *Redesign*, beides kritische Faktoren, was Zeit, Aufwand und Erfolg einer Applikation anbelangt.

Die ständige Verschränkung von *Software Engineering* und *Usability* und die Notwendigkeit dieser Verschränkung für den gesamten *Software*-Entwicklungsprozess wird nicht nur dadurch offenbar. Vielmehr lassen sich auch *Usability-Anforderungen* nachweisen, die *Auswirkungen auf den Kern* einer Applikation haben und deshalb bereits *in den frühen Phasen des Software Engineering* bedacht und eingebracht werden müssen.

Der Einsatz von *Tools* im *Software Engineering* erlaubt eine Unterstützung des Prozesses bis hin zur vollständigen Generierung von Interfaces. Modellbasierte Ansätze werden heute verwendet, um systemgestützt die verschiedenen Phasen des *Software*-Design zu durchlaufen und durch *Mappings* das formulierte Wissen von einer Ebene in die nächste zu transportieren.

Mittlerweile werden allerdings auch Verfahren untersucht, die statt des modellbasierten Ansatzes *Patterns* als Grundlage für die Modellierung des Designwissens verwenden. Ähneln sich modellbasierter und patternorientierter Ansatz in der Verwendung von Schichten und schrittweiser Verfeinerung, so unterscheiden sie sich darin, wie das Interface letztlich entsteht. Steht beim modellbasierten Ansatz das Finden von geeigneten *Mappings* im Vordergrund, so setzt der *patternbasierte Ansatz* auf das *Festhalten des bestehenden Designwissens* und möglicher *Zusammenhänge bereits in Pattern Languages oder Patternnetzwerken*. Die *Mappings* zwischen den verschiedenen Stufen des Vorgehens sind in diesen Sprachen und Netzwerken bereits implizit vorhanden. Die Auswahl der geeigneten Patterns wird dann, systemgestützt, zumeist von Designern übernommen.

Dadurch wird dem Designer mehr Freiheit gelassen. Der Erfolg einer solchen Lösung hängt allerdings nicht nur vom Umfang und der Zahl der Patterns ab, sondern in hohem Maße von der Strukturierung der *Pattern Languages* oder -netzwerke.

Es bleibt festzuhalten, dass die *Einbeziehung der Usability* und damit des *User Interface*-Design bis hin *in die frühesten Phasen des Software-Designs* vonnöten ist. Gleichzeitig verwenden heute praktisch alle Verfahren ein strukturiertes Vorgehen, getrennt in mehrere Phasen. Lässt das patternorientierte Vorgehen dem Designer die Freiheit der Gestaltung, so muss für ein erfolgreiches Vorgehen vor allem eine Strukturierung der Patterns untereinander gefunden werden. Der Fokus verschiebt sich also vom Auffinden und Formulieren von Patterns hin zur Strukturierung von Patterns in *Pattern Languages* und Patternnetzwerken, über Designphasen hinweg.

Für die Modellierung ist die Verwendung von Schichten zur Strukturierung, genauso wie die Anwendung von Patterns interessant. Das Kapitel 3 zeigt sowohl deren Einsatz als auch deren Nutzen. Besonderes Augenmerk aber muss auf die Position des Einsatzes unseres Modells im Designprozess gelegt werden: Die Notwendigkeit einer Modellierung in der ersten Designphase, vor der Entscheidung über mögliche Architekturen oder Vorgehensweisen ist notwendig, um deren Einfluss auf die Entscheidung zu minimieren. Es bedarf des Einsatzes eines strukturierten Vorgehen zur Interfaceentscheidung um bestehende vorgefertigte Meinungen aufzudecken, zu externalisieren und diskutieren zu können und den Blick auf andere mögliche Lösungen auszuweiten.

Bisher wurde allerdings nur der Bereich der klassischen *Desktop*- und *Web*-Interfaces angeschnitten. Dehnt man die Fragestellung auf ubiquitäre Anwendungen aus, ergeben sich neue Anforderungen durch die Diversität und Pluralität von Interfaces und Modalitäten. Der Einsatz in natürlichen Umgebungen und die ganze Bandbreite der möglichen Interaktionsformen von klassischen bis tangiblen Herangehensweisen, genauso wie die Nutzung beispielsweise von Sound und das Nebeneinander verschiedener Lösungen, stellen neue Herausforderungen für die Interfaceentscheidung dar, worauf nun im folgenden Kapitel eingegangen wird.

»There is no reason for any individual to have a computer in his home.« – Ken Olson, President of Digital Equipment Corporation (1977)

# 4
# Design für Ubiquitous Computing

Die im letzten Abschnitt vorgestellten Arbeiten vereinen die pragmatische Herangehensweise der *User Interface*-Designer in Form des Einsatzes von Patterns mit dem strukturierten Vorgehen der *Software Engineers*. Auch wenn auf diesem Gebiet viele Fortschritte gemacht werden und erste Studien deren Einsatz nahe legen und deren Praxistauglichkeit vermuten lassen, so bleibt doch festzuhalten, dass sich alle bisher vorgestellten Arbeiten auf klassische *Desktop*-Systeme oder *Web*-Systeme beschränken.

Der Fokus des Arbeitens bewegt sich aber immer weiter weg vom klassischen *Desktop*-Rechner und dessen Anwendungen. Mit dem Aufkommen von *Laptops*, dem *Mobile Computing*, immer kleineren Geräten und letztlich der Idee des *Ubiquitous Computing* werden neue Ansätze und die Einbeziehung neuer Bereiche notwendig.

Die bisher beschriebenen Methodiken funktionieren aber immer schlechter, je weiter man sich von klassischen *Desktop*-Systemen entfernt. Bereits der Schritt hin zu *Web*-basierten Anwendungen macht die Anwendung von allgemeinen *Style Guides*, ob ihrer Starrheit, unmöglich; ein Umstand, der sich mittlerweile auch auf moderne *Desktop*-Applikationen überträgt. Bestehende *Patternsysteme* können hier bis zu einem gewissen Grad angewendet werden, da sie Freiheiten lassen, die es dem Designer ermöglichen, auf individuelle, etwa firmenspezifische, Anforderungen einzugehen. Allerdings sind auch diese Verfahren immer schwerer anzuwenden, je ubiquitärer eine Applikation eingesetzt werden soll. Auch die möglichen Einsatzgeräte werden immer diverser, die Applikationen immer kontextsensitiver und die Modalitäten nicht mehr unbedingt vorher bestimmbar. Die Wahrnehmung der Geräte selbst ändert sich, was ein Umdenken bezüglich der Anforderungen an die Geräte bedingt [Bele 03].

Auch die Herausarbeitung der Einbeziehung der *Usability* in die frühen Designphasen und die komplette Formulierung der *Usability*-Kriterien orientiert sich an klassischen *Desktop*-Systemen. Die Erkenntnisse etwa von Juristo et al. [Juri 07] beziehen sich alle auf *Desktop*-Systeme. Ein Umstand, der die Erkenntnisse und Ziele von Juristo et al. für das *Ubiquitous Computing* nicht verneint, sondern vielmehr deutlich macht, dass weitere Anstrengungen unternommen werden müssen, um den Anforderungen des *Ubiquitous Computing* gerecht zu werden.

Aus der Diversität der Interfaces, die durch das *Ubiquitous Computing* bedingt wird, fordert Paternò ein Umdenken im kompletten *Software*-Designprozess und schlägt statt des klassischen Vorgehens abstraktere Modelle vor und intelligente *Engines* und Expertensysteme, die die Adaption auf die jeweiligen Geräte vornehmen beziehungsweise vereinfachen [Pate 07]. In jedem Fall müssen die Lösungen bereits die *Usability*-Prinzipien berücksichtigen, um auf die jeweiligen Herausforderungen reagieren zu können. Dabei sind die Forderungen von Paternò als Ziele formuliert. Es bleibt zu bedenken, dass die Integration der *Usability*-Prinzipien für die unterschiedlichen möglichen Geräte nicht trivial ist. Für neue Geräte und Eingabeformen können durchaus neue *Usability*-Prinzipien notwendig werden. Das geänderte Nutzerverhalten der Mobilität und vor allem die Nutzung der Applikationen als nebenläufige, untergeordnete, sekundäre Tasks führen zu neue Anforderungen, die für *Desktop*-Applikationen keine Rolle spielen und daher keine Beachtung fanden. Neben den unterschiedlichen Gerätetypen, die unterstützt werden sollen, bestehen auch innerhalb dieser Klassen erhebliche Unterschiede zwischen den Geräten. Diese hohe Diversität hängt neben der *Software*-Plattform vor allem mit der Ausstattung des Gerätes sowie den physikalischen Gegebenheiten wie Größe, *Display*-Auflösung, *Display*-Typ, *Processing Power* und nicht zuletzt der möglichen Stromversorgung und ihre Dauer zusammen.

Neben diesen Größen, die vor allem Probleme für die Migration der Applikationen bedeuten, müssen die Eingabemöglichkeiten des Gerätes bedacht werden, die direkten Einfluss auf *Usability*-Prinzipien haben. Die Einbindung von unterschiedlichen Geräten und die Unterstützung verschiedener Plattformen führt beinahe zwangsläufig auch zu *Multi Device*-Interfaces und zur Unterstützung verschiedener Modalitäten zur Ein- und Ausgabe.

Die Ideen, die bisher für solche Szenarien existieren, versuchen, anstelle von separaten Applikationen, Modalitäten und Devices abstrakt zu beschreiben und danach Anpassungen auf verschiedene Eigenschaften und Umgebungen zu treffen.

Neben der prinzipiellen Machbarkeit eines solchen Ansatzes stellt sich vor allem das Problem der Einbindung der *Usability* in die einzelnen Modelle für Geräte und Modalitäten. Momentan werden deshalb bei modellgetriebenen Ansätzen Wege beschritten, für jede Modalität eigene *Task*-Modelle für die jeweiligen Aufgaben zu entwickeln. Bomsdorf et al. schlagen dazu ein systemgestütztes Vorgehen vor, das ausgehend von *High Level Requirements* durch schrittweises Verfeinern zuerst ein *Use Case*-Modell und darauf aufbauend für jede unterstützte Modalität ein eigenes *Task*-Modell entwickelt [Boms 09].

Erste Ansätze aus dem Bereich der *Mixed Interactive Systems* befassen sich mit der Modellierung von Systemen, die mehrere Modalitäten, insbesondere reale und virtuelle Interfaces, unterstützen. Diese werden im Folgenden vorgestellt, um erste Schritte in Richtung der Modellierung von ubiquitären Anwendungen und Interaktionsmöglichkeiten zu dokumentieren. Davon ausgehend wird der Begriff des *Ubiquitous Computing* vertieft, um die Anforderungen und einzelnen Facetten zu erkennen.

## 4.1. Mixed Interactive Systems – Ansätze für Software-Entwicklung für Ubiquitous Computing

Will man Applikationen entwickeln, die aud die neue Situation einer, in zunehmendem Maße, verschmelzenden realen und digitalen Welt eingehen, stellt sich das Problem der zunehmenden Vermischung von realen und virtuellen Interaktionen. Interfaces werden benötigt, die sowohl klassische Interaktionsarten bedienen als auch neue Interaktionsarten von *Mobile Interaction* bis hin zu *Tangible Interfaces* unterstützen.

Ein Bereich, der sich mit dieser Art von Interaktion befasst ist *Mixed Interactive Systems* (*MIS*). Die Applikationen die unter diesem Begriff zusammengefasst werden können, reichen von *Augmented Reality*-Anwendungen über klassische und mobile Anwendungen bis hin zu *Tangible Interfaces*. Die verschiedenen Applikationen decken dabei von mobilen Spielen wie »*Savannah*« [Benf 04] [Face 04] [Benf 05] und »*Invisible Train*« [Wagn 04] über militärische Spiele wie »*Tankwar*« [Nils 05] und »*AR-Quake*« [Thom 00] bis hin zu militärische Anwendungen wie »*BARS*« [Juli 00] und Systemen zur Unterstützung im Straßenverkehr für Fahrer [Tnni 05] und Fußgänger [Mahl 07], genauso wie Systemen zur Unterstützung medizinischer Operationen [Mans 05] oder Lehrsystemen [Liu 07], ein breites Spektrum ab. Es existieren aber auch Anwendungen, die sich nur mit neuen Interfaces auseinandersetzen [Iraw 06] oder diese in einen völlig anderen Kontext setzen, um sie beispielsweise ihrem Sinn zu entziehen und so Kunstwerke oder Kunstartefakte schaffen [Bowd 02] [Fish 05] [Horn 09], die an Orten wie dem *Zentrum für Kunst und Medientechnologie (ZKM)* in Karlsruhe [ZKM] oder dem *Ars Electronica Center* in Linz [AEC] ihren Platz finden.

Die Merkmale, die vom Standpunkt des *Human Computer Interaction* interessant sind und im Bezug auf *Usability* von *Mixed Interactive Systems* betrachtet werden müssen und teilweise von den Anforderungen an *Desktop*-Systeme erheblich abweichen, werden von Charfi et al. in [Char 09] wie folgt angegeben.

**Interaktionsform** Die Wahl der *Interaktionsform* das Gerät selbst betreffend sowie die Art und Weise der Interaktion und die technische Umsetzung im Bezug auf die Zusammenführung von physikalischen Gegebenheiten und digitalen Daten.

**Umgebung** Mit dem Verlassen der klar definierten Bedingungen am Schreibtisch als Basis für die *Mensch-Maschine-Interaktion* werden *Umwelteinflüsse* wichtig, da sie eine Beeinträchtigung der Interaktion bis hin zu ihrem völligen Erliegen zur Folge haben können. Beispielsweise Lichteinstrahlung, Temperatur, Abschattungen oder die Abdeckung von Funknetzen können die Bedienung stören oder die Genauigkeit etwa für *Tracking* oder Positionsbestimmungen beeinträchtigen oder die Funktionalität komplett unmöglich machen.

**Anzeigegerätequalität** Die Anzeigegeräte selbst können beeinträchtigend wirken, etwa das Sichtfeld beschränken. Je nach Ausprägung, Technik und Qualität kann der Einsatz schwierig oder anstrengend sein.

**Menschliche Physiologie** Menschen haben durch ihre Physiologie Limitierungen, die beachtet werden müssen. Das Gewicht eines *Devices* oder Fragen der Ergonomie und des Tragekomforts müssen genauso bedacht werden wie die Wirkung auf den Menschen, etwa wie lange ein Gerät bedenkenlos verwendet werden kann ohne Orientierungslosigkeit und Benommenheit hervorzurufen.

**Soziale Interaktion** Interaktion im realen Raum, etwa über greifbare Objekte kann zu Arbeitssituationen führen, in denen mehrere Nutzer gleichzeitig interagieren und dabei zwangsläufig untereinander interagieren müssen. Auf der anderen Seite kann die Interaktion mit Geräten aber nicht nur die Interaktion fördern, sondern sie auch unterbinden.

**Kognitive Constraints** Neben dem kognitiven Aufwand das System zu verstehen, bedingt das Umfeld der Interaktion auch eine niedrigere Aufmerksamkeit und damit eine verminderte Belastbarkeit des Nutzers, da er nicht mehr primär mit dem System interagiert, sondern sich parallel mit der Umwelt befassen muss [Mahl 06]. Gute Metaphern und stimmige mentale Modelle sind hier vonnöten [Norm 88].

Es bleibt anzumerken, dass sich die Sicht von Charfi et al. auf einen konkreten Zeitpunkt bezieht. Bezieht man die Zeit als Faktor mit ein, so ist zusätzlich zu beachten, dass neben der möglichen Diversität und der möglichen Multimodalität noch eine Dynamik in Bezug auf die verwendeten Interfaces beziehungsweise Geräte hinzukommt. Im Lauf der Zeit kann eine Applikation über unterschiedliche Kanäle bedient werden oder verschiedene Ausgabemedien nutzen, abhängig von den Bedürfnissen des Nutzers und den aktuellen Gegebenheiten.

Steht man vor der Aufgabe ein solches System zu entwickeln, so stellt man fest, dass immer weniger Herangehensweisen oder Richtlinien existieren, je weiter man sich von *Desktop*-Lösungen weg bewegt [Bele 03]. Existierende Modelle des *HCI*- und *Software*-Designs sind wenig passend, da sie weder die hohe Dynamik, noch die Heterogenität und Diversität von *Mixed Interactive Systems* berücksichtigen [Char 07]. Es fehlt bisher an Methodiken, die die Entwicklung von solchen Systemen unterstützen [Bach 04] [Duns 08] und an Werkzeugen, die Systementwickler in ihrer Arbeit unterstützen könnten [Gauf 08]. Allerdings sind in jüngster Zeit vor allem die Untersuchung von Methodiken zur Systementwicklung und die Erarbeitung von Richtlinien und *Tools* in den Fokus einiger Forschungsgruppen gerückt.

Konkrete Arbeiten von Navarre et al. [Nava 05], Charfi et al. [Char 07, Char 09], Gauffre et al. [Gauf 08] und Bastide et al. [Bast 09] favorisieren modellbasierte Ansätze, die an Ansätze aus dem *HCI*-Design angelehnt sind, vor allem aber für die Modellierung des Designs neue Modelle einführen. Navarre et al. schlagen für die Entwicklung einer *Virtual Reality*-Applikation eine Erweiterung des *Arch/Slinky*-Modells [Work 92] [Kazm 94] vor [Nava 05]. Neuere Arbeiten etwa von Charfi et al. [Char 07] oder Gauffre et al. [Gauf 08] präsentieren ein Vorgehen das von einer *Task*-Modellierung ausgeht, die in *K-MAD*[1] [K MA 06] oder *CTT* [Pate 97] (siehe 3.4.3) gefasst ist. Im nächsten Schritt, dem Interaktionsdesign, kommt mit *ASUR*[2] eine Modellierung zum Einsatz, die speziell auf *Mixed Interactive Systems (MIS)* zugeschnitten ist und auf [Dubo 01] zurückgeht. Sind alle Interaktionen abgebildet, kann im nächsten Schritt, dem *Software*-Design, eine Umsetzung der abstrakten Interaktionen in *ASUR* auf eine geeignete Plattform, beschrieben in der speziell dafür entwickelten Sprache *ASUR-IL*, vorgenommen werden [Dubo 07]. Abbildung 4.1 zeigt den Ablauf des Designprozesses bei Charfi et al. [Char 07].

*ASUR* beruht auf vier verschiedenen Einheiten und bildet den Kern der *Mixed Interactive Systems*-Beschreibung.

**Adapter** *Adapter* stellen die *Verbindung von realer Welt und digitaler Welt* her. Je nach Ausprägung wird in *Eingabeadapter* ($A_{in}$) und *Ausgabeadapter* ($A_{out}$) unterschieden.

**System** Das *System* ist die abstrakte Modellierung des Computersystems mit allen digitalen Entitäten: den *Objekten* ($S_{Object}$) und den *digitalen Werkzeugen* ($S_{Tool}$).

---
[1] *K-MAD* steht für *Kernel of Model for Activity Description*
[2] *ASUR* steht für *Adapter–System–User–Real Objects*

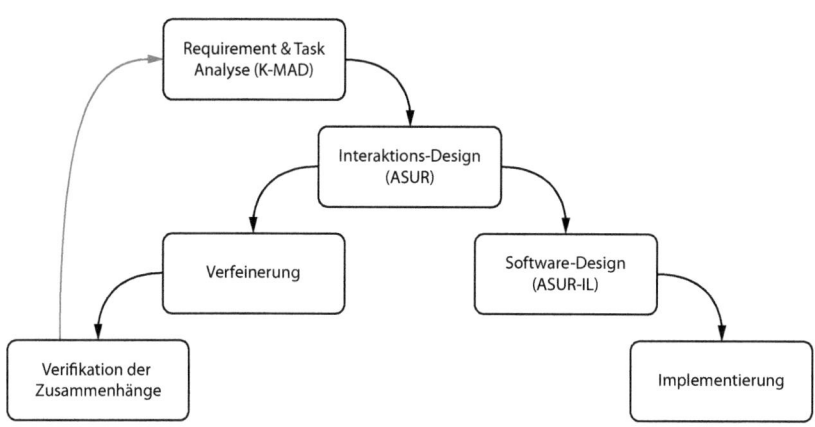

Abbildung 4.1.: Ablauf des Designprozesses für *Mixed Interactive Systems* (nach [Char 07]).

**User** *User* symbolisiert den Nutzer des Systems ($U$).

**Real Objects** *Real Objects* repräsentieren die *physikalisch vorhandenen Entitäten* des *Mixed Interactive Systems*, aufgeteilt in *Werkzeuge* ($R_{Tool}$) und *Objekte* ($R_{Object}$).

*ASUR* zielt darauf ab, gleichermaßen reale und digitale Entitäten zu umfassen, die Grundbausteine jedes *Mixed Interactive System*-Interfaces. Um den Übergang und den Datenaustausch zwischen realer und virtueller Welt zu modellieren, werden Adapter ($A_{in}$, $A_{out}$) eingeführt, die Eingaben oder Ausgaben transferieren. Digitale Entitäten – *digitale Tools* ($S_{Tool}$) und *Objekte* ($S_{Object}$) – werden dadurch verbunden mit realen, physikalischen *Tools* ($R_{Tool}$) und *Objekten* ($R_{Object}$), um dem *User* ($U$) die Interaktion mit dem System über digitale und reale Objekte beziehungsweise Tools gleichermaßen zu ermöglichen. Das Konzept der Adapter wird also eingeführt, um eine Verbindung herstellen zu können zwischen realen und digitalen Entitäten, die die gleiche Funktion (im Falle von Tools) oder Repräsentation (im Falle von Objekten) haben [Dubo 01] [Cout 06] [Char 07] [Gauf 08].

Um die Modellierung der *Mixed Interaction* nun in einen *Software*-Entwurf umzusetzen, der auf eine konkrete Plattform abzielt, kommt *ASUR-IL* zum Einsatz, der *ASUR Implementation Layer*. Dabei wird zu jedem *ASUR*-Modell eines Interaktions-*Tasks* ein *ASUR-IL*-Modell generiert. Das neue Modell beschreibt die *Software*-Komponenten, die benötigt werden um einen Interaktionsschritt im *MIS* durchführen zu können, und deren Kommunikation untereinander. *ASUR-IL* kennt selbst zwei Komponenten, *IL-Adapter* und *IL-Entitäten*, wobei *IL-Entitäten* die Systemkomponenten des *ASUR*-Modelles abbilden und somit alle digitalen Entitäten fassen. *IL-Adapter* hingegen sind alle Einheiten, die entweder bereits in *ASUR* als *Adapter* identifiziert wurden, oder aber *Schnittstellen zu realen Objekten*, welche dann Daten über diese an das System liefern können. *ASUR-IL* wird als weiterer Dekompositionsschritt verwendet, um die Strukturierung der *Software* zu konkretisieren und die Verbindung von physikalischen Objekten zu *Software*-Komponenten herzustellen. Zur Unterstützung der Modellierung kommt ein grafischer *Editor* zum Einsatz [Dubo 07] [Char 07] [Gauf 08]. Auf der *ASUR-IL*-Modellierung aufbauend können nun vorhandene Komponenten verwendet werden, um Entitäten und Adapter zu realisieren und neue Komponenten anzufordern. Das hier beschriebene Vorgehen wurde unter anderem verwendet, um eine Museumsapplikation zu realisieren, die Projektion und *Tangible Interaktion* verbindet [Gauf 08]. Ähnliche Ansätze wurden auch erarbeitet für den Entwurf von *Multi Layer*-Interfaces zur Unterstützung unterschiedlicher Nutzerprofile für ein Flugsicherungssystem [Merl 09]. Erweiterungen zielen darauf ab die Beschreibungen, die im *HCI*-Design verwendet werden, angefangen bei CTT, in UML umzusetzen, um einen leichteren Übergang für Spezialisten aus dem *Software Engineering* zu ermöglichen [Bast 09].

Die Ansätze, die bisher für solche Systeme existieren, orientieren sich an aktuellen Arbeiten und konkreten Fragestellungen. Dabei handelt es sich, wie die hier vorgestellten Arbeiten, entweder um Ansätze aus dem *Software*-Design oder um Klassifikationen, die sich mit einzelnen Gebieten der Interaktion mit *Mixed Interactive Systems* wie etwa *Tangible Interaction* oder *Augmented Reality*, beschäftigen. Die Ansätze etwa aus der *MIS*-Domäne liefern dabei nützliche Anhaltspunkte, um Modelle für solche Systeme zu elaborieren [Gauf 08]. Die Klassifikationen stellen punktuelle Lösungen für Teilgebiete der *Mixed Interactive Systems* dar. Ein umfassendes Modell fehlt aber auch hier.

Die Erarbeitung eines Modells das mögliche Interaktionsformen für *MIS*-Systeme zusammenführt ermöglicht es erst, sich der mannigfaltigen Möglichkeiten zur Interaktion in *MIS* und damit im ubiquitären Raum bewusst zu werden. Um Systemdesignern dieses Wissen näher zu bringen, ist eine umfassende Modellierung nötig, die die Möglichkeiten und Voraussetzungen systematisch erfasst und Alternativen gegenüberstellt. Eine umfassende Modellierung stellt eine grundsätzliche Voraussetzung dar, um Designern neuer Systeme systematisch das Wissen über solche Systeme zu vermitteln und *Frameworks* für das *Software Engineering* darauf aufsetzen zu können [Char 09].

Die Vorgehen der *MIS* reichen am weitesten an eine Modellierung des *Ubiquitous Computing* heran. Was das *Ubiquitous Computing* in seiner Breite ausmacht, wird im Folgenden geklärt.

## 4.2. Neue Interfaces und Paradigmen – das Ubiquitous Computing

Das Paradigma des *Ubiquitous Computing*, eine Vision von Mark Weiser, vorgestellt in seinem Artikel »*the computer for the 21st century*«, wurde zum ersten Mal publiziert im Jahre 1991 [Weis 91].

Der Begriff *Ubiquitous Computing* wird meistens durch das Zitat des ersten Satzes seines Artikels beschrieben: »*The most profound technologies are those that disappear*«. Damit wird *Ubiquitous Computing* gesehen als logische Folgerung der technischen Entwicklung aus immer stärkeren, immer kleineren Systemen. Allerdings ist Mark Weisers Vision weniger eine Abhandlung über technische Möglichkeiten sondern vielmehr ein Plädoyer für eine an den Menschen angepasste Umwelt. Weisers Artikel ist als Gegenentwurf zu sehen zu den virtuellen Welten, der *Virtual Reality*, in die der Mensch eingepasst wird.

### 4.2.1. Interaktion in ubiquitären Umgebungen

Mark Weiser favorisiert die reale Welt in der Menschen arbeiten und von der Technik unterstützt werden:»*ubiquitous computing [...] resides in the human world and pose no barrier to personal interactions*« [Weis 91]. Es kommt Weiser also weniger auf das wörtlich zu begreifende Verschwinden der Technologien an, sondern vielmehr auf die Unterstützung des Arbeitsprozesses und das Aufgehen in diesem, in der Form, dass die verwendeten computerisierten Elemente nicht mehr als Computer sondern als Bestandteil des Handlungsablaufes, gleich einem Werkzeug, empfunden werden (siehe dazu die

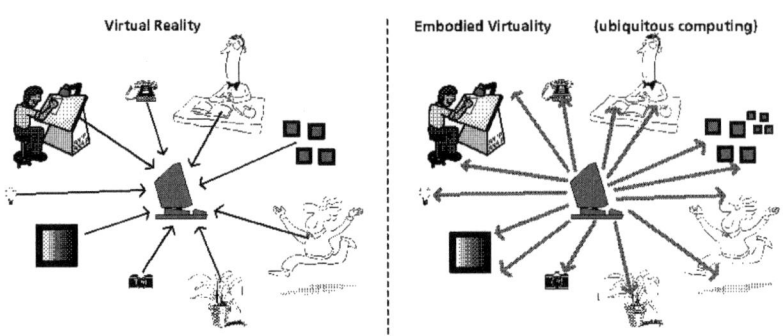

Abbildung 4.2.: Marc Weisers Cartoon zur Beschreibung des *Ubiquitous Computing* im Gegensatz zu *Virtual Reality* [Palo 09] (Abdruck mit freundlicher Genehmigung von PARC, a Xerox company).

Illustration von Marc Weiser, wiedergegeben in Abbildung 4.2).

Offenkundig wird dies auch in den Applikationen die Mark Weiser beschreibt, um seine Vision zu illustrieren. Er stellt prototypische Applikationen vor, die alle einem Zweck dienen, der natürlichen Interaktion des Menschen, weg von einem Rechner als universellem Werkzeug und Kommunikationsgerät, hin zu gemeinsamem Arbeiten, direkter Interaktion mit Menschen, unterstützt durch computerisierte Geräte. Weiser kategorisiert die Applikationen interessanterweise nach der physikalischen Größe der beteiligten Geräte in *Tabs*, *Pads* und *Boards*. Ein Kategorisierung, die die Verschmelzung von Applikation und Gerät unterstützt, die Schaffung von realen, physikalischen Werkzeugen mit digitaler Wirkung, die keine Universalgeräte mehr sind, sondern geschaffen zur Unterstützung genau einer Aufgabe [Weis 91].

**Tabs** *Tabs* sind Geräte, die einfach mitgeführt werden können. Sie können als automatische Sicherheitsausweise zur Identifikation dienen wie die *Active Badges* [Want 92], es können beispielsweise digitale *PostIt Notes* sein oder automatische *Organizer*. Durch allgegenwärtige Netze sind alle Geräte immer miteinander vernetzt und können unzählige Aufgaben erledigen.

**Pads** *Pads* als nächst größere Einheit werden als *Kreuzung von einem Stück Papier und einem Laptop* beschrieben. *Pads* sind das Pendant nicht zu einem Schreibblock, den man mit sich umher trägt, sondern zu Schmierpapier, das einfach überall vorhanden ist und verwendet werden kann wenn der Bedarf besteht. Sie werden explizit als Gegenentwurf zu *Window*-basierten Computersystemen beschrieben. Anstatt einen Bildschirm in mehrere, sich möglicherweise überlappende Fenster aufzuteilen, sollen *Pads* als digitales Papier verwendet werden, auf einem echten Tisch, jede Aufgabe auf einem eigenen *Pad*.

**Boards** *Boards* sind die größten beschriebenen Einheiten, sie repräsentieren die digitale Varianten von Tafeln. *Boards* unterstützen das Arbeiten in Gruppen etwa in Konferenzräumen.

Diese Beispiele von ubiquitären Anwendungen illustrieren wie Mark Weiser sich die Interaktion mit ubiquitären Anwendung vorgestellt hat: Computer fügen sich nahtlos in die reale Welt ein und stellen keine technische Barriere dar [Mahl 08]. Ebenso wird klar, dass die Anwendungen, die solche Systeme hervorbringen können, nahezu endlos sind und erst durch das Zusammenspiel von mehreren *Tabs*, *Pads* und *Boards*, zusammen mit riesigen Infrastrukturen im Hintergrund, möglich werden.

### 4.2.2. Einbindung der Peripherie

Bisher wurde Technik nur als Einheit im Interaktionsprozess angeführt, die einem Werkzeug gleich direkt für eine Aufgabe verwendet wird. Mark Weisers Vision geht darüber hinaus, wie er in späteren Arbeiten konkretisiert [Weis 95, Weis 97]. Ubiquitäre Anwendungen können nicht nur die Bewältigung unserer aktuellen, primären Aufgabe unterstützen, sondern in der Peripherie Informationen bereit halten, eine Technik die Weiser »*Calm Technology*« nennt. Unserer natürlichen Art und Weise mit der Welt zu interagieren folgend, werden Informationen so in der Welt kodiert, dass wir nur auf sie aufmerksam werden wenn sie wirklich Aufmerksamkeit benötigen. Auf diese Weise können wir mehrere Aufgaben gleichzeitig erfüllen, ohne allen direkt Aufmerksamkeit widmen zu müssen [Brow 96]. Eine Anwendung dafür ist etwa der »*Dangling String*« von Natalie Jeremijenko [Weis 97] [Abow 02]. Ein Stück Seil wird über einen Elektromotor bewegt und zeigt so Netzwerkaktivität an; im normalen Zustand bewegt sich das Seil kaum, ist die Netzwerkaktivität hoch, schwingt das Seil stark – ein Zustand, der der Überprüfung bedarf und auf den durch die starke Bewegung aufmerksam gemacht wird. Ein anderes Beispiel für ein *Mapping* digitaler Daten auf reale physikalische Reize ist der *Tangible Reminder*, bei dem Termine auf Farben gemappt werden. Die Anzeige gibt durch Farben über die Dringlichkeit der Termine Auskunft, macht aber erst bei akuter Dringlichkeit durch Blinken auf einen anstehenden Termin aufmerksam [Herm 07] [Mahl 09a] (für eine Beschreibung der Projekte siehe Kapitel A.2.3 und A.2.4).

### 4.2.3. Synonyme für Ubiquitous Computing

Neben dem von Marc Weiser eingeführten Begriff *Ubiquitous Computing* gibt es mittlerweile eine ganze Reihe Synonyme beziehungsweise Begriffe, die im Zusammenhang mit *Ubiquitous Computing* genannt werden. Sie unterscheiden sich von *Ubiquitous Computing*, wenn überhaupt, nur im Fokus.

**Pervasive Computing** *Pervasive Computing* wird oft als Synonym für *Ubiquitous Computing* verwendet. Mühlhäuser et al. unterscheidet die beiden Begriffe und sehen *Pervasive Computing* eher als fokusierend auf den Prozess des Durchdringens der Realität, *Ubiquitous Computing* hingegen eher das Resultat, die Vision an sich beschreibt [Mhlh 08].

**Ambient Intelligence** *Ambient Intelligence* als Begriff geht direkt auf Marc Weiser und seine Vision der peripheren Artefakte zurück. Fokussiert werden hierbei vor allem die zunehmende Technisierung unserer Umwelt und der realen Objekte darin, resultierend in einer Umwelt, in der Computer immer weiter in den Hintergrund treten und stattdessen Umgebungen den Nutzer unterstützen, was durch intelligente Systeme bewerkstelligt werden kann [Aart 03].

**Disappearing Computer** *Disappearing Computer* fokussiert ebenfalls auf das Verschmelzen des Computersystems mit unserer Umwelt, wodurch die Systeme verteilt, verbunden, aber auch unfassbar werden. Ein großer Punkt hier ist vor allem, wie, neben der Bewerkstelligung, letzten Endes mit solchen Systemen interagiert werden kann [Dey 01].

**Calm Computing** *Calm Computing* ist ein Begriff, der direkt von Marc Weiser in [Weis 97] eingeführt wird und auf den Aspekt der Interaktion durch die Einbindung von Systemen und Information in der Peripherie Wert legt, wie bereits in Kapitel 4.2.2 angeschnitten.

**Invisible Computing** Der Begriff *Invisible Computing* wird vor allem durch Don Norman und seiner Auffassung von Interaktion in ubiquitären Umgebungen mit unsichtbaren Computern geprägt. In [Norm 98] favorisiert er im Gegensatz zu klassischen PCs nicht universelle Systeme, sondern einfache Werkzeuge, die einen Arbeitsprozess unterstützen und sich in den natürlichen Arbeitsablauf einfügen.

**Things That Think** Im Kontext des *Ubiquitous Computing* bezeichnet *Things That Think* ganz explizit die Computerisierung ganz alltäglicher Gegenstände und betrachten die Möglichkeiten, welche auf dieser Basis erwachsen [Hawl 97].

## 4.2.4. Überlappungsbereiche mit Ubiquitous Computing

Die Beschreibung des *Ubiquitous Computing* fokussiert klar auf die Interaktion und die Vision einer ubiquitären Welt. Eng damit in Verbindung stehen andere Gebiete, die sich selbst teilweise stark gegen das *Ubiquitous Computing* abgrenzen, allerdings durchaus mit der Vision der Interaktion übereinstimmen.

**Intelligent/Reactive Environments** Im Gegensatz zu *Ubiquitous Computing* verfolgt *Intelligent-* oder *Reactive Environments* nicht ein Modell in dem Computer immer und überall verfügbar sind und immer und überall genutzt werden können. Stattdessen wird eine Lösung angestrebt, die vordergründig möglichst wenig Eingriffe in eine Umgebung benötigen. Anstelle der bereits mehrfach angesprochenen intelligenten Objekte favorisiert dieser Ansatz, die Dinge selbst unangetastet zu lassen und die Änderungen, sprich den Einbau der Computerleistung mit all ihrer Sensorik und Rechenleistung, in den Raum selbst zu integrieren und so im Hintergrund ablaufen zu lassen. Am deutlichsten wird diese Unterscheidung bei Coen [Coen 98], sie wird aber auch von anderen Autoren direkt thematisiert, etwa von Butz in [Butz 04]. Der Unterschied stellt aber weder die Vision des *Ubiquitous Computing* in Frage, noch wird versucht, andere Interaktionsformen zu propagieren. Vielmehr wird die Frage nach der Realisierbarkeit und der technischen Umsetzung der Vision gestellt und anders beantwortet. So gehen Cooperstock et al. in [Coop 97], Buxton in [Buxt 97] und Butz et al. in [Butz 06] weniger auf die technischen Unterschiede ein, sondern stellen die Gemeinsamkeiten und den Ursprung im *Ubiquitous Computing* heraus, indem Butz et al. sich auf die Interaktion und den neuen Umgang mit Technik beziehen, der bei Weiser aufgezeigt wird. Somit unterscheiden sich die beiden Gebiete des *Ubiquitous Computing* und der *Intelligent Environments* nicht aus der Nutzersicht oder in der Anwendung. Vielmehr propagieren beide dieselbe Herangehensweise und dieselbe übergeordnete Vision, die Interaktion des Menschen mit der Technik in seiner gewohnten Umgebung.

**Augmented Reality** Azuma definiert in [Azum 97] *Augmented Reality* (AR) als eine Variante der *Virtual Reality* (VR), bei der anstelle der vollkommen virtuellen Umgebung der *Virtual Reality* virtuelle Objekte in die Realität eingeblendet wird. Während der Nutzer das *AR*-System verwendet sieht er also seine reale Umgebung. In diese werden virtuelle Objekte eingeblendet oder darüber gelegt. Bereits in [Well 93] weisen Wellner et al. darauf hin, dass *AR* und *Ubiquitous Computing* ausgehend von verschiedenen technischen Voraussetzungen das gleiche Ziel verfolgen, eine Erweiterung der realen Umgebung und die Unterstützung des Menschen bei seiner Arbeit in dieser Umgebung. Buxton beschreibt in [Buxt 97] eine weitere Facette, die den Zusammenhang von *Ubiquitous Computing* und *AR* aufzeigt, Buxton versteht unter *AR* nicht nur eine Realität, die durch Overlays mit virtuellen Objekten angereichert ist, sondern vielmehr im wörtlichen Sinne die Anreicherung der Realität durch virtuelle Inhalte, egal über welches Medium.

**Tangible Interaction & Graspable Interfaces** Eine weitere Anschauung, die eng mit dem Begriff des *Ubiquitous Computing* verbunden ist, ist *Tangible Interaction*. Hierbei handelt es sich um ein Gebiet, das sich auf die Entwicklung von Interfaces direkt aus unserer physikalischen Umwelt spezialisiert hat. Die Interaktion läuft im physikalischen Raum ab, durch die Manipulation realer, anfassbarer Objekte. Die Idee der Interaktion im realen Raum und der natürlichen, realen Interaktion eint *Tangible Interaction* und *Ubiquitous Computing*. Propagiert wurde diese Idee durch Ishii et al. in [Ishi 97] und sie hat sich zu einem viel beachteten Forschungsfeld entwickelt [Ullm 00] [Holm 04] [Hove 04] [Horn 06] [Herm 07] [Mahl 09a].

**Smart Clothing/Wearable Computing** Ähnlich der Idee des »*Things That Think*« werden im *Smart Clothing* eine Computerisierung alltäglicher, in diesem Falle, die der direkt am Körper getragenen Gegenstände oder Kleidungsstücke untersucht. Dabei dient das *Smart Clothing* beziehungsweise das *Wearable Computing* als Interface zwischen der umgebenden, möglicherweise computerisierten Umwelt und dem Nutzer. Der Grad der Immersion ist dabei variabel und kann bis zu einer kompletten, immer währenden Durchdringung und Symbiose des Menschen mit der Technik führen [Mann 96, Mann 97]. Im Vergleich zum *Ubiquitous Computing* verfolgt das *Wearable Computing* tendenziell eine stärkere Immersion, jedoch durch teilweise hochinvasive Techniken. Die ständige Unterstützung durch Technik wird von Steve Mann in einem Selbstversuch seit über zehn Jahren getestet [Mann 96, Mann 97].

Die Vision von Marc Weiser des *Ubiquitous Computing*, die sich durch Ubiquität und Transparenz auszeichnet, beinhaltet und nutzt all diese Teilgebiete und eint sie in der grundlegenden Idee, dem Bruch mit dem traditionellen Computerinterface und einer Durchdringung und Anreicherung der realen Welt. Die Interaktion wird in unsere natürliche Umgebung zurückgeholt, der Computer zu einem System, das uns in unserer Arbeit unterstützt. Die Systeme selbst werden transparent in dem Sinne, dass sie uns nicht mehr als Computersysteme auffallen, sondern sich in unseren Arbeitsablauf integrieren [Buxt 97].

Die Systeme, die in diesem Zusammenhang entstehen, nutzen meist mehrere der oben genannten Gebiete. Gerade in einer Welt, in der das *Ubiquitous Computing* noch nicht etabliert ist, sondern erst zu wachsen beginnt, werden zunächst eng begrenzte Lösungen entstehen. Intelligente Räume entstehen und werden immer mehr erweitert werden. AR Systeme werden auf Kleingeräte portiert, *mobile AR* wird eine Zwischenlösung sein solange die Miniaturisierung oder Technisierung unserer Umwelt noch nicht weit genug fortgeschritten ist, um die Technik flächendeckend zu liefern. Mobile Geräte werden die technisierten Bereiche ausdehnen und an unsere Gewohnheiten anpassen. Zudem werden nicht alle technisch machbaren Ideen angenommen werden. Manche neuen Lösungen werden zu invasiv sein und nicht angenommen werden, andere ältere Lösungen sich als nützlich erweisen und überleben. So befinden wir uns gerade in einer Phase des Umbruches, in der wir teilweise neue Interaktionsformen in klar begrenzten Umgebungen nutzen können, andere Lösungen, bis hin zu traditionellen Computersystemen allerdings immer noch antreffen [Mahl 08].

Im Folgenden wird der Begriff des *Ubiquitous Computing* verwendet unter Einbeziehung aller bisher genannten Teilgebiete, im Wissen, dass diese Teilgebiete zwar technische Unterscheidungen treffen und sich teilweise stark abzugrenzen versuchen, allerdings in der Vision der Interaktion übereinstimmen. Der Fokus der nachfolgenden Kapitel liegt genau auf der Interaktion und der Modellierung des Interfaces für diese, weswegen dies keine Ungenauigkeit bedeutet, sondern durch die Einbeziehung aller Facetten versucht, ein klares Bild und passendes Modell für das *Ubiquitous Computing* zu elaborieren.

## 4.3. Probleme neuer Interaktionsformen und Grenzen klassischer Interfaces

Mit dem Verständnis von Mark Weisers Vision und dem neuen Paradigma der Interaktion können nun die kommenden Herausforderungen und Themengebiete erarbeitet werden, die dem neuen Paradigma immanent und deren Bearbeitung beziehungsweise Berücksichtigung deshalb unumgänglich sind. Zunächst jedoch ist zu bemerken, dass die Vision des *Ubiquitous Computing* nicht eine komplett neue Art der Nutzung vorschreibt, sondern vielmehr auf den heutigen Paradigmen fußt und davon ausgehend entworfen wird. Dies bedeutet zum Einen, dass sich neuartige Applikationen aus aktuellen entwickeln werden, wie Rodden et al. [Rodd 03] am Beispiel des »*Smart Homes*« klar machen. Zum Anderen, dass neuartige Systeme nicht alle heute existierenden Systeme ersetzen werden. Vielmehr werden gute Lösungen beibehalten und neben den neuartigen Lösungen weiterbestehen [Bodk 06].

Eine Modellierung einer umfassenden ubiquitären Interaktion muss daher auch auf bereits vorhandene Interaktionsformen eingehen und den Status Quo berücksichtigen, zumal die grundlegenden Ideen in einem gewissen Sinne für das Interface gleich bleiben: Die besten Interfacedesigns sind diejenigen, welche nicht auffallen [Beau 04] sondern vielmehr in den Hintergrund treten und in diesem Sinne unsichtbar sind. Damit wäre die grundlegende Aufgabe die Ausdehnung dieser Auffassung eines Interfaces von klassischen

Computersystemen auf den Einsatz in der realen Welt.

Die Aufgaben des *HCI*-Designs für die ersten *PC*-Systeme sind mit einem festen Aufbau, bestehend aus grafischer Ausgabe und Eingabe über Tastatur und Maus, klar umrissen. Buxton reduziert dies etwas salopp auf, wie er es nennt, das »*Henry Ford*«-*Modell*: »*You can have it in any form as long as it has a mouse, keyboard and display*« [Buxt 97]. Eine Anschauung des Computers, die maßgeblich auf Douglas Engelbart, Alan Kay und ihre Kollegen bei *Xerox PARC* und ihre Erfindung der *Maus* und des *Word Processing* zurückgeht [Engl 67]. Aber schon die Ideen des *Personal Dynamic Media* des *Dynabooks* [Kay 72, Kay 77] Mitte der 1970er, ebenfalls von Alan Kay und Kollegen, gehen bereits weit über dieses Konzept hinaus und bilden die Grundlage für das *Mobile Computing*.

Die verschiedenen Auffassungen des Computers, insbesondere im Bezug auf seine Handhabung, können in unterschiedliche Phasen eingeteilt werden. Diese werden je auch als Wellen der HCI bezeichnet und als Generationen der HCI. Die Phase der *Mensch-Maschine-Interaktion*, die dem ersten Auftreten von PCs folgt und zum ersten Mal den Nutzer in den Mittelpunkt rückt, wird von Bertelsen als Beginn der *Mensch-Maschine-Interaktion* als Disziplin gesehen, die er folglich als erste Phase der *HCI* bezeichnet [Bert 06] (siehe dazu auch Abbildung 4.3). Bødker beschreibt in [Bodk 06] diese Phase ebenfalls, gibt allerdings eine feinere Unterteilung an. Sie teilt die Phase der Anpassung der Maschine – und damit des Interfaces – an den Menschen weiter auf. Sie charakterisiert die *erste Welle* der *HCI* als eine Anpassung des Interfaces aufgrund von physiologischen Gegebenheiten des Menschen und getroffenen Konventionen. Als Werkzeuge die zur Erstellung des Interfaces in der ersten Welle zur Anwendung kommen, sieht sie strikte *Guidelines* und *Style Guides* (siehe dazu Kapitel 2.2) in Verbindung mit formalen Methoden und mit systematischen Tests (siehe dazu Kapitel 3.1).

Die *zweite Welle* der *HCI* bezeichnet eine stärkere Fokussierung auf den Nutzer selbst und das Arbeiten in Expertengruppen. Zudem wird der Nutzer zunehmend, durch das Aufkommen von mobilen Geräten, als potentieller sogenannte »*Nomadic User*« gesehen [Mess 04]. Die Applikationen die genutzt werden sind Universalwerkzeuge für eine bestimmte Domäne und wenige in der Zahl. Es wird versucht, diese Applikationen an den Nutzer anzupassen, situationsabhängig, seinen Fähigkeiten entsprechend. Der Mensch wird als Arbeiter wahrgenommen, der über aufkommende Netze immer flexibler, vor allem bezüglich seiner Lokation, seiner Arbeit nachgehen kann. Er löst sich durch die Technik von seinem Arbeitsplatz, der Kontext in dem gearbeitet wird rückt damit in den Vordergrund. Paradoxerweise wird durch die Mobilität aber weniger ein Arbeiten im Kontext bezeichnet, sondern vielmehr die Mitführung des Arbeitskontextes mit allen möglichen Dokumenten und Werkzeugen in einem Universalgerät. Der Kontext, durch die neue Mobilität, sowohl als Lokation, als auch als Situativität des Nutzers verstanden, wird als Faktor gesehen auf den reagiert werden muss, um die Arbeitsfähigkeit zu erhalten oder, auf die jeweilige Situation angepasst, zu optimieren. Für das Design der Applikationen werden zunehmend Methoden wie *partizipatorisches Design*, *Prototyping* oder *Contextualized Design* eingesetzt [Beye 97] [Bodk 00, Bodk 06].

Die *dritte Welle* der *HCI* wird durch zwei wesentliche Aspekte charakterisiert: Die Ausweitung der Computersysteme von der Arbeitswelt in den alltäglichen, privaten Bereich und die Ausweitung der Systeme auf physikalische Interaktion. Die Herausforderungen für die Interaktion ändern sich damit dramatisch, was den Nutzer anbelangt. Nun werden nicht mehr nur der Arbeiter und Experte fokusiert, sondern Menschen aus allen Bevölkerungsgruppen, mit den unterschiedlichsten Voraussetzungen und Kenntnissen. Der Mensch wird nicht mehr als Nutzer wahrgenommen, sondern als Akteur. Für die Applikation bedeutet dies, dass nicht mehr die menschlichen Faktoren im Vordergrund stehen, die in die Applikation einzubeziehen versucht werden, sondern vielmehr steht die klare Präsentation der gebotenen Funktionalität im Vordergrund [Bann 91] – eine Abkehr von den monolithischen universalen Applikationen, hin zu explorativen Ansätzen [Bert 06], die sich nahtlos in die Vision des *Ubiquitous Computing* und die Physikalität des Interfaces einfügen. Bertelsen hält die Entwicklung der Nutzerschnittstelle bildlich fest (siehe Abbildung 4.3).

Die Änderung der Domäne und die Ausweitung des Fokuses von der Arbeitswelt auf den alltäglichen Bereich bringt nicht nur eine Vermischung der Applikationstypen und des Kontextes mit sich. Vielmehr muss, ähnlich der Entwicklung der Abkehr vom Menschen als Nutzer, seine Rolle und Situation neu betrachtet werden. Mit der Ausweitung auf den privaten Bereich werden klassische monolithische Applikationen nicht mehr im Fokus stehen. Anders als in der Arbeitswelt, in der wir produktiv, zielstrebig und konzentriert ans Werk und damit an die Applikation gehen, sind wir im privaten Umfeld ent-

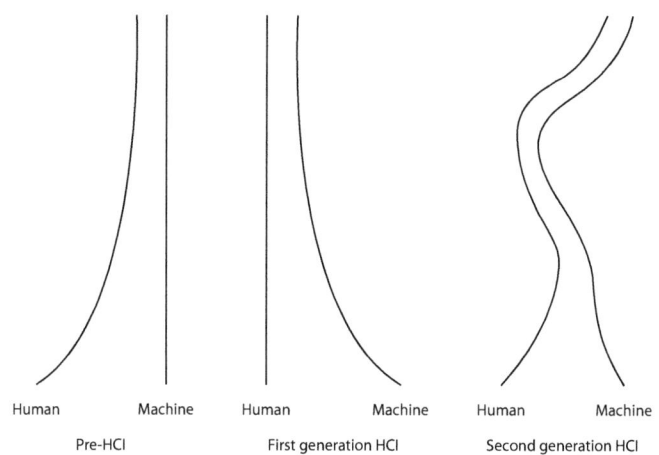

Abbildung 4.3.: Änderung der Nutzerschnittstelle im Zusammenhang zwischen Mensch und Maschine. Hatte sich in einer ersten Phase der Mensch stark an die Maschine anzupassen, versucht die Disziplin der *HCI* die Maschine an den Menschen anzupassen. Neue Interfaces werden sich an den Menschen anpassen aber gleichzeitig explorative Ansätze verfolgen und den Menschen die Funktionalität entdecken und kontinuierlich erweitern lassen (nach [Bert 06]).

spannt, nicht auf ein Ziel fokussiert. Paradoxerweise muss damit in der dritten Welle der *HCI* eine Applikation klar ihre Funktionalität propagieren, um möglichst wenig Aufmerksamkeit zu verschwenden, während in der zweiten Welle menschliche Faktoren im Vordergrund stehen, um die individuelle Produktivität zu erhöhen.

Andererseits können Applikationen der dritten Welle der *HCI* durch ihre Erweiterung auf den privaten Bereich wesentlich stärker auf Emotionen reagieren und eher auf die Entstehung einer Erlebniswelt Wert legen. Eng damit verbunden ist auch die Wahrnehmung des Interfaces unter rein persönlichen und ästhetischen Gesichtspunkten. Sind sie in Applikationen der zweiten Welle als Faktoren bereits vorhanden, so sind sie jetzt mitunter die treibende Kraft hinter einer Applikation. Zusätzlich rücken verstärkt Themen wie kulturelle Besonderheiten und Gewohnheiten, die eng in Verbindung zu ästhetischem Empfinden stehen, in den Vordergrund [Bodk 06].

Die dritte Welle der *HCI* ist durch die Verschiebung des Fokuses von der virtuellen auf die reale Welt charakterisiert und durch die Einbeziehung neuer Arten von Ein- und Ausgabemodalitäten. Natürliche Interaktionen über Gesten und Sprache rücken in den Blickpunkt, genauso wie die Interaktion über physikalische Objekte. *Tangible Interfaces* für die Eingabe, genauso wie *AR* Ansätze für die Ausgabe, *pervasive Technologies* im Allgemeinen, benötigen eine Vielzahl neuer Technologien, neuer Geräte und Applikationen.

Die verschiedenen Wellen der *HCI* sind mitnichten voneinander zu trennen, die Nachfolgende ersetzt nicht die Vorhergehende. Die Erkenntnisse, die in der zweiten Welle gemacht wurden haben nach wie vor Bestand und sind wertvoll für den speziellen Schwerpunkt für den sie entwickelt wurden. Manche Applikationen der dritten Welle werden Applikationen der zweiten überflüssig machen, generell ist aber eher von einer Koexistenz auszugehen. Auch zeitlich stehen die Wellen nicht unbedingt in einer klaren Reihe: vielmehr ist auch hier ein Nebeneinander festzustellen. Die Veröffentlichungen von Bannon [Bann 91] und die Vision von Marc Weiser [Weis 91] datieren aus dem Jahr 1991. *Tangible User Interfaces* wurden 1997 [Ishi 97] vorgestellt, zahlreiche Applikationen die den Beginn der dritten Welle ausmachen gehen auf Arbeiten bei *Xerox PARC* Anfang der 1990er zurück. Trotzdem ist das ganze Gebiet des *Ubiquitous Computing* noch recht jung und ihre Applikationen sind bisher kaum über den wissenschaftlichen Bereich hinausgekommen. Es stellt sich die Frage nach der Ursache.

### 4.3.1. Paradox of Technology

Eine Ursache dafür führt Norman in [Norm 88] mit dem, wie er es nennt, *Paradox of Technology* an (siehe 4.4). Damit beschreibt er den Umstand, dass technische Neuerungen zunächst nur Experten zugänglich sind, aus dem einfachen Grund, dass die Bedienung der neuen Geräte Wissen über die Technik voraussetzt. Das Interface ist aus der Sicht der Designer, die selbst Techniker sind, völlig zu Recht an den technischen Grundgrößen orientiert. Mit der Zeit werden die Geräte für einen größeren Nutzerkreis erschlossen, das Interface wird dahingehend geändert, dass es sich zunehmend an der Aufgabe, der Funktion beziehungsweise dem Nutzen orientiert. Das Interface und damit die Technik wird für einen größeren Nutzerkreis verständlich und damit benutzbar. Mit der wachsenden Benutzung wird das Interface immer mehr an die Aufgabe angepasst, parallel dazu erschließen sich mögliche neue Nutzungfelder. Nach einiger Zeit wird sich das Interface stabilisieren – es ist auf die Anwendung angepasst und akzeptiert, die technologische Neuerung angenommen. Werden neue innovative Techniken integriert und neue Features hinzugefügt, beginnt das *Paradox of Technology* von neuem.

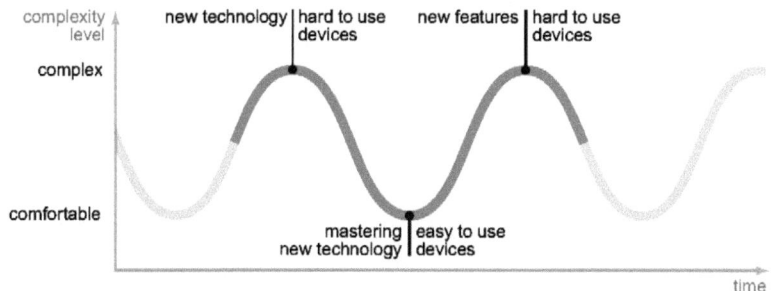

Abbildung 4.4.: Jede neue Technologie bringt zuerst Interfaces hervor, die sich am technischen Verständnis orientieren. Erst über die Zeit, mit dem zunehmenden Verständnis des Einsatzes werden die Interfaces an die Tätigkeit und die menschlichen Bedürfnisse angepasst.

Man kann argumentieren, dass die technischen Neuerungen und Geräte, die für das *Ubiquitous Computing* benötigt werden, noch nicht ausgereift sind. Allerdings sind einzelne Anwendungen durchaus bereits verfügbar und ihre Machbarkeit ist demonstriert. Beaudouin-Lafon führt in [Beau 04] weitere Gründe an, warum die Entwicklung auf dem Gebiet der Interfaces, trotz der Beispiele für Machbarkeit und trotz nachgewiesener Verbesserungen, keinen oder nur schleppend Einzug in kommerzielle Produkte halten:

Als Erstes haben sich Lösungen etabliert. *WIMP*-Interfaces waren über Jahre hinweg das Mittel der Wahl. Dies gilt zum Einen für die Anwendung selbst, zum Anderen für die Methoden. Um neue Interfaces zu implementieren müssen eingespielte Prozesse über Bord geworfen und neue Wege beschritten werden.

Bezogen auf den Bereich des *Ubiquitous Computing* ist dies besonders schwer, weil das komplette Interaktionsmodell geändert werden muss und radikale Änderungen durchgeführt werden. Somit ist keine sofortige Verbesserung zu sehen, vielmehr ergeben sich große zu lösende Aufgaben, was eine Durchführung schwierig macht.

Daher muss der Übergang zu einem neuen Interaktionsmodell zum Einen integrativ durchgeführt werden, um langsam neue Applikationen einzubinden und zum Anderen wird ein ganzheitlicher Ansatz benötigt, der auf theoretischer Fundierung basiert und solide Interaktionsarchitekturen vorschlägt, um neue Interaktionsapplikationen designen und neue Interfaces schaffen zu können. Ein Modell muss damit die bestehenden Arbeiten als theoretische Basis integrieren und *Software*-Entwicklern Modelle liefern, die bestehende Erkenntnisse strukturiert transportieren, um in Methoden und Tools münden zu können.

Ein weiterer Aspekt, der bei der Diskussion der Gründe oft unbeachtet bleibt, ist die Form der Modellierung selbst. Viele neue Konzepte stellen einen ganzheitlichen Ansatz als notwendig dar, was durchaus begründet und nachvollzogen werden kann. Sie lassen aber dabei außer Acht, dass die letztliche Applikation nicht die Interaktion, sondern ein Interface modellieren muss. Für den Applikationsdesigner ist deshalb ein grundsätzliches Modell des Interfaces von großem Nutzen. Dieses Modell muss natürlich Möglichkeiten liefern, um die Interaktion in *Ubiquitous Computing* zu ermöglichen, diese allerdings nicht in der Modellierung in den Vordergrund stellen, sondern um größtmöglichen Nutzen zu bieten, die Applikationssicht einnehmen.

Ziel der Modellierung die im Folgenden vorgestellt wird, ist zunächst, die Gesamtheit der möglichen Interfaces in einen Kontext zu bringen, in Beziehung zueinander zu stellen, vergleichbar zu machen und Alternativen zu zeigen. Durch eine Verbindung zwischen verschiedenen Ebenen des Modells werden mögliche Wege zum Interface aufgezeigt, ohne diese selbst automatisch zu gehen. Es geht damit weniger um die Vorstellung eines, möglicherweise modellbasierten, neuen Vorgehens wie Interfaces generiert werden können, sondern um die Bereitstellung von Wissen und Designalternativen in einem ubiquitären Kontext *vor der eigentlichen Designphase*.

## 4.4. Interaktion

Der nächste Schritt in der *Mensch-Maschine-Interaktion* ist, wie es Beaudouin-Lafon in [Beau 04] beschreibt, der Paradigmen-*Shift* von der Implementierung einzelner, losgelöster Applikationen – und damit einzelner losgelöster

Interfaces – hin zur Integration einzelner Applikationen und Interfaces in eine ubiquitäre Welt. Dabei steht weniger die einzelne Applikation als universelle *Werkzeug*-Einheit im Vordergrund, sondern vielmehr das einzelne Dokument als *Daten*-Einheit, auf das Werkzeuge, durchaus auch in Kombination, angewendet werden können. Applikationen nach dieser Auffassung liefern nicht mehr immer mehr Funktionalität in einem monolithischen Programm. Vielmehr bieten diese Applikationen einige wenige Funktionen, dafür aber systemweit. Diese Sicht bedeutet zwar eine radikale Abkehr von der heute allgemein gültigen Sicht von Applikationen, ist aber im Grunde die Sicht, die bereits in den ersten Prototypen grafischer und späterer ubiquitärer Systeme von *Xerox PARC* vertreten wurde [John 89] [Weis 91], auf denen bis heute moderne Applikationen mit grafischem Interface, direkter Manipulation und *Desktop*-Metapher basieren.

Um sich der Modellierung von Interfaces im ubiquitären Kontext zu nähern, muss zunächst geklärt werden, was unter dem Begriff der Interaktion im ubiquitären Kontext zu verstehen ist. In [Hewe 92] wird die *Mensch-Maschine-Interaktion* definiert als eine Disziplin, die sich mit Design, Evaluation und Implementierung von interaktiven Computersystemen für die Nutzung durch den Menschen und dem Studium von Phänomenen rund um dieses Thema beschäftigt: »*[...] a discipline concerned with the design, evaluation and implementation of interactive computing systems for human use and with the study of major phenomena surrounding them.*« Dass diese Definition von *Mensch-Maschine-Interaktion*, obwohl recht abstrakt und umfassend, mit dem klassischen Verständnis eines PCs im Hinterkopf verfasst wurde, wird aus der Abbildung 4.5 deutlich, die versucht, die einzelnen Gebiete der *Mensch-Maschine-Interaktion* aufzuzeigen.

Im ubiquitären Sinne wird die Interaktion des Menschen mit der Maschine schwerer zu fassen, da sie nun, in unseren Alltag eingebaut, nicht mehr unbedingt direkt als solche zu erkennen ist, da der Computer nicht mehr klar als einzelnes Gerät zu erkennen ist. Vielmehr tritt der Computer als solcher in den Hintergrund und wird nicht mehr generell als Interaktionspartner wahrgenommen.

Unter dem Begriff der *ubiquitären Interaktion* werden verschiedene Arten der Interaktionen zusammengefasst, die im Folgenden kurz angeführt werden, um die gesamte Bandbreite an ubiquitärer Interaktion aufzuzeigen [Beau 04].

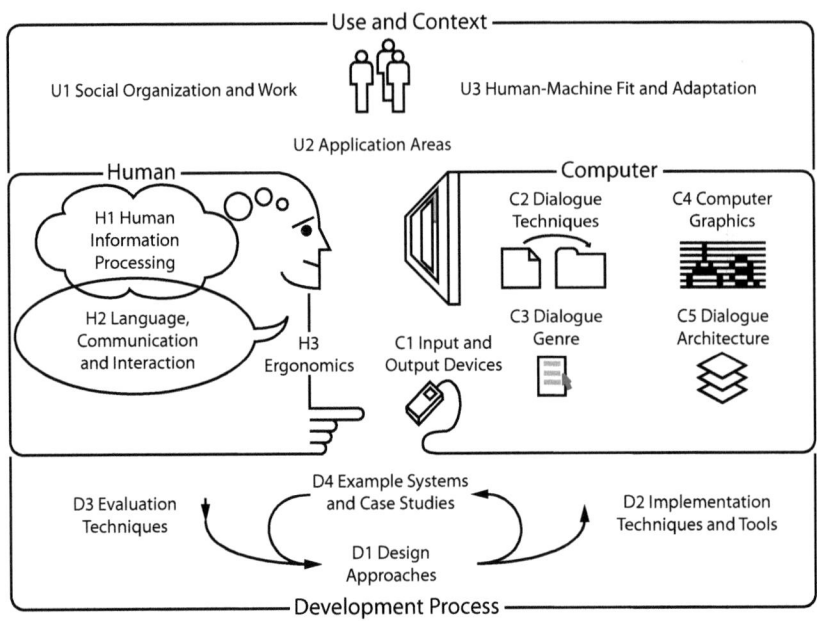

Abbildung 4.5.: Die Disziplin der *Mensch-Maschine-Interaktion* nach [Hewe 92].

**Computer als Tool** Das System wird durch den Menschen genutzt, um eine Aufgabe zu erledigen. Prinzipiell fällt jede Art von Applikation mit der ein Mensch direkt interagiert in diese Kategorie.

**Computer als Medium** Das System wird im Allgemeinen genutzt, um mit anderen Menschen in Kontakt zu treten, um Nachrichten auszutauschen und gemeinsam Aufgaben zu erledigen.

**Computer als Partner** Das System wird als eigenständiges betrachtet, das autonom Aufgaben lösen kann und dem der Mensch Aufgaben und Ziele kommuniziert.

Nach Beaudouin-Lafon [Beau 04] löst die *HCI* alle Aufgaben, die in die erste Kategorie fallen, die Auffassung des Computers als Medium fällt in die Domäne des *CSCW*[3] und Aufgaben die sich aus der Auffassung des Computers

---

[3] CSCW steht für »Computer Supported Cooperative Work«.

als Partner ergeben werden von der *KI*[4] bearbeitet.

Denkt man an das klassische *Setting* mit PCs, so kann man die beiden letzteren Kategorien als übergeordnete Konzepte ansehen, die die *HCI* und damit die *Computer als Tool*-Anschauung benötigen, um ihre Ziele zu kommunizieren. Zwar werden die Computer als Medium oder als Partner angesehen, trotzdem muss über die Schnittstelle des Computersystems die jeweilige Funktion des Mediums, respektive des Partners, zugreifbar gemacht werden. Damit haben alle klassischen Applikationen einen Teil, den die *HCI* zu lösen hat.

## 4.5. Interaktion in ubiquitären Umgebungen

Entfernt man sich vom klassischen *Setting* und versucht diese Sicht in die reale, ubiquitäre Welt zu übertragen, so wird als allererstes das Verschwinden des Interaktionspartners Computer zum Problem. Der *Computer als Tool* wird zum alleinigen Tool, einem Werkzeug, dessen es zur Erledigung einer Aufgabe bedarf. Für den *Computer als Medium*, gilt dasselbe: es werden Werkzeuge benötigt, die als Medium im wörtlichen Sinne, als Vermittler, fungieren. Nut für den *Computer als Partner* wird unausweichlich ein eigenständig kommunizierendes System benötigt.

Die Konvergenz der virtuellen und der realen Welt im *Ubiquitous Computing* führt zu einer Einbettung von digitalen Daten in die reale Welt auf der einen Seite, und dazu einer Instrumentalisierung von realen Objekten und Phänomenen als Eingabe auf der anderen Seite. Bereits 1994 haben Milgram und Kishino in [Milg 94, Milg 95] die Vermischung der beiden Welten kategorisiert und im *Virtuality Continuum* festgehalten (siehe Abbildung 4.6). Milgram und Kishino stellen die Vermischung als Kontinuum dar, zwischen den beiden Polen der realen und der virtuellen Umgebung. Der Bereich der *Mixed Reality* (*MR*) ist dabei fließend, je nachdem in welchem Maße reale beziehungsweise virtuelle Objekte verwendet werden. Dabei stellt der Bereich der *Augmented Reality* eine weitgehend reale Umgebung dar, in die durch Überblendung virtuelle Informationen und Objekte eingebaut werden. Analog wird der Begriff der *Augmented Virtuality* verwendet für eine weitgehend virtuelle Umgebung, in die reale Objekte und Information, etwa über Bilder

---

[4] KI steht für Künstliche Intelligenz.

und Videos, eingebunden sind.

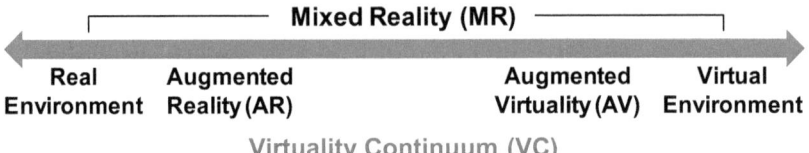

Abbildung 4.6.: Das Virtuality Continuum nach Milgram und Kishino (nach [Milg 94]).

Azuma beschreibt in [Azum 97] virtuelle Umgebungen, besser bekannt unter dem Namen *Virtual Reality* (*VR*) als eine komplett künstliche, virtuelle Welt, in der der Nutzer keinerlei Wahrnehmung der realen Welt mehr hat. Alle Eindrücke sind komplett synthetisch erzeugt und virtuell. Im Gegensatz dazu hat der Nutzer beim Einsatz von *Augmented Reality* (*AR*) eine komplette Wahrnehmung der Realität, in die virtuelle Elemente eingeblendet werden. Milgram und Kishino beziehen sich mit ihrer Taxonomie, die eine Kategorisierung und einen Zusammenhang der verschiedenen Techniken schafft, vor allem auf die Präsentation von Informationen. Die Unterscheidung zielt ab auf die möglichen Präsentationsformen von virtueller Information und deren Wechselwirkung mit der Wahrnehmung, von real bis komplett virtuell. Milgrams und Kishinos Anschauung ist getrieben vom Gegensatz zwischen der *Virtual Reality* mit der komplett virtuellen Arbeitsumgebung auf der einen Seite und der neuen Anschauung, einer computerunterstützten realen Welt. Für die Interaktion im ubiquitären Raum fasst diese Kategorisierung den Bereich der Präsentation virtueller Information in *Mixed Reality*-Umgebungen. Es ist allerdings ebenso klar, dass sich die Vision von Marc Weiser genau auf den Bereich der die Realität als Basis für die *Mensch-Maschine-Interaktion* bezieht.

Haben sich Milgram und Kishino vor allem um die Klassifikation der Präsentation (mit einer klaren Fokussierung auf die visuelle Komponente) bemüht und mit realer Umgebung, *AR* und *MR* die wichtigsten Domänen dafür verortet, so lässt sich dies über Ishii und Ulmer [Ishi 97] für den Bereich der Interaktion sagen. Sie rücken mit dem Begriff der *Tangible Interaction* die Interaktion mit realen Objekten in den Mittelpunkt, deren Manipulation allerdings Auswirkungen auf die virtuelle Welt haben. Damit ermöglichen Ishii und Ulmer das Arbeiten in realen Umgebungen, mit realen Objekten, um auch virtuelle Daten zu manipulieren, ein zentrales Anliegen des *Ubiquitous Computing*.

Die ständige, überall verfügbare Durchdringung von realer und virtueller Welt als Vision bedeutet allerdings nicht, dass nur noch über reale, bereits existente Objekte mit der virtuellen Welt kommuniziert und auf sie eingewirkt wird. Stattdessen werden im ubiquitären Kontext neue Geräte entstehen, die Eingaben aus der realen Welt in die virtuelle Welt umsetzen. Es wird fertige Objekte geben, die zusätzlich virtuelle Funktionen bekommen. Und es wird Geräte geben, die nicht das Paradigma des *Ubiquitous Computing* umsetzen, sondern in bewährter Weise weiter funktionieren und genutzt werden.

Damit muss von einem Modell für ubiquitäre Interaktion eine Bandbreite abgedeckt werden, die vom klassischen *Desktop*-System bis hin zu komplett ubiquitären Ein- und Ausgabeformen mit Einsatz von *TI, AR, MR* und unterschiedlichen Medien reicht. Gleichzeitig muss bedacht werden, dass der Übergang zwischen den beiden Extremen ebenfalls fließend ist. Mobile Geräte können sowohl als intermediäre Werkzeuge dienen, als auch die Lücke schließen, wo ubiquitäre Umgebungen nicht oder noch nicht existieren. Der Übergang kann in drei Szenarien eingeteilt werden.

**Klassisches PC-Szenario** Der Nutzer interagiert in einem festen, an den Arbeitsplatz gebundenen *Setting* mit einem System, auf dem einige universale Applikationen laufen. Die Interaktion mit dem System läuft über eine kleine Zahl klar definierter Interfaces wie Maus, Tastatur und Monitor.

**Mobile Interaktion** Der Nutzer löst sich vom Arbeitsplatz und wird durch kleinere, leichtere Geräte mobil. Die Geräte sind vom Prinzip her kleine Versionen ihrer Arbeitsplatz-*Pendants*. Allerdings ändert sich ihre Handhabung bereits durch die Änderung des Interfaces, durch die Änderung des Kontextes, durch die Nebenläufigkeit und den Einsatz in Gebieten, die nichts mit der Arbeitswelt zu tun haben.

**Ubiquitäre Interaktion** Der Nutzer wird zum Akteur, der nicht an einem Rechner arbeitet, sondern verschiedene computergestützte Werkzeuge in seinen Arbeitsablauf einbaut. Er interagiert mit realen Objekten, die als Eingabegeräte für digitale Welt dienen und interagiert über Gesten und *Embodied Interaction*. Ausgaben werden ebenso in die Umgebung eingewoben, sei es über reale Objekte wie den *Dangling String* oder unaufdringlich durch *Ambient Displays* wie den *Tangible Reminder* (siehe Kapitel A.2.3) oder als Überblendungen auf reale Objekte oder Oberflächen.

## 4.6. Fazit

Die aktuellen Modelle der *Mixed Interactive Systems* bilden einen interessanten Ansatzpunkt, will man sich einem Modell für das *Ubiquitous Computing* nähern. Die vorgestellten Methodiken der *MIS*-Systeme zeigen Ansätze, wie mit der hohen Diversität der Interaktionsformen und der Einbindung unterschiedlicher Interfaces umgegangen werden kann und zeigen erste Ansätze für den Designprozess auf. Trotzdem fehlt weiterhin eine grundlegende Modellierung der Interfaces. Die Aufarbeitung des Begriffs des *Ubiquitous Computing* und die Herausarbeitung der Probleme von neuen Interfaces zeigt die Notwendigkeit des Modells für ubiquitäre Interaktion genauso wie die abzudeckende Bandbreite.

Interaktion im ubiquitären Raum bedeutet nicht, alle anderen Interfaces und Interaktionsparadigmen zu ersetzen, sondern klassische Interfaces zusammen mit neuen, ubiquitären Lösungen einzusetzen. Trotzdem sollen die neuartigen Interaktionsformen nun im Vordergrund stehen, da sie über die bekannten Konzepte hinausgehen.

Um sich dem zentralen Punkt der ubiquitären Interaktion, der natürlichen Interaktion und dem Verständnis des Nutzers als Akteur weiter zu nähern, wird im Folgenden zuerst auf den Objektbegriff eingegangen.

»ceci n'est pas une pipe.« – René Magritte

# 5

# Objekt – Werkzeug – Werk

Die Auffassung des *Ubiquitous Computing* als Interaktionsform die zum Einen den Nutzer zum Akteur macht, zum Anderen den Computer unsichtbar werden lässt, in dem Sinne, dass der Rechner nicht mehr als solches zu erkennen ist, macht eine nähere Betrachtung sowohl des Arbeitsvorganges als auch der Interaktion mit den darin enthaltenen Objekten und Werkzeugen nötig.

Geht die Vision des *Ubiquitous Computing* auf Marc Weiser zurück [Weis 91] und wurde die Auffassung des Nutzers als Akteur von Bannon in [Bann 91] für die *HCI*-Domäne propagiert, so reichen Weisers und Bannons Ideen wesentlich weiter zurück. Um sich der Frage zu nähern, was ein Interface ausmacht und wie aus einem Objekt ein Werkzeug wird, wird an dieser Stelle auf die theoretischen Grundlagen zur Auffassung unserer Realität eingegangen. Die Erfassung der Welt durch den Menschen im Gegensatz zu ihrer wahren gesamten Gestalt ist Gegenstand von Überlegungen, Forschungen und Arbeiten seit Menschengedenken und findet ihren Niederschlag von jeher in allen Bereichen von Kunst, Kultur, Wissenschaft und Philosophie. So ist etwa seit Platon die Beschäftigung mit dem Sein im Gegensatz zum Seienden eines der drängenden Themen in der Philosophie, bearbeitet von großen Denkern bis heute.

Die Frage nach dem wirklichen Wesen eines Gegenstandes und dessen realer Repräsentation kann aufgefasst und auf unsere ubiquitäre Anschauungsweise übertragen werden, indem man sich bewusst macht, dass auch hier wiederum nur ein weiterer Aspekt eines realen Objektes, dessen Virtualität, erfasst werden kann. Ein reales Objekt offenbart seine virtuelle Seite. Neben den realen Eigenschaften, die ein Objekt per se inne hat, werden nun virtuelle Eigenschaften wichtig, die dem Objekt zugeordnet sind.

Aus Sicht des Interaktionsdesigns ist die Frage des *Mappings* der virtuellen auf die reale Welt von Interesse. Zur vollständigen Erfassung der *Mapping*-Möglichkeiten wird im Folgenden auf die Grundlagen der Interaktion, die menschlichen Wahrnehmungs- und Aktionsmöglichkeiten, eingegangen.

## 5.1. Die Wahrnehmung der Realität und die Interaktionsmöglichkeiten

Husserl als Vertreter und Begründer der Phänomenologie versucht menschliche Wahrnehmung und Handlung zu beschreiben auf der Grundlage, dass alles was wir erkennen auf der Wahrnehmung von realen Objekten und Vorgängen beruht. Die Phänomenologie sieht den Menschen als Former einer Welt, die wiederum den Menschen formt [Barf 94]. Husserl argumentiert, dass wir täglich konkrete Phänomene wahrnehmen und unser ganzes Denken und unsere gesamte Wahrnehmung, auch von abstrakten Erkenntnissen wie Zahlen oder Mathematik, davon ableiten [Dour 01]. Dies bedeutet allerdings nicht, dass eine objektive Realität nicht bestünde. Vielmehr macht diese Auffassung den Weg frei für eine Anschauung, die alle Phänomene und Handlungen in der realen Welt als stets situativ und im Kontext zu betrachten auffasst.

Heidegger, als Schüler von Husserl, treibt diesen Gedanken fort und beschreibt in seinem Hauptwerk »Sein und Zeit« von 1927 [Heid 67] unter anderem sowohl die Wahrnehmung von den Dingen als auch die Verwendung dieser im Schaffensprozess; so ist es auch nicht verwunderlich, dass sich Marc Weiser in [Weis 91] direkt auf Heidegger bezieht.

Während für Husserl allerdings die Frage im Vordergrund steht, wie wir der Wahrnehmung unserer Welt Bedeutung zumessen, so steht für Heidegger die

Frage im Vordergrund, wie wir uns die Bedeutung der Dinge und Phänomene der Welt erarbeiten [Dour 01].

### 5.1.1. Vom Objekt und dessen Charakter

Die Auffassung Heideggers von der Welt und den Dingen der Welt wird am stärksten ersichtlich in der ontologischen Differenz [Geie 05], dem Unterschied zwischen dem Sein und dem Seienden, was Heidegger selbst wie folgt beschreibt [Heid 76, 123]: »*Die ontologische Differenz ist das Nichts zwischen Seiendem und Sein.*« Was zunächst undurchdringlich anmutet wird deutlich, wenn man sich die Begrifflichkeiten vor Augen führt, die Heidegger verwendet. Die Frage nach dem Sein als zentralem Punkt der Metaphysik und der Philosophie allgemein ist auch zentraler Punkt bei Heidegger. Er teilt diesen Begriff auf in das »*Seiende*«, das reale Objekt, das in der Welt ist und das »*Sein*«, die Auffassung, die Funktion, die Facette des Objektes, die wir in ihm gerade sehen, oder wie es Heidegger ausdrückt:

Abbildung 5.1.: Martin Heidegger

> »*Natur darf aber hier nicht als das nur noch Vorhandene verstanden werden [...]. Der Wald ist Forst, der Berg Steinbruch, der Fluß Wasserkraft, der Wind ist Wind „in den Segeln".*«

[Heid 67, 70]

Ein Objekt, ein Gegenstand der realen Welt, der Natur, hat für Heidegger all diese Facetten und abhängig von der Situation in der wir uns befinden und was wir tun, werden uns diese Facetten offenbar. In Heideggers Beispiel wird uns der Charakter des Waldes als Forst gewahr wenn wir Holz benötigen, der Fluss als Wasserkraft wenn wir Strom benötigen, der Wind wird uns als Windkraft gewahr wenn wir segeln. Die natürlichen Phänomene, Objekte, die Natur hat diesen Charakter immer, uns erscheint, abhängig von unserem Ziel allerdings, der jeweils nützliche Charakterzug als hervorstechend.

### 5.1.2. Vom Werk und Werkzeug im Handeln

Haben wir bisher das Wesen eines Objekts betrachtet, so ist ein anderer wichtiger Aspekt bei Heidegger die Interaktion mit der Umwelt und der *Werkcharakter*. In der zielgerichteten Aktion kommt ein Objekt »*zuhand*«, es erlangt den »*Zeugcharakter*« [Heid 67, 69]. Das Interessante am *Zeugcharakter* ist allerdings nicht nur, dass uns an einem Objekt, wie oben beschrieben, eine neue Facette offenbar wird, sondern dass sich das Objekt durch den Zeugcharakter in einen Handlungsablauf einfügt:

> »*Das Eigentümliche des zunächst Zuhandenen ist es, in seiner Zuhandenheit sich gleichsam zurückzuziehen, um gerade eigentlich zuhanden zu sein. Das, wobei der alltägliche Umgang sich zunächst aufhält, sind auch nicht die Werkzeuge selbst, sondern das Werk, das jeweilig Herzustellende, ist das primär Besorgte und daher auch Zuhandene. Das Werk trägt die Verweisungsganzheit, innerhalb derer das Zeug begegnet.*«

[Heid 67, 69–70]

Das Objekt fügt sich allerdings nicht nur in den Handlungsablauf ein, vielmehr tritt es, wie Heidegger bemerkt, als Werkzeug in den Hintergrund, das Werk an sich tritt in den Vordergrund. Dies trifft vor allem zu, wenn wir in der Handhabung des jeweiligen Werkzeuges durch den »*alltäglichen Umgang*« geschult sind. Heidegger analysiert damit einen Wesenszug eines guten Werkzeuges; die Handhabung des Werkzeuges wird nicht mehr bemerkt, vielmehr ist der Akteur so mit dem Werkzeug vertraut, dass er sich voll auf das Werk selbst konzentrieren kann.

Die drei hier angerissenen Aspekte, der Charakter eines Objektes (beziehungsweise dessen Wahrnehmung bei Husserl), der Übergang zum Werkzeug durch die Verwendung sowie die Einbeziehung in einen Handlungsablauf, finden auch große Beachtung in der technologischen Welt, vor allem der Disziplin der *Mensch-Maschine-Interaktion*. Dass Mark Weiser in seiner

Vision des *Ubiquitous Computing* direkt auf Heidegger Bezug nimmt, wurde bereits erwähnt. Die *Werk-Bezogenheit* und die Wahrnehmung als *Werk-Zeug* als Grundlage für jedwede Interaktion mit dem Computer wird auch von Ihde in [Ihde 90, 70] formuliert: »*A technological object, whatever else it is, becomes what it „is" through its uses.*« – der Charakter eines Objekts fällt ihm durch die Nutzung zu, es wird zum Werkzeug [Wino 85] [Brod 04] [Grif 05]. Neben dem *Werkzeug-Charakter* wird vor allem das Aufgehen des Werkzeugs im Handlungsablauf, die zwar reale Sichtbarkeit, aber effektive Unsichtbarkeit [Chal 04] hervorgehoben. Ein Beispiel dafür gibt Smith in [Smit 96]: Das Verwenden der Maus für einen geübten Benutzer wird als *Pointing* und *Selection* verstanden, eine Abstraktion auf einer höheren Ebene. Die Bewegung der Maus und deren Koordination, das indirekte *Mapping* tritt in den Hintergrund. Das Werkzeug als solches wird nicht mehr wahrgenommen, es geht in *Pointing* und *Selection* als höherem Werk auf [Dour 01].

### 5.1.3. Eine neue Anschauung der Objekte – Dada, ein neuer Kunstbegriff

Neben der philosophischen Auseinandersetzung mit Werk, Werkzeug und Objekt führte auch in der Kunst eine grundlegend neue Position zum Objekt und eine Neudefinierung des Objektbegriffes zu einer Belebung der gesamten Kunst. Als Ausgangspunkt dieses Neubeginns darf der Dadaismus gelten, eine Kunstbewegung, die sich um 1915 in Zürich, parallel dazu in New York, bildete. War anfangs der zentrale Punkt die radikale Verneinung des herrschenden Moral und des traditionellen Kunstbegriffes als Ziel genannt, so ist die zentrale Bedeutung des Dadaismus für die gesamte weitere Entwicklung der Kunst des 20. Jahrhunderts die Öffnung des Kunstbegriffes für Neues, insbesondere für die Neudeutung von Kunst und Objekt [Kamm 77] [Broe 95] [IEco 00].

Duchamp gibt den Dingen ihre Dinghaftigkeit wieder, wie es Lüdeking in [Rose 00] formuliert. Offenbar wir dies etwa in den ersten, dem Dadaismus zugeordneten, Objekten dem »*Fahrrad-Rad*« von 1913 (siehe Abbildung 5.2) und dem »*Flaschentrockner*« von 1914 (siehe Abbildung 5.3). Durch die *Entfernung* der Objekte *aus ihrem ursprünglichen Kontext* und die gezielte *Unbrauchbar-Machung* der Objekte werden diese auf ihre Dinghaftigkeit reduziert und damit frei.

 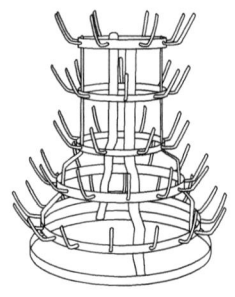

Abbildung 5.2.: Marcel Duchamp, Fahrrad-Rad (1913). Erstes Readymade.

Abbildung 5.3.: Marcel Duchamp, Flaschentrockner (1914). Durch die Entfernung des Objektes aus seinem Kontext wird es auf seine Dinghaftigkeit reduziert.

**Die Befreiung des Objekts**

Diese Freiheit lässt eine unvoreingenommene Betrachtung des Objekts zu, ohne dessen Sinn suchen zu müssen beziehungsweise ohne die Ästhetik des Objektes von seinem Sinn versperrt zu haben. Offenbar wird dies beispielsweise in einem Zitat von 1913 von Duchamp selbst:

»*Can one make works which are not works of "art"?*«

[Duch 75, 74] – Kann man Werke schaffen, die keine „Kunst"-Werke sind? Damit einhergehend durchbricht diese Auffassung die bis dahin herrschende Sehgewohnheiten und verneint auf radikale Weise den bis dahin geltenden Kunstbegriff [Wilm 06].

**5.1.4. Readymades**

Die Befreiung des Objektes durch die *völlige Sinnentleerung* breitet den Weg für praktisch jede Form der Kunst nach 1915. Die Verwendung von real existierenden vorgefertigten Objekten, sogenannten *Readymades* – ein Begriff, der ebenfalls von Marcel Duchamp geprägt wurde [Tomk 99] – und deren

*Neu-Deutung* ist Grundprinzip beinahe jeder folgenden Kunstrichtung. Ein plakatives Beispiel dafür stellt auch das, zur Einleitung dieses Kapitels in ein Piktogramm verwandelte, verwendete Zitat und Bild »*ceci n'est pas une pipe*« von René Magritte dar.

Die Befreiung des Objektes von seiner ursprünglichen Bedeutung, zumindest das Öffnen von real existierenden Objekten – *Readymades* – für neue Bedeutungen, kann durchaus auch als Verdienst des Dadaismus für ubiquitäre Anwendungen, insbesondere bezüglich der tangiblen Interaktion gelten. Die Verwendung real existierender Objekte und deren Anreicherung um eine weitere digitale Ebene ist letzten Endes nichts weiter als eine *Neu-Deutung* eines Objektes. Dabei muss nicht der ursprüngliche Sinn eines Objektes verneint werden. Vielmehr ist es sinnvoll, sowohl Objekt und Objektauffassung sowie digitale Bedeutung in Einklang zu bringen, um die sinnvolle Verwendung, anders als die pure Reduzierung der künstlerischen Herangehensweise, zu erreichen.

## 5.2. Auswirkungen für Objekte und Interfaces

Vor dem Hintergrund der klaren Auffassung von Werk, Werkzeug und Objekt auf der einen Seite und dem *Objekt-Charakter* auf der anderen Seite, werden die weitreichenden Auswirkungen auf ubiquitäre Interaktion ersichtlich. Die enge Beziehung von Werk, Werkzeug und Schaffen bildet die Grundlage zum Einen für die Weisersche Ansicht der Interaktion in der realen Welt und zum Anderen für das *Invisible Computing*, den *Disappearing Computer*, das *Invisible Interface* – also der Interaktion mit computerisierten Systemen ohne überhaupt daran zu denken, dass ein Computer bedient wird, sondern in der vielmehr das Interface zurücktritt und wir uns nur auf unser Werk konzentrieren können. Die Anschauung von realen Objekten und deren Hervortreten einzelner Facetten auf der einen Seite und die Befreiung und damit *Neu-Definition* realer Objekte auf der anderen Seite, machen den Weg frei, *Readymades* aus der realen Welt genauso als virtuelle Objekte zu begreifen und ihnen eine virtuellen Charakter zuzuerkennen.

Damit ist die Grundlage für die *Tangible Interaction* und das *Graspable Interface* gelegt.

## 5.2.1. Digital erweiterte Objekte

Die ständige Verwobenheit von realer und virtueller Welt und die natürliche Interaktion mit realen Objekten als Interface für die *Mensch-Maschine-Interaktion* führt allerdings auch zu Problemen, die dem Einsatz dieses Paradigmas immanent sind, was vor allem beim Einsatz von *Readymades* offenbar wird. Grundsätzlich lassen sich, je nachdem worauf sie beruhen, drei verschiedene Arten von Verweisen feststellen [Mahl 08].

**Physikalische Ebene** Hierunter lassen sich alle Facetten eines Objektes zusammenfassen, die auf die physikalische Beschaffenheit des Objektes und dessen Gebrauchswert zurückzuführen sind. Der Charakter des Objektes wird aufgrund seines Einsatzes in der realen Welt bestimmt. Diese Charakterisierungen sind über große Nutzergruppen hinweg gleich. Sie sind als allgemein anzusehen, zumindest als gemeinsam für große Gruppen und hängen von Zugehörigkeiten zu bestimmten Berufsgruppen, Bildungsschichten oder kulturellen Kreisen ab.

**Persönliche Ebene** Objekte können für verschiedene Menschen völlig unterschiedliche Bedeutung haben. Van den Hoven et al. arbeiten diesen Punkt in [Hove 05] heraus. Dort stellen sie ein *Tangible User Interface* vor, das mit persönlichen Objekten funktioniert. Dabei verwenden Van den Hoven et al. vor allem Souvenirs, um eine Verbindung zu Urlaubserinnerungen herzustellen. Der Charakter des Objektes ist hierbei auf der persönlichen Ebene zu sehen, eine Facette, die nur für die jeweils persönlich betroffene Person offenkundig wird. Die Bindung an eine persönliche Erinnerung schafft ein wesentlich generischeres Objekt. Die physikalischen Eigenschaften und die sich daraus ergebenden Charakteristika sind irrelevant.

**Digitale Ebene** Als dritte, vollkommen generische Ebene ist die Verbindung eines realen Objektes mit einer digitalen Entsprechung oder Funktion anzusehen. Prinzipiell bestehen keine Randbedingungen, auf welche virtuelle Entität ein reales Objekt verweist.

Damit wird klar, dass es in der Auswahl und der Handhabung realer Objekte als Interfaces zur virtuellen Welt zu großen Problemen kommen kann. Beigl et al. erweitern Kaffeetassen zu, wie sie es nennen, *MediaCups*, die beispielsweise in der Lage sind festzustellen, wie frisch der Kaffee ist, den sie enthalten. Gleichzeitig können sie aber auch mit anderen *MediaCups* in der Nähe in Verbindung treten und selbstständig Räume für Besprechungen buchen, wenn sich mehrere *MediaCups* zusammen in einem Raum befinden [Beig 01].

Dieses Beispiel lässt erkennen, wie willkürlich die digitale Bindung an Objekte sein kann. Die Verbindung zwischen der Zusammenführung realer Tassen und deren virtueller Funktionalität, der Buchung des Besprechungsraumes, entbehrt nicht einer gewissen Eingängigkeit, ist im Grunde aber vollkommen frei gewählt. Die Verwendung der Tassen als Buchungssystem ist auch nicht ohne weiteres ersichtlich. Im Gegenteil, ohne das Wissen um die Funktionalität der Tassen kann das Buchungssystem in der Form nicht verwendet werden und, was noch wesentlich schlimmer sein kann, es kann unwissentlich verwendet werden und unvorhergesehene und unbeabsichtigte Folgen nach sich ziehen.

## 5.3. Tangible Interaction

Eine der ersten und grundlegenden Arbeiten, die die Verbindung von realen Objekten und virtueller Funktion beziehungsweise Information thematisiert, ist die *»Tangible Bits«*-Veröffentlichung von Ishii et al. [Ishi 97]. Ausgehend von der Prämisse einer Umwelt, die uns eine praktisch ständige Verbindung von Physikalität und Virtualität bietet, führen sie die Bindung von alltäglichen Objekten und virtueller Information ein, die Verbindung von *»Bits and Atoms«*. Wie sie es nennen – *»to rejoin the richness of physical world HCI like in pre-computer era.«* – um die Reichhaltigkeit der physikalischen Interaktion wie in der *Vor-Computer-Ära* für die *Mensch-Maschine-Interaktion* wiederzuerlangen. So machen sie mit den *»Tangible Bits«* genannten realen Objekten diese zu Werkzeugen mit denen natürlich interagiert werden kann und deren Handhabung Auswirkungen auf virtuelle Objekte hat. Dabei hört die Physikalität nicht bei einfachen Objekten auf. Vielmehr wird, wenn man so will, auch der reale Raum als Ganzes wieder zur Interaktionsfläche, Wände, Raum im Allgemeinen kann einbezogen werden und lässt letzten Endes auch unseren eigenen Körper als Interaktionsgerät erscheinen, etwa durch das Bestimmen der Konfiguration im Raum sowie deren Änderung.

Betrachtet man ausgehend von der Physikalität realer Objekte die Verbindung zu digitalen Eigenschaften, so stellt sich das *Problem des Erkennens* der virtuellen Ebene eines Objektes und die Frage nach dem *Zustandekommen* dieser Charakteristik. Allgemein lässt sich dieses Problem wiederum in drei Teile zerlegen: Das *Anfangs-Problem*, das *Konfigurations-Problem* und das *Interaktions-Problem* [Mahl 08].

**Anfangs-Problem** Um ein reales Objekt, gleich ob *Readymade* oder persönliches Objekt, in Verbindung zu bringen mit einer virtuellen Repräsentation, bedarf es der Erkennung der Verbindung als solche, inklusive einer guten Metapher auf der einen Seite. Abgesehen von der Wahrnehmung des Interfaces an sich besteht auf der anderen Seite auch die Frage nach der technischen Umsetzung der Erweiterung an sich. Wie also kommt die Verbindung zwischen realem Objekt und virtueller Repräsentation zustande, wie kann ein Interface eines realen Objektes für virtuelle Funktionalität aussehen, wie kann es erkannt werden und wie kann die Verbindung technisch umgesetzt werden?

**Konfigurations-Problem** Besteht nun eine Verbindung zwischen einem realen Objekt und einer virtuellen Repräsentation so mag diese Verbindung zuweilen geändert oder gelöscht werden. Vom technischen Standpunkt aus ist zu bedenken, dass in *Mixed Reality*-Systemen diese Änderung im laufenden Betrieb geschehen muss. Auf die Herausforderungen für das Interface weist Bødker in [Bodk 06] hin, indem sie auf ein- und wieder ausblendende Interfaces hinweist. Für die Rekonfiguration eines Objektes oder auch die Sichtbarmachung der Funktionalität insgesamt, sind andere Interfaces nötig als vielleicht im üblichen Gebrauch. Die Interfaces des Objektes müssen sich den jeweiligen Anforderungen anpassen und anders auftreten.

**Interaktions-Problem** Die Verwendung eines realen Objektes als Interface zur digitalen Repräsentation steht natürlich im Vordergrund dieser Diskussion. Auch hier lässt sich die Ansicht von Bødker aus [Bodk 06] anbringen, indem sich das Interface an die jeweilige Situativität anpasst. Die Verwendung von realen Objekten und *Readymades* ist Gegenstand intensiver Forschung seit der Vorstellung tangibler Interfaces durch Ishii und Ullmer [Ishi 97]. Die Dualität von *Transparenz* und *Reflektivität*, der hier vielfach angesprochenen nahtlosen Integration des Interfaces auf der einen und der Erkennbarkeit auf der anderen Seite, sind auch Gegenstand ästhetischer Betrachtungen, siehe dazu beispielsweise Bolter et al. [Bolt 06].

Damit sind die grundlegenden Probleme aufgeworfen, die beim Interagieren mit realen Objekten auftauchen, aus dem Paradigma selbst resultieren und gelöst werden müssen.

Das *Problem der Erkennbarkeit* der Verbindung zwischen virtueller Information beziehungsweise Funktionalität und einem realen Objekt, das sich für *Real-Welt-Interaktion* immer stellt, ist abhängig von vielen unterschiedlichen Faktoren [Hipp 09]: Wie ein Mensch überhaupt entscheidet, ob ein Objekt eine virtuelle Seite hat, hängt stark vom Objekt selbst, aber auch vom Menschen und seinen Vorkenntnissen ab. Vor allem bei der Verwendung von *Readymades* ist die Kommunikation der virtuellen Seite des Objektes schwierig. *Readymades* haben in der Regel bereits eine Funktionalität, die deren Einsatz rechtfertigt. Die neue Funktionalität muss meist erst erlernt werden, wie etwa das bereits erwähnte Beispiel der *MediaCups* [Beig 01] zeigt. Die Tassen werden zunächst einfach als Behältnisse verwendet, finden sich allerdings mehrere *MediaCups* zusammen in einem Raum wieder, so wird dieser als belegt markiert – eine Funktionalität, die nicht offensichtlich ist, aber ein *Mapping* nutzt das, einmal erkannt, nachvollziehbar ist.

Ein Beispiel das den Einsatz neuer, spezieller Objekte zeigt, ist das *FreeMote*-Projekt, in dem reale Objekte über die *FreeMote*, die als universelle Fernbedienung fungiert, gesteuert werden können (siehe für eine Beschreibung Kapitel A.2.2). Das Problem der Erkennbarkeit wird dadurch gelöst, dass die *FreeMote* vibriert, sobald sie in Richtung eines steuerbaren Objektes gehalten wird. Auch hier wird ein *Mapping* verwendet, das eingängig ist und sich am eigentlichen Arbeitsablauf, in diesem Falle das Steuern eines Gerätes per Fernbedienung, orientiert. Das *Pointing*, das dem Vorgang des Steuerns über Fernbedienung immanent ist, kann hierfür genutzt werden – das *Mapping* funktioniert dadurch gut.

Es bleibt festzuhalten, dass die Erkennbarkeit stark vom *Mapping* abhängt. Ist dieses einfach und eingängig, so kann die Verbindung leicht hergestellt werden. Die Erkennung kann aber sowohl durch das Objekt selbst, das bereits eine Funktion haben kann (*Readymades*), erschwert werden als auch dadurch, dass vielleicht kein einfaches *Mapping* existiert. Dies trifft besonders für neue Objekte zu, solange der Nutzen noch nicht erlernt wurde.

## 5.4. Fazit

Der Werkzeugbegriff von Heidegger, genauso wie die Objektauffassung des Dadaismus bilden die Grundlage des *Ubiquitous Computing*. Im *Ubiquitous Computing* erweitert sich die Auffassung eines realen Objektes um eine digitale Komponente. Neben der Wahrnehmung des Objekts bestimmt das Verständnis von diesem, wie es aufgefasst wird und welche Bedeutung ihm zugemessen wird. Die Bedeutung des Objektes selbst ist dabei nicht immer gleich. Ein und dasselbe Objekt kann, je nach Nutzungskontext, unterschiedliche Werkzeuge repräsentieren.

Zusätzlich kann, abgesehen von dieser physikalischen Anschauung eines Objektes, jedem Objekt auch eine persönliche Bedeutung beigemessen werden, die von der jeweiligen Person abhängig ist.

Analog dazu ist im *Ubiquitous Computing* zu beobachten, dass natürliche Objekte, ungeachtet ihrer realen Bedeutung, eine weitere, virtuelle Bedeutung bekommen, über die Repräsentationen manifestiert und Interaktionen mit der virtuellen Welt ausgeführt werden.

Werkzeuge stellen dabei im Bezug auf die zu leistende Aufgabe lediglich Mediatoren dar, die in den Hintergrund treten sobald eine Tätigkeit zur Aktion oder Interaktion wird. Das Medium oder Werkzeug wird nicht mehr als solches wahrgenommen sondern geht in der Aufgabenlösung auf.

Die Aktion beziehungsweise Interaktion findet damit durch das Werkzeug statt. Als gutes Interface wird es aber nicht mehr als solches wahrgenommen.

Damit sind die Grundlagen und daraus resultierenden Probleme aufgezeigt, die sich für die Domäne der *HCI* aus dem Paradigma der ubiquitären Interaktion, der Domäne des hier vorgestellten Modells, mit der Wandlung des Nutzers zum Akteur und der des universalen Computersystems zum integrierten Werkzeug ergeben.

Stammen die Ideen des *Ubiquitous Computing* auch vom Anfang der 1990er und reichen deren Grundlagen noch viel weiter zurück, so ist das *Ubiquitous Computing* dennoch weit davon entfernt, Realität zu sein.

Ein Schritt in Richtung des *Ubiquitous Computing* stellt das *Mobile Computing* dar. *Mobile Computing* ermöglicht es heute, Interaktionsformen des *Ubiquitous Computing* zu realisieren, wo die technischen Voraussetzungen dafür eigentlich fehlen. Für das Modell für ubiquitäre Anwendungsszenarien bedeutet dies, dass zum Einen *Mobile Interaction* als Bereich abgedeckt werden muss. Zum Anderen liefert *Mobile Interaction* die Möglichkeit, ubiquitäre Interaktion bereits heute umzusetzen und die Erkenntnisse daraus in das Modell für ubiquitäre Anwendungsszenarien einfließen zu lassen. Im nächsten Kapitel wird daher auf *Mobile Interaction* und das *Mobile Computing* als *Enabler*-Technologie eingegangen und die daraus resultierenden möglichen Interaktionsformen für ubiquitäre Interaktion werden aufgezeigt.

*»Wer die Welt bewegen will, muss erst sich selbst bewegen.«* – *Sokrates*

# 6

# Mobile Ubiquitous Interaction

Die Miniaturisierung der Computerkomponenten beschert uns nicht nur immer schnellere und besser bestückte stationäre Geräte, sondern macht auch, in Verbindung mit anderen technischen Neuerungen, portable Geräte möglich. Deren Ausprägungen reichen vom mobilen vollwertigen Rechner als *Laptop* mit Tastatur und Maus über *Tablet PC* mit geänderter Eingabeschnittstelle, etwa Stifteingabe oder *Touchscreen*, bis hin zu mobilen *Personal Digital Assistents* (*PDAs*) oder *Smart Phones*. Der technische Fortschritt macht es nun möglich, Rechner und Rechenkapazität an jedweden Ort mitzuführen, sie sind klein und portabel. Für das Interface bereiten diese beiden Faktoren allerdings neue Probleme:

Der Vorteil der Größe ist zugleich ein Nachteil, da die Fläche des Displays die grafische Anzeigekapazität beschneidet.

Die hohe Diversität der Geräte was Ausstattung an Rechenleistung, Speicher, grafischen Möglichkeiten oder Batterielaufzeit anbelangt, stellt völlig neue Anforderungen an Applikationen die bis in den Interfacebereich hinein reichen. Die Interaktionsmöglichkeiten reichen von Stift- und Fingereingabe über *Touchpads* und *Keypads* bis hin zu Tastatur und Maus.

Neben den technischen Problematiken existieren allerdings auch Probleme, die wesentlich grundlegender und auf den mobilen Charakter selbst zurückzuführen sind. Chittaro führt in [Chit 06] zunächst das Problem der unvorhersehbaren und sich immer ändernden Umgebung an, in der das Gerät betrieben wird. Pascoe et al. gehen auf diese Probleme bereits in [Pasc 00] ein und rücken neben den Umwelteinflüssen selbst die Benutzung in den Mittelpunkt. Der Kontext, in dem die Geräte benutzt werden, schränkt deren Einsatz beziehungsweise die möglichen Interaktionsformen ein. Umwelteinflüsse machen den Geräten zu schaffen oder Interfaces unbrauchbar; Sonneneinstrahlung etwa bereitet große Probleme beim Ablesen des Displays, besonders da es sich schon um kleine Displays und damit in der Regel um schwer zu erkennende Abbildungen handelt.

Die Mobilität ist ein weiterer Faktor, der einem bei der Interaktion zu schaffen macht. Die Bewegung beeinträchtigt sowohl die Informationsaufnahme als auch – und vor allem – die Dateneingabe. Bewegung während der Stifteingabe lässt Schrift undeutlich werden, Tasten werden schwerer getroffen, die Fehlerrate steigt [Rinn 05].

Was allerdings noch wesentlich schwerer wiegt als die Unzulänglichkeiten des Interfaces, sind die mentalen Kapazitäten, die ein Mensch für die Nutzung der Applikationen frei hat. Aufmerksamkeit wird plötzlich zum wichtigen Faktor, die Applikation steht im Vergleich zum Arbeitsplatz nicht mehr im Mittelpunkt und genießt die alleinige Aufmerksamkeit, sondern konkurriert mit externen Einflüssen und ist somit vielmehr sekundärer Natur [Mahl 07, Mahl 08].

Die Anpassung der gesamten Applikation, vor allem aber des Interfaces, ist notwendig, um auf diese Probleme zu reagieren. Interessant, und damit auch wichtig für diese Arbeit, werden mobile Kleingeräte allerdings dadurch, dass sie mittlerweile die Möglichkeiten bieten, als Bindeglied zwischen ubiquitärer Interaktion und klassischer Interaktion zu fungieren.

Auf der einen Seite bieten mobile Kleingeräte die Plattform für klassische Interaktion, lösen diese allerdings aus ihrer Umgebung. Sie verwenden klassische Applikationen und sind von der Systemgestaltung her universale Systeme. Auf der anderen Seite können mobile Kleingeräte durch ihre Portabilität und Handlichkeit ihren Charakter als reales Objekt ausspielen und, zusammen mit ihrer virtuellen Komponente, relativ leicht als Grundlage für

Prototypen von Werkzeugen im ubiquitären Sinne dienen.

Die mobilen, durchaus noch universalen, Geräte können damit auch als Schritt in Richtung des ubiquitären Paradigmas angesehen werden, mit bereits heute verfügbaren Mitteln.

## 6.1. Peephole Displays

Ein erster Schritt in Richtung ubiquitärer Systeme, der geradezu buchstäblich Gebrauch von Ubiquität und der ständigen Überlagerung von realer und virtueller Welt macht, ist die *Peephole*-Metapher [Yee 03], eine Lösung, um gerade die Unzulänglichkeit des real kleinen Display eines *PDAs* zu verbessern. Indem einfach nicht mehr versucht wird, alle Information auf einen Blick zu präsentieren, sondern stattdessen nur einen Ausschnitt aus einem virtuell riesigen Darstellungsbereich zu zeigen, wird der *PDA* zum Fenster in die virtuelle Welt. Durch die Ausnutzung der Handhabbarkeit und Beweglichkeit entsteht ein neues Interaktionskonzept, das den *PDA* zu einem Werkzeug macht, dem Fenster in eine virtuelle Welt.

Das Konzept des erweiterbaren Arbeitsbereiches in Kombination mit Kleingeräten, die ihre Position im Raum bestimmen können, geht auf Fitzmaurice zurück [Fitz 93]. In der *Active Map*-Applikation beispielsweise wird ein Kleingerät in Verbindung mit einer großen statischen Karte verwendet und blendet je nach Position dynamische Information passend zum aktuellen Kartenpart ein. Andere Applikationen, die dasselbe Prinzip verwenden, wurden beispielsweise für *Office Settings* mit virtuellen Kalendern, Terminen oder Börsenkursen vorgestellt. Ein interessanter Punkt, den Fitzmaurices Arbeiten beinhalten, ist zusätzlich die Interaktion mit realen Objekten und die Reaktion auf sie, etwa bei realen Karten.

Was jedoch die *Peephole*-Metapher zusätzlich einführt, ist die Kombination von großen virtuellen Displays und Manipulationsmöglichkeiten. Die Interaktion mit dem Gerät beschränkt sich nicht nur auf die Positionierung im Raum, vielmehr können die dargestellten virtuellen Daten auch manipuliert werden. In [Yee 03] stellt Yee ein Konzept vor, in dem der *PDA* mit Stifteingabe und Handschrifterkennung gleichzeitig zur Dateneingabe benutzt werden kann. Die Bewegung des Geräts führt nicht nur dazu, dass Information abgerufen werden kann, sondern ermöglicht auch, die dort vorgefundene Information direkt zu ändern.

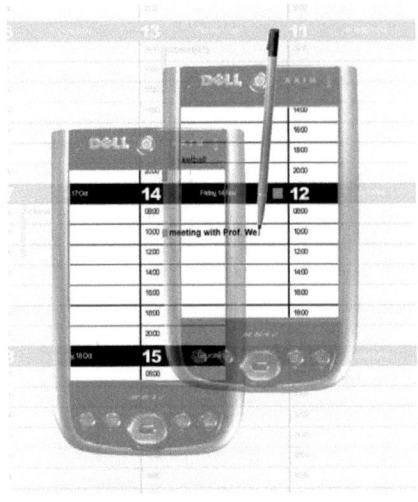

Abbildung 6.1.: Kalenderapplikation die die *Peephole*-Metapher benutzt (nach [Yee 03]).

Abbildung 6.1 zeigt eine mögliche Anwendung der *Peephole*-Metapher für eine Kalenderapplikation. Die Beschränkung des kleinen Displays wird durch Bewegung aufgehoben. Dies gilt nicht nur für die Anzeige von Information, auch für die Eingabe kann das große virtuelle Display benutzt werden.

Eine etwas andere Art der Verwendung von Bewegung und Kleingeräten führen Hachet et al. vor [Hach 05]: Hier werden die Bewegungen des Kleingerätes verwendet, um in einer virtuellen Welt zu navigieren. Die Bewegungen spezieller präparierter Objekte in der realen Welt dienen zur Navigation in einer virtuellen, dreidimensionalen Welt, die auf dem Kleingerät dargestellt wird.

### 6.1.1. Mobile Augmented Reality

*Augmented Reality*, mit der Eigenart der Einblendung und damit Überführung virtueller Objekte in unsere Realität, als Gegenpart zu *Virtual Reality* ist nicht nur für die ubiquitäre Interaktion von großem Interesse, sondern wird auch immer stärker angenommen [Schm 02a] [Loos 04]. Die technische Entwicklung macht *Augmented Reality* mittlerweile auch auf mobilen Kleingeräten einsetzbar [Butz 06]. Die Geräte selbst sind inzwischen in der Lage, virtuelle Objekte in Echtzeit zu rendern und gleichzeitig neue Interaktionsformen zu ermöglichen [Hach 05] [Hwan 06] [Capi 06].

Ein wichtiger Aspekt für die Funktion des *AR*-Paradigmas und die Herstellung der Illusion ist die Einbettung in unsere Welt, vor allem was Positionierung, Orientierung und Perspektive betrifft. Die Verwendung von Techniken aus der *Virtual Reality* in Verbindung mit Bildern und Videos der realen Welt lassen Applikationen entstehen, die die reale Welt durch Überlendung mit digitalen Informationen anreichern. Eine Technik, die auf das *Magic Lense-*Paradigma von Bier et al. [Bier 93] [Vieg 96] zurückgeht. Die ersten Anwendungen von *virtuellen Fenstern* werden bereits von Gaver et al. vorgestellt [Gave 95]. Sie beschreiben ein System das Monitore in virtuelle Fenster verwandelt indem sie Kamerabilder wiedergeben und Bewegungen des Monitors in Bewegungen der Kamera umsetzen, um damit die Illusion der Realität zu erreichen. Sicher, hierbei handelt es sich noch nicht um ein *AR*-System – allerdings bilden diese Arbeiten bereits die Grundlage für spätere *AR*-Systeme, da alle Metaphern im Grunde bereits hier und in den Arbeiten von Bier et al. vorhanden sind.

Mit der Verwendung von mobilen Geräten wird die wahrgenommene Trennung von Interaktionsgerät und Anzeigegerät aufgehoben. Die technischen Möglichkeiten erlauben es, *AR*-Techniken auf mobile Geräte zu übertragen, was zu mobilen *AR*-Lösungen führt. Henrysson et al. verwenden die Interaktionsmöglichkeiten eines *Smartphones* [Henr 05]. Das *Smartphone*, bereits mit einer Kamera ausgerüstet, ist in der Lage, über *Marker Tracking* seine Lage innerhalb eines intelligenten Raumes zu bestimmen. Virtuelle Objekte können über das Display eingeblendet werden. Ein wesentlicher Aspekt der hierbei hinzu kommt, ist das zunächst als Nachteil empfundene Fehlen der Standardeingabemöglichkeiten. Allerdings bietet das Kleingerät im Gegenzug durch seine Beweglichkeit die Möglichkeiten einer *3D Mouse*. Das mobile Gerät erlaubt eine wesentlich direktere Interaktion mit dem virtuellen Objekt und kann ähnlich dem vorgestellten *Peephole*-Paradigma (siehe Kapitel 6.1) verwendet werden. Steht bei der Arbeit von Henrysson et al. vor allem die Interaktion mit dem virtuellen Objekt über ein *6 DOF*[1] Eingabegerät im Vordergrund, so verwenden Wagner et al. die Tracking- und Positionierungsfähigkeiten des Kleingerätes, um virtuelle, bewegte und statische Objekte in die Realität einzubetten. Durch das Kleingerät kann ein virtueller Zug auf Holzschienen fahren und über das Kleingerät selbst auch auf Weichen und Zugführung Einfluss nehmen, wodurch wiederum ein Spiel entsteht [Wagn 04]. Im Gegensatz zu der Applikation von Henrysson et al., die sich vorrangig mit der Interaktion und Umsetzung von realen Bewegungen auf virtuelle Schwenks und Interaktionsmöglichkeiten konzentriert, greift das *Invisible Train*-Projekt wesentlich stärker in die Realität ein. Der virtuelle Zug

---

[1] *DOF* steht für *Degrees of Freedom*, Freiheitsgrade.

fährt auf echten Holzschienen und an Kreuzungspunkten und Gabelungen werden Weichen eingeblendet, die gestellt werden können. Das ganze System setzt auf einen hohen Grad an Immersion, der für das Funktionieren der *AR*-Metapher wichtig ist.

Der Grad der Immersion und die Tragfähigkeit der Metapher kann gerade auch daran gesehen werden, dass das System als Spiel von bis zu vier Mitspielern gespielt werden kann. Alle Spieler operieren auf der gleichen angereicherten Realität, *Augmented Reality*, gemischt aus virtuellen Zügen und Weichenstellern sowie echten Schienen und Modellgebäuden. Der Unterschied für jeden Spieler liegt allein in der Perspektive, abhängig von Position und Orientierung des jeweils verwendeten Kleingerätes (siehe dazu Abbildung 6.2).

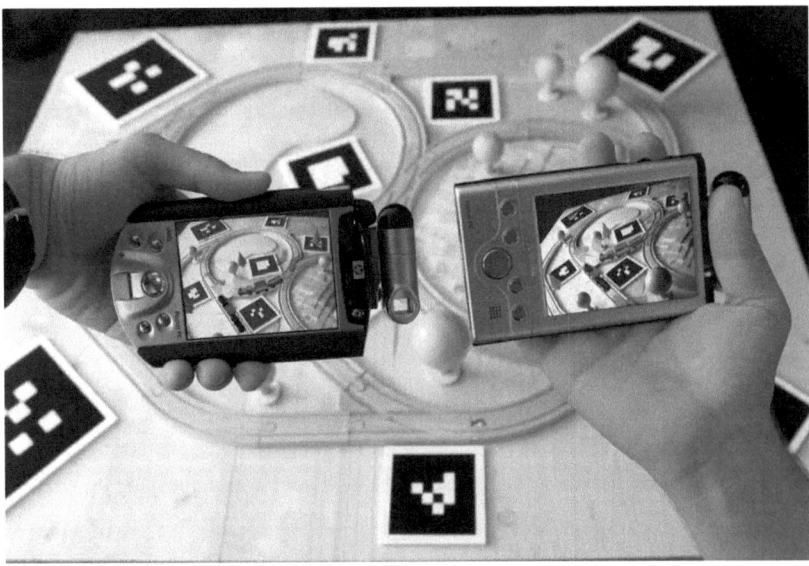

Abbildung 6.2.: Das *Invisible Train*-Projekt: Ein Spieler kann einen virtuellen Zug auf Holzschienen fahren lassen und auf dessen Route durch Änderung von Weichenstellungen einwirken (Bild abgedruckt mit freundlicher Genehmigung der Technischen Universität Wien).

Das Interessante an diesem Projekt ist die Immersion, die durch eine ausgewogene Integration von realen und virtuellen Objekten geschaffen wird.

Nicht nur die Einblendung der virtuellen Objekte in die reale Welt, sondern vor allem das Spiel mit realen Objekten zur Unterstützung der Metapher und der Immersion machen diese Applikation so überzeugend. Der Mix aus virtuellen Objekten und realen Objekten zur Orientierung des Spielers macht einen wesentlichen Teil des Erfolgs aus, die realen Schienen erlauben gerade eine Vorhersagbarkeit des Weges, den der virtuelle Zug nehmen wird. Virtuelle und reale Objekte verbinden sich zu einer Szene aus Bäumen und Häusern. All das lässt eine Version der Realität entstehen, in die der Spieler eintauchen kann und die als solche auch empfunden wird. Gleichzeitig tritt auch das Interface selbst in den Hintergrund. Das Kleingerät wird nicht mehr als Computersystem empfunden, sondern als Werkzeug, das den unsichtbaren Zug sichtbar macht und dessen Steuerung ermöglicht. In diesem Sinne kann das Projekt verstanden werden als ein Schritt in Richtung ubiquitärer Interaktion mit Computersystemen, die unsichtbar sind.

### 6.1.2. Kontextsensitive mobile Systeme

Die bereits vorgestellten Arbeiten über mobile Systeme verwenden Sensorik, mit Hilfe derer die Systeme Information über ihre Umwelt erlangen. Prinzipiell sind den Sensoren dabei keine Grenzen gesetzt. Die Sensoren müssen nicht einmal in das Gerät selbst integriert sein, sondern können über Kommunikationskanäle von diesem auch nur abgefragt werden. Insofern ist vor allem die Einbindung externer Datenquellen und Sensoren möglich, aber auch die Integration des Kleingerätes selbst in einen größeren Kontext.

Je mehr die Systeme über ihre Umwelt erfahren, desto mehr können sie auch auf die Gegebenheiten reagieren und sich an diese anpassen. Damit kann zum Einen die Funktionalität, zum Anderen der Grad der Immersion und der Wahrnehmung des Gerätes, etwa im Bezug von einblendenden und wieder verschwindenden Interfaces [Bodk 06], erreicht werden.

Abstrakt kann Kontext nun als Zuordnung oder Zugehörigkeit einer Entität zu einem größeren Verbund oder Komplex verstanden werden *(eigentlich »zusammengeflochten sein« aus dem Lateinischen abgeleitet von »contexere« – zusammenflechten, verbinden)*. Unter welchem Kontext man die verschiedenen Entitäten, seien es Applikationen oder Geräte, betrachtet kann sehr unterschiedlich sein.

Zuallererst ist definitiv die Umgebung, die die Entität umgebende Umwelt zu nennen, mit der sich direkt auseinander gesetzt werden muss. Der rein physikalische Kontext mit den Ausprägungen Lokation, Position, Orientierung, aber auch Umwelteinflüsse wie Helligkeit, Lichtsituation oder Temperatur können hier genannt werden. In diese Kategorie fällt, ob ihrer recht einfach zu erhebenden Attribute, die auf physikalischen Größen basieren, die weitaus größte Zahl an kontextsensitiven Applikationen.

Zum Zweiten kann die soziale Situation in der sich ein Nutzer befindet als Kontext aufgefasst werden. Interaktion mit Menschen im Allgemeinen zählt zur sozialen Situation, da Menschen immer Teil eines sozialen Gefüges sind. Kulturelle Randbedingungen und Konventionen müssen beachtet und erfüllt werden; ein bestimmtes Verhalten ist in manchen Situationen unangebracht, in anderen geradezu gefordert.

Zum Dritten kann der Mensch selbst, der Zustand in dem er sich gerade befindet, beachtenswert sein. Reaktionen auf emotionale Zustände, genauso wie auf Leistungsdruck aber auch Aufmerksamkeitsfähigkeit, Entspanntheit oder Stress können von Belang sein. Die psychische Situativität ist vor allem für mobile Applikationen von Interesse, Aufmerksamkeit wird zum kritischen Gut. Für Applikationen kann dies bedeuten, Benachrichtigungen auf ein Minimum zu beschränken, Ablenkung jedweder Art zu vermeiden [Pasc 99] [Want 99] [Pasc 00] [Schm 02b] [Mess 04] [Ho 05].

Die Diskussion des Kontextes ist deshalb für mobile Geräte so interessant, da sie geradezu dafür prädestiniert sind, aus einem Kontext gelöst zu werden und in einem anderen wieder aufzutauchen. Mobile Geräte können auf der einen Seite in bestimmten Kontexten verwendet werden wann immer und wo immer dies gewünscht ist [Mess 04]. In gewisser Weise erlauben sie damit dem Menschen, einen bestimmten Kontext immer mit sich zu führen und sich durch das mobile Gerät virtuell in diesem Kontext zu bewegen. Auf der anderen Seite können mobile Geräte natürlich genauso in verschiedenen Umgebungen getragen werden und in verschiedenen Kontexten Einsatzgebiete finden.

Im Bezug auf das Interface selbst ist der Umgang mit Aufmerksamkeit und Reaktion auf die Situation, in der sich der Anwender gerade befindet, interessant [Pasc 00]. Die Anpassung der Präsentation der Applikation ist Gegenstand der Forschung. Ho et al. beispielsweise stellen ein Projekt vor, das sich mit Aufmerksamkeit und Unterbrechungen beschäftigt. Durch Analysen der Aktivität und Applikationsinteraktion können Ho et al. Rückschlüsse auf

Aufmerksamkeit und Konzentration ziehen. Darauf reagierend werden Nachrichten bewertet und deren Anzeige verschoben auf Zeiten, wenn der Nutzer zwischen Tasks wechselt. Ho et al. reduzieren die Anzahl der Nachrichten gar nicht, sehr wohl allerdings die Häufigkeit und die Wahrnehmung von Unterbrechungen.

Für den Einsatz von mobilen Geräten im *Ubiquitous Computing*-Kontext ist es vor allem aber nötig, dass die Erkennung des Kontextes und die Einbindung existierender Sensorik unbemerkt und für den Nutzer transparent vonstatten geht [Pasc 99]. Ein Beispiel für die nahtlose Integration von Kontext in eine mobile Applikation und vor allem in deren Interface ist die Visualisierung von Mahler et al. in [Mahl 07], in welcher durch die Wahl eines geeigneten Interfaces die Interaktionsdauer und die benötigte Aufmerksamkeit signifikant reduziert werden konnte. Für ein Fußgängernavigationssystem werden verschiedene Visualisierungsalternativen analysiert und ausgewertet in Bezug auf die gestellte kognitive Belastung.

Zusätzlich macht die Applikation Gebrauch von physikalischem Kontext durch die Bestimmung von Lokation und Orientierung. Darauf basierend wird ein Kartenausschnitt angezeigt, der die Umgebung repräsentiert und darin verschiedene *Points of Interest* (*POIs*) markiert. Durch die Größe des Displays selbst und durch den gewählten Ausschnitt beziehungsweise dessen Größe, kommt es häufig vor, dass *POIs* außerhalb des sichtbaren Bereichs liegen. Es konnte nachgewiesen werden, dass die kognitive Belastung des Anwenders allein durch die Anpassung der Visualisierung drastisch gesenkt werden konnte. Die angewendete Visualisierung ist die *Halo*-Metapher von Baudisch et al. [Baud 03] wel-

Abbildung 6.3.: Die kontextsensitive Applikation zur Fußgängernavigation verwendet *Halo*-Kreise zur Visualisierung von *Off Screen-POIs* [Mahl 07].

che vorsieht, Kreise um die *POIs* außerhalb des Sichtbereichs zu zeichnen. Teile der Kreise sind damit trotzdem auf dem gewählten Kartenausschnitt zu sehen. Die Krümmung der dargestellten Kreissegmente wiederum reicht aus, um eine Abschätzung für die Position eines POIs treffen zu können. Abbildung 6.3 zeigt einen Screenshot der Fußgängernavigationsapplikation (siehe dazu auch die Projektbeschreibung in Kapitel A.2.5).

Aus diesem Beispiel wird die Rolle des Kontextes vor allem für den Bereich der mobilen Interaktion ersichtlich. Zusätzlich zeigt es, wie wichtig schon die Wahl eines geeigneten Interfaces für eine erfolgreiche Applikation ist.

## 6.2. Mobile Geräte und Tangible Interfaces

Der Einsatz von mobilen Geräten in *Mixed Reality*-Umgebungen wie intelligenten Räumen wurde von einigen Forschergruppen untersucht. Die mobilen Geräte können in solchen *Settings* eingesetzt werden, um erste Werkzeuge im ubiquitären Sinne zu repräsentieren, indem die Handhabbarkeit der mobilen Geräte mit ihren digitalen Eigenschaften kombiniert werden. In Verbindung mit der eigenen Sensorik, vor allem aber mit der Sensorik eines intelligenten Raumes, dessen Infrastruktur und Rechenleistung, können völlig neue Applikationen entstehen.

Mobile Geräte können durch ihre Mobilität und Rechenleistung aber auch die Inseln, in denen erste Schritte in Richtung ubiquitärer Interaktion unternommen werden, erweitern. Butz et al. verwenden beispielsweise die *Peephole*-Metapher, um zwischen verschiedenen intelligenten Räumen zu vermitteln [Butz 06]. Gerade aber an Orten ohne Sensorik oder Infrastruktur und ohne Verbindung zu großen Systemen können mobile Geräte helfen. Dies gilt vor allem in der Übergangsphase, in der wir uns laut Marc Weiser etwa von circa 2005–2020 befinden [Weis 95], eine nach heutigen Erkenntnissen optimistische Einschätzung. Aber auch nach der Übergangsphase wird es Orte geben, die nicht alles benötigte *Equipment* für die volle und nahtlose Unterstützung des *Ubiquitous Computing* bieten können.

Eine mögliche Lösung hierfür wäre, die benötigte Sensorik und Rechenleistung an diese Orte mitzuführen. Natürlich können mobile Geräte die fehlenden großen Systeme nicht komplett ausgleichen, allerdings können mobile Geräte helfen, die Illusion der Durchdringung von realer und virtueller Welt des *Ubiquitous Computing* aufrecht zu erhalten. Die nahtlose Einbindung mobiler Geräte in intelligente Räume, zum Einsatz in ubiquitären Umgebungen in Verbindung mit *Tangible Interaction*, ist eine Möglichkeit grundlegende Funktionen generell anzubieten, auf die immer zurückgegriffen werden kann.

Ein Projekt, das sich mit genau der Frage der Interaktion mit und Zusammenführung von tangiblen realen Objekten und mobilen Geräten befasst, wird in [Mahl 09a] vorgestellt. In diesem Projekt wird ein System vorgestellt, das sich dazu eignet, an Termine zu erinnern. Als Repräsentanten für Termine werden alltägliche Gegenstände verwendet, die vom Benutzer frei gewählt werden können. Dies hat den Vorteil, dass die Bindung zum Objekt und dem damit verbundenen Termin zum Einen für den Benutzer sehr gut passt und erinnert werden kann, zum Anderen von Unbeteiligten nicht ohne weiteres nachvollzogen werden kann. Einige Voraussetzung für die Verwendung eines Objektes ist die Anbringung beziehungsweise Existenz eines *RFID*-Chips[2]. Zum System gehört ein Möbelstück, das ähnlich einem Setzkasten mehrere Fächer hat, in die reale Objekte gelegt werden können. Der Setzkasten kann die Objekte erkennen und über die Rückwand im jeweiligen Fach den Status für das Objekt einblenden. Dies geschieht über eine farbige Codierung, von Grün über Orange bis zu Rot. Der Setzkasten kann als Möbelstück einfach in die normale Umgebung integriert werden, die Interaktion gestaltet sich sehr einfach. Die Information, die vom Setzkasten geliefert wird, ist unaufdringlich, das ganze System arbeitet ruhig und wird nur peripher wahrgenommen. Steht nun allerdings ein Termin an, so fängt das System an zu blinken, um auf ihn aufmerksam zu machen. Das System rückt für kurze Zeit in den Mittelpunkt der Aufmerksamkeit.

Das System funktioniert sehr einfach und gut in der oben beschriebenen Weise. Die Interaktion mit dem Computersystem läuft implizit und unmerklich.

Um einen Termin an ein Objekt zu binden kommt ein Computersystem zum Einsatz. Zwar wird auch hier schon auf die möglichst einfache Handhabung geachtet, durch den Einsatz einer Bearbeitungsstation, die sich mit einem Stift in Verbindung mit Handschrifterkennung bedienen lässt [Herm 07]. Trotzdem ist die direkte Interaktion mit einem Computersystem nötig (siehe zur Beschreibung des Systems auch Kapitel A.2.3).

---

[2]*RFID* steht für *Radio Frequency Identification*, eine Methode zur Identifikation von speziellen Chips, kabellos über Radiopulsen.

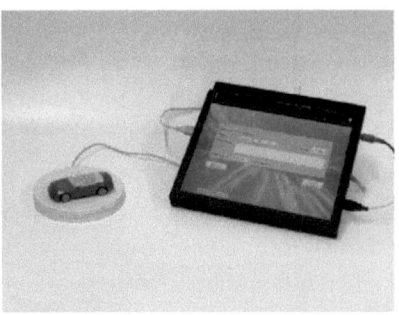

Abbildung 6.4.: Der *Tangible Reminder*-Setzkasten. Die Rückwände der Fächer werden je nach Objekt und zugehörigem Termin eingefärbt.

Abbildung 6.5.: Zur Änderung und zur Anzeige des mit dem Objekt verknüpften Termins ist ein Computer nötig.

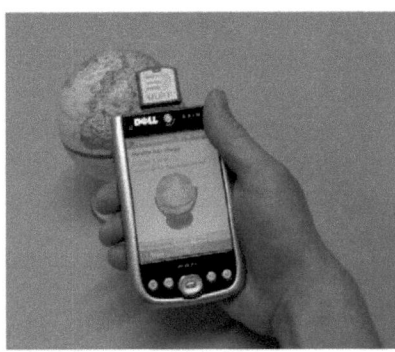

Abbildung 6.6.: Ein mobiles Gerät kann als virtuelle Lupe verwendet werden, die dem realen Objekt ein Interface zur virtuellen Interaktion bietet [Mahl 09b].

Gerade wegen der Nutzung von realen alltäglichen Objekten stellt sich die Frage nach deren virtuellen Interfaces. Bødker spricht dieses Problem an und fordert Interfaces, die sich einblenden und wieder verschwinden [Bodk 06], eine Funktionalität, die *Readymades* per definitionem nicht liefern können. In intelligenten Räumen könnte der Raum selbst diese Funktionalität über Aktuatoren und Sensoren liefern. Fallen diese Möglichkeiten allerdings weg, so können mobile Geräte diese Lücke füllen. Mobile Geräte können in solchen Situationen als Werkzeuge dienen, die den Objekten ein Interface leihen. Genau dies wird in [Mahl 09b] vorgeführt. Ein mobiles Kleingerät, ausgestattet mit einem *RFID*-Sensor kann Objekte in der Nähe scannen und zugehörige Informationen einblenden. Gleich einer digitalen Lupe (vergleiche Bier et al. [Bier 93]) werden digitale

Informationen über das Gerät sichtbar gemacht. Die Handhabung ist denkbar einfach. Allein über die Nähe und damit über das Heranführen an ein reales Objekt wird das Einblenden von Information erreicht. Auf diese Weise können auch die in Kapitel 5.2.1 aufgeworfenen Probleme gelöst werden. Durch das Heranführen des Scanners kann erkannt werden, ob das Objekt digitale Eigenschaften besitzt. Entsprechende Objekte können einfach identifiziert werden. Über das mobile Kleingerät wird auch das *Konfigurations-Problem* gelöst: Neben der bloßen Anzeige können die Daten des Objektes durch Stiftinteraktion geändert werden (zur Beschreibung des Projektes siehe auch Kapitel A.2.4).

Das mobile Kleingerät kann also eingesetzt werden, um dem realen Objekt ein Interface zu leihen um dessen digitale Informationen auffinden, anzeigen und ändern zu können.

## 6.3. Fazit

Mobile Kleingeräte bilden vom Konzept her einen Zwischenschritt von klassischer Interkation in Richtung der ubiquitären Interaktion. Auf der einen Seite sind sie von Aufbau und Nutzungsparadigma klassische Universalgeräte. Auf der anderen Seite lösen sie den Rechner aus seinem angestammten Arbeitsumfeld, bringen ihn in neuen Kontexten zum Einsatz und lösen sein vormals klar definiertes Interface auf.

In der Kombination mit realen Objekten können mobile Geräte einen Beitrag zur ubiquitären Interaktion leisten. Zum Einen können mobile Geräte die Interfaces für Objekte liefern, die selbst nicht die Möglichkeit bieten mit ihnen auf virtueller Ebene zu interagieren. Zum Anderen können mobile Geräte den ubiquitären Raum auf Gebiete ausdehnen, denen benötigte Infrastruktur fehlt. Dies gilt insbesondere in der Übergangsphase und während der Gleichzeitigkeit ubiquitärer und klassischer Interaktion.

Aber auch danach wird es Gebiete geben, an denen der Einsatz von mobilen Geräten die ubiquitäre Interaktion ob fehlender Infrastruktur durch Mitführung von Sensorik und Rechenleistung aufrecht erhalten kann.

Zudem ist die Universalität, die ein mobiles Gerät heute auszeichnet, nicht unbedingt eine Eigenschaft, die in einer ubiquitären Welt aufgegeben werden will. Vielmehr sind auch hier ein Nebeneinander und eine Gleichzeitigkeit verschiedener Interaktionsformen wahrscheinlich.

Gerade aber im Zusammenspiel mit ubiquitärer Interaktion, intelligenten Räumen und realen Objekten können mobile Geräte die Lücken schließen, die reale Objekte, vor allem *Readymades*, haben und dort Interfaces leihen, wo sie gebraucht werden.

*Mobile Interaction* bietet damit die Möglichkeit, die Brücke zu schlagen von unserer heutigen Computerinteraktion zu den Interaktionsformen des *Ubiquitous Computing*. Mobile Kleingeräte ermöglichen schon heute die Untersuchung ubiquitärer Interaktionsformen, ohne zwingend auf die notwendige Infrastruktur angewiesen zu sein. Die verschiedenen Interaktionsformen anhand einer Kategorisierung gegenüberzustellen und vergleichbar zu machen ist nun Thema des folgenden Kapitels.

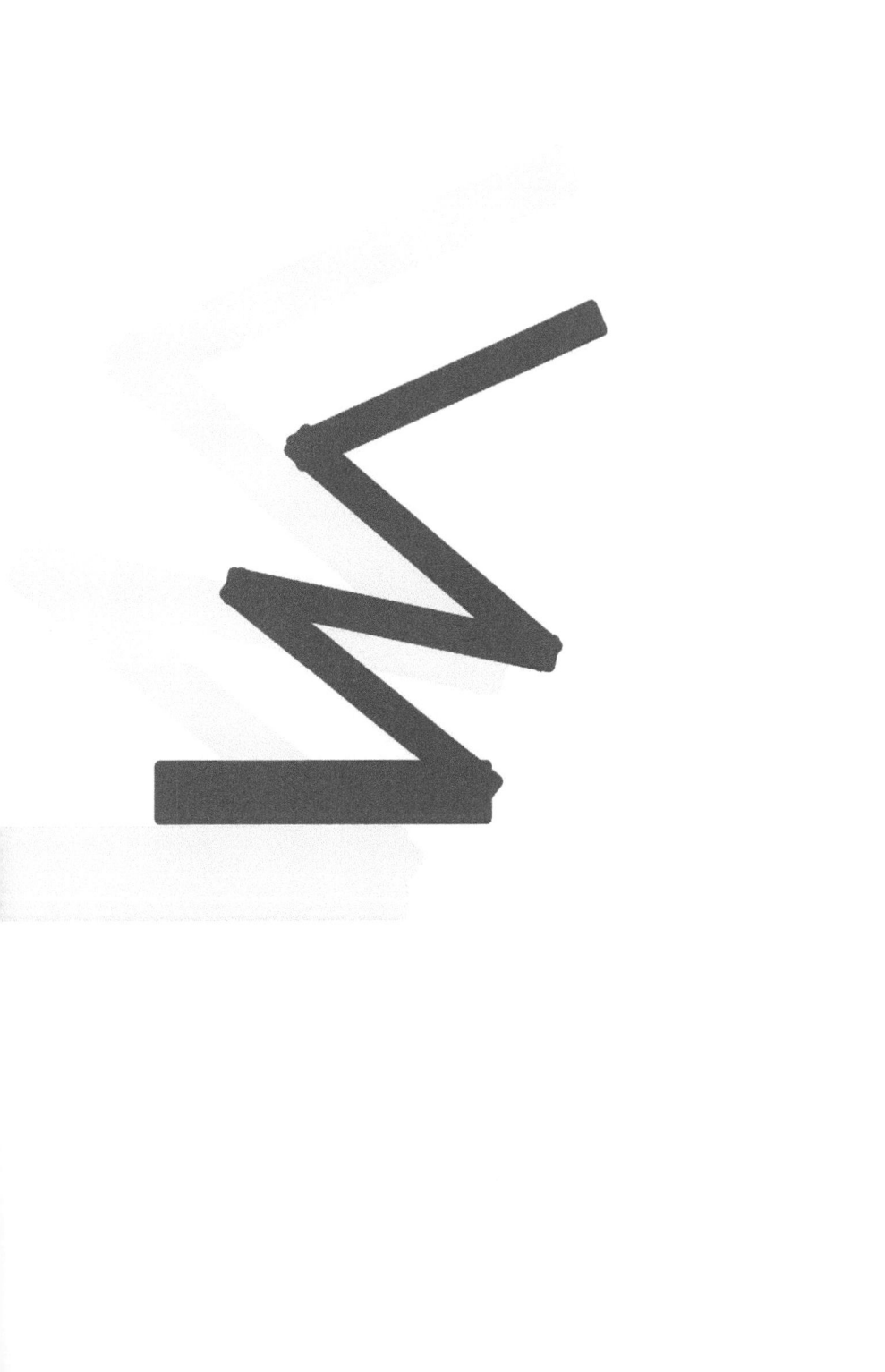

*»Mache die Dinge so einfach wie möglich, aber nicht einfacher.«* – *Albert Einstein*

# 7

# Interaktionsdimensionen

Interaktion im ubiquitären Raum beinhaltet praktisch die gesamte Palette möglicher Interfaces, da von einem Nutzerszenario ausgegangen werden muss, das sowohl einen klassischen Arbeitsplatz, als auch Computerinteraktion unterwegs bis hin zu tangiblen und multimodalen Interfaces beinhaltet. Um sich dieser Bandbreite an Interaktionsmöglichkeiten zu nähern, werden an dieser Stelle Einflussgrößen auf Interfaces zusammengefasst und deren Auswirkungen auf den Designprozess erörtert. Darauf aufbauend, wird ein Modell vorgestellt, mithilfe dessen sich Interaktionsformen klassifizieren lassen.

Interfacedesign hängt per se von einer ganzen Reihe von Einflussgrößen ab. Diese reichen vom Kontext, angefangen bei einfachen physikalischen Größen wie Position oder Uhrzeit, über physiologische Werte wie Blutdruck bis hin zu schwer zu fassenden Größen wie Gemütszustand und sozialen oder kulturellen *Constraints*. Gleichzeitig spielen einzusetzende Geräte oder Technologien eine wichtige Rolle und müssen für den Designprozess berücksichtigt werden. Eng verbunden mit der Geräteauswahl ist die Wahl des Kanals.

Auch diese hat natürlich Einfluss auf das Interfacedesign. Die Vielzahl der Dimensionen mit Auswirkungen auf das Interface werden im Folgenden identifiziert und ein grundlegendes Modell der *Mensch-Maschine-Interaktion*, passend für die Bandbreite der Interaktionsformen von klassischer Interaktion mit Arbeitsplatzrechnern über mobile Geräte bis zu ubiquitärer Interaktion, wird eingeführt.

## 7.1. Interaktion in ubiquitären Umgebungen

Ist Interaktion dem wörtlichen Sinne nach ein einfach zu erfassender Begriff (*lateinisch: inter – zwischen, agere – handeln*), so wird seine Bedeutung in der *Mensch-Maschine-Interaktion* zunehmend schwer zu erfassen. Die Interaktion, per definitionem ein wechselseitiges Handeln, kann in zunehmendem Maße aus Sicht der *HCI* nicht mehr als solche gelten, verschwindet doch der eigentliche Interaktionspartner, der Computer, zusehends. Im ubiquitären Sinne wird die Interaktion vielmehr wieder zur reinen Aktion, der Nutzer zum Akteur.

Nichtsdestotrotz wird an der Begrifflichkeit der Interaktion festgehalten, im Sinne des Normanschen Aktionszykluses als fortwährende Wiederholung von Aktion und Reaktion [Norm 88] (siehe Kapitel 3.4.3). Dies gilt in erster Linie für die Wahrnehmung des Computersystems und der verwendeten Interaktionsparadigmen. Für den Systemdesigner als *Software Engineer* kann die Ebene der Interaktion zwischen Mensch und System durchaus, trotz des geänderten Interaktionsparadigmas, aufrecht erhalten werden, indem man sich auf die Sicht des Interfaces konzentriert. Im Gegensatz zur Interaktion beinhaltet das Interface immer das System als virtuellen und digitalen Partner, da für die *Mensch-Maschine-Interaktion* per definitionem eine virtuelle Funktionalität mit dem System verbunden wird. Der Bezug auf das Interface als zentrale Komponente hat außerdem den Vorteil, dass an dieser Schnittstelle auch von den *Software Engineer* gearbeitet werden muss. Konkret geht es im *Software*-Design darum, Systeme zu schaffen, die über eine Schnittstelle Funktionalität bereit stellen. Im Bereich der ubiquitären Interaktion ist dabei zu beobachten, dass entweder versucht wird, stärker auf die Interaktion abzuzielen [Bann 91] [Beau 04] [Bodk 06] oder aber konkrete Beispiele vorzustellen, die als System ein konkretes Problem lösen. Einige Arbeiten versuchen sich an der formalen Fassung der Interaktion als

Tupel [Niga 97] [Cout 06] oder an der Einführung von Analogien etwa der *Noun-Verb*-Analogie [Fish 04]. Allerdings sind all diese Definitionen, Fassungen oder Analogien stark gebunden an das jeweilige Medium, handelt es sich um ein Sprachinterface, *Tangible Interaction* oder klassische Interaktion.

Um gerade aber diese Gebundenheit und die damit verbundene Vorauswahl zu verhindern, wird in dieser Arbeit ein sehr weiter Begriff der Interaktion verwendet, um von der klassischen Interaktion über mobile bis hin zu ubiquitärer Interaktion ein Modell zu bieten.

## 7.2. Interaktionsmodell – klassisch – mobil – ubiquitär

Wie bereits in Kapitel 4.4 angesprochen, kann nach [Beau 04] die Systeminteraktion grundlegend verschieden angesehen werden. Die Unterscheidung der drei Auffassungen *Computer als Tool*, *Computer als Medium* und *Computer als Partner*, mit den dafür zuständigen vorherrschenden Disziplinen der Informatik, kann als grundlegende Einteilung der Interaktion angesehen werden. Allen Dreien gemeinsam ist die Zielgerichtetheit. Egal welcher Auffassung wollen als oberstes Ziel Aufgaben gelöst werden.

Unabhängig von der übergeordneten Interaktionsmetapher sind als Interaktionspartner, je nachdem weniger oder mehr offensichtlich, auf der einen Seite der Mensch, auf der anderen Seite ein computergestütztes System vorhanden. Über Geräte wird einerseits das System offenbar, auf der anderen Seite wird der Mensch und seine Einflüsse vom System wahrgenommen. Im Zusammenspiel von Mensch und Gerät entsteht das Interface, die Schnittstelle, die das Zusammenwirken von Mensch und System möglich macht.

Abbildung 7.1 gibt diesen Zusammenhang bildlich wieder. Ziel aller Aktionen ist die Lösung einer *Aufgabe*, weshalb der Mensch mit dem System interagiert. Die Aufgabe bedingt eine *Interaktion* zwischen *Mensch* und *System*. Die *Interaktion* selbst kommt zustande, indem der *Mensch* über *Gerät* mit dem *System* interagiert. Im Zusammenspiel des *Menschen* und des *Geräts* kommt das *Interface* zustande.

Die einzelnen Komponenten dieses Zusammenspiels werden nun im Einzelnen beleuchtet:

**Aufgabe** Grundlage für jede Interaktion ist die zu erreichende Aufgabe. Sie stellt sowohl im Interaktionszyklus von Norman [Norm 88] (siehe Kapi-

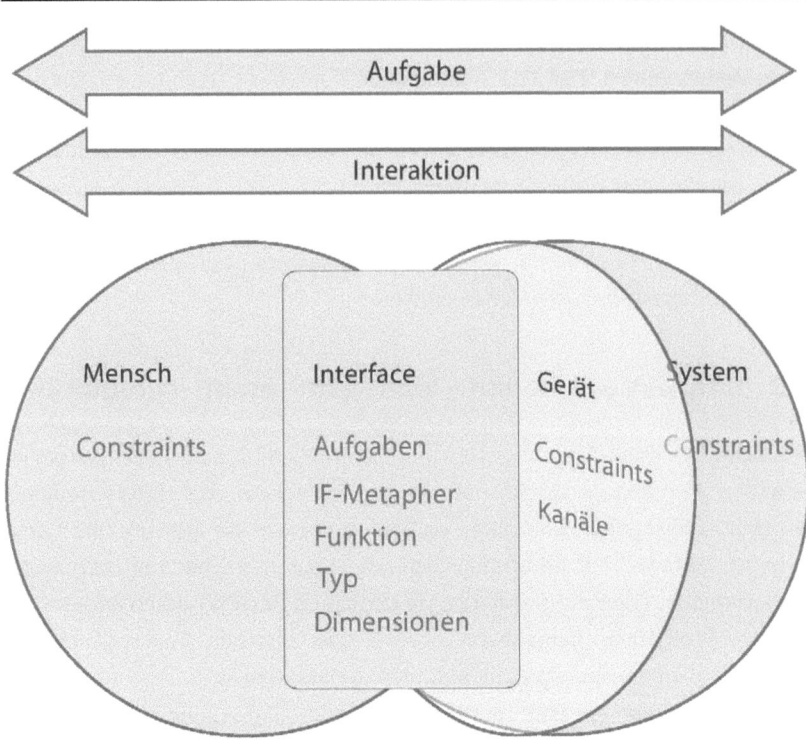

Abbildung 7.1.: Interaktion und Aufgabe sind die übergeordneten Prinzipien, die Mensch, Interface, Gerät und System für den Interaktionsablauf zusammenbringen. Jede Interaktion wird durchgeführt um eine Aufgabe zu lösen. Die Interaktion führt Mensch und Computersystem als Einheit aus Interaktionsgerät und Hintergrund- system zusammen. Im Zusammenspiel von Gerät und Mensch entsteht das Interface.

tel 3.4.3), als auch in den *Software*-Designmodellen (siehe Kapitel 3.1) den Ausgangspunkt dar. Basierend auf der Aufgabe und deren Analyse beziehungsweise Erkenntnis wird ein Vorgehen favorisiert, das zielführend erscheint. Die Aufgabe ist das übergeordnete Prinzip, das alle an der Interaktion beteiligten Elemente zusammenhält (siehe Abbildung 7.1).

**Interaktion** Das Vorgehen um die Aufgabe zu erreichen, die zu veranlassende Aktion und deren Ausübung sowie die Reaktion der Interaktionspartner werden abstrakt als Interaktion bezeichnet. Die Art und Weise inwieweit die Interaktion im wörtlichen Sinn als Interaktion zwischen Partnern verstanden werden kann, hängt sehr stark von der Auffassung des Systems ab (*Computer als Tool*, *Computer als Partner* oder *Computer als Medium*). Trotzdem sollen alle diese Auffassungen als Interaktion verstanden werden, auch wenn wie im ubiquitären Szenario, der *Werk-Charakter* und damit die Aktion klar im Vordergrund steht. Die Form der Interaktion ist das Element, das die Interaktionspartner *Mensch* und *System* zusammenbringt und die Wahl der Geräte und des Interfaces bedingt. Die Interaktion kann als übergeordnetes Element verstanden werden, das die am Interaktionsvorgang beteiligten Parts zusammenhält (siehe Abbildung 7.1).

Passend zur grundlegenden Interaktionsauffassung können verschiedene Metaphern unterschieden werden. Sprachliche Interaktion, klassische *WIMP*-Interaktion und *Tangible Interaction* können als Metaphern angesehen werden. Zwei Aspekte sind dabei auszumachen. Erstens eignen sich bestimmte Interaktionsmetaphern besser für die Interaktionsauffassung, das mentale Modell, das wir vom System haben. Zweitens können Interaktionsmetaphern auch nebeneinander auftreten. Beispielsweise in *Mixed Interactive Systems* können durchaus mehrere Zugänge und Interationsmetaphern parallel bestehen, um dieselbe Aufgabe, eben auf verschiedenen Wegen, zu erreichen.

**Mensch** Erster Interaktionspartner, zumindest als Aktionspart, ist der Mensch. Bei der Interaktion sind verschiedene Randbedingungen zu beachten, die er mitbringt, wie Kontext, von kognitive Beanspruchung, mögliche Interaktionskanäle bis hin zu ergonomischen Überlegungen.

**System** Dem Menschen gegenüber steht das System als, mehr oder weniger sichtbarer Interaktionspartner, je nach Interaktionsmetapher. Das System kann als aktiver Part auftreten oder aber sich als virtuelle und digitale Datenwelt präsentieren, auf die der Mensch einwirken kann. Genauso wie der Mensch unterliegt auch das System gewissen Randbedingungen, die allerdings weniger offensichtlich sind und im Gegensatz zu den *Constraints* des Menschen angepasst werden können. Unter den *Constraints* des Systems sind vor allem einzuhaltende Konventionen im

Verbund zu anderen Systemen oder der Umwelt zu verstehen. Dadurch können Einschränkungen entstehen, was Umsetzung, Einsatz von Techniken und ganz konkreten Geräten anbelangt.

**Gerät** Das System selbst wird wiederum nicht direkt vom Menschen erfasst, sondern über Geräte und deren Effekte repräsentiert, ja teilweise sogar mit diesen gleichgesetzt und als Einheit verstanden. Trotzdem sind die Geräte klar vom System als solches trennbar – was vor allem für ubiquitäre Interaktion offenbar wird. Hier sind die Geräte, die sich etwa als Werkzeuge präsentieren, klar erkennbar und deren Funktion differenzierbar. Sie wird aber nicht als Teil eines Systems, sondern eingebunden in die Umwelt wahrgenommen. Das System selbst tritt in den Hintergrund und wird bestenfalls als Teil der Welt, nicht aber als aktiv wahrgenommen. Je nach Ausprägung des Gerätes hat es verschiedene Randbedingungen, was schon durch den realen Charakter klar wird. Genauso bedient sich das Gerät zur Interaktion bestimmter Kanäle, die idealerweise auf die *Constraints* des Menschen abgestimmt sind.

**Interface** Im Zusammenspiel von Gerät (sowie System) und Mensch bildet sich das Interface. Erst durch die Implementierung von Interaktionsmetapher und Bedienung von menschlichen *Constraints* und Kanälen bildet ein Gerät ein Interface. Die Auffassung von einem Gerät, das mentale Modell, das eine bestimmte Interaktionsform erlaubt, macht in Zusammenspiel mit der Aktion oder Reaktion des Menschen die dargebotene Information oder Aktionsmöglichkeit zu einem Interface. Das Verständnis um die Bedienung des Gerätes sind dabei von immenser Wichtigkeit. Erst durch das Konzept wird das Interface erfahr- oder benutzbar. Genauso wie die Interaktion ist das Interface ein schwer zu fassender Begriff, da es sich im Grunde um eine abstrakte Auffassung handelt. Im Gegensatz zur Interaktion allerdings beinhaltet das Interface immer eine konkrete Komponente, sei es eine Präsentation oder aber eine Eingabemöglichkeit oder beides.

Die Auffassung der Interaktion und des Interfaces zielt sehr stark auf den Nutzer und den von ihm *wahrgenommenen* Sachverhalt ab. Für die Interaktion spielen hier also vorrangig die Elemente eine Rolle, die für den Menschen wahrnehmbar und damit benutzbar sind. Diese Auffassung spiegelt sich vor allem in der Trennung des Computersystems in System und Gerät wieder. Der Geräteteil erfasst alle Systemkomponenten, die direkt vom Nutzer zur Interaktion genutzt werden können und nur diese. Alle anderen Teile des Computersystems, seien es Hintergrundprozesse, Verbindungen zu anderen Systemen, aber auch für den Nutzer nicht wahrnehmbare Geräte, Sensoren zur Kontextgewinnung etwa, werden im Systemteil zusammengefasst.

Diese Auffassung wurde auch gewählt, da Interface und Interaktion als abstrakte Konzepte beide schwer von den Geräten beziehungsweise dem Menschen an sich zu trennen sind. Eine Interaktionsmöglichkeit, die Verwendungsweise eines Gerätes, leitet sich idealerweise bereits aus der Gestaltung des Gerätes ab, von der Auffassung, die ein Mensch davon hat und damit von dem Interface des Gerätes.

Zu Bemerken ist dabei, dass die Begrifflichkeit an sich schon eine Hürde für die klare Trennung der einzelnen Teile darstellt, da von der Begrifflichkeit her nicht unterschieden wird zwischen dem Konzept, dem Interface, der Interaktionsform und dem Gerät.

So bezeichnet man mit dem *Begriff Maus* genauso eine *konkrete Maus*, ein Gerät, wie das *abstrakte Konzept* des *Point-and-Click*. Sie ist Inbegriff einer Interaktionsform, was die Trennung in die unterschiedlichen Facetten erschwert. Um dieses Verständnis zu erleichtern und vor allem um Kategorien angeben zu können, die letzten Endes den Vergleich von Interaktionskonzepten und Interfaces erleichtern, wird im Folgenden auf die verschiedenen bereits eingeführten Komponenten der Interaktion näher eingegangen.

## 7.3. Kategorisierung

Um verschiedene Interface- und Interaktionskonzepte gegenüberstellen und bewerten zu können, sind Kategorisierungen ein nützliches Hilfsmittel. Für den Bereich der Interaktion in ubiquitären Umgebungen ist eine Kategorisierung vonnöten, die auf unterschiedliche Interaktionskonzepte genauso eingeht, wie auf verwendete Medien und den Grad der Virtualität beziehungsweise Realität. Dazu wird eine Taxonomie aufgebaut, die über folgende Kategorien verfügt: *Akteur, Funktionalität, Präsentation, Präsentations-Dimension, Steuerung, Steuerungs-Dimension, Medium, Aktions-Raum, Objekt-Eigenschaften, Bewertung.*

Abbildung 7.2 zeigt die Kategorisierung als Dimensionen für ein System.

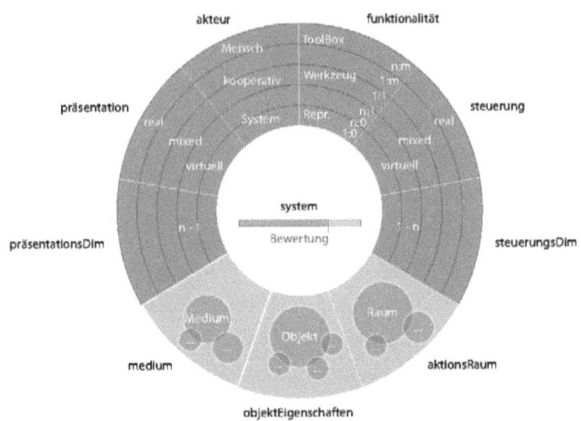

Abbildung 7.2.:  Die Dimensionen der Kategorisierung.

Die einzelnen Dimensionen sind dabei in einem Kreis angeordnet. In der Mitte des Diagramms steht der Name des untersuchten Systems beziehungsweise Teilsystems mit einer Bewertung, um eine quantitative Angabe zur Güte der Lösung insgesamt anzugeben. Die oben liegenden sechs Dimensionen *Akteur, Funktionalität, Präsentation, Präsentationsdimension, Steuerung* und *Steuerungsdimension* sind dabei klar zu fassen und mit diskreten Werten anzugeben. Die drei Dimensionen *Medium, Objekteigenschaften* und *Aktionsraum* im unteren Segment haben hingegen keine feste Skala. Vielmehr handelt es sich hierbei um die Möglichkeit, die Interfacekomponente in Bezug auf den Menschen und das verwendete Gerät und dessen Handhabung näher zu spezifizieren. Damit wird dem Umstand Rechnung getragen, dass jedes Interface reale Komponenten hat, die Einfluss auf die Interaktion haben.

Wählt man die Interaktion als Ausgangspunkt für eine Kategorisierung, so fällt auf, dass auf dieser Ebene bereits die drei Sichten von Beaudouin-Lafon [Beau 04] auf das System eingeführt sind, der *Computer als Partner, Computer als Medium* und *Computer als Tool* (siehe 4.4). Vom Interaktionsstandpunkt aus unterscheiden sich die grundlegenden Auffassungen in der Computer Interaktion im Wert, der dem Computer zugemessen wird in Bezug auf die Eigenständigkeit und damit der Qualität als Partner im Allgemeinen und als Akteur im Besonderen. Um als Interaktionspartner voll angenommen zu werden muss das System als autonom und aktiv wahrgenommen werden. Es sei bemerkt, dass es hierbei immer nur um den Eindruck geht, den ein Benutzer vom System hat. Das System selbst muss dabei keine besondere Intelligenz – in welcher Weise auch immer – aufweisen. Es kommt allein auf die Interaktion mit dem System und auf den Eindruck vom System an, nach dem die Interaktionsart passend erscheint. Als Beispiel eines solchen Systems kann etwa das *Jeremiah*-System gelten, eine graphische Projektion eines Gesichts, ausgestellt im *British Science Museum*, London. Über eine Kamera konnte das System Besucher verfolgen und auf sie, allein durch Änderung des Gesichtsausdruckes reagieren. Dieses System wurde bereits als Interaktionspartner, als aktiver Part, etwa einem Kleinkind gleich, wahrgenommen [Bowd 02].

Im Folgenden wird näher auf die Kategorien eingegangen.

**Akteur**

| System | System geführt | kooperativ | mixed | Mensch geführt | Mensch |
|---|---|---|---|---|---|

Die Systemauffassung des *Computer als Partner* unterscheidet sich von der Auffassung des *Computer als Tool* und der Auffassung des *Computer als Medium* in der Wahrnehmung zur selbstständigen Aktion. Während beim *Computer als Partner*-Paradigma der Computer als *Partner* und damit als eigenständiger *Akteur* wahrgenommen wird, eint in diesem Zusammenhang die beiden Paradigmen *Computer als Tool* und *Computer als Medium*, dass dabei der Computer als *passives Objekt*, als Mittel zum Zweck aufgefasst wird. Computer sind nicht so sehr Akteur als vielmehr Werkzeug oder Medium.

Es kann eingewendet werden, dass die Disziplin der *Mensch-Maschine-Interaktion* sich vorwiegend mit dem *Computer als Tool*-Paradigma beschäftigt [Beau 04], was nicht einer gewissen Grundlage entbehrt, die *Akteur-Dimension* aber auch beim *Computer als Tool*-Paradigma sinnvoll einzusetzen.

Interaktive Systeme lassen sich nur in den seltensten Fällen mit allein einer Interfacemetapher beschreiben. Vielmehr bestehen in Systemen heutzutage oft mehrere Zugangswege, etwa als Alternativen, abgestimmt auf die Voraussetzungen des Menschen oder aber als gewolltes Nebeneinander verschiedener Zugangsformen. Interaktionsformen lassen sich, genauso wie Interfaceparadigmen oft näher bestimmen, hierarchisch ableiten und in mehrere Teile zerlegen.

Um sich der Dimension des Akteurs zu nähern, betrachten wir beispielhaft die *Wizard*-Metapher, diese beschreibt eine weitgehend systemgeführte Interaktion. Dabei ist Wizard als Interaktionskonzept zu verstehen. Um eine bestimmte Aufgabe zu erreichen, führt das System den Menschen durch die notwendigen Schritte, um zum Ziel zu gelangen. Der Mensch muss also durchaus aktiv werden, sich allerdings nur mit dem »*Was*«, den nötigen Informationen und nicht mit dem »*Wie*«, dem Weg zum Ziel, befassen.

Wie bereits angemerkt besteht auch hierbei das Problem, dass *Wizard* als Konzept verwendet wird, der Begriff *Wizard* selbst häufig aber mit einem konkreten graphischen Interface gleichgesetzt wird. Das Konzept des *Wizard*, das das graphische Interface zweifellos umsetzt, kann eben aber allgemeiner verstanden werden, unabhängig vom Medium. So kann das *Wizard*-Konzept genauso auch für Sprachinterfaces verwendet werden und als Konzept auch in die *Akteur-Dimension* eingeteilt werden.

Die *Akteur-Dimension* beschreibt, wie stark die Interaktionsmetapher ein *aktives System* beziehungsweise einen *aktiven Menschen* erfordert. Damit sind auch die beiden Extreme – System und Mensch – geklärt. Beim Extrem, System, bestimmt dieses das Vorgehen, es ist eindeutig der aktive Part. Beim Extrem Mensch ist genau das Umgekehrte der Fall, allein der Mensch wird als aktiver Part gesehen. Die Abstufungen dazwischen sind kontinuierlich. Eine *vom System geführte Interaktion* wäre etwa der *Wizard*, der durch die verschiedenen Schritte zur Lösung einer Aufgabe führt. Die *kooperative Arbeit* markiert die Mitte des Kontinuums, wobei das System etwa Vorschläge für weitere Vorgehen machen könnte. Als *vom Menschen geführte Interaktion* wird das Arbeiten des Menschen, mit kleinen Hilfen der Maschine verstanden, etwa durch gelegentliches Einblenden von Hilfen oder Empfehlungen auf Wunsch.

### 7.3.1. Interface-Dimensionen

Viel stärker als beim abstrakten Konzept der Interaktion sind Kategorisierungsdimensionen bei den Interfaces zu erkennen. Interfaces haben durch ihren konkreten Bezug vor allem auf Geräte immer eine konkrete Komponente, an der eine Kategorisierung festgemacht werden kann.

Da die Interaktion auf Aktion und Reaktion beruht ist eine eingängige Kategorisierung die Trennung in Kanäle zur Wahrnehmung beziehungsweise zur Aktion. Aus Sicht des Interfaces werden diese beiden Punkte zu Informationspräsentation und zur Steuerungsmöglichkeit. Einer Trennung in beide Kanäle steht entgegen, dass sich interaktive Systeme in aller Regel gerade durch das Zusammenspiel von Wahrnehmung und Steuerung erschließen. Vor allem aber beim Interface lässt sich sagen, dass eine Aufteilung und hierarchische Dekomposition dem Verständnis und der Vergleichbarkeit hilft. Daher wird diese Trennung hier vorgeschlagen.

**Präsentation**

| virtuell | virtual reality | mixed reality | augmented reality | real |
| --- | --- | --- | --- | --- |

Die Frage nach der Präsentation von Information stellt sich vor allem für den Schritt zur ubiquitären Interaktion. In dem Moment, in dem Interaktionskonzepte die Vermischung der realen und virtuellen Welt vorsehen, stellt sich auch für die Repräsentation die Frage nach der Inkarnation – ob eine digitale Entität eine reale Repräsentation hat oder nicht. Milgram und Kishino [Milg 94] haben mit ihrer Kategorisierung für visuelle Displays in *Mixed Reality*-Umgebungen diese Dimension vorweggenommen: Mit der Einführung des *Vituality Continuum* (siehe Abbildung 4.6 in Kapitel 4.5) wird die Ausdehnung eines Systems, damals bezogen auf Visualisierungssysteme, zwischen den beiden Polen der realen und virtuellen Welt festgelegt.[1] Der Übergang zwischen den beiden Polen ist dabei fließend. Systeme können in einer hohen Abstraktionsstufe durchaus *Mixed Interfaces* anbieten. Auch das Anbieten von komplett realen Repräsentationen von Information ist mit der Einbindung des *Tangible Interaction* kein Widerspruch. Gerade die Repräsentation von digitaler Information als reale Objekte ist dort Programm. Ein Beispiel dafür stellt der *Illuminating Clay* von Piper et al. dar [Pipe 02].

---

[1] Es sei bemerkt, dass die Auffassung der Begriffe bei Milgram und Kishino wesentlich technischer ist als hier. Trotzdem werden die Begriffe weiterverwendet, da sie dem Wort nach genau beschreiben, was hier ausgedrückt werden soll.

## Präsentationsdimensionalität

| punkt | linear | fläche | raum | raum|zeit |

Neben der Frage der Repräsentation der Information zwischen realer und virtueller Welt ist ein wichtiger Punkt, in welcher Dimensionalität die Repräsentation gehalten ist, wieviele Dimensionen sie zur Ausgabe anbietet. Eine Grafik auf einem Bildschirm ist im Allgemeinen zweidimensional. In zusammengesetzten Interfaces und beziehungsweise oder unter Zuhilfenahme unterschiedlicher Kanäle sind durchaus auch höhere Dimensionalitäten denkbar.[2] Somit ist diese Dimension als nach oben offene Kategorie zu verstehen; sie drückt den Grad der möglichen Dimensionalitäten für eine Repräsentation aus.

Als Problem aller Kategorisierungen, die sich mit dem Interface befassen, sei hier angemerkt, dass die Trennung von Virtualität und Realität nie ganz gelingen kann, da virtuelle und digitale Information immer einer realen Repräsentation bedarf. Dies tritt insbesondere für die Präsentationsdimension zutage. Das Interface hängt immer sehr stark mit dem Gerät zusammen, trotzdem wird hier eine Trennung vollzogen. Es wird sich stets auf die *wahrgenommene Qualität* bezogen: Eine Präsentation auf einem Monitor, zum Beispiel eine Grafik, wird als virtuelle Repräsentation verstanden, obwohl sie auf einem realen Objekt, dem Monitor präsentiert wird.

## Steuerung

Ähnlich dem Problem der Präsentation, stellt sich bei der Eingabe, der Steuerung, die Fragen, ob Tastatur und Maus als *Tangible Interface* zu verstehen sind. Argumente für diese Auffassung werden von Fitzmaurice et al. in [Fitz 95] diskutiert. Hier allerdings wird die Auffassung vertreten, dass das Interface, das Tastatur und Maus bilden, nicht als *Tangible Interface* wahrgenommen wird. Vielmehr werden sie als Einheit wahrgenommen, die virtuelle Funktionen ausführen lässt, zur Texteingabe geeignet ist und den Cursor steuert. Eine Maus wird in dieser Auffassung erst in Verbindung mit dem

---

[2] Sound und Musik könnten zum Beispiel angeführt werden für die Verwendung von mehr als zwei Dimensionen. Neben Tonhöhe und Lautstärke können etwa Instrumente unterschieden werden. Natürlich können unterschiedliche Kanäle auch kombiniert werden.

Mauszeiger zum Interface, die Tastatur zusammen mit dem Cursor. Der Charakter der Maus und der Tastatur als reale Objekte wird dabei nicht vergessen, sondern später in der *Gerät-Ebene* abgehandelt (siehe dazu Kapitel 8.1.4).

Die Steuerung kann aufgeteilt werden in eine *Virtuality Continuum*-Dimension und eine Dimensionalität. Für die Steuerung gilt, dass die Interfaces sich vor allem anhand ihrer Ausprägung in virtuelle, klassische Interfaces oder tangible, ubiquitäre Interfaces trennen lassen. Auch hier kann die *Steuerungs-Komponente* hierarchisch aufgebaut sein: Ein System kann durchaus *Mixed Interaction* unterstützen, die dann in verschiedene *Steuerungs-Interfaces* mit unterschiedlicher Ausprägung unterschieden werden können.

**Steuerungsdimensionalität**

| punkt | linear | fläche | raum | raum|zeit |
|---|---|---|---|---|

Genau wie bei der Präsentation kann auch für die Steuerung eine Dimensionalität angegeben werden, die die Eingabemöglichkeiten quantifiziert. Es ist zu bemerken, dass der Dimensionalität praktisch keine Grenzen gesetzt sind. Es handelt sich vielmehr um eine nach oben offene Kategorisierung.

Die Einteilung der Dimension, Punkt – Linie – Fläche – Raum – Raum|Zeit, ist als Beispiel für 0D – 1D – 2D – 3D und so weiter zu verstehen und kann durchaus auch numerisch aufgefasst werden.

**Funktionalität**

Waren die bisherigen Dimensionen allgemeiner Natur und für alle Interfaces passend, so lässt sich vor allem für die Auffassung *Computer als Tool*, die Hauptrichtung der *HCI*, eine weitere Kategorisierung einführen, die vor allem für *Tangible Interaction* und *Mixed Interactive Systems* sinnvoll ist, allerdings auch auf rein virtuelle Interfaces angewendet werden kann. Der Unterschied besteht darin, dass rein virtuelle Interfaces anders als reale Interfaces in den seltensten Fällen einige wenige bestimmte Funktionen bereithalten, sondern vielmehr eine große Anzahl von Funktionen in Applikationen bündeln. Dabei kann es dann Sinn machen, die Applikation in mehrere Teile zu zerlegen und diese dann separat zu beurteilen.

Die Dimension der Funktionalität bezeichnet inwieweit ein Objekt Werkzeug oder Repräsentant ist – im Allgemeinen also, von welcher Qualität die Verbindung zwischen Interface und Funktionalität ist. Im Wesentlichen geht es hier um die Handhabung einer Entität, sei sie virtuell oder real. Die Kategorisierung ist wiederum prinzipiell kontinuierlich.

| Toolsammlung m:n | n Objekte 1 Fkt. n:1 | Werkzeug 1:1 | Universal-W. 1:m | Repräsentant 1:0 |
|---|---|---|---|---|

**Repräsentant** Handelt es sich bei dem Objekt um einen reinen Platzhalter, der selbst keine Funktionalität aufweist, so kann er als reiner Repräsentant verstanden werden. Dem Objekt ist somit keine Funktionalität zugeordnet, weswegen die Notation 1:0 eingeführt wird.[3] Ein Beispiel für Repräsentanten kann im *Tangible Reminder*-Projekt gefunden werden. Dort repräsentieren reale Objekte Termine, etwa ein Spielzeugauto einen Werkstattbesuch (siehe dazu auch Kapitel A.2.3).

**Werkzeug** Repräsentiert ein Objekt als Artefakt genau eine Funktion, so beschreibt dies den klassischen Fall eines Werkzeuges. Dieses Werkzeug wird genau zu einem Zweck eingesetzt. Die Verbindung zwischen Funktionalität und Objekt kann als 1:1 beschrieben werden. Um den Begriff des Werkzeuges zu verdeutlichen sei angemerkt, dass es sich dabei nicht unbedingt um ein Eingabegerät handeln muss. Vielmehr können Werkzeuge auch zur Darstellung verwandt werden. Beispiele finden sich etwa im *Tangible Reminder Mobile*-Projekt. Hier wird ein Werkzeug verwendet, um als *Magic Lense* [Bier 93] [Vieg 96] virtuelle Eingeschaften realer Objekte sichtbar zu machen (siehe zur Beschreibung des *Tangible Reminder Mobile*-Projekt Kapitel A.2.4).

**Universalwerkzeug** Neben den einfachen Werkzeugen, die für genau eine Funktion geschaffen sind, gibt es Werkzeuge, die mehrere Funktionen

---

[3] Um Mehrdeutigkeit zu vermeiden, wurde als Bezeichnung *Repräsentant* gewählt. Objekt (als Gegensatz zu Prädikat) wäre die Alternative gewesen, welche verworfen wurde, um nicht die ständige Assoziation des realen Gegenstandes hervorzurufen. Die Qualität ist aber orthogonal zum *Virtuality Continuum* zu verstehen.

in sich vereinen. *Universalwerkzeuge* können als multipotente Werkzeuge angesehen werden, gleich einer Sammlung mehrerer Werkzeuge in einem (»*Schweizer Taschenmesser*«). In manchen Systemen kann zum Beispiel ein mobiles Gerät die Rolle eines *Universalwerkzeuges* annehmen. Ein Beispiel dafür wurde bereits in Kapitel 6.2 vorgestellt [Mahl 08, Mahl 09a]. Die Verbindung kann als 1:n charakterisiert werden.

**N Objekte 1 Funktion** Bisher wurden nur Funktionen betrachtet, die sich aus der Handhabung eines Objektes ergeben. Genauso können sich Funktionen aber auch erst durch das Verwenden mehrerer Objekte gleichzeitig erschließen. Ein Beispiel dafür wäre eine *Zoom*-Funktion, die in einem *Tangible Interface* durch die Entfernung zweier Objekte voneinander bestimmt wird [Unde 99]. Die Verbindung des Interfaces aus Objekt und Funktionalität kann mit n:1 charakterisiert werden.

**Toolsammlung** Neben nur einzelnen Werkzeugen bieten vor allem größere Systeme mehrere Werkzeuge an. Das übergeordnete Interface kann damit als *Toolsammlung*, analog einem Werkzeugkasten, charakterisiert werden. Die Verbindung von Werkzeugen und Funktionalitäten lässt sich als n:m beschreiben.

Die Rolle des Objektes als Repräsentant für eine virtuelle Ausprägung ist hier bisher nur als 1:0 aufgenommen und betrachtet worden. Genauso kann aber auch *eine* Repräsentation durch die Zusammensetzung *mehrerer* reale Objekte zustande kommen. Konstruktive Ansätze verfolgen zum Beispiel dieses Prinzip: erste Applikationen, die beispielsweise Objekte aus LEGO$^{TM}$-Steinen als Repräsentation eines Zustandes entstehen lassen oder das *grid*-System [Horn 09], das mit bunten Holzklötzen arbeitet, können als Beispiel dieser Art von *Tangible Interfaces* gelten. Man könnte die jeweils entstandenen Objekte als einen Repräsentanten (1:0) auffassen. Wir schlagen stattdessen die Verwendung der Kategorie Kombination (n:0) vor, die den konstruierten Charakter des entstandenen Repräsentanten mitführt.

Führt man diesen Gedanken weiter, so kann man auch die Kategorie der reinen Funktionalität betrachten, 0:1 beziehungsweise 0:m. Dies würde als Funktionalität ohne reales Objekt betrachtet werden können. Diese Auffassung ist aber nicht mehr mit dem Begriff der ubiquitären Interaktion vereinbar – es würde Funktionalität ohne reale Interaktion bedeuten, ein Gedanke, der zunächst seltsam anmutet, aber durchaus seine Berechtigung hat, bezieht man zum Beispiel die Bedienung von Prothesen und Implantaten durch direkte Abnahme von Hirnströmen oder Nervenimpulsen mit ein.

### 7.3.2. Constraints

Bisher standen Kategorien im Vordergrund, deren Dimensionen klar und diskret angegeben werden können. Es existieren darüber hinaus aber auch Kategorien, die keiner konkreten Einteilung unterliegen.

Diese Kategorien sind allerdings nicht so allgemein gültig, dass sie sich prinzipiell auf alle Interfaces anwenden lassen, sondern konkretisieren eine gewisse Art von Interfaces und geben für diese den Designraum genauer an. Die Kategorisierungen sind dabei nicht vollkommen orthogonal, sie hängen vielmehr zusammen. Es handelt sich bei allen um Kategorien, die bestimmte Eigenschaften mit verwendeten Entitäten genauer bestimmen. Speziell unterschieden werden drei Kategorien, die *Medienart* die benutzt wird, der *Aktionsraum* als Einbeziehung des Raumes in dem interagiert wird und als drittes die *Objekteigenschaften* als Integration der Qualitäten der Dinge mit denen interagiert wird.

Unabhängig davon wird eine vierte Kategorie vorgeschlagen, in der die Umsetzung bewertet werden kann, die*Qualitätsdimension*.

Vorausgeschickt sei, dass die Qualitäten der Medienart des Raumes und des Objektes schwer zu trennen sind, da die Eigenschaften der Qualitäten teilweise am Objekt und teilweise am Raum festgemacht werden. Man nehme zum Beispiel die Position; sie kann entweder angesehen werden als Eigenschaft des Objektes oder aber, aus dem Blickwinkel der Interaktion, dem Aktionsraum zugeordnet werden. Eng mit den Objekteigenschaften verbunden ist auch die Wahl des Steuerungs- beziehungsweise Präsentationsmediums. Erlaubt das Objekt taktile Interaktion oder ist es in der Lage akustische Präsentation zu bieten? Selbst wenn dies der Fall ist, ist es möglicherweise keine besonders gelungene Umsetzung, was dann wiederum in der Qualitätsdimension festgehalten werden kann.

**Medienart**

Stark abhängig von den verwendeten Entitäten ist deren Wahrnehmung und Handhabung. Je nach Ausprägung der Interaktionsentitäten und damit deren Interfaces können verschiedene Medien verwendet werden, um Eingabe und Ausgabe zu realisieren, wobei die verwendeten Entitäten die Möglichkeit besitzen müssen, über den jeweiligen Kanal kommunizieren zu können. Die wichtigsten Kanäle sind in diesem Zusammenhang der visuelle, der auditive und der haptisch-taktile Kanal. Natürlich können Objekte aber, abhängig von ihren jeweiligen Eigenschaften, auch über andere Kanäle kommunizieren.

**Aktionsraum**

Neben der Dimensionierung des Aktionsraumes in Punkt, Line, Fläche, Raum und so fort kann auch die Aktion innerhalb des Aktionsraumes verschiedene Qualitäten haben. Hier können alle Eigenschaften zusammengefasst werden, die das Objekt selbst nicht verändern aber trotzdem Einfluss auf die Aktion haben, wie zum Beispiel die Position, die Neigung beziehungsweise Orientierung oder bestimmte Konstellationen und Stellungen von Teilen einer Aktionsentität zueinander.

Die Position eines Objektes im Raum als Aktionsgröße ist ein häufig angetroffener Parameter, sei es im Bereich der *Location Based Services*, die Dienste nur an bestimmten Punkten anbieten, oder seien es Applikationen, die die Position als Aktionsgröße verwenden. Vor allem im Bereich des *Mobile Computing* sind solche anzutreffen. Als Beispiel können gelten das bereits angeführte *Savannah* [Benf 04, Benf 05], [Face 04] und Applikationen zur Navigation, beispielsweise zur Fußgängernavigation [Mahl 07] (siehe dazu auch 6.1.2). Abbildung 7.3 zeigt die Verwendung von Handpositionierung zur Klangerzeugung im *nometa*-System (für Beschreibung siehe Kapitel A.2.8). Genauso eingängig, wie die Positionierung eines Objektes im Raum als Aktionsgröße, sind auch die Wichtigkeit der Orientierung als Aktionsgröße, das *Pointing*, das Zeigen, genauso wie die Neigung eines Objektes im Raum als Eingabegröße einzusehen.

Bei komplexeren Entitäten, die zur Aktion verwendet werden, kann die Lage im Raum natürlich komplexer ausfallen. Beispielsweise kann die Lage oder Neigung von unterschiedlichen Objekten zueinander als Aktion angesehen werden. Weitere Beispiele dafür sind der Körper, Gesten, zum Beispiel mit

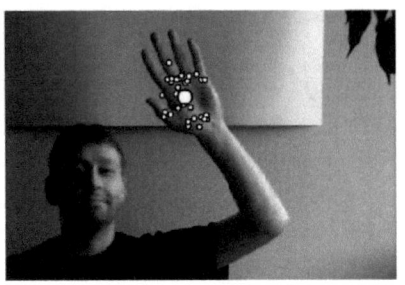 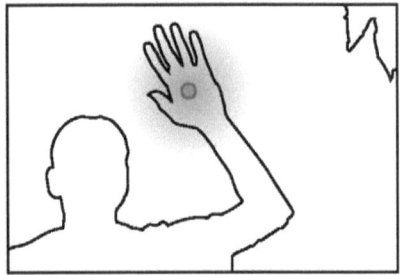

Abbildung 7.3.: Im *nometa*-System wird die Handposition ausgewertet und daraus Musik generiert.

Hand oder Arm, die Erkennung der Lage der Extremitäten zueinander und des Gesichtsausdrucks.

**Objekt-Eigenschaften**

Neben den Dimensionen der Entitäten, die mit der Interaktion und dem Interface des Objektes zu tun haben, haben auch die Eigenschaften des Objektes, der Entität selbst, sei sie real oder virtuell, Einfluss auf das Interface. Von Größen wie Form, Formbarkeit, oder Größe und Durchmesser hängen die Umsetzungen und der Erfolg eines Interfaces maßgeblich ab (siehe Abbildung 7.4). Sei es ganz direkt, in welcher Form mit dem Gerät umgegangen werden kann, wegen Größe, Gewicht, Form. Seien es weichere Kategorien wie Wertigkeit und Einfachheit, die maßgeblich über Verarbeitung, Gewicht, Größe und Form – kurz durch die Gestaltung des Produktes, beeinflusst werden [Maed 06].

Nicht zuletzt hängt an diesen Größen auch die Verwendung des Objektes an sich: Was suggeriert eine Entität beziehungsweise ein Werkzeug, wie können sie mit anderen Entitäten, beispielsweise ob ihrer physikalischen Eigenschaften, kombiniert werden und zusammenwirken, vielleicht sogar der eigentlichen Funktion entfremdet.

Über die Größe und Handhabbarkeit kann zum Beispiel auch ganz einfach Einbenutzer- oder Mehrbenutzerfähigkeit suggeriert werden. Eine Entität, sei sie Werkzeug oder Repräsentant, kann einfach durch ihre Größe und Gestaltung so beschaffen sein, dass die Entität nur von einem Einzelnen benutzt werden kann oder zwingend mehrere Personen erfordert.

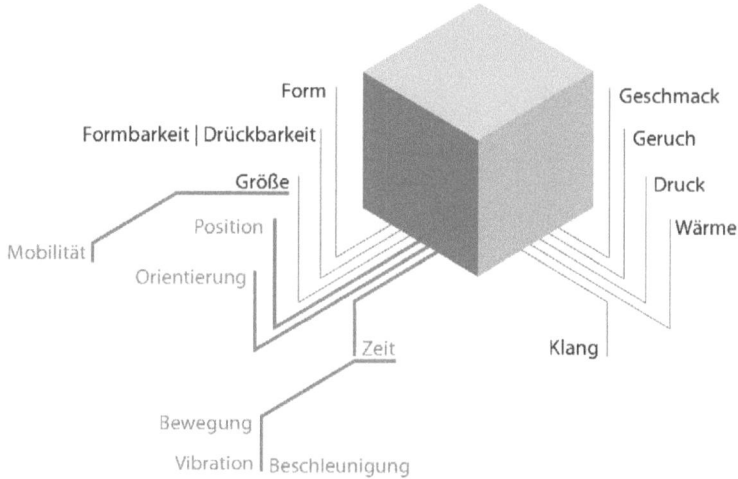

Abbildung 7.4.: Auswahl der Merkmale eines Objektes. (Grau dargestellt abgeleitete Eigenschaften beziehungsweise Eigenschaften des Aktionsraumes).

Was die Kategorie der *Objekt-Eigenschaften* weiter kompliziert, ist, dass je nach gewählter Steuerungs- oder Präsentationsart, nur bestimmte Größen Sinn machen.

Wie hier kurz umrissen wurde sind die *Objekt-Eigenschaften* wichtig aber ausufernd und nicht klar zu fassen. Darum wird an hiermit eine Kategorie für sie geboten. Eine Quantisierung kann allerdings nicht angegeben werden.

**Interface-Qualität**

Neben den Qualitäten, die sich an Eigenschaften des Interfaces und der beteiligten Entitäten festmachen lassen, ist es sinnvoll, die kategorisierte Lösung bewerten zu können. Vor allem die Güte der Umsetzung ist eine Frage, die beantwortet werden will, gibt sie doch Aufschluss über die weitere Verwendung des betrachteten Ansatzes.

So ist die *Interface-Qualität* als *Meta*-Kategorie anzusehen, die den Ansatz in Bezug auf *Mapping*-Qualität, Handhabung und Verständnis beurteilt. Auch hier gilt, dass die Angaben für diese Kategorie schwer zu machen sind, was vor allem mit daran liegt, dass die Tests für zunehmend ubiquitäre Interfaces immer schwerer durchzuführen sind. Labortests sind wenig aussagekräftig und Realtests schwierig durchzuführen oder langwierig. Dies liegt allerdings an der ubiquitären Umgebung selbst – die Wechselwirkungen mit anderen Geräten und der Umwelt an sich stehen im Vordergrund. Die Applikationen treten in den Hintergrund, die Verwendung von Werkzeugen und damit der Applikationen wird neu definiert, möglicherweise in einer Form, die gar nicht intendiert war. Es kann nicht mehr davon ausgegangen werden, dass die Applikationen die volle Aufmerksamkeit haben, vielmehr werden diese eher immer wieder, zusätzlich und kurz verwendet. Sie bedienen nicht mehr den einzigen und primären *Task*. Auch die Einsatzgebiete und der Einsatzzweck sind oftmals schwierig zu bewerten, man denke nur an die Unterstützung für Katastrophenfälle, für die reale Test unmöglich sind.

### 7.3.3. Vergleich zu bestehenden Kategorisierungen

Das Erfassen speziell von *Tangible-* und *Graspable Interfaces* ist nicht erst seit Ishii et al. [Ishi 97] Forschungsgegenstand mehrerer Gruppen, die einige Taxonomien oder konzeptionelle Frameworks hervorgebracht haben [Fitz 95] [Holm 99] [Ullm 00, Ullm 01] [Fish 04] [Shae 04] [Horn 06].

**Fitzmaurice**

Als Folgerung aus der Vermischung von realem Desktop und eingeblendeten virtuellen Dokumenten, etwa durch *DigiDesk* [Well 93], nutzen Fitzmaurice et al. *Bricks*, kleine Klötzchen, als Repräsentanten für virtuelle Objekte. Fitzmaurice et al. verwenden diese beispielsweise als reale Griffe für virtuelle Objekte, etwa in einem Vektorgrafikprogramm. Als Aufbau verwenden Fitzmaurice et al. einen Bildschirm, der flach, gleichsam einem Desktop, virtuelle Objekte projiziert, auf dem die *Bricks* positioniert werden können und mit denen die darunterliegenden virtuellen Anker gefasst werden können.

Die Einteilung des Designraumes ist zwar nominell auf das Interface der *Bricks* fokussiert, zielt aber neben der Handhabung der Klötzchen selbst auf eine Reihe anderer Gebiete ab. Abbildung 7.5 zeigt den Design-Raum nach Fitzmaurice et al. und verortet darin ihr eigenes Projekt, die *Bricks*. Im Einzelnen enthält die Kategorisierung von Fitzmaurice et al. folgende Dimensionen

[Fitz 95]:

**Bricks Internal Ability** Gibt an, ob es sich bei dem Objekt um ein simples Objekt handelt, oder es intern Mechanik, Sensorik, Logik und Schaltkreise enthält, um zusätzlich Information über die Eigenschaften, wie Größe, Gewicht, Farbe und so weiter, hinaus zu bieten.

**Input & Output** Eigenschaften die erkannt und für den Nutzer (oder das System) dargestellt werden können.

**Spatially Aware** Gibt an, inwieweit ein *Brick* andere *Bricks* oder die Umgebung wahrnehmen kann.

**Communication** Eng mit der *Spatially Aware*-Dimension verbunden ist die *Communication*-Dimension, die angibt, über welche Technik *Bricks* untereinander beziehungsweise mit dem System kommunizieren können.

**Interaction Time Span** Gibt an, über welchen Zeitraum mit einem Objekt für einen Task interagiert wird.

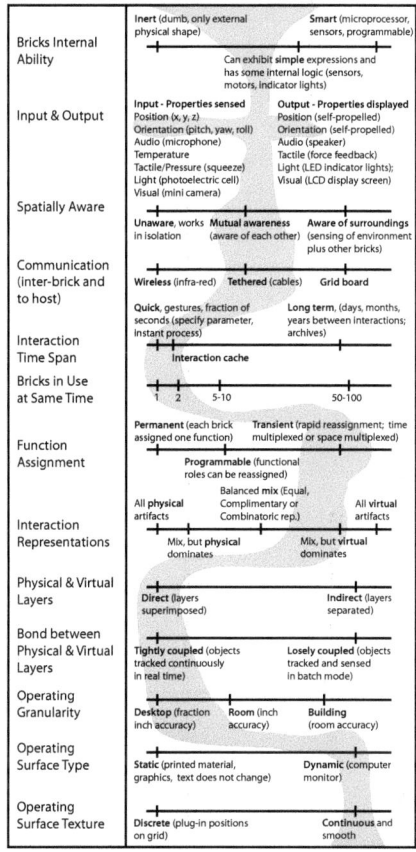

Abbildung 7.5.: Der Designraum für *Graspable Interfaces*, respektive *Bricks* – deren Ausdehnung ist grau hinterlegt – nach Fitzmaurice et al. [Fitz 95].

**Bricks in Use at Same Time** Anzahl der *Bricks*, die gleichzeitig manipuliert werden. Die Anzahl reicht von einem *Brick* für einhändige Interaktion über zwei für beidhändige Interaktion bis hin zu mehreren, 50–100 *Bricks*, die mithilfe von Werkzeugen gleichzeitig manipuliert werden können.

**Function Assignment** Die Häufigkeit an, mit der die *Bricks* ihre Funktionalität ändern. Hier wird festgehalten, ob es sich um eine permanente Zuweisung handelt oder aber, ob die *Bricks* programmierbar sind beziehungsweise Funktionen schnell übertragen werden können.

**Interaction Representations** Gibt an, ob die Interaktion im realen, virtuellen oder im *mixed*-Raum durchgeführt wird. Damit kann sowohl die Verbindung, als auch die Gleichzeitigkeit von virtueller und realer Interaktionsmöglichkeit modelliert werden.

**Physical & Virtual Layers** *Physical & Virtual Layers* Gibt an, wie direkt die Übereinstimmung des realen und virtuellen Raumes ist, also, ob es eine direkte Überblendung oder eine indirekte Visualisierung auf einem entfernten Gerät gibt.

**Bonds Between Physical & Virtual Layers**
Der Grad der Kopplung zwischen realer und virtueller Welt und in welcher zeitlichen Auflösung die physikalischen Objekte getrackt werden.

**Operating Granularity** Gibt an, welche räumliche Auflösung das System zur Verfügung stellt. Die Einteilung reicht vom Millimeterbereich für *Desktop*-taugliche Systeme über den Zentimeterbereich, tauglich für Systeme im Raum, bis hin zu Gebäudetauglichkeit, wobei hier die Auflösung die Raumgenauigkeit ist.

**Operating Surface Type** Gibt an, auf welcher Art von Oberfläche interagiert wird. Ist sie statisch, etwa ein Schreibtisch oder eine Landkarte oder dynamisch, mit Einblendungen über Projektoren oder Monitore.

**Operating Surface Texture** Gibt an, wie die Oberfläche beschaffen ist, auf der interagiert wird. Die Dimension reicht von Raster bis hin zu glatt.

Betrachtet man die unterschiedlichen Dimensionen, so fällt auf, dass ihnen zum größten Teil technische Fragestellungen zugrunde liegen. Die Zielrichtung des Design-*Space* ist die technische Umsetzung der realen Interaktion. Zwar existieren Kategorien, die man auf die Interaktion beziehen kann, wie die *Interaction Representation* oder *Bricks in Use at Same Time*, sogar die Repräsentation des *Physical & Virtual Layers* – aber schon bei den Kategorien der *Interaction Time Span* oder des *Input & Output* wird der auf dem technisch Machbaren liegende Fokus wieder sichtbar.

Für die Interaktion mit dem Objekt ist die Frage nach den internen Fähigkeiten des Objektes irrelevant aus Sicht des Nutzers; eine Frage, die die Vertreter der beiden Richtungen *Ubiquitous Computing* und *Intelligent Environment* oft entzweit. Dabei geht es aber weniger um die Art der Interaktion, sondern vielmehr um deren technische Umsetzung, insbesondere um die Integration des Computersystems in die Objekte oder den Raum (siehe Kapitel 4.2.4). Auch die *Spatially Aware*-Dimensionen, die Wahrnehmung des Raumes durch die Objekte oder die Umsetzung der Kommunikation zwischen ihnen, *Communication*, ist rein technisch zu sehen und wird vom Menschen nicht wahrgenommen. Gleiches gilt für die Verbindung von realer und virtueller Welt, die die zeitliche Auflösung des *Trackings* beschreibt oder die Granularität der Positionierung.

Die Dimension vor allem der *Operating Surface Texture*, der Oberfächenbeschaffenheit, ist einfach einzusehen, wenn man die Anfänge solcher Systeme betrachtet, die auf LEGO™-Spielsteinen basieren, was auch ein anderes Licht auf die Dimension der gleichzeitig genutzten Bricks wirft, *Bricks in Use at Same Time*, da sie noch stark konstruktive Ansätze mit abbildet.

Ein Punkt, der der Vergleichbarkeit sehr nützt, ist die Quantisierung in den unterschiedlichen Kategorien, die *Input & Output*-Kategorie ausgenommen. Die Kategorisierung von Fitzmaurice et al. ist durch die vielen Dimensionen recht umfangreich, was der Übersichtlichkeit aber abträglich ist. Dies wird bei der in dieser Arbeit vorgestellten Kategorisierung vermieden. Die Kategorisierung von Fitzmaurice et al. beschreibt einen engeren Raum, speziell auf die Bricks und *Graspable Interaction* abgestimmt. Dabei werden eher technische Fragestellungen behandelt, wenn man mit der Interaktionsmodellierung vergleicht, dem Schwerpunkt der Kategorisierung die in vorliegender Arbeit vorgestellt wird. Es wird auf die Kategorisierung unterschiedlicher *Brick*-Systeme abgezielt und nicht auf eine übergeordnete Kategorisierung, dieses Anliegen bleibt vielmehr offen.

**Holmquist**

Die Taxonomie von Holmquist et al. [Holm 99] legt mehr Wert auf die funktionale Bestimmung des einzelnen Objektes und führt dazu die Kategorien *Containers*, *Token* und *Tool* ein.

**Container** Das einzelne Objekt ist generischer Natur und ist fähig, beliebige digitale Information zu halten beziehungsweise damit verbunden zu werden.

**Token** Das Objekt steht als Repräsentant für bestimmte digitale Information und vertritt diese auch durch sein Erscheinungsbild. Oft werden diese Platzhalter durch ihre Form und Erscheinung mit der entsprechenden digitalen Information assoziiert.

**Tool** Das Objekt wird dazu verwendet, digitale Information zu manipulieren.

Die Kategorien von Holmquist et al. gehen vom Objekt, genauer von der Anschauung eines Objektes in Bezug auf digitale Daten aus. Diese Auffassung bildet auch einen der Ausgangspunkte für die Aufstellung unseres Kategoriensystems, allerdings mit stärkerem Fokus auf der Handhabung eines Objektes. Am deutlichsten spiegelt sich dies in unserer *Funktionalitäts-Dimension* wider. Holmquist et al. unterscheiden zwischen *Token*, *Container* und *Tool*. *Tokens* sind dabei einfach als *Repräsentanten* in unserem System abzubilden. Bereits aber der *Tool*-Begriff unterscheidet sich leicht von unserer Werkzeugauffassung. Trennen Holmquist et al. danach, ob digitale Daten manipuliert werden (*Tool*) oder generisch gehalten werden können (*Container*), so wird bei uns nach dem Umgang unterschieden. Insofern können *Container* je nach Handhabung in *Werkzeug* oder *Repräsentant* unterschieden werden. *Container* werden aufgefasst als Werkzeuge, verhalten sie sich wie ein Werkzeug – beispielsweise wie eine *Pipette*, oder ein *Drag-n-Drop*-Werkzeug et cetera – oder wie ein *Repräsentant*, der über ein Werkzeug, eine Station oder ähnliches mit der digitalen Information verknüpft, gleichsam aufgeladen, wird (vergleiche dazu Kapitel 6.2 und Kapitel A.2.3, [Herm 07] [Mahl 09a]). Die Idee der Einteilung nach der Funktionalität eint die Kategorisierung von Holmquist et al. mit unserer Kategorisierung, auch wenn der

Fokus ein wenig anders gesetzt wird. Holmquist et al. beschäftigt sich allerdings nur mit der Einordnung von *Tangible Interaction* und der Klassifizierung der Funktionalität, weswegen unsere Kategorisierung diesen Ansatz einbezieht, ihn aber nicht nur auf reale Objekte des *Tangible Interaction* beschränkt sondern auch auf virtuelle Elemente ausdehnt und durch die Einbeziehung zusätzlicher Kategorien über die Ausdrucksmächtigkeit der Kategorisierung von Holmquist et al. hinausgeht.

**Fishkin**

Fishkin et al. gehen zur Kategorisierung einen etwas anderen Weg. Sie stellen in [Fish 04] in den Vordergrund, inwieweit das System mit dem Objekt gleichgesetzt wird und wie stark sich Aktion und Reaktion in diesem Objekt vereinen. Das System hat damit die zwei Dimensionen, *Embodiment* und *Metaphor*.

**Embodiment** *Embodiment* bezeichnet die Übereinstimmung von Aktion und Effekt. Also wo der Effekt bei der Manipulation eines Objektes auftritt. Die Einteilung wird in *Full*, *Nearby*, *Environmental* und *Distant* angegeben.

*Full* bezeichnet eine komplette Übereinstimmung, bei der Aktion wird das Objekt selbst verändert, ähnlich dem Töpfern mit Ton. Beispiele dafür sind *Amoeba* [Chur 03] und das *Gummi*-System [Schw 04].

*Nearby* bezeichnet praktisch die direkte Manipulation, allerdings zum Beispiel unterschieden durch eine Änderung von Realität zu Virtualität. Beispiele dafür sind das bereits angesprochene *Bricks*-System [Fitz 95], *I/O-Brush* [Ryok 04] und *Mixed Desktop*-Systeme, zum Beispiel für Tablet PC das *dimian*-System (siehe dazu auch Kapitel A.2.1 [Mahl 09b]).

*Environmental* bezeichnet eine Auswirkung, die zwar als direkt wahrgenommen werden kann, allerdings nicht vom Objekt selbst ausgeht. Typisch hierfür sind Systeme, die ambiente Ausgabe nutzen oder einen anderen Kanal zur Ausgabe verwenden, beispielsweise auf akustische Signale ausweichen. Ein Beispiel für eine ambiente Ausgabe ist der *Ambient Orb* [Ambi], zum Teil auch das *Tangible Reminder*-System [Herm 07] (siehe auch Kapitel A.2.3).

*Distant* bezeichnet die Interaktion, die als indirekte Manipulation wahrgenommen wird. Die Verwendung einer Maus ist hierfür ein Beispiel, aber auch jede Art von Fernbedienung wie etwa das *FreeMote*-System [Hipp 09] (siehe auch Kapitel A.2.2).

**Metaphor** Die Dimension bezeichnet, inwieweit eine Übereinstimmung zwischen der Handhabung eines Objektes, und damit eines Systems, und einer realen Handlung existiert. Die Einteilung erfolgt in *None*, *Noun*, *Verb*, *Noun and Verb* und *Full*.

*None* bezeichnet das komplette Fehlen einer realen Metapher als Verbindung von Aktion und Effekt. In diese Kategorie fallen demnach alle Systeme, die möglicherweise nachvollziehbare aber neue Konzepte zur Verbindung von Aktion und Effekt nutzten. Ein Beispiel aus dem *æsthetic computing* ist das *Soundscape*-Projekt, bei dem die Aktion Schreien als als Effekt Veränderungen an einer Projektion bewirkt (siehe Kapitel A.3.3).

*Noun* bezeichnet Repräsentanten, die zum Beispiel über *RFID*-Technik erkannt werden können. Ein Beispiel hierfür sind die verwendeten Objekte im *Tangible Reminder*-System [Herm 07] [Mahl 09a] (siehe Kapitel A.2.4).

*Verb* gilt als Metapher für einen bestimmten Vorgang, um einen Effekt mit dem Objekt zu erreichen. Fishkin et al. führen zum Beispiel das Schütteln als Analogie für das Löschen bei den *Etch-A-Sketch*-Zeichenwerkzeugen für Kinder an.

Bei *Noun and Verb* ist die Metapher so stark, dass das Objekt gleichzeitig als Repräsentant wahrgenommen wird, dessen Parameteränderung allerdings Auswirkungen hat, und somit sowohl *Noun*- als auch *Verb*-Charakter besitzt. Als Beispiel führen Fishkin et al. das *Urb, Urban Planing Kit* an [Unde 99], in dem Blöcke als Repräsentanten für Häuser dienen und gleichzeitig die Veränderung der Blöcke (in Position und Orientierung) Auswirkungen auf die Präsentation hat, etwa auf die eingeblendeten Schatten.

*Full* bedeutet für die Metapher eigentlich das völlige Fehlen derselben. Vielmehr erklärt sich das System selbst, es benötigt keine Metapher – es wird direkt manipuliert. Als Beispiel hierfür ist die Nutzung eines

*Stylus* zur Eingabe von Text zu sehen. Die Aktion des Schreibens ist selbst die Änderung des Textes. Ein Beispiel dafür bietet wiederum das *dimian*-System [Mahl 09b] (siehe dazu auch Kapitel A.2.1).

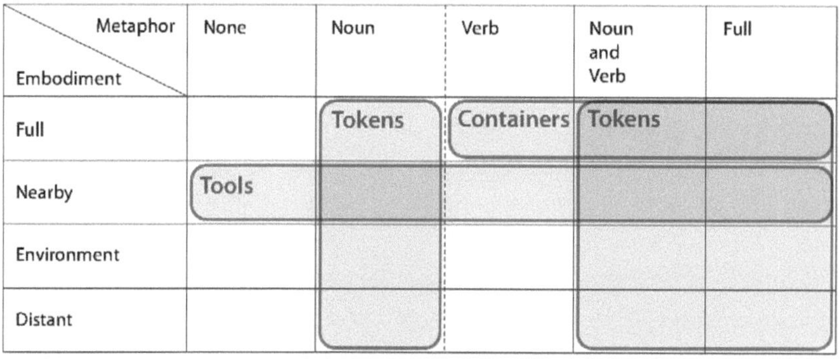

| Embodiment \ Metaphor | None | Noun | Verb | Noun and Verb | Full |
|---|---|---|---|---|---|
| Full | | Tokens | Containers | Tokens | |
| Nearby | Tools | | | | |
| Environment | | | | | |
| Distant | | | | | |

Abbildung 7.6.: Die 2D-Kategorisierung von Fishkin et al. im Vergleich zu den Kategorien von Holmquist et al. (aus [Fish 04]).

Abbildung 7.6 zeigt den Zusammenhang zwischen der Kategorisierung von Holmquist et al. und der Taxonomie von Fishkin. Im Vergleich zu unserer Kategorisierung fällt auf, dass bei Fishkin wesentlich mehr Dimensionen existieren. Die Dimension *Metaphor* bei Fishkin hat Ähnlichkeit mit der Funktionalität, die Einführung von *Verb* und *Noun* Ähnlichkeiten zu *Repräsentant* und *Werkzeug*. Jedoch geht die Taxonomie immer von tangibler Interaktion aus, was in unserer Kategorisierung nicht vorausgesetzt wird. Dadurch steht der Kategorie des *Embodiment* auch das Zusammenspiel von *Steuerungs-* und *Repräsentations-Dimension* gegenüber. Unsere Kategorisierung zielt auf den gesamten Bereich der Interaktion im *Ubiquitous Computing* ab, in dem *Tangible Interaction* eine wichtige Rolle, aber eben nur *eine* Rolle, spielt.

**Shaer**

In [Shae 04] führen Shaer et al. das *TAC-(Token and Constraint)-Framework* ein, mit dem sie ebenfalls versuchen, *Tangible Interfaces* zu beschreiben. Sie führen dazu *Tokens*, physikalische Objekte, ein, die eine bestimmte Repräsentation haben und *Constraints*, die diese Objekte in einer ihrer physikalischen Eigenschaften einschränken. Diese Notation geht auf Ullmer et al. zurück, die *Tokens* als physikalische Objekte und *Constraints* als Raum in dem diese Objekte verwendet werden können, definiert [Ullm 02]. Shaer et al. gehen nun in dem Punkt darüber hinaus, dass *Constraints* als physikalische Objekte definiert werden, die die *Tokens* einschränken und mit diesen auch Wechselwirkungen eingehen können. Als Beispiel wird die *Marble Answering Machine* [Poyn 95] [Ishi 97] angeführt, im Groben ein Anrufbeantworter, der Anrufe an Murmeln bindet. Immer wenn eine Nachricht hinterlassen wird wirft die Maschine eine Murmel aus. Wird die entsprechende Murmel nun wieder in eine Mulde auf dem Gerät gelegt, wird die Nachricht abgespielt [Poyn 95]. Es ist leicht einzusehen, dass die Tokens in diesen beiden Taxonomien auf Repräsentanten in unserem *Framework* abgebildet werden können. *Constraints* bei Ullmer et al. können über den Aktionsraum festgehalten werden, *Constraints* bei Shaer et al. hingegen sind in unserer Kategorisierung in der *Funktionalitäts-Dimension* verortet und können als Werkzeuge gelten, da mit ihnen eine Aktion ausgeführt wird, für die das *Token* als Eingabeparameter dient.

**Hornecker**

Eines der neuesten *Frameworks* zur Klassifikation von tangibler Interaktion wird von Hornecker et al. präsentiert [Horn 06]. Dabei wird unter tangibler Interaktion ein weites Feld verstanden, von physikalischer Repräsentation von Daten, inklusive der Beschäftigung mit der Tangibilität und Materialität der verwendeten Objekte, bis hin zur Benutzung solcher Objekte, einhergehend mit Körperbewegungen sowie der Einbettung in die reale Welt. Dieser Auffassung von tangibler Interaktion wird versucht, durch die Einführung von vier Kategorien gerecht zu werden.

Im Einzelnen sind dies: *Tangible Manipulation, Spatial Interaction, Embodied Faciliation* und *Expressive Representation*. Diese Kategorien sind allerdings nicht unabhängig sondern beleuchten das Phänomen der tangiblen Interaktion vielmehr aus verschiedenen Blickwinkeln.

**Tangible Manipulation** *Tangible Manipulation* behandelt wie mit dem physikalischen Objekt interagiert wird. Dazu werden drei Unterteilungen eingeführt: *Haptic Direct Manipulation* beschreibt, inwieweit sich dem Benutzer die physikalischen Eigenschaften des Objektes erschließen und wie er mit dem Objekt interagieren kann. *Lightweight Interaction*

| Tangible Manipulation | Spatial Interaction | Embodied Facilitation | Expressive Representation |
|---|---|---|---|
| Haptic Direct Manipulation | Inhabited Space | Embodied Constraints | Representational Significance |
| | Configurable Materials | | |
| Lightweight Interaction | Non-fragmented Visibility | Multiple Access Points | Externalization |
| | Full Body Interaction | | |
| Isomorph Effects | Performative Action | Tailored Representations | Perceived Coupling |

Abbildung 7.7.: Die Kategorien des *Tangible Interaction Framework* nach Hornecker et al. [Horn 06] zur Einteilung tangibler Interaktion.

beschreibt, ob der Nutzer in kleinen Schritten vorgehen kann, deren Auswirkungen er sofort wahrnimmt und die es ihm ermöglichen, das Interfaces kennenzulernen und auszuprobieren. *Isomorph Effects* beschreibt, wie leicht verständlich und nachvollziehbar die Verbindung zwischen Aktion und Effekt gelungen ist.

**Spatial Interaction** *Spatial Interaction* berücksichtigt den Punkt, dass physikalische Interaktion immer im realen Raum stattfindet und den menschlichen Körper als Ursprung hat. So bezeichnet die Größe *Inhabited Space*, in welchem Umfeld Mensch und Maschine interagieren und ob dieser Raum mit einbezogen oder irrelevant ist. *Configurable Materials* wirft die Frage nach der Interaktion im Raum auf: Hat die Positionierung Bedeutung und können physikalische Entitäten verändert werden, zum Beispiel der eigene Körper, etwa durch das Einnehmen einer bestimmten Haltung, und hat dies Auswirkungen auf die Interaktion? *Nonfragmented Visibility* stellt die Frage nach der Sichtbarkeit bei gleichzeitiger Interaktion mehrere Nutzer. *Full Body Interaction* fragt danach, ob der ganze Körper als Interaktionsentität genutzt werden kann – etwa durch Gesten oder Bewegungen. Und *Performative Action* bezeichnet, was durch die Körperbewegungen kommuniziert werden kann.

**Embodied Faciliation** *Embodied Faciliation* bezieht die Objekteigenschaften auf die Nutzer und fragt danach, was die Interaktionsobjekte suggerieren. Mit *Embodied Constraints* wird hierbei bezeichnet, welche Objekteigenschaften welche Nutzeraktionen suggerieren. *Multiple Access Points* geht darauf ein, inwieweit bei kooperativem Arbeiten jeder Nutzer über die gesamte aktuelle Konfiguration informiert ist. Zudem wird hier aufgeworfen, ob Nutzer überhaupt an die für ihre Tätigkeit notwendigen Objekte gelangen. Als letztes bezeichnet *Tailored Representations* inwieweit die Repräsentationen auf den Nutzer, sein Wissen und seine Erfahrung zugeschnitten sind.

**Expressive Representation** In dieser Kategorie wird die Verbindung zwischen dem Objekt und der virtuellen Funktion oder Entität bewertet. Hornecker et al. fragen in *Representational Significance*, ob die physikalische Repräsentation gut mit ihrem digitalen Gegenpart übereinstimmt, wie gut die Repräsentation gewählt ist und inwieweit sie in Stärke und Ausprägung übereinstimmen. Im Punkt *Externalization* wird die Frage aufgeworfen, ob die Übereinstimmung so groß ist, dass die Repräsentation und die virtuelle Entität gleich gesetzt werden. *Perceived Coupling* fragt nach der Qualität der Verbindung im Bezug auf Aktion und Effekt. Also ob die Repräsentation so gut ist, dass der Effekt einer Aktion vorhergesehen wird und ob physikalisches Objekt und digitale Repräsentation damit natürlich gekoppelt scheinen.

Der Ansatz von Hornecker et al. ist insofern der weitestgehende, als dass er versucht möglichst viele Aspekte der tangiblen Interaktion mit einzubeziehen. Hornecker et al. gehen ein auf die Verbindung von Objekt und digitalem Pendant und deren Qualität – dem Hauptpunkt bei Fishkin. Genauso wird versucht, den Raum und die Interaktion mit echten Objekten in diesem zu fassen – dem Hauptpunkt von zum Beispiel Ullmer und Shaer. Gleichzeitig wird das physikalische Objekt genauso wie der Körper als Interface einbezogen. Objekteigenschaften selbst werden angesprochen und verbunden mit Aspekten der sozialen Interaktion und dem Mehrbenutzereinsatz.

Der Einsatz des Frameworks gestaltet sich als Strukturierungsinstrument gleichwohl schwierig, da keine klaren Dimensionen angegeben werden. Es handelt sich vielmehr um einen Katalog, der die Eigenschaften von tangiblen Interfaces zusammenträgt und in Kategorien einteilt. Die Bewertung und der

Vergleich verschiedener Systeme oder Interfaces ist daher schwierig durchzuführen. Hornecker et al. versuchen dafür, dem Objektcharakter, genauso wie dem Raum, in dem tangible Interaktion immer stattfindet, gerecht zu werden. Unser eigener Ansatz verbindet klare Dimensionen einer Kategorisierung mit weicheren Kriterien, wie den Objekteigenschaften oder dem Aktionsraum, die ähnlich auch in der Kategorisierung von Hornecker et al. vorkommen. Diese Kriterien offen zu lassen bietet sich auch deshalb an, weil unsere Kategorisierung nicht nur wie hier tangible Interaktion ausdrücken will, es wird bewusst auf eine weitere Unterteilung verzichtet, um den Dimensionsraum überschaubar zu halten.

**Milgram**

Im Gegensatz zu den bereits angeführten Kategorisierungen ist die Taxonomie von Migram et al. [Milg 94] für *Mixed Reality Visual Displays* ausgelegt. Eine Kategorie daraus, das *Virtuality Continuum* wurde bereits in Kapitel 4.5 angeführt. Allerdings handelt es sich beim *Virtuality Continuum* (siehe Abbildung 4.6) nur um eine Kategorie der Taxonomie von Milgram et al. auf der visuelle Anzeigesysteme verortet werden. Zusätzliche werden noch drei Kategorien angeführt, die weniger die weiter Kategorisierung des visuellen Displays, sondern vielmehr dessen technische Umsetzung thematisieren. Die Kategorien sind: *Extend of World Knowledge*, *Virtuality Reproduction Fidelity* und *Extend of Presence Metaphor*.

**Extend of World Knowledge** Bezeichnet den Modellierungsgrad der Welt.

**Reproduction Fidelity** Bezeichnet die Wahl der verwendeten Darstellung, basierend auf dem Modell der virtuellen Welt.

**Extend of Presence Metaphor** Bezeichnet die Wahl des Präsentationsgerätes.

Handelt es sich beim *Virtuality Continuum* noch um eine rein abstrakte Einordnung der verwendbaren Interaktionsformen, so sind die drei weiteren Kategorien umsetzungsgetrieben und daher eher technischer Natur. Macht man sich klar, dass Milgram et al. vor allem zwischen *Augmented Reality* und *Virtual Reality* arbeiten, so wird die Kategorie *Extend of World Knowledge* als Detailgrad der Modellierung einsichtig. Die Modellierung ist hier immer auf die Darstellung von virtuellen 3D-Objekten bezogen, wie sie in der *Virtual Reality* als Grundlage verwendet werden. Die *Reproduction Fidelity* bezeichnet die Umsetzung des *Modells* in eine *Darstellung*, was sowohl Umsetzungart als auch Medium anbelangt, also wie *realistisch* das Objekt wiedergegeben wird, von einfacher *Wire Frame*-Darstellung bis hin zu *photorealistischem Rendering*. Zu guter Letzt steht die Wahl der Präsentationsform und des Präsentationsgerätes, was in *Extend of Presence Metaphor* festgehalten wird: Inwiefern fühlt sich der Betrachter tatsächlich in der reproduzierten Welt, die über ein Präsentationsgerät angezeigt wird, zum Beispiel per *Head Mounted Display* (HMD) oder per Panoramaprojektion.

Die Kategorie des *Virtuality Continuum* ist zweifellos ein Punkt, der nicht nur für die Präsentation, sondern auch für die Aktion in unser Konzept Einzug gehalten hat. Was jedoch die anderen drei Kategorisien anbelangt, so sind sie in dieser Form nicht in unserer Kategorisierung enthalten, da es für uns weniger um die technische Umsetzung, als vielmehr um das Erfassen eines *Ubiquitous Computing*-Interfaces und dessen Handhabung geht. Die technische Umsetzung eines Konzeptes spielt dabei zunächst eine untergeordnete Rolle. Fasst man jedoch den Begriff der *Reproduction Fidelity* und des *Extend of Presence Metaphor* weiter und bezieht ihn auf *Ubiquitous Computing*, so können diese durchaus in unserer Kategorisierung in den *Objekt-Eigenschaften*, zum Teil auch in der Kategorie der *Medienart* wiedergefunden werden.[4]

### 7.3.4. Kategorisierung im Einsatz

Viele der hier vorgestellten technisch geprägten Kategorien haben durchaus eine Berechtigung, auch für heutige Systeme. Allerdings behandeln die Kategorien weniger die Interaktion oder das Interface sondern Aspekte, die die Techniken betreffen, welche solche Systeme möglich machen.

Es wird weniger etwas über die Interaktion ausgesagt, sondern vielmehr über die eingesetzte Technologie, die aber von der Applikation und der gewählten Interaktionsart abhängt.

---

[4] Für klassische, grafische Interfaces existieren keine Kategorisierungen in dieser Form. Es werden aber verschiedene Interaktionsformen unterschieden. Shneiderman unterscheidet für grafische Interfaces die Interaktionsformen *Command Language*, *Form Filling*, *Menu Selection* und *Direct Manipulation* [Shne 04]. Für ubiquitäre Interfaces hat hiervon vor allem die *Direct Manipulation* Bedeutung, handelt es sich dabei doch um die Umsetzung direkter Interaktion auf virtuellen Objekten.

Unsere Kategorisierung zielt dagegen auf die *Handhabung* von Systemen in ubiquitären Szenarien und deren *Wahrnehmung durch den Menschen*. Sie hebt nicht auf die technische Umsetzung sondern auf das Interface selbst ab, um die verschiedenen Interaktionsmöglichkeiten aufzuzeigen und in diesem Rahmen gegenüberstellen zu können. Dazu werden Kategorien eingeführt, die eine Skalierung zulassen, und mit Kategorien kombiniert, die weniger stark zu fassen sind.

Die Kategorisierung beruht auf vielen eigenen Entwürfen und Entwicklungen aus denen die Kategorien abgeleitet wurden. Die daraus gewonnenen Erkenntnisse tragen letzten Endes wesentlich dazu bei, eine Modell zu liefern, das über die Analyse von Interfaces hinausgeht. Im Folgenden werden nun einige Arbeiten aufgeführt, die zur Erarbeitung der Kategorien und damit der Theoriebildung für das letztendliche Modell beigetragen haben.

### dimian

Das *dimian*-Projekt [Mahl 07] befasst sich mit dem Thema *Mind Mapping*, im Speziellen als Anwendung auf *Tablet PCs* (für eine Beschreibung siehe Kapitel A.2.1). Diese zeichnen sich dadurch aus, dass sie als Eingabegerät mit einem Stift anstelle der Maus für das *Pointing* ausgerüstet sind und im Allgemeinen nicht über eine Tastatur verfügen. Deshalb wird mit solchen Systemen oft eine Handschrifterkennung verwendet, um die Texteingabe bewerkstelligen zu können.

Die *Präsentation* des *dimian*-Systems, eine *Mind Map*, erfolgt rein virtuell über das Display des *Tablet PCs*. Charakteristisch für *Mind Maps* an sich und so auch hier, ist die Verwendung der gesamten Zeichenfläche als *Präsentations-Raum*, der als zweidimensional aufgefasst wird. Die Aktionen, die *Manipulationen* der *Mind Map*, erfolgen direkt mit dem Stift, weshalb die *Steuerung* als *Real Mixed* bewertet wird, eine leichte Abstufung zu einer komplett realen Interaktion, um dem Umstand Rechnung zu tragen, dass wahrnehmbar auf virtuellen Elementen operiert wird. Eng damit verbunden ist die Dimension des *Akteurs*: Das System wird als vom Menschen geführt bewertet, da er ganz klar die Aktionen vorgibt, aber das System zum Beispiel auf das Layout der *Mind Map* Einfluss nimmt. So werden beispielsweise neue Knoten automatisch verteilt. Die *Dimensionen* in denen die *Steuerung* erfolgt sind durch die direkte Interaktion mit dem Stift identisch mit den *Präsentations-*

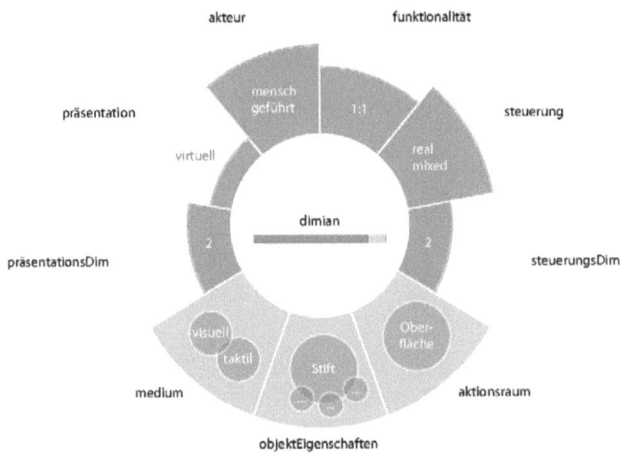

Abbildung 7.8.: Kategorisierung des dimian-Systems.

*Dimensionen* und werden als zweidimensional aufgefasst – der Oberfläche der *Tablet PCs*. Der Stift wird als eigenständiges Werkzeug aufgefasst, es gibt keine Möglichkeit der Modus-Umschaltung oder dergleichen, weswegen die *Funktionalität* mit 1:1 bewertet wird.

Der Stift als Eingabegerät hat natürlich auch Eigenschaften aus seiner Form und seinem alltäglichen Umgang, die suggeriert werden. Sowohl das *Pointing* als auch das Schreiben sind Aktionen, die ob der *Constraints* des Objektes beziehungsweise dessen *Affordances* eingängig sind. Verwendet wird der Stift auf der Oberfläche des *Tablet PCs*, was den Aktionsraum beschränkt. Die Medien, die in der Verwendung eine Rolle spielen, sind die Haptik und damit die taktilen Fähigkeiten sowie das visuelle Medium sowohl für das *Pointing* als auch für die Ausgabe.

Um die Lösung in ihrer Gesamtheit bewerten zu können, wurde in der Kategorisierung eine Bewertung eingeführt, die ein einfaches Maß für die Güte darstellen soll. Im Schaubild wird sie als Balken unterhalb des Systemnamens angegeben. Für das *dimian*-Projekt lässt sich die Güte aus einer Studie ableiten, an der 29 Personen teilgenommen haben. Der hier angegebene Wert von 4,31 ist Resultat der Einschätzung der Teilnehmer über die Gesamtperformance des Systems auf einer Skala von 1–5, wobei 1 für sehr schlecht und 5 für sehr gut stand.

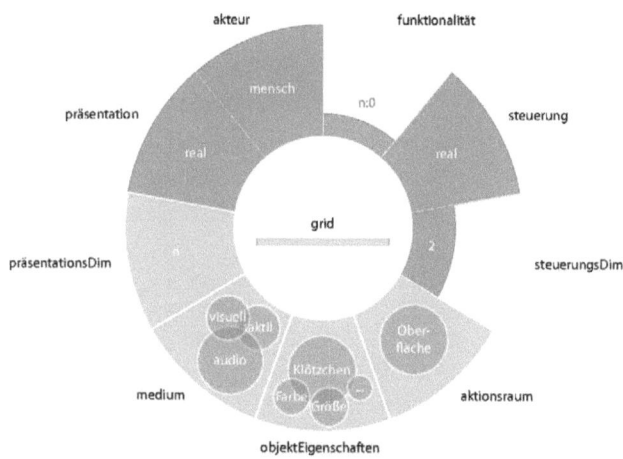

Abbildung 7.9.: Kategorisierung des *grid*-Systems.

Das Beispiel zeigt das *dimian*-Projekt als klaren Vertreter *direkter Manipulation*. Der Nutzer ist in der führenden Rolle und manipuliert eine virtuelle Präsentation mit einem realen Objekt (dem *Pen*), das auch eine virtuelle Komponente hat (den *Mauszeiger*). Das Objekt kann als Werkzeug charakterisiert werden. Die gleiche Kardinalität von Steuerungsdimension und Präsentationsdimension unterstützt die direkte Manipulation weiter. Die unterschiedlichen Arten der Präsentation und Steuerung zeigen zudem einen Vertreter von *Mixed Interaction*.

**grid**

Das *grid*-System [Horn 09] ist ein Projekt, das im Praktikum æsthetic computing realisiert wurde. Auf einer Oberfläche können dabei mit Holzklötzchen verschiedener Farbigkeit Formen gelegt werden, die je nach Konfiguration Sounds erzeugen (für eine genauere Beschreibung siehe Kapitel A.2.9). Die hervorstechendste Eigenschaft des *grid*-Systems ist die Umsetzung von aus Holzklötzchen gelegten Formen in Sounds. Obwohl die Sounds natürlich über ein System erzeugt werden und die Konfiguration der Klötzchen analysiert werden muss, um die Konfiguration in Sounds umzusetzen, tritt das System nicht aktiv in Erscheinung. Der Mensch hat nicht den Eindruck, überhaupt mit einem System zu interagieren. Vielmehr fühlt er sich selbst ganz als *Akteur*. Durch das Aufbauen von Formen aus verschiedenfarbigen Klötzchen werden verschiedene Konfigurationen erzeugt. Damit erscheint jedes gelegte Bild als *ein Repräsentant* für einen Sound. Der Umstand, dass es sich um einen zusammengesetzten Repräsentanten handelt, wird in der *Funktionalitäts-Notation n:0* (n Objekte ergeben einen Repräsentanten) wiedergegeben. Die *Steuerung* erfolgt durch das Legen von Holzklötzchen, eine klar *reale* Steuerung. Sie erfolgt in *zwei Dimensionen* auf der Oberfläche des Systems (begrenzt durch eine Milchglas-Scheibe). Die *Präsentation* erfolgt als Sound, für welchen *n Dimensionen*[5] angenommen werden.

Die verwendeten Medien sind visueller und taktiler Natur was die Eingabe anbelangt und zusätzlich akustisch für die Präsentation. Zum Tragen kommen natürlich die physikalisch-taktilen Eigenschaften der Holzklötzchen, insbesondere ihre Form, Farbe und Größe. Alles Eigenschaften, die auch für die Steuerung notwendig sind.

Das *grid*-System zeigt einen klaren Vertreter von *Tangible Interfaces*. Die Auffassung des Interfaces mit dem Menschen als Akteur, bei gleichzeitigem Fehlen von Werkzeugen, funktionalen Elementen mit *Verb*-Charakter ([Fish 04]), drückt den Unterschied zur technisch notwendigen Realisierung aus, in der das System aktiv sein muss. Ein weiterer interessanter Punkt ist der Unterschied zwischen den *Steuerungs-* und *Präsentationsdimensionen*. Dieser deutet darauf hin, dass auf *Mappings* ausgewichen werden muss, die nicht allein im *Aktionsraum* begründet liegen. Dies wird beim *grid*-System erreicht, indem auf *Objekt-Eigenschaften* wie Farbe, Größe und Formen ausgewichen wird, um die unterschiedlichen Dimensionen des *Soundspace* zu steuern. Gleichzeitig wird damit auch der eher explorative Charakter offenbar, das *Mapping* von *Objekt-Eigenschaften* auf *Präsentations-Dimensionen* ist nicht per se klar, sondern muss vom Benutzer erst erarbeitet werden.

Eine genaue Bewertung des Systems als numerischer Wert ist nicht angegeben, da sie nicht durch eine Studie belegt werden kann. Allerdings ist das *grid*-System [Horn 09] auf der *Mensch- und Computer 2009*, im *Workshop für Innovative Computer-basierte Musik-Interfaces (ICMI 2009)* [Work 09] mit dem *Best Student Project Award* prämiert worden [Reac 09], was zumindest auf eine qualitative hochwertige Lösung hindeutet.

---

[5] Parameter neben Tonhöhe und Lautstärke können zum Beispiel Effekte wie Hall, Chorus und Echo sein.

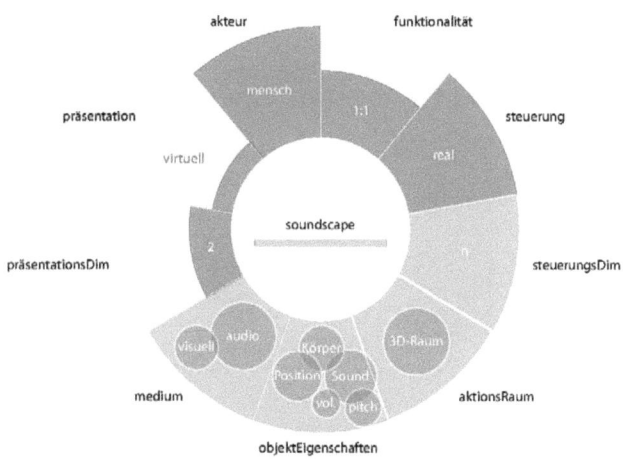

Abbildung 7.10.: Kategorisierung des *soundscape*-Systems.

**soundscape**

Ein weiteres Projekt, das im Praktikum æsthetic computing entstanden ist, ist das *soundscape*-Projekt. Es nutzt Sound als Eingabe, um die Projektion eines Kamerabildes zu verändern (eine Beschreibung des *soundscape*-Systems ist in Kapitel A.3.3 zu finden). Im *soundscape*-System wird der Mensch zum alleinigen Akteur, indem er seine Fähigkeit nutzt, Geräusche zu generieren. Diese Fähigkeit lässt ihn selbst in diesem System zum Werkzeug werden. Allerdings nicht in der Interpretation der *Tangible Interaction*, der *Bodily Interaction*, sondern indem er Sounds selbst erzeugt. Die *Steuerung* des Systems ist damit *real*, die Sounds sind *mehrdimensional*. Die Aktion selbst findet im *realen dreidimensionalen Raum* statt, indem über die Zeit Sound erzeugt wird. Die *Präsentation* ist dagegen rein *virtuell*, eine Visualisierung eines Kamerabildes auf einem Großbildmonitor. Es werden *zwei Dimensionen* verwendet. Die verwendeten Medien sind demnach das *Visuelle* für die Ausgabe und das *Auditive* für die *Steuerung*. Verwendete *Eigenschaften* des Sounds sind *Lautstärke* und *Tonhöhe*.

Im soundscape-Projekt wird das Zusammenspiel des Menschen und des Systems im Interface deutlich. Das System selbst verfügt praktisch über kein wahrnehmbares Interface mehr. Vielmehr wird der Mensch zum Interface, indem er seine Fähigkeit der Soundgenerierung nutzt. Der Aktionsraum ist

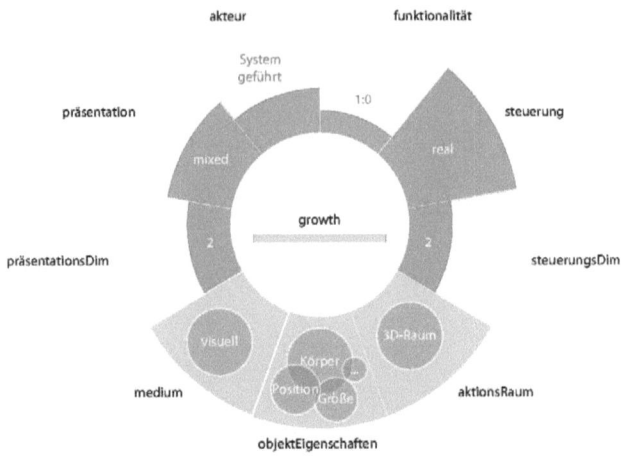

Abbildung 7.11.: Kategorisierung des growth-Systems.

die reale Umgebung, mit ihren physikalischen Eigenschaften, die Einfluss auf die Steuerung haben können. Durch die Distanz zwischen dem Menschen und dem System wird der Effekt beeinflusst. Genauso spielen die Fähigkeiten des Menschen selbst und die Orientierung im Raum eine Rolle.

Die Sounderzeugung als Aktionsform und damit als Eingabe ist nicht trivial auf die Ausgabe, eine zweidimensionale virtuelle Visualisierung, abzubilden, weswegen auch hierbei der explorative Charakter des Systems deutlich wird.

**growth**

Ein drittes Projekt aus dieser Reihe der im Praktikum æsthetic computing entstandenen Projekte stellt das *growth – »sehen und gesehen werden«*-Projekt dar. Es bezieht wiederum den Menschen in das System ein, allerdings durch seine alleinige Anwesenheit. Das System bemalt anwesende Personen, indem eine generierte Grafik auf sie projiziert wird (eine Beschreibung des Systems findet sich in Kapitel A.3.2). In diesem Projekt wird das System als aktiv empfunden, weswegen es in der *Akteur-Kategorie* als *vom System geführt* bewertet wird. Das System ist klar führend, der Mensch hat allerdings durch die Positionierung Einfluss. Er fungiert damit als Repräsentant und hat eine reale Steuerungsmöglichkeit, indem er seine Position im 3D-Raum verändert. Die *Steuerungsdimensionen* sind hier mit *zwei* angegeben, weil allein die Position auf einer Fläche maßgeblich ist. Trotzdem hat der Körper eine Größe, die auf die Präsentation einwirkt. Die *Präsentation* ist rein *visuell*, indem eine generierte Grafik *auf die Personen projiziert* wird, weshalb die Präsentation als *Mixed* angegeben werden kann. Die Form des Körpers auf den projiziert wird geht in die Präsentation mit ein.

Im Vergleich zu den vorherigen Projekten ist im *growth*-Projekt eine starke *Systemaktivität* zu erkennen. Der Mensch kann nur sehr begrenzt eingreifen, doch besteht eine Steuermöglichkeit über die Positionierung. Außerdem sind die Ausgabe als Projektion und die Einbeziehung des 3D-Charakters für die Präsentation und deren die Einordnung als *Mixed* relevant.

Auch hier existiert keine Studie, die eine fundierte Aussage über die Qualität des Projektes zulässt.

Allerdings wurden alle hier angeführten Projekte des æsthetic computing Praktikums in einer *Werkschau im Stadthaus Ulm* einem breiten Publikum präsentiert [mahl 09c]. Die Praxistauglichkeit ist bei allen Projekten unter Beweis gestellt worden.

**Varianten des Tangible Reminders**

Der *Tangible Reminder* ist ein Projekt, in dem sich *Ambient Display* und *Tangible Interaction* vereinen. Er dient dazu, an anstehende Termine erinnert zu werden. Zu diesem Zweck wurde ein Möbelstück gebaut, das über drei Fächer verfügt von denen jedes mit einer Hintergrundbeleuchtung ausgestattet ist. Als Repräsentant für Termine dienen reale Objekte. Wird ein solches Objekt in ein Fach gestellt, so beginnt es passend zur Dringlichkeit des Termins zu leuchten, codiert in den Farben grün, gelb und rot.

Neben dem Möbelstück zur Erinnerung an den Termin, muss es eine Möglichkeit geben, Termine an reale Objekte zu binden und zu ändern. Dazu wurden in mehreren Phasen verschiedene Varianten entwickelt. Im Folgenden werden nun die erste Version, die zur Bearbeitung einen Laptop verwendet, mit der aktuellsten Version, die auf ein mobiles Gerät setzt, verglichen.

**Tangible Reminder Laptop Variante**

Die ursprüngliche Variante des *Tangible Reminders* verwendet zur Eingabe und zur Bearbeitung eines Termins, der an ein reales Objekt gebunden ist,

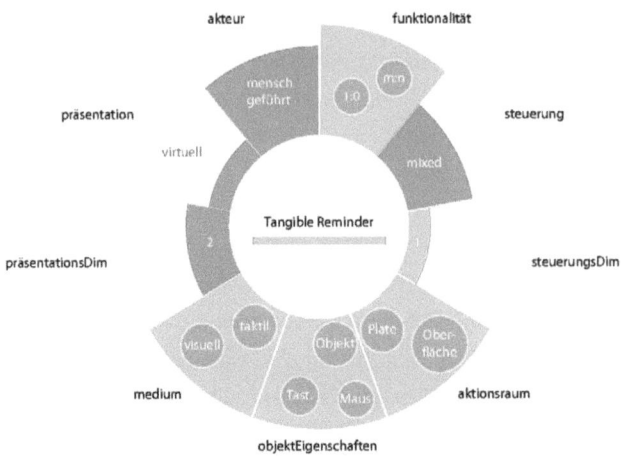

Abbildung 7.12.: Kategorisierung des *Tangible Reminder*-Systems, Laptop Variante.

eine Station bestehend aus einem Laptop und einer Scheibe. Wird ein Objekt auf die Scheibe gelegt werden die Termindaten, die an das Objekt geknüpft sind, auf dem Laptop angezeigt und über ein grafisches Interface, bestehend aus Eingabemasken, zugänglich gemacht.

Die Interaktion mit dem System geschieht über zwei Schritte: Erstens, das Stellen eines Objektes auf die Platte und zweitens das Editieren der Termindaten über die Tastatur am Laptop. Zusätzlich zur Tastatur kommt eine Maus zum Einsatz, um den Fokus auf die gewünschte Maske zu legen. In Abbildung 7.12 ist die Kategorisierung der Laptop Variante visualisiert.

Stellt man ein Objekt auf die Scheibe, so zeigt das System die Daten zum Objekt automatisch an, das System wird als aktiv wahrgenommen. Auch beim Editieren der Daten in den Masken versucht das System, den Nutzer mit geeigneten und möglichst leicht verständlichen Eingabemöglichkeiten zu unterstützen. Damit wird das System als unterstützend angesehen, allerdings vom Menschen geführt, was sich in der *Akteur-Dimension* widerspiegelt. Die *Steuerung* kann als *Mixed* angesehen werden, da sowohl virtuell auf *GUI*-Masken agiert wird über Maus und Tastatur, als auch am Anfang immer die Aktion mit einem Objekt steht. Der Wechsel von Objektinteraktion zu Tastatur- und Mausinteraktion drückt sich auch in der *Funktionalität* aus: Es wurde bewusst keine Festlegung getroffen auf eine der Möglichkeiten der *Repräsentanten-Interaktion* (1:0) und der *Toolsammlung*, als die das grafische Interface aufgefasst wird. Ebenfalls schwer zu fassen ist die Dimensionalität der Steuerung. Es werden einzelne Eigenschaften des Termins wie Ablaufdatum, Erinnerungszeitpunkt und Beschreibung unterschieden, die allerdings alle abstrakt sind und nicht als Dimensionen im eigentlichen Sinne aufgefasst werden. Daher wird die Auffassung vertreten, sich auf die niedrigste mögliche *Steuerungsdimension* von eins zu beschränken. Die *Präsentation* der Eigenschaften erscheint virtuell auf dem Monitor des Laptops und nutzt ein zweidimensionales *GUI*-Interface. Als Objekte kommen die realen Objekte als Repräsentanten zusammen mit Maus und Tastatur in Frage. Der Aktionsraum für die realen Objekte ist die Scheibe auf die sie gestellt werden können, für die Maus ist es die Oberfläche auf der sie bewegt wird. Vor allem das visuelle Medium steht hier im Vordergrund, allerdings unterstützt durch das taktile Medium zur *Objekt-Interaktion*.

Das Projekt zeigt einen Vertreter der klassischen *GUI*-Interaktion. Schwer zu fassen sind hierbei die Auffassung über die Dimensionalität in der Steuerung, handelt es sich doch bei den zu steuernden Elementen weniger um Dimensionen, als vielmehr um einzelne Eigenschaften. Interessant ist speziell in diesem Projekt auch die Vermischung der Funktionalität von *GUI*-Interaktion auf der einen Seite mit tangibler Interaktion auf der anderen Seite. *Steuerung* als *Mixed* charakterisiert diese erste Variante der *Tangible Reminder*-Interaktionskomponente, weswegen bewusst auf eine weitere Unterteilung verzichtet wird. Sollen aber die einzelnen Komponenten der Funktionalität herausgearbeitet werden, so ist eine weitere Unterteilung möglich.

**Tangible Reminder Mobile Variante**

Im *Tangible Reminder Mobile* wurde das Editiersystem der ersten *Tangible Reminder*-Version, der *Tangible Reminder Laptop Version*, überarbeitet. Anstelle der Editierstation kommt nun ein mobiles Gerät zum Einsatz, das als Werkzeug dient, um die virtuellen Eigenschaften eines Objektes sichtbar und zugreifbar zu machen. Dabei wird die Mobilität eines *PDA* genutzt, um über die Nähe zu einem *Tangible Reminder*-Objekt dessen virtuellen Eigenschaften zugreifbar zu machen. Wird der *PDA* über eines der Objekte bewegt, so zeigt er die zugehörigen Daten an. Er verhält sich damit wie eine *Magic Lense*

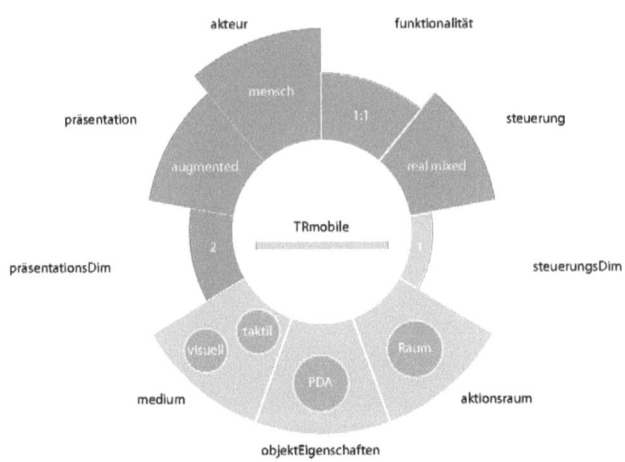

Abbildung 7.13.: Kategorisierung des *Tangible Reminder Mobile*-Systems.

[Bier 93] [Vieg 96] analog zu einer Lupe, jedoch werden die digitalen Daten sichtbar gemacht (für eine Beschreibung siehe Kapitel A.2.4). Abbildung 7.13 zeigt die Kategorisierung des *Tangible Reminder Mobile*-Projekts. In diesem Projekt wird ein *PDA* als Werkzeug eingesetzt, um Informationen von realen Objekten abzufragen und gegebenenfalls ändern zu können. Die Interaktion findet immer mit dem *PDA* als *Werkzeug* statt und wird komplett vom Menschen durchgeführt. Das System wird nicht als aktiv empfunden, auch wenn es Daten zu einem Objekt einblendet, sobald der *PDA* in dessen Nähe kommt. Vielmehr wird dies als Funktion des Werkzeugs und als *Effekt der Handhabung* desselben empfunden. Der *Mensch* fühlt sich als *Akteur*, der *PDA* wird als *Werkzeug (1:1)* empfunden. Die Steuerungsdimension ist gleich wie bei der *Tangible Reminder Laptop Version* und wird als eins angenommen. Die *Präsentation* erfolgt auf dem *PDA* überblendet über das Objekt, weswegen sie ungeachtet der verwendeten Technik als *Augmented* angegeben wird. Die Dimensionalität beträgt zwei. Es wird auf virtuellen Daten operiert, im Zusammenspiel eines realen Werkzeugs, dem PDA mit dessen Eingabemöglichkeiten per Stift und Finger, deshalb wird die Steuerung mit *Real Mixed* angegeben.

Interagiert wird im *Raum*, mit einem voll mobilen Gerät. Die Interaktion geschieht alleine mit dem *PDA*, zum Einen über dessen Mobilität, zum Anderen über dessen Eingabemöglichkeiten per Stift beziehungsweise Finger. Als Medien werden hier vor allem wieder der visuelle Kanal im Zusammenspiel mit dem taktilen Kanal verwendet.

Im Vergleich der beiden *Tangible Reminder*-Lösungen fällt als erstes auf, dass beim *Tangible Reminder Mobile*-Projekt die im *Tangible Reminder Laptop*-Projekt bestehende Uneindeutigkeit in der Funktionalität gelöst ist. Durch die Verwendung eines als Werkzeug fungierenden Artefacts, repräsentiert durch den *PDA*, wird der empfundene Wechsel von realer Interaktion mit dem Objekt zu virtueller Interaktion über Laptop, Tastatur und Maus aufgehoben. Genauso spiegelt sich dies in der Steuerung wider, in der der Mensch als alleiniger Akteur wahrgenommen wird. Die Gegenüberstellung zeigt den Übergang von klassischer Interaktion über die Einheit von *GUI*, Maus und Tastatur zu einer ubiquitären Interaktionsform, ermöglicht durch den Einsatz eines mobilen Gerätes.

## 7.4. Fazit

Ausgehend von einem Modell der Interaktion im ubiquitären Raum wurde eine Kategorisierung für ubiquitäre Interfaces vorgestellt, die die verschiedenen Interfaceansätze aus den unterschiedlichen Teilgebieten der *HCI* einbezieht.

Das Interaktionsmodell geht von der Aufgabe aus, die einer Interaktion zugrunde liegt. Es bezieht die beiden Interaktionspartner, den Menschen und das System, ein. Dabei wird eine Modellierung gewählt, die eine Trennung zwischen System und Gerät vornimmt, um dem Umstand Rechnung zu tragen, dass in ubiquitären Umgebungen das System als Interaktionspartner zunehmend in den Hintergrund tritt. Allerdings existieren weiterhin Geräte, die zur Interaktion genutzt werden und die das Interface im Zusammenspiel mit dem Menschen bilden.

Darauf aufbauend wurden die Kategorien *Akteur, Funktionalität, Präsentation* und *Präsentationsdimension, Steuerung* und *Steuerungsdimension* sowie *Medium, Objekteigenschaften* und *Aktionsraum* für ubiquitäre Interfaces eingeführt. Das Anliegen der Taxonomie, die diese Kategorien verwendet, ist der Vergleich verschiedener Ansätze unter dem Gesichtspunkt des Interfaces. Die Taxonomie ist angelegt, um den Ansprüchen des *Ubiquitous Computing* zu genügen und *Mixed Interaction* mit einzubeziehen. Dies bedeutet eine starke Auseinandersetzung sowohl mit Objekten, *Graspable-* und *Tangible Interfaces* und *Interaction* auf der einen und *Augmented Reality-* und *Mixed Reality*-Interaktion und -Interfaces auf der anderen Seite. Zudem findet der Bereich der klassischen und mobilen Interaktion Beachtung. Es wird dabei Wert gelegt auf einen Blickwinkel, der nicht die technische Seite sondern die *Wahrnehmung* und *Handhabung des Interfaces* durch den *Menschen* in den Vordergrund stellt.

Im Anschluss wurde die Taxonomie in Beziehung gestellt zu existierenden Kategorisierungen aus der Literatur. Der Einsatz der Taxonomie wurde am Ende durch die Taxierung einiger Systeme gezeigt.

Die Taxonomie ist stärker auf den *Aktions*-Part des Interfaces fixiert und stellt vor allem heraus, wer die Führung der Aktion inne hat und in welcher Weise die Interaktion stattfindet. Dazu wurde die Dimension der *Funktionalität* eingeführt, die der *Metaphor*-Dimension bei Fishkin [Fish 04] ähnelt, aber nicht deren Notation von *Noun* und *Verb* übernimmt sondern vielmehr versucht, weiter zu differenzieren, wie die Handhabung des Interfaces vonstatten geht. Dazu wird die Funktionalität als Dimension verstanden, die die Handhabung eines Elementes im Bezug auf seine Funktion beschreibt. Elemente mit *direkter Funktionalität* werden *Werkzeuge* genannt (ähnlich dem *Verb* bei Fishkin). Elemente mit *Datenbezug* werden *Repräsentanten* genannt (ähnlich dem *Noun* bei Fishkin). Zusätzlich wird einbezogen, wie der *Werkzeugbezug* oder *Datenbezug* vor dem Hintergrund des Zusammenspiels mehrerer, vor allem realer, Elemente zustande kommt. *Repräsentanten* können aus mehreren einzelnen Elementen *zusammengesetzt* sein. *Werkzeuge* können *mehrere Funktionen* haben oder aber *in Kombination auftreten*. Ist dies in der virtuellen Welt, von einzelnen Studien abgesehen [Beau 01] [St A 02], kaum anzutreffen, so ist dies in der realen Welt in Bezug auf die Verwendung von Werkzeugen durchaus üblich.

Zusätzlich wurde eine Einteilung sowohl der *Aktions-* als auch der *Präsentationskomponente*, ähnlich dem *Virtuality Continuum* [Milg 94] für Ausgabegeräte, vorgenommen, um *beide* zwischen realer und virtueller Welt zu verorten. Den Kategorien ist jeweils eine *Kardinalität*, die *wahrgenommene verwendete Dimensionalität* für *Präsentation* und *Aktion* angeschlossen.

Den diskreten Kategorien zur Seite stehen *drei unbestimmte Kategorien*, die *Objekteigenschaften* fassen und sowohl die *verwendeten Medien*, als auch den *Aktionsraum* näher definieren.

Mit der bestehenden Kategorisierung ist es möglich, verschiedene Arten von Interfaces im Hinblick auf ihre Wahrnehmung und Handhabung gegenüberzustellen. Die Kategorisierung erlaubt es, bestehende Lösungen zu kategorisieren und ihre Interfaces zu analysieren.

Die bestehende Kategorisierung hat ihre Stärken in der Beschreibung von *Mixed Interfaces*, kann allerdings nicht allumfassend sein. Eine gewählte Einteilung bedingt immer eine Kategorisierung der realen Umstände, die damit nicht voll und ganz beleuchtet werden können [Fish 04]. Die genannten Dimensionen wurde gewählt, um eine Gegenüberstellung vor allem für die Handhabung von *Mixed Interfaces* möglich zu machen, und damit das Interface in den Vordergrund zu stellen. Die Kategorisierung kann eingesetzt werden, um Interfaces hierarchisch zu analysieren und die verschiedenen zum Einsatz kommenden Facetten durch die *Dekomposition* sichtbar zu machen, wie sie in vielen *Software*-Designansätzen verwandt wird.

Die Kategorisierung der Interfaces ermöglicht, um den Preis der Verallgemeinerung, die Analyse von Interfaces und will zur Vergleichbarkeit eingesetzt werden.

Was die Kategorisierung nicht leistet und nicht leisten will, ist zum Einen eine differenzierte Analyse eines einzelnen Interfaces und zum Anderen die Unterstützung beim Design eines Interfaces. Für beide Punkte liefert das vorgestellte Interaktionsmodell und die Kategorien der Taxonomie Grundlagen. Für die detaillierte Analyse und zur Unterstützung im generativen Einsatz ist keine Kategorisierung nötig, sondern ein Modell, das die identifizierten Kategorien näher beleuchtet und in Verbindung setzt zu konkreten Lösungsansätzen. Diesem Modell und diesem Einsatzzweck wird im nächsten Kapitel nachgegangen.

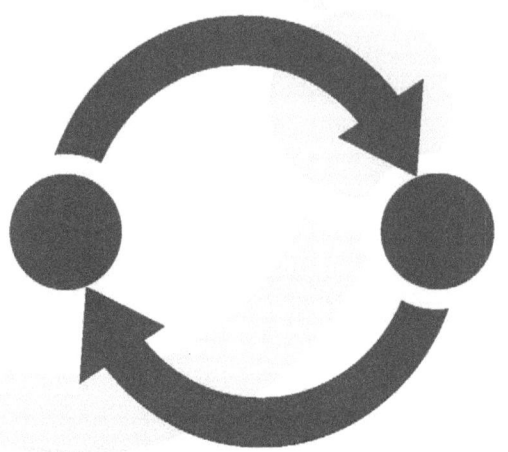

»The music is not in the piano.« – Alan Kay

# 8
# Interaktionsmodellierung

Nach der Analyse und Kategorisierung im letzten Kapitel werden zwei Dinge klar. Zum Einen müssen bei der Klassifikation in Hinblick auf die Ausdrucksmächtigkeit Abstriche gemacht werden. Zum Anderen besteht zwar nun die Möglichkeit des Vergleichs von Interfacemöglichkeiten, aber die Frage des Erfassens von Designkriterien und damit einer qualitativen Bewertung sowie einer Entscheidung für eine bestimmte Lösung im generativen Einsatz bleibt außen vor.

Die Kategorisierung als solches muss zwangsläufig einen Mittelweg finden zwischen Ausdrucksmächtigkeit auf der einen und Verständlichkeit auf der anderen Seite. Die Kategorisierung abstrahiert von der Wirklichkeit, um gerade eine Aussage machen zu können, lässt in manchen Gebieten somit aber zwangsläufig Punkte unbeachtet oder stellt diese verkürzt dar. Insbesondere die Differenzierung und gesonderte Behandlung unterschiedlicher Ansätze ist damit nicht gegeben. Gerade der generative Ansatz, die Möglichkeit, vorhandenes Wissen zu nutzen und darauf neue Lösungen aufzubauen, kann und will mit der Kategorisierung nicht geleistet werden. Um dies zu erreichen, ist statt einem flachen Ansatz der Kategorisierung ein komplexerer Ansatz nötig.

Damit kann dann eine Entscheidungshilfe geschaffen werden, die im Umgang mit ubiquitären Interfaces von Nutzen ist. Bereits in Kapitel 2 wurde auf die Fassung von Designgrundsätzen eingegangen, in Kapitel 3 auf die unterschiedlichen Vorgehen und Ansätze im *Software*-Design und in Kapitel 4 wurden erste Ansätze für Modelle zur Schaffung von *Mixed Interactive Systems* vorgestellt. Was nun allerdings fehlt – und hier setzt das Modell, das in diesem Kapitel erarbeitet wird an, aufbauend auf den Ansätzen, die mit der Kategorisierung in Kapitel 7.3 eingeführt wurden – ist der Zusammenhang zwischen Designrichtlinien, innovativen, publizierten Lösungen und ausgewerteten Systemen im Bereich des *Ubiquitous Computing*. Es fehlt ein Modell, das dem Systemdesigner die unterschiedlichen Möglichkeiten an *User Interfaces* in ihrer Breite aufzeigt. Schon in ganz grundlegenden Phasen des Interfacedesign beeinflusst die Interfaceentscheidung die Modellierung. Für *Software Engineers* muss bereits in der *Requirement*-Analyse feststehen welcher Interfacetyp verwendet wird, denn diese Entscheidung beeinflusst neben dem Kern vor allem den Ablauf der Applikation und damit die Interfacegestaltung und Dialogführung.

Beaudouin-Lafon konstatiert in [Beau 04] eine Stagnation der Entwicklung der Interfaces. Dies ist allerdings nicht zurückzuführen auf das Fehlen von neuen Interaktionskonzepten. In wissenschaftlichen Publikationen erfreut sich das *Ubiquitous* und *Mobile Computing* als Thema der *HCI* zunehmender Beliebtheit. Auch erste Modellierungen, etwa für *Mixed Interactive Systems* werden vorgestellt. Es fehlt vielmehr am Transfer der neuen Erkenntnisse in Richtung des *Software*-Design, laut Beaudouin-Lafon speziell auch für den Einsatz in kommerziellen Systemen.

Stattdessen werden Interfaceparadigmen verwendet, die den Entwicklern bekannt sind – die Interfaces basieren stets auf den gleichen *Widgets* und sehen immer *Window*-isch aus. Um diesem Umstand entgegen zu wirken, fehlt es zunächst nicht an einem Modell, das eine Generierung dieser Interfaces möglich macht, etwa mit einem *Model*-basierten Ansatz, sondern vielmehr an einem Modell, das das Verständnis um die neuartigen Interfaceoptionen und Interaktionsmöglichkeiten umfasst und gegenüberstellt. Diese Meinung findet auch die Unterstützung von anderen.[1]

---

[1] Diskussion und persönliche Konversation, folgend auf den Vortrag [Bast 09] auf der *HCII, 13th*

In Kapitel 2.4 wurde bereits auf Patterns und deren Vorzüge im Bezug auf die Erfassung von *Designrichtlinien* eingegangen. Es fehlen allerdings die Einordnungen, die das Auffinden und den Einsatz der Patterns, Patternsysteme und Patternsprachen erst möglich machen. Die zunehmende Unübersichtlichkeit, und damit die Notwendigkeit einer Einordnung, ist parallel zu sehen mit der bereits angesprochenen unzureichenden Unterstützung des *Software Engineering* in Bezug auf neue Interfaces, speziell im Bereich des *Ubiquitous Computing*. Es kann jedoch auch hier Abhilfe geschaffen werden, indem die Patterns in eine Struktur eingebettet werden, die die einzelnen Voraussetzungen mit erarbeiteten Lösungen und neuen Erkenntnissen in Verbindung bringt.

Ein Modell für die ersten Schritte im Interfacedesign, als initialem Schritt der *Requirement*-Analyse, kann damit genau die Verbindung schaffen, den Entwicklungsteams abgestimmt auf deren Voraussetzungen unterschiedliche neue Interfaces aufzuzeigen, und gleichzeitig Vorschläge für das Design in Form von Patterns liefern, die das neue Design und die Kreativität nicht einschränken.

Die Maßgabe der Unterstützung des initialen *HCI*-Entwurfes, einhergehend mit der Konzentration auf das Interface und die Herausarbeitung dieser Schicht, lässt das Modell in anderen Schichten weniger detailliert erscheinen. Diese sind eher als Anknüpfungspunkte für Verfahren gedacht, die sich auf diese Schichten konzentrieren. In vorliegender Arbeit wird ein klares Modell des Interfaces geliefert und eine Strukturierung geboten, um Gestaltungsrichtlinien einbinden und andere Modelle anschließen zu können.

## 8.1. Schichten-Modell

Um nun auf die unterschiedlichen Eigenschaften eingehen zu können, wird im Folgenden ein Modell aufgestellt, das auf die jeweiligen Eigenarten der Interaktion eingehen kann. Dazu wird wieder ausgegangen vom bereits angeführten Interaktionsmodell aus Kapitel 7.2 (siehe Abbildung 7.1). Die darauf aufbauende Taxonomie ist ein starkes Werkzeug was die Deskriptivität und die Evaluation anbelangt. Was durch das Modell nicht abgedeckt wird ist die Generativität, die Unterstützung bei der Entwicklung von Interfaces. Das Mo-

---

*International Conference on Human Computer Interaction*, San Diego, CA, July 2009.

dell soll also auf die Vorgaben des Nutzers eingehen und darauf aufbauend die Auswahl geeigneter Interfaces und die Generierung neuer Interfaceideen unterstützen.

Betrachtet man die einzelnen Bestandteile des Interaktionsmodelles aus 7.2 so fällt auf, dass die Voraussetzungen für die Generierung aus allen Bestandteilen des Modelles kommen können. Das Modell selbst soll anwendbar sein unabhängig davon, welche Bestandteile feste Voraussetzungen haben. Jede Voraussetzung soll Ausgangspunkt für die Interfaceentscheidung sein können.

Um dies zu erreichen wird ein Schichtenmodell aufgestellt, das die einzelnen Bestandteile des Interaktionsmodells als jeweils eigene Schicht enthält. Aus den in der jeweiligen Schicht vorgegebenen Voraussetzungen wird die grundlegende Auswahl getroffen und die mögliche Auswahl in anderen Schichten. Dabei wird anhand von Patterns aufgezeigten Verbindungen gefolgt. Die Herangehensweise ist vom Ansatz ähnlich dem aus [Moli 02] (siehe Abbildung 3.9). Abbildung 8.1 zeigt die verschiedenen Schichten des Modells. Im Folgenden wird nun auf deren Inhalt näher eingegangen, wobei der Schwerpunkt wiederum auf dem Interface liegt. Neben dem Inhalt selbst sollen vor allem auch der Zusammenhang zwischen den einzelnen Komponenten aufgezeigt werden.

Vorausgeschickt sei, dass vor allem auf die Erkenntnisse aus der Kategorisierung zurückgegriffen wird. Darüberhinaus werden Patterns verwendet, um die konkreten generativen Möglichkeiten des Modells bereitzustellen. Die Verbindungen zwischen den verschiedenen Schichten werden in erheblichem Maße durch die Patterns vorgegeben, die durch ihre Vor- und Nachbedingungen dazu sehr gut geeignet sind. Es werden auch Abstrahierungen eingeführt und verwendet, die vor allem die Wiederverwendung dort ermöglichen sollen, wo Patterns dazu nicht in der Lage sind. Die am stärksten ausgeprägte Komponente muss damit auch das Interface sein, laufen dort doch alle *Constraints* aus anderen Schichten zusammen.

Das Modell enthält die bereits in Kapitel 7 vorgestellten einzelnen Elemente. Mit dem hierarchischen Modell besteht die Möglichkeit, wesentlich tiefer und genauer auf die einzelnen Bestandteile einzugehen. Bei der genaueren Betrachtung der einzelnen Schichten wird ausführlicher auf das Interface eingegangen. Die Bedeutung der Schichten und ihr Zusammenspiel werden allerdings erst durch die Verbindungen über Schichtengrenzen hinweg deut-

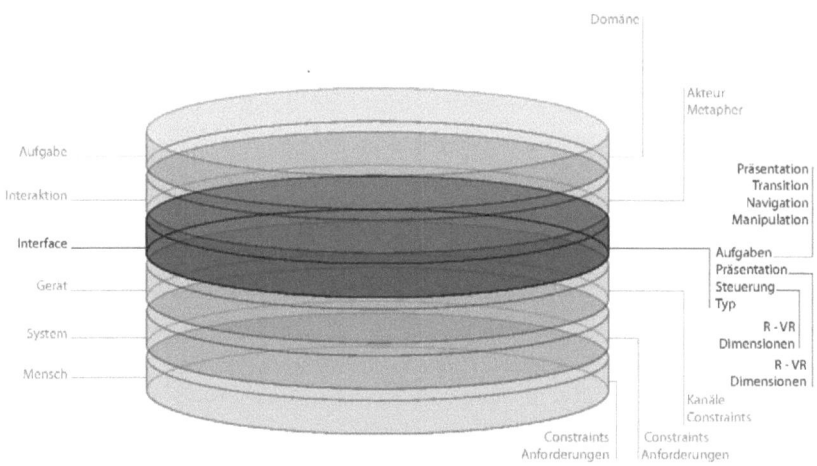

Abbildung 8.1.: Das Schichtenmodell mit den einzelnen Schichten, Aufgabe, Interaktion, Interfaces, Gerät, System und Mensch.

lich, weswegen sich an die Erläuterung der Schichten eine Betrachtung einzelner Schwerpunkte anschließt, die die Verbindungen zwischen den Schichten deutlich macht.

Um den gesamten Umfang des Modell aufzuzeigen schließt sich eine beispielhafte Modellanwendung und eine Diskussion anhand eines durchgeführten Projektes an.

### 8.1.1. Aufgabe

Vielfach wird der Zweck einer Applikation, ihre Aufgabe, als Ausgangspunkt des *Software*-Designs und damit auch des Interfacedesigns aufgefasst. Diesen Teil der Interaktion zu erfassen, dient die *Aufgaben-Schicht*. Hier können Voraussetzungen für das Interfacedesign festgehalten werden, die domänenspezifischer Natur sind. Somit stellt die *Aufgaben-Schicht* auch die Schnittstelle zu strukturierten Vorgehen in einem nächsten Schritt dar, wie etwa der Aufgabenmodellierung und einer Modellierung, beispielsweise mit CTT (siehe Kapitel 3.4.3). Vor allem aber werden die Voraussetzungen genutzt, um auf Interfacevorschläge in der *Interface-Schicht* einzugrenzen, die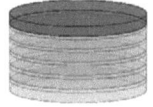

domänenspezifisch sind. Die Aufgabenschicht enthält damit die übergeordneten Ziele und Beschreibungen der zu lösenden Probleme. Beides hat damit Einfluss auf die Wahl der einzelnen Interfacelösungen, stellt aber Voraussetzungen dar, die von den Lösungen getrennt werden können.

### 8.1.2. Interaktion

In der *Interaktions-Schicht* sind Designvorschläge festgehalten, die *höhere Konzepte* des Interfacedesigns, eben die Interaktion, betreffen. Es geht hierbei weniger um klar definierte Lösungen bis hin zu bestimmten Widgets, sondern vielmehr um übergeordnete Konzepte der Interaktion. Es stellt sich vielmehr die Frage, wie insgesamt mit dem System interagiert werden kann. Welche Interaktionsformen, beispielsweise *Tangible Interaction* oder *WIMP*, kommen zu Einsatz? Wie wird das System verstanden? Und welche Rolle spielt das System in Bezug auf die Akteurrolle?

Die Parameter in der *Interaktions-Schicht* sind vor allem als Voraussetzungen und Einteilungen zu verstehen, die die Wahl des Interfaces und dessen Teile beeinflussen.

**Metapher**

Mehr als um Lösungen konkreter Probleme im Interface Design geht es in *Metapher* um das grundsätzliche Vorgehen, den Charakter der Interaktion an sich. Es wird eher auf die grundlegende Metapher der Interaktion abgezielt und darauf, welches mentale Modell vom System bedient wird.

**Akteur**

Bezogen auf die Kategorisierung aus Kapitel 7.3 ist in Akteur die Einteilung durch die *Akteur-Dimension* zu verorten, hat die Einteilung doch wesentlichen Einfluss auf die Wahrnehmung des Interaktionspartners als solchen. Für die Auffassung der Interaktion ist es wichtig festzuhalten, inwieweit das System als aktiv verstanden werden soll.

## 8.1.3. Interface

Dem Interface als zentraler Komponente der *Vermittlung* zwischen *Mensch* und *Gerät* beziehungsweise *System* fallen die beiden bereits in der Kategorisierung angesprochenen Aufgaben von *Präsentation* und *Steuerung* zu. Der Zusammenhang 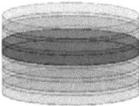 von Präsentation und Steuerung kann im Schichtenmodell allerdings genauer gefasst werden, als es in der Kategorisierung zum Zwecke der Vergleichbarkeit und Einordnung getan wurde. Ausgegangen wird dafür von den *Interface-Aufgaben*, die jedem Interface zufallen. Die *Interface-Aufgaben* beziehen sich auf grundlegende, abstrakte Aufgaben, die notwendigerweise von einem Interface geleistet werden müssen, damit dieses als Interface aufgefasst werden kann. Diese sind zu unterscheiden von den domänenspezifischen übergeordneten Aufgaben, die die Interaktion bedingen.

Neben den *Interface-Aufgaben* kommt in der *Interface-Schicht* eine weitere Strukturierung zum Einsatz, für die der Begriff des Interface-*Typ* eingeführt wird. Die Bedeutung der Typisierung wird im Zusammenspiel mit konkreten Geräten evident: Die Einführung eines *Typs* schafft eine Abstrahierung von den konkreten Geräten und eine Zusammenfassung einzelner Geräte zu Geräteklassen und schafft dadurch eine Zuordnung von Gerät und Funktionalität.

Auf *Interface-Aufgaben* und *Typ* wird nun näher eingegangen, um deren Teile und Bedeutung verstehen zu können.

### Interface-Aufgaben

In der hier vorgestellten Arbeit wird die Interaktion des Nutzers als ständiger Ablauf von Auswertung der Repräsentation des Systems und darauf folgender Manipulation beziehungsweise Navigation aufgefasst. Diese Aktionsschritte können wiederum eine Änderung der Repräsentation des System zur Folge haben, die nach einem Transitionsschritt dargestellt werden kann.

Änderungen an Daten und damit auch den Repräsentationen können allerdings nicht nur von Nutzern induziert werden, vielmehr besteht auch die Möglichkeit, dass Systeme selbst Einfluss auf die Repräsentation nehmen. Dies ist insbesondere häufig der Fall bei Systemstarts und der Initialisierung von Systemen oder Systemteilen, kann aber auch während der Laufzeit auftreten.

Die Funktionalität, die ein Interface bereitstellen muss, um als Interface gelten zu können, und die Aufgaben, die es dazu zu bewältigen hat, lassen sich aufgrund der zur Verfügung gestellten Funktionalität einteilen in *Präsentation*, *Transition*, *Manipulation*, *Navigation* und *Preferences*. Die grundsätzlichen Aufgaben des Interfaces sind die Darstellung von und der Zugriff auf Daten, zur Verfügung gestellt vom Kern der Applikation, beziehungsweise ihre Manipulation. Das Interfaces hat, diese Funktionalität auf Interaktions- und Präsentationsmöglichkeiten abzubilden.

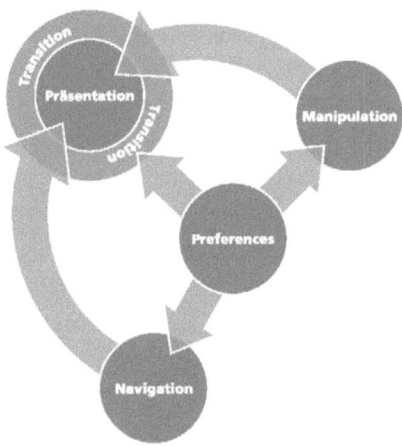

Abbildung 8.2.: Aufteilung der Aufgaben des Interfaces in einen *Präsentationspart*, bestehend aus *Präsentation* und *Transition* und einen *Aktionspart*, bestehend aus *Navigation* und *Manipulation*. *Preferences* stellen die Eingriffsmöglichkeit für das System dar.

Sowohl alle möglichen Interaktionsformen als auch die konkrete Funktionalität einer Applikation sind nicht allgemein fassbar. Sie können und sollen hier nicht aufgelistet werden. Die Aufgaben lassen sich jedoch zusammenfassen, indem man sich darauf beschränkt, *was* sie im allgemeinsten Fall bewerkstelligen.

Als ersten Punkt hat das Interface die Aufgabe, eine Möglichkeit zur *Manipulation* der der Applikation eigenen Daten durch Aufrufen von Funktionen aus dem Appikationskern, zu geben.

Der zweite wichtige Punkt betrifft die *Navigation*. Die *Ordnung* des Interfaces bringt die *Daten* und die *Funktionen* des Interfaces in eine Form, die das *Auffinden* von Datenpräsentationen und -manipulationsmöglichkeiten erst ermöglicht.

Die *Navigation* zusammen mit der *Manipulation* kann als aktiver Teil des Interfaces angesehen werden, als der *Aktionspart*, in dem Sinne, dass der Nutzer des Interfaces über diesen Part aktiv wird und eingreift.

Als dritter großer Punkt ist die *Präsentation* anzuführen. Durch die *Präsentation* lässt sich das System erfahren. Alle Elemente des Interfaces müssen für den Nutzer erkennbar sein. Diese Aufgabe fällt der *Präsentation* zu.

Eng damit verbunden ist der vierte große Punkt anzusehen, die *Transition*. Die *Transition* macht den Übergang eines Zustandes der *Repräsentation* zu einem nächsten erfahrbar. Die *Transition* als Teil des Interfaces hat damit keine konkrete Präsentationsaufgabe in dem Sinne, Funktionalität oder Daten zu präsentieren. Vielmehr macht die *Transition* Änderungen der *Präsentation* als Folge von Aktionen erfahrbar.

*Transition* und *Präsentation* können als *Präsentationspart* verstanden werden, analog zum *Aktionspart* eines Systems.

Als fünfter Punkt beinhaltet das Modell die *Preferences*. Suggeriert der Begriff die Voreinstellungen, die für ein Interface getroffen werden, so ist die Auffassung durchaus weiter gefasst. Voreinstellungen bezeichnen die Konfiguration, in die ein Interface beim ersten Instantiieren durch das System gebracht wird. Man kann damit die *Preferences* als die Änderung am Interface durch das System verstehen. Diesen Bereich kann man weiter fassen, indem man darunter nicht nur den Einfluss des System auf das Interface zum Systemstart versteht. Sondern, und diese Auffassung wird hier vertreten, man kann *Preferences* allgemein als Einwirkung des Systems auf das Interface sehen. Damit verkörpern die *Preferences* die Aktionsmöglichkeiten des Systems als zweiten Interaktionspart. Auch wenn er in manchen Konfigurationen praktisch nicht wahrnehmbar ist, so muss die Möglichkeit dazu doch im System modelliert werden.

Abbildung 8.2 zeigt die einzelnen Parts des Interaktionsmodells, getrennt in seine *Interface-Aufgaben*, die im Folgenden zusammengefasst und vertieft werden.

**Präsentation** Die *Präsentation* bietet das *Feedback* für den Nutzer. Sie ist

215

stark abhängig von gewähltem Medium, Gerät und Einsatz.

**Transition** Die *Transition* stellt als spezieller Teil der *Präsentation* deren *Veränderung* dar.

**Manipulation** Durch das Interface werden *Änderungen* an Daten durchgeführt; im Einzelnen können diese Schritte in *create*, *update* und *delete* weiter unterteilt werden.

**Navigation** *Navigation* fasst den Teil des Interfaces, der sich mit dem *Indexing*, dem *Auffinden* und der *Auswahl* beschäftigt. Die Kernpunkte hier sind: Die *Orientierung*, das »*wo bin ich*«. Der *Überblick*, das »*was gibt es alles*«. Die Strukturierung, das »*welche Verbindungen existieren*«. Und die *Direktion*, das »*wie gelange ich an eine andere Einheit*«.

**Preferences** *Preferences* fasst das Einwirken des Systems, etwa durch Vorgaben oder Korrekturen, auf das Interface zusammen.

### Präsentation

Dass eine ansprechende und passende Präsentation das Hauptanliegen jedes *User Interface*-Design Prozesses ist, ist evident. Die Präsentation ist zuallererst der Abbildung der eigentlichen Aufgabe verpflichtet, hängt aber ebenso von anderen Faktoren ab. Die Wahl der Präsentationsform, einhergehend mit der Festlegung auf den Präsentationskanal und damit auf das verwendete Medium, schränkt die Präsentationskomponente weiter ein. Dabei ist die Präsentation nicht auf ein bestimmtest Medium festgelegt, sondern kann durchaus multimodal angelegt sein.

In jedem Fall fallen der Präsentationskomponente alle Aufgaben zu, die mit der konkreten Darstellung der Daten und den Funktionen der eigenen Applikation, sowie deren Strukturierung zu tun haben.

**Transition**

Eng gekoppelt mit der Präsentationskomponente an sich ist die *Transition*. Eigentlich als Teil der Präsentation aufzufassen, stellt sie trotzdem eine grundsätzlich eigenständige Funktionalität dar, die hier herausgestellt werden soll. Die Einwirkung auf Daten des Systems und ihre Veränderung bedingen zuweilen Änderungen in Systemzuständen. Um dem 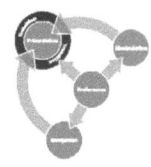 Nutzer diese Änderungen klar verständlich zu machen, müssen die Änderungen in der Präsentation reflektiert werden. Die Veränderung selbst und der Übergang von einer Präsentation zur nächsten müssen repräsentiert werden. Dabei ist die *Transition*, als Komponente die diesen Übergang thematisiert, von der *Präsentation* getrennt, da die *Transition* nicht als Präsentation im eigentlichen Sinne, also nicht als Repräsentation eines Systemzustandes, verstanden werden kann. Vielmehr erleichtert die *Transition* dem Nutzer das Verständnis der Vorgänge, indem sie ihn auf folgende zu präsentierende Systemzustände vorbereitet.

Ein Beispiel bei dem mittlerweile auf die *Transition* geachtet wird, ist die Minimierung von **Fenstern** auf dem *Desktop* bei verschiedenen *GUI*-Systemen. Eine Animation wird abgespielt, die das Verschwinden des Fensters symbolisiert und so den Übergang einfacher verständlich macht. Mac OS X bietet dafür unter anderem den *Trichter*-Effekt an.

**Manipulation**

Die Manipulation beinhaltet alle Eingriffe des Nutzers, die Daten und Methoden der eigentlichen Anwendung betreffend. Aus der Datensicht lassen sich die Möglichkeiten der Manipulation weiter unterscheiden in die atomaren Manipulationsarten des Anlegens »*create*«, des Löschens »*delete*« und des Änderns »*edit*«. Diese Aktionsmöglichkeiten betreffen explizit nur die direkten Arbeiten, die, analog zum *Model-View-Controller*-Modell Änderungen im Kern (siehe auch 3.4.2, dem *Model*, erfordern.

217

**Navigation**

 Im Gegensatz zu den Manipulationen, die Daten explizit ändern, nimmt der Nutzer über die Navigation Einfluss nur auf die Präsentation der Daten. Die Navigation fasst alle Teile zusammen, die zum Erfassen der Präsentation und des Zugriffs auf die zugrunde liegenden Daten und Funktionen nötig sind. Die Navigation lässt sich konkret in vier Teilbereiche zerlegen, in *Strukturierung, Übersicht, Orientierung* und *Selektion*.

**Strukturierung** Die *Strukturierung* der Präsentation ist die grundlegende Größe für die Navigation. In der Strukturierung manifestiert sich der Zusammenhang zwischen den einzelnen Elementen der Präsentation. Das Erfassen dieser zugrunde liegenden Struktur ermöglicht es dem Nutzer, ein mentales Modell des System aufzubauen, das ihm eine Ahnung verschafft, an welcher Stelle er welche Information oder Funktion finden kann (»*Welche Verbindungen existieren*«).

**Übersicht** Neben dem Zusammenhang zwischen den Elementen der Präsentation muss dem Nutzer die Möglichkeit gegeben werden, die Elemente selbst in ihrer Gesamtheit zu erfassen. Dies geschieht in der Navigation durch die *Übersicht* (»*was gibt es alles*«).

**Orientierung** In einem aufgespannten Navigationsfeld, gesteckt durch vorhandene Elemente und die Verbindungen zwischen diesen, ist als letztes für eine erfolgreiche Navigation die *Orientierung*, die Verortung des Nutzer notwendig. Durch sie wird dem Nutzer die aktuelle Position vermittelt. (»*wo bin ich*«).

**Steuerung** Ist die Strukturierung deutlich, die Übersicht gegeben und die aktuelle Position bekannt, so stellt sich die Frage, wie an eine neue Position gesprungen werden kann. Damit wird der eigentlicher Charakter der Navigation als aktiver Part offenbar, die *Steuerung* der Präsentation als Sicht auf das System (»*wie gelange ich in eine andere Einheit*«).

Abbildung 8.3 zeigt verschiedene Konzeptionen für die Strukturierung von Inhalten, um zwei Punkte deutlich zu machen:

Abbildung 8.3.: Verschiedene Möglichkeiten der Inhaltsstruktur, von linear über hierarchisch bis zu vernetzt.

Zum Ersten muss die Strukturierung der Inhalte nicht unbedingt die tatsächlichen Zusammenhänge der Daten des Systems widerspiegeln. Vielmehr handelt es sich um die Strukturierung einer Sicht, der Präsentation, auf die Daten des Systems. Es kann auch durchaus vorkommen, dass in einem Interface zwei unterschiedliche Arten der Strukturierung verwendet werden. So könnte zum Beispiel eine *Website* ihre Inhalte für die generelle Navigation hierarchisch strukturieren, parallel dazu aber auch eine lineare Struktur für einen *Walk Through* anbieten.

Zum Zweiten können die Strukturierung der Inhalte und die aktuelle Position durchaus für die Steuerung relevant sein. So ist es im *Walk Trough*-Szenario üblich, dass von der aktuellen Position nur linear zum vorherigen oder nächsten Knoten weiter navigiert werden kann.

**Preferences**

Neben der Einwirkung des Nutzers über das Interface auf die Präsentation, können Änderungen auch vom System induziert werden. Besonders evident ist dies in der Wahl guter Voreinstellungen zur Unterstützung des Nutzers. Änderungen sind allerdings auch im laufenden Betrieb möglich und müssen dann ebenso ihren Niederschlag in einer veränderten  Präsentation finden, auch unter Zuhilfenahme eines geeigneten Transitionsschrittes.

Damit sind alle Komponenten der *Interface-Aufgaben* beschrieben. Dabei bleibt hervorzuheben, dass die *Interface-Aufgaben* allgemein über verschiedene Interaktionsformen hinweg und unabhängig vom Zweck der kompletten Applikation Bestand haben. Handelt es sich um ein webbasiertes Warensystem oder um ein *Ambient Display* im Zusammenspiel mit *Tangible Interaktion* wie im *Tangible Reminder*, immer muss die *Präsentation* der Information bedacht werden. Die *Manipulation* von Daten spielt genauso eine Rolle, wie die *Navigation* durch die verschiedenen Informations- und Funktionseinheiten, und ebenso, inwieweit das System in die Interaktion eingreift. Was sich ändert sind der Grad der Wichtigkeit der einzelnen Komponenten und ihre Erscheinungsform. In einem Informationssystem wird die Manipulation von Daten möglicherweise eine untergeordnete Rolle spielen. Dafür sind aber die Navigation und die Präsentation um so interessanter.

Die Form der Navigation ist in einem Informationssystem oder einer *Website* in Verbindung mit klassischen Interaktionsformen basierend auf Maus, Tastatur und Bildschirm vertraut und leicht einsichtig. Trotzdem sind die Fragestellungen auch für beispielsweise *Augmented Reality*- und *Tangible Interaction*-Interfaces dieselben. Auch hier stellt sich für die Navigation die Frage, welche Objekte in der Applikation existieren beziehungsweise dem Benutzer geboten werden. Der Unterschied besteht vielmehr darin, ob es sich bei den Objekten tatsächlich um reale Objekte handelt, die Funktionen bieten oder als Repräsentanten agieren.

Neben den *Interface-Aufgaben* kommt in der *Interface-Schicht* eine weitere Strukturierung zum Einsatz, für die der Begriff des Interface-*Typ* eingeführt wird. Die Bedeutung der Typisierung wird im Zusammenspiel mit konkreten Geräten evident: Die Einführung eines *Typs* schafft eine Abstrahierung von den konkreten Geräten und eine Zusammenfassung einzelner Geräte zu Geräteklassen und schafft so eine Zuordnung zwischen Gerät und Funktionalität.

Auf sowohl die *Interface-Aufgaben*, als auch den *Typ* wird nun näher eingegangen um deren Teile und Bedeutung verstehen zu können.

## Typ

Nach den *Interface-Aufgaben* ist ein weiterer interessanter Punkt in der Interfaceschicht verortet: der Interface-*Typ*. Der Typ beschreibt eine Abstrahierung konkreter Geräte und wird verwendet, um eine Verbindung zwischen konkreten Geräten und möglichen Interfacelösungen herzustellen. Während auf der *Geräte-Ebene* der Fokus auf dem speziellen Gerät und seinen physikalischen Eigenschaften liegt, geht in den *Typ* ein, welche Interfaces ein Gerät auf sich vereint. Diese reichen von *Pointing-Device* und *Button* bis hin zu zusammengesetzten Typen wie *Maus*-Interface oder *Tablet*-Interface. Anstelle von konkreten Geräten, die physikalischen Gesetzen unterliegen, geht es hier um das *Konzept* des Gerätes. Der *Typ* des Interfaces wird eingeführt, um Interfacelösungen mit den für das Interface geeigneten Geräteklasse in Verbindung bringen zu können. Die konkreten *Geräte* können dann wiederum mit den Geräteklassen in Verbindung gebracht werden.

### 8.1.4. Gerät

Das System wird im Allgemeinen über die vorhandenen *Interaktionsgeräte* wahrgenommen. Das Interface kann sich nur in dem Rahmen präsentieren, in dem die dazu nötigen Geräte überhaupt vorhanden sind. Die *Geräte-Schicht* dient dazu, 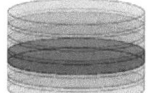 alle Geräte zu erfassen, die wahrnehmbar an der Interaktion beteiligt sind. Dabei wird darauf Wert gelegt, dass hier nur Geräte einbezogen werden, die direkt und wahrnehmbar mit der Interaktion zu tun haben. Ging es in der Typisierung der *Interface-Schicht* um das »Wie«, das Konzept eines Gerätes, so fallen in die *Geräte-Schicht* alle konkreten Geräte und ihre physikalischen Eigenschaften, das »Was«.

Die *Geräte-Schicht* selbst ist eingeteilt in *Kanäle* und Constraints.

**Kanäle**

Jedes Gerät, das an der Interaktion beteiligt ist, muss in irgend einer Form die Sinne des Menschen ansprechen oder, für die Steuerung, über einen Kanal angesprochen werden können, der in Kapitel 8.1.6 beschrieben ist. Sind dort alle Kanäle beschrieben, so sollen hier die wichtigsten Kanäle für die Geräteinteraktion zumindest kurz genannt werden. Der wichtigste Kanal für die Präsentation ist der visuelle Kanal, gefolgt vom auditiv-akustischen Kanal der genutzt wird, um Geräusch, Musik und Sprache zu kommunizieren. Der auditiv-akustische Kanal wird aber ebenfalls als Steuerungskanal verwendet. Vor allem zu nennen für die Steuerung ist allerdings der taktile Kanal, dessen Bedeutung vor allem auf die Nutzung von Maus und Tastatur, aber mittlerweile auch von anderen Eingabegeräten, bis hin zur *Tangible Interaction* zurückzuführen ist.

**Constraints**

Jedes reale Gerät unterliegt *physikalischen Gegebenheiten*, die seine Nutzung einschränken. Diese Randbedingungen müssen eingehalten werden, um die Geräte verwenden zu können. Dabei handelt es sich beispielsweise um Entfernungen, bestimmte Bereiche in denen Geräte nur funktionieren (Stift und *Tablet*) oder Luftfeuchtigkeit, Temperatur, Sonneneinstrahlung et cetera.

### 8.1.5. System

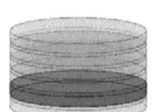
Als zweiter, teilweise nicht mehr wahrnehmbarer Interaktionspartner existiert das *System*, im Wesentlichen nach außen und damit zum Menschen hin repräsentiert durch die bereits angesprochenen Geräte zur Interaktion.

Alle anderen Geräte, so sie zur Modellierung des Systems notwendig sind, können hier einbezogen werden. Aber auch, wenn das System unabhängig von den wahrnehmbar zur Interaktion notwendigen Geräten modelliert wird, können Systemeigenschaften Auswirkungen auf das Interface selbst haben. Die *Constraints* und *Voraussetzungen des Systems* müssen für manchen Lösungsansatz in Betracht gezogen werden. So kann die Wahl des Interfaces von den vorhandenen Geräten des Systems abhängen, etwa weil die zur Verfügung stehende Rechenleistung beachtet werden muss oder weil ein neues System im Zusammenspiel mit bereits vorhanden Systemen genutzt werden muss und deshalb Randbedingungen zu erfüllen hat.

**Constraints**

Systeme müssen auch mit ihren eigenen Geräten, zum Beispiel Interaktionsgeräte, die in der *System-Schicht* zusammengefasst sind, zurecht kommen und diese ansprechen können. Manche Interaktionsform ist ohne zusätzliche Sensorik nicht möglich. Diese Sensorik wird nicht als Interaktionsbestandteil wahrgenommen und wird deshalb dem System zugeschlagen. Diese Geräte müssen vom System natürlich, wie die Interaktionsgeräte auch, unterstützt und angesprochen werden können. Damit einhergehend stellen sich Fragen nach der Beschaffenheit der virtuellen Welt, den virtuellen Gegebenheiten, die beachtet werden müssen. Möglicherweise muss eine spezielle Plattform verwendet werden. Oder ein zu verwendendes *Widget Set* steht aus anderen Gründen bereits fest. Genauso können Einschränkungen bezüglich verwendbarer Geräte bis hin zu deren Eigenschaften bestehen, wie Einschränkung durch die zur Verfügung stehende Rechenleistung.

**Anforderungen**

Das System kann auch anderen Anforderungen unterliegen, die Einschränkungen zur Folge haben. Das System kann eingebunden sein in ein Netz anderer Systeme, an das es angepasst werden muss. Einschränkungen bezüglich der Auswahl möglicher Plattformen können bereits getroffen sein. Bestimmte Randbedingungen oder Spezifikationen können eingehalten werden müssen.

Diese Anforderungen müssen nicht unbedingt aus dem System selbst resultieren, sondern können durch den Verbund mit anderen Systemen oder den Einsatzort (Umwelteinflüsse) genauso wie durch wirtschaftliche oder zeitliche Anforderungen zustande kommen.

### 8.1.6. Mensch

Der Mensch als Interaktionspartner stellt an das Interface einige Anforderungen, die aus den Fähigkeiten des Menschen genauso wie aus seiner Konstitution, seinem Vorwissen, seinem kulturellen oder sozialen Kontext kommen können.

**Sinne**

Der Mensch erfährt seine Umwelt aus Sinnesmodalitäten durch die Wahrnehmung über jeweils ein Sinnesorgan und nutzt verschiedene Kanäle. Die Auswertung nach Räumlichkeit, Zeitlichkeit, Intensität und Qualität macht die jeweilige Wahrnehmung aus. Diese Modalitäten zu bedienen bedeutet, mit dem Menschen in Kontakt zu treten und sie stecken auch die Anforderungen ab, auf die dabei geachtet werden muss [Birb 91].

Im Einzelnen stehen neben den fünf klassischen Modalitäten eine Reihe weiterer Sinneswahrnehmungen bereit, mit denen der Mensch seine Lage in der Welt taxiert:

**Visuell** Als erster der klassischen fünf Sinne wird über das Auge, den primären *Exteroceptor*, der visuelle Eindruck der Umwelt aufgenommen.

**Auditiv** Über das Gehör können Schall, Geräusche und Klänge wahrgenommen werden. Neben dem visuellen Kanal stellt der auditive Kanal den meist verwandten in Bezug auf die *HCI* dar.

**Taktil-haptisch** Über die Haut können Objekte der Umwelt taxiert werden und auf deren Beschaffenheit, vor allem aber, für die *HCI* wichtig, deren Handhabung bewertet werden. Zusätzlich verfügen Menschen über eine ganze Reihe von weiteren Rezeptoren in der Haut, die Informationen über Druck, Schmerz und Temperatur erfassen.

**Gustatorisch** Der Geschmackssinn über Zunge und Mund stellt ebenfalls eine Möglichkeit dar, die Umwelt zu bewerten, allerdings wird dieser Kanal recht selten für die *Mensch-Maschine-Interaktion* verwendet, auch wenn dazu einige Prototypen existieren.

**Olfaktorisch** Als letzten der klassischen Sinne und *Exteroceptoren* ist der Geruchssinn zu nennen, der ebenfalls eine untergeordnete Rolle für die *Mensch-Maschine-Interaktion* spielt.

**Vestibulär** Es existieren eine Reihe von Kanälen, die weniger zur Taxierung der Umwelteinflüsse, sondern vielmehr zur Lagebestimmung beziehungsweise Bewegungserkennung des menschlichen Körpers verwandt werden. Das Gleichgewichtsorgan im Ohr gehört zu diesen *Proprioceptoren*.

**Tiefenstabilität** Unter dem Begriff der Tiefenstabilität werden Rezeptoren zusammengefasst, die es dem Menschen erlauben, die Lage seines Körpers und der einzelnen Extremitäten zueinander zu bestimmen. Dies geschieht über Rezeptoren an Sehnen und Muskeln, die den jeweiligen Grad der Anspannung messen.

**Nerven** Streng genommen nicht zu den Sinnen gehörend, aber immer wieder verwendet, ist die direkte Abnahme von *Nervenreizen*. Dabei werden die zur Verfügung stehenden Kanäle praktisch umgangen und direkt die Reizleitung abgenommen. Die Verwendung der Reize ist momentan eher zur *Aktions-* als zur Präsentationsverwendung anzusehen.

Die Sinnesmodalitäten, vor allem der *Exteroceptoren*, sind die primären Kanäle, über die dem Menschen eine Präsentation vermittelt wird. Trotzdem sind auch *Propriocetoren* in diese Liste mit aufgenommen, da sie prinzipiell dazu verwandt werden können und in der Tat existieren auch vereinzelt Projekte, die diese Kanäle nutzen.

**Constraints**

Neben der Taxierung der Umwelt ist der Mensch in der Lage, seinen Körper auch dazu einzusetzen, um seine Umwelt zu verändern. Dies geht sehr stark einher mit den oben genannten Modalitäten, ist die Änderung doch als ständiger Zyklus von Aktion und Reaktion zu sehen, in dem die über die Modalitäten gewonnenen Eindrücke ständig mit einfließen. Die wichtigsten Möglichkeiten bestehen in den handwerklich-taktilen Fähigkeiten auf die Umwelt einzuwirken und natürlich in der Fähigkeit Laute, Sprache und Geräusche zu erzeugen.

Neben diesen grundlegend zu beachtenden *Constraints* für Präsentation und Steuerung existieren ein ganze Reihe an weiteren, die bei ergonomisch-physiologischen Fragestellungen beginnen und über mental-psychologische Aspekte bis hin zu sozialen Fragestellungen reichen.

Die Situationsabhängigkeit rückt immer mehr in den Vordergrund, welche Aufgaben muss ein Nutzer gleichzeitig bearbeiten, steht er unter hohem Druck, ist er in Eile? Welche Dynamiken entstehen durch die Aktion mit anderen Nutzern? Aus welchem Kulturkreis kommen sie? All diese Fragen helfen ein genaueres Bild des Nutzers zu zeichnen und die Voraussetzungen für eine Auswahl geeigneter Interfacelösungen festzuhalten. Genauso muss auf die Fähigkeiten des Nutzers eingegangen werden, in Bezug auf Nutzung des Systems, der Geräte und die Vertrautheit mit der Domäne. Die Einteilung in Nutzergruppen ermöglicht eine bessere Unterstützung des Menschen bei der Interaktion mit dem Gerät. Dies trifft auch auf den *Werkzeug-Begriff* im ubiquitären Sinne zu. Auch wenn – von der Idee her – ein eher festes und klares Interface angedacht ist, das sich der Mensch erst zu eigen macht, so können doch zusätzliche Informationen zu den Interfaces gegeben und deren Sensitivität angepasst werden. Der Begriff der auftauchenden und wieder verschwindenden Interfaces bei Bødker [Bodk 06] kann nicht nur auf die Konfiguration sondern durchaus auch auf die Anwendung bezogen werden.

**Anforderungen**

Neben den Fähigkeiten, die ein Nutzer besitzt, ist immer auch die Rolle, die er im System inne hat, von Bedeutung. Interfaces ändern sich, bieten andere Möglichkeiten, abhängig davon, wer der Nutzer ist beziehungsweise welche Nutzerrolle der Benutzer inne hat.

Die Modellierung des Menschen mit all seinen Fähigkeiten, Bedürfnissen und Besonderheiten, seinen Wahrnehmungsfähigkeiten genauso wie seinen dem System gegenüber eingenommenen Rollen, aber auch gegenüber anderen Menschen, seinem kulturellen Hintergrund und nicht zuletzt seiner aktuelle Situation, vor allem seine aktuelle Belastung und sein emotionaler Status, läuft in dieser Schicht zusammen. Es kann ein sehr umfassendes Bild des Nutzers gezeichnet werden und vor allem können die unterschiedlichen, dem Menschen entspringenden, *Constraints* für das Interface zusammengefasst werden [Fisc 01] [Duec 03].

## 8.2. Die Teile des Modells im Zusammenspiel

Das Modell vereint über seine Schichten hinweg verschiedene Herangehensweisen, die in ihrem Zusammenspiel die Verbindungen zwischen den einzelnen Schichten schaffen und die Anwendbarkeit des Modells begründen.

### 8.2.1. Geräte und Interface-Typen

Auf den Unterschied, oder vielmehr den Zusammenhang, zwischen Geräten und *Interface-Typen* wurde bereits in der Beschreibung der *Interface-Schicht*, dort speziell beim *Interface-Typ*, sowie der *Geräte-Schicht* eingegangen. Um diese Verbindung zu verdeutlichen wird an dieser Stelle das Verständnis vertieft.

Handelt es sich bei Geräten um *Interaktionsartefakte* einer bestimmten Konfiguration mit ganz bestimmten Eigenschaften und ganz unterschiedlichen eingesetzten Techniken, so folgen sie doch einem ganz bestimmten Zweck. Sie folgen einem bestimmten *Interface-Modell*, das sie realisieren. In diesem Sinne könnte man sagen, dass konkrete Geräte einen gewissen abstrakten *Interface-Typ* implementieren. Die konkreten Geräte unterscheiden sich dabei in verschiedenen Parametern, lassen sich aber einem bestimmten *Interface-Typ* zurechnen.

Beispielsweise die Tastatur als *Interface-Typ* umfasst eine riesige Bandbreite von unterschiedlichen Geräten, differenziert durch Anordnung von Tasten, Tastenanzahl, Größe und so weiter. Trotzdem implementieren all diese Geräte das *Tastatur-Interface*. Betrachtet man die *Interface-Typen* genauer so ist zu bemerken, dass auch hier weitere Hierarchien beziehungsweise Ableitungen gebildet werden können. So kann jede Tastatur als *Eingabe-Interface für Text* genauso aber auch als großes *Array von Knöpfen* verstanden werden. Diesen mehrdeutigen Charakter macht man sich etwa bei der Anwendung von *Shortcuts* zunutze.

Neben der Tastatur als Array von Tasten lassen sich auch andere Geräte hierarchisch aufbauen. Zum Beispiel die *Maus* als *Interaktions-Typ* setzt sich zusammen aus mindestens einer *Taste* und dem *indirekten Pointing* durch Positionierung eines realen Gerätes.

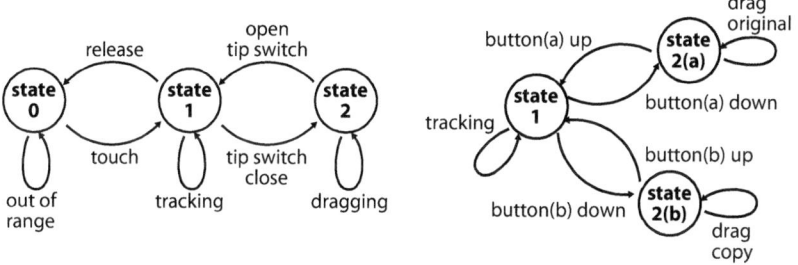

Abbildung 8.4.: Das *3 State Model* zur Beschreibung von *Pointing Devices* (nach Buxton [Buxt 90]).

Abbildung 8.5.: Modellierung einer 2-Tasten Maus (nach [Buxt 90]).

Durch die Kombination von *Tasten* und *Pointing* ergeben sich unterscheidbare Konfigurationen. Um diesen Umstand zu modellieren, wird auf dem *3 State Model* von Buxton [Buxt 90] aufgebaut (siehe Abbildung 8.4). Abbildung 8.5 zeigt die Modellierung für eine *Zwei-Tasten-Maus* in diesem System. Das *3 State Model* von Buxton unterscheidet grundsätzlich zwischen den Zuständen *Out of Range*, *Tracking* und *Dragging*.

**Tracking** Der *Status 1* bezeichnet den Zustand des Vorhandenseins eines verfolgbaren *Pointers*. Etwa für die Maus wie abgebildet in Abbildung 8.5 ist dies der Standardzustand, in dem das System den Mauszeiger ständig verfolgt.

**Dragging** Neben dem einfachen Verfolgen kann ein weiter Zustand unterschieden werden, der sich vom *Status 1* durch die Bewegung bei gleichzeitigem Gedrückthalten einer Taste auszeichnet. Für eine *Zwei-Tasten-Maus* wie in Abbildung 8.5 ergeben sich damit zwei unabhängige Zustände (*State 2(a)* und *State 2(b)*), je nachdem, welche Taste gedrückt ist.

**Out of Range** Zusätzlich zu den Status *Tracking* und *Dragging* wird ein dritter Zustand, der *Out of Range* oder *Status 0* definiert. Er bezeichnet den Zustand, dass das *Pointing* nicht erfolgen kann, weil der *Pointer* nicht vorhanden ist. Für Mäuse, die immer getrackt werden, ist dieser Zustand nicht existent und deshalb auch in Abbildung 8.5 nicht vorhanden. Der *Out of Range*-Zustand ist aber der typische Ausgangszustand für *Light Pens*, teilweise auch bei Fingern auf *Boards*, oder kameragetrackten Elementen.

Prinzipiell lässt sich das Modell von Buxton beliebig erweitern um *Pointing Devices* zu beschreiben. Zusätzlich sei angemerkt, dass im Modell von Buxton nur das Drücken einer Taste während der *Pointer*-Bewegung vorgesehen ist. Allerdings könnte man im Modell der oben genannten und abgebildeten *Zwei-Tasten-Maus* einen dritten *Dragging*-Zustand einführen, in dem Moment, in dem beide Tasten gedrückt werden.

Betrachtet man nun die Kombination mehrerer Eingabegeräte, so ergibt sich eine Vielzahl von Möglichkeiten, die die Geräte zweifellos bieten und die auch modelliert werden können.

Zwischen konkreten Geräten auf der *Geräte-Ebene* und *Interface-Typen* besteht also über die Schichtengrenze hinweg eine enge Verbindung dergestalt, dass konkrete Geräte Ausführungen bestimmter Interfaces sind und diese sozusagen implementieren. Die Trennung in Interface und Gerät hat den weiteren Vorteil, dass sie in der *Interface-Schicht* keinen Unterschied macht zwischen realem und virtuellem Gerät. Ein virtueller *Button* und eine reale *Taste* können damit über *dasselbe Modell* abgebildet werden. Die Modellierung an sich ist wiederum hierarchisch angelegt, *die eine Maus* als *Interface-Typ* ist zusammengesetzt aus *Tasten* und einem *Pointing Device*. Eine *Tastatur* ist zusammengesetzt aus *Tasten*. Ein *Unterschied* zwischen *Screen Keyboard* und *realer Tastatur* existiert auf dieser Ebene nicht mehr.

Über diese Unterscheidung lassen sich auch einfach neue Eingabegeräte wie zum Beispiel die *Wii Remote* [Wii 09] in dieses System eingepasst, indem deren Eigenschaften mithilfe der *Pointing-* und *Tasten-Interfaces* beschrieben werden. Damit kann die Eignung neuer Interaktionsgeräte nachvollzogen und der Wechsel auf diese begründet werden.

## 8.2.2. Interfaces und Aufgaben

Neben den Anforderungen, die eine Applikation an die Geräte hat, bestehen Abhängigkeiten zwischen den *Domänen-Aufgaben* und dem *Interface*. Die *Interface-Schicht* wurde bereits in Kapitel 8.1.3 beschrieben. Hier soll speziell auf den Zusammenhang zwischen der *Domänen-* und der *Interface-Schicht* eingegangen werden.

Während auf der *Anwendungs-Schicht* Voraussetzungen über die Anwendung geklärt werden, zum Beispiel, um welche Art von Applikation es sich handelt, so geht es in der *Interface-Schicht* um die konkreten Aufgaben des Interfaces. Wird in der *Anwendungs-Schicht* beispielsweise die Domäne des *Internet Shops* festgelegt, so geht es in den *Interface-Aufgaben* um Fragen wie ein Produkt gefunden werden kann, wie Verbindungen, zum Beispiel für Kaufvorschläge, kenntlich gemacht werden können und wie letzten Endes die *Selektion*, die Auswahl zum Kauf, getroffen werden kann. Dabei ist festzuhalten, dass bereits auf der *Anwendungs-Ebene* die große Applikation aufgeteilt werden kann in mehrere kleinere Bereiche. Beispiele dafür sind der Einkaufskorb, ein Informationssystem über Produkte und der Katalog. Für all diese kleineren abgeschlossenen Interaktionskomponenten stellt sich die Frage nach dem Interface und den *Interface-Aufgaben*. Diese Verbindung kann ähnlich der *Dekomposition* im *Software Engineering* verstanden werden mit dem Unterschied, dass vorrangiges Ziel des Modells nicht die Entwicklung der Applikation sondern die Entscheidung für das Interface ist.

### 8.2.3. Patterns und Designwissen

Bisher wurde in diesem Kapitel ein Gerüst für die Modellierung von Interfaces vorgestellt, aufgeteilt in unterschiedliche Schichten. Deren Ausgestaltung aber wurde bisher nicht angesprochen. Es wurde nur auf die strukturierenden Bestandteile des Modells eingegangen. Das Modell soll gerade aber auch Hilfestellungen geben können in Bezug auf das *Design* des Interfaces. In Kapitel 2 wurde auf die Fassung von *Designrichtlinien* eingegangen. Patterns haben sich dabei als eine relativ neue, klare und gleichzeitig sehr spezifische Möglichkeit erwiesen, aktuelles, gutes Design festzuhalten. Patterns geben Auskunft über gangbare Designs, nicht ohne deren Voraussetzungen und weiterführende Möglichkeiten aufzuführen.

Ziel der vorliegenden Arbeit ist nicht, alle bisherigen Designlösungen in Patterns zu fassen. An diesem Punkt ist vielmehr die Zielrichtung, die bestehenden Patterns in dieses System einzubringen, um ihnen die Struktur zu geben, die notwendig ist, um sie anwendbar zu machen. Das Problem bei Patterns und *Pattern Languages* ist mittlerweile, zumindest für manche Bereiche, nicht mehr, dass keine gute Sammlung existieren würde. Dafür sei beispielsweise auf die Arbeiten von Tidwell [Tidw 99a, Tidw 05] und van Welie [Weli 00, Weli 02, Weli 03] verwiesen. Vielmehr ist die Anwendung der Patterns ob der fehlenden Struktur schwierig. Die Sammlungen enthalten eine große Bandbreite an Patterns sehr unterschiedlicher Fragestellungen, die von Ästhetik Fragestellungen bis hin zu strukturellem Vorgehen reichen.

Vor allem für das *Software Interface*-Design ist eine strukturierte Herangehensweise vonnöten. Mit dem hier aufgestellten Modell ist nun die Grundlage dafür geschaffen, dass Designwissen in Form von Patterns in das *Software Interface*-Design eingebracht werden kann. Nicht nur die Trennung in die unterschiedlichen Domänen für die Patterns existieren ist möglich, sondern auch die Trennung aufgrund ihres Abstraktionsgrades. Patterns für bestimmte Domänen werden der *Aufgaben-Schicht* zugeschlagen. Patterns die übergreifende Interaktionskonzepte beschreiben werden der *Interaktions-Schicht* zugeordnet. In der *Interface-Schicht* bleibt dann eine Hierarchie von Patterns die dem Interfacedesign direkt nützen. Aber auch hier ist eine Trennung zwischen Patterns zu machen die abstrakte Vorgehensweisen festhalten, wie etwa das *Wizard-* oder *Card Stack*-Pattern, und Patterns die allgemeines Wissen festhalten, etwa dem *Row Stripping-* oder *Few Hues*-Pattern, Patterns die häufig dazu verwendet werden, ästhetische Richtlinien zu geben.

Die Voraussetzungen, die die Patterns in ihrer Kontextbeschreibung enthalten, sind in den Schichten des Modells beschrieben. So bietet sich zum Beispiel die Verwendung eines geführten Vorgehens, dem *Wizard*-Pattern, an, wenn es sich um den Abschluss eines Kaufvorganges handelt. Das *Checkout*-Pattern aus der *Shop*-Domäne in der *Aufgaben-Schicht* verweist auf das *Wizard*-Pattern in der *Interface-Schicht*.

Insofern liefern Patterns in idealer Weise das aktuelle Designwissen für die Voraussetzungen, die im Modell erarbeitet wurden. Die Patterns bringen Designvorschläge ein, da für ein *Set* von Voraussetzungen aus einem Lösungsbaum ausgewählt werden kann. Gleichzeitig lassen Patterns, neben der jeweiligen Wahl, per se Freiraum für die eigene Ausgestaltung und liefern zudem Richtlinien und Anhaltspunkte für die ästhetische Gestaltung.

Bisher konnte nur ein kurzer Einblick in den Zusammenhang zwischen Schichtenmodell und Designwissen in Form von Patterns gegeben werden. Der Nutzen wird bei der Anwendung des Modells, insbesondere unter Einbeziehung des Designwissens aus Patterns, klar.

## 8.3. Die Anwendung des Modells

Um den Nutzen des Modells zu illustrieren und einen besseren Einblick in die Vorgehensweise zu gewähren, wird an dieser Stelle nun auf zwei Projekte näher eingegangen. Im ersten Beispiel wird auf die Analyse eines Interfaces eingegangen und damit stärker auf die Systematik des Modells abgehoben. Im zweiten Beispiel wird auf die Synthese eines Interfaces eingegangen und auf die generative Kraft des Modells in Verbindung mit Designwissen aus Patterns abgehoben.

### 8.3.1. Analyse des dimian-Projektes

*dimian* ist entstanden, um den Einsatz von *Tablet PCs* im *Mind Mapping* zu untersuchen. *Tablet PCs* bieten für Applikationen dieselben technischen Voraussetzungen wie klassische *Laptops* oder *PCs*. Viele *Software*-Applikationen werden deshalb darauf unverändert verwendet. Allerdings bestehen gravierende Unterschiede sowohl von den zur Verfügung stehenden Geräten als auch vom Nutzungskontext her. Im *dimian*-Projekt wird auf die geänderten

Voraussetzungen für die Interaktion eingegangen und ein Interface präsentiert, das diesen genügt [Mahl 09b]. Eine eingehende Beschreibung des *dimian*-Projektes ist in Kapitel A.2.1 zu finden.

Hier soll nun anhand des in dieser Arbeit vorgestellten Modells vor allem auf die Analyse des *dimian*-Interfaces eingegangen werden, um die gemachten Designentscheidungen nachvollziehen zu können.

**Voraussetzungen**

Beim *dimian*-Projekt können einige Punkte ausgemacht werden, die von vornherein festgelegt sind. Zum Einen ist das zweifellos die Domäne des *Mind Mapping*, zum Anderen das Gerät, in diesem Falle die *Geräte-Klasse* der *Tablet PCs*. Diese zeichnen sich aus durch einen *Touch*-sensitiven Bildschirm, der über einen Stift oder per Finger bedient werden kann.

**Domäne – Mind Mapping**

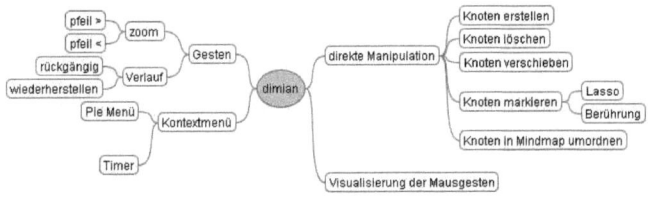

Abbildung 8.6.: Eine mit *dimian* erstellte *Mind Map*, zum Thema Interaktionsmöglichkeiten von *dimian*.

Beim *Mind Mapping* handelt es sich um eine Technik zur strukturierten Notation von Sachverhalten [Buza 93]. Eine *Mind Map* startet immer bei einem zentralen Punkt, der Wurzel, und wächst indem zugehörige Begriffe um diesen herum geschrieben werden. Neue Punkte werden mit zugehörigen Punkten verbunden. Es entsteht dadurch eine Strukturierung, die insbesondere die visuell erfassbare, zweidimensionale Natur der Zeichenfläche ausnutzt. *Mind Maps* eignen sich sehr gut für den Einsatz in *Brainstorming Sessions*, da sich mit ihnen schnell ein strukturierter Überblick über ein Themengebiet erarbeiten lässt [Tver 02].

Damit sind *Mind Maps* allerdings auch immer sehr dynamisch. Neue Ideen werden eingebracht, Blätter im Baum müssen deshalb verschoben werden, ständig werden Knoten gelöscht oder hinzugefügt.

**Gerät – Tablet-PC**

Das Gerät als solches ist als Einheit aus *Tablet* und *Stift* aufzufassen. Das *Tablet* selbst hat verschiedene physikalische Eigenschaften, wie Größe und Gewicht et cetera. Es eignet sich aufgrund derer zur mobilen Nutzung. Der Stift als Gerät wird über seine Orientierung und seine Position auf dem *Tablet* genutzt. Das verwendete Modell *lenovo X60*, verfügt zusätzlich im *Stift* über einen Druckpunkt an der Spitze – im Grunde eine Taste, die abhängig vom ausgeübten Druck verschiedene Zustände unterscheiden kann. Abhängig von der Ausführung kann der *Stift* zusätzlich über weitere Taster verfügen. In jedem Fall lässt sich das Gerät analog zu einem Schreibblock oder einer Schiefertafel verwenden.

**dimian-Interface**

Ausgehend vom Gerät lässt sich nun in der *Interface-Schicht* über den *Interface-Typ* die verwendete *Interface-Metapher* bestimmen. Die Klasse aller *Tablet PCs* als *Interface-Typ* setzen sich zusammen aus einem visuellen Display, das eine zweidimensionale Zeichenfläche und damit eine virtuelle Präsentation bietet, und einem *Pen*-Interface, das als *Pointing Device* verwendet werden kann. Optional kann das *Tablet* über mehrere *Buttons* verfügen. Das *Pen*-Interface ist in jedem Fall ein *Direct Pointing*-Interface und fällt mindestens in die Klasse der *State 0-1 Devices* (siehe Abbildung 8.8).

Dies sind die Vorgaben, mit denen im *dimian*-System gearbeitet wurden, einfach aus dem Grunde, um möglichst viele Geräte aus der Klasse der *Tablet PCs* unterstützen zu können und sich nicht auf die vielen Features des verwendeten *lenovo X60* zu beschränken.

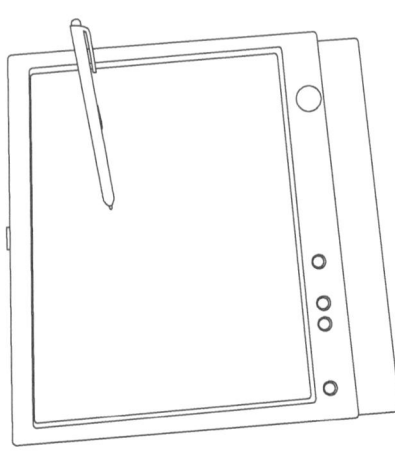

Es sei angemerkt, dass man das *dimian*-System auch auf anderen Geräten einsetzen kann. Hat man die Analyse des *dimian*-Systems durchgeführt und stellt nun die Analyse des *Smart Boards* als Gerät an, so wird man feststellen, dass die verwendeten Metaphern, Patterns und getroffenen Festlegungen für den *Interface-Typ* sich mit den Anforderungen des *Smart Boards* decken. Der *Interface-Typ* in die das *Smart Board* fällt baut auf dieselben grundlegenden Vorgehensweisen und Patterns auf. Da nun bei *dimian* über die grundlegenden Klassen hinaus nicht auf speziellere Eigenschaften des *Tablets* als Interface gebaut wurde, sprich keine spezielleren Funktionen verwendet werden, ist das System als solches auch auf einem *Smart Board* einsetzbar.

Dies bedeutet nicht, dass das *dimian*-Interface das ideale Interface für eine *Smart Board-Mind Mapping*-Anwendung wäre, zu groß sind die Unterschiede an Größe, Handhabung und auch Einsatz was Mehrbenutzerfähigkeit, Sichtbarkeit et cetera anbelangt, es lässt sich aber dennoch attestieren, dass das Interface sich auf das Gerät übertragen lässt und anwendbar ist.

Entscheidend ist, dass der Stift als Gerät das *0-1 Pointing*-Interface unterstützt. Im Ganzen bietet er zwar mehr *Interaktions-Dimensionen*, er verfügt zusätzlich über eine drucksensitive Spitze, eine Möglichkeit, den Winkel zum *Tablet* zu bestimmen sowie einen weitere Taste, doch auf diese recht speziellen Eigenschaften des *lenovo X60 Stiftes* wird bewusst nicht zurückgegriffen, um eine möglichst große Bandbreite an Geräten zu unterstützen.

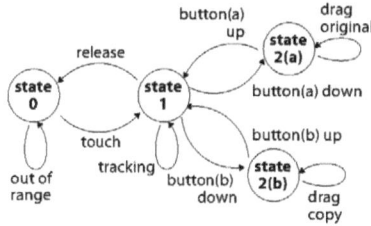
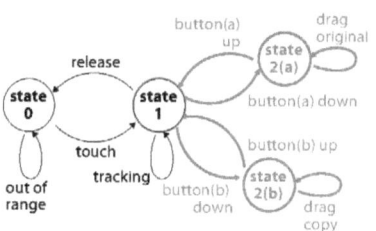

Abbildung 8.7.: *Pointing*-Modell für den *lenovo X60 Tabet PC*.

Abbildung 8.8.: Allgemeines *Pointing*-Modell für *Tablet PCs*, verwendet im *dimian*-Projekt.

**Interaktions-Metapher**

Geht man von den vorhandenen Präsentations- und Steuerungsgeräten aus, so sind die *Präsentationsart* und die *Dimension* mit *visuell* beziehungsweise *zweidimensional* festgesetzt. Die *Steuerung* ist durch das *2D-Pointing Device* des *Pens* definiert. Wiederum gilt hier, dass die volle Funktionalität des Stiftes nicht genutzt wird (siehe Abbildung 8.7), sondern auf ein einfaches *0-1 Pointing Device* reduziert wird (siehe Abbildung 8.8).

Als *Interaktions-Metapher* unter diesen Voraussetzungen eignet sich die *Pen and Paper*-Metapher genauso wie *WIMP* (*Windows Icons Menues Pointers*). Prinzipiell lässt sich hier keine Auswahl über die Voraussetzungen treffen. Jedoch kann aus dem Designwissen konstatieren, dass direkte Interaktion, um die es sich bei der *Pen and Paper*-Metapher handelt, einfacher zu gebrauchen ist. Vor allem der Einsatz einer direkten *Pen*-Steuerung unterstützt diese Auswahl. Dieses Wissen ist auf der *Interaktions-Ebene* in Form eines Patterns vorhanden (siehe hierzu Abbildung 8.9, auf die Verwendung der Patterns wird in der Synthese in Kapitel 8.3.2 näher eingegangen).

Die *Pen and Paper*-Metapher beinhaltet als weitere Designentscheidungen die Unterstützung der *Direct Manipulation*, der *Direct Selection* sowie natürlich der zweidimensionalen Zeichenfläche und eine *Sketch View*.

Unter *Direct Manipulation* fallen nun zahlreiche unterschiedliche Werkzeuge, für 2D sei hier als mittlerweile allgegenwärtiges Mittel das *Drag-n-Drop* genannt, genauso aber auch Gesten, die direkt auf der Präsentation und damit auf der Repräsentation eines virtuellen Objektes arbeiten.

Die zweidimensionale Fläche als Interaktionsgrundlage eignet sich in ihrer virtuellen Variante für den Einsatz des *Zoomable Interfaces*. Als Präsentation wird eine *Sketch View* vorgeschlagen, eine Repräsentation des Domänenmodells als Zeichnung.

**Interface-Aufgaben**

Betrachtet man die bereits verwendeten Patterns so fällt auf, dass man mit dem verwendeten *Set* bereits die Aufgaben der *Manipulation* über die *Direct Manipulation*, die Navigation mit dem *Zoomable Interface* und die Präsentation mit der *Sketch View* abgedeckt hat.

Versucht man nun die *Interaktionsaufgaben* weiter zu differenzieren, so muss auf die Aufgaben aus der *Domänenschicht* zurückgegriffen werden. Nur dort ist die genaue Aufgabenbeschreibung vorhanden. Bisher allerdings konnten wir ohne eine genaue Beschreibung auskommen und wir haben bereits eine recht genaue Vorstellung unseres Interfaces, zumindest was die grundlegenden Vorgehensweisen anbelangt. Der Unterschied liegt nun darin, dass dieser Schritt hin zu einem Interface über das vorgestellte Modell läuft und zum Einen formuliert wird, zum Anderen bereits auf Designvorschläge zurückgreift.

Es werden also Anstöße gegeben, sich über Interfaces Gedanken zu machen und es wird das mentale Modell des Interfaces, das immer vorhanden ist, vor dem Design kenntlich gemacht.

Betrachtet man die angeschnittenen Bereiche genauer, so ist zunächst zur Präsentation zu bemerken, dass diese im Rahmen der *Sketch View* durch das *Mind Mapping* als Aufgabe praktisch komplett vorgegeben ist.

Die *Manipulation* als *Interfaceaufgabe* hängt in großem Maße von der Menge und den einzelnen unterschiedlichen Funktionen selbst ab, die unterstützt werden wollen. Es bleibt hier aber zunächst festzuhalten, dass das einfache *0-1 Pointing* des Stiftes nicht genügend Ausdrucksmöglichkeiten liefert, die zu unterstützenden *Manipulationsaufgaben* anzusprechen. Deshalb muss auf ein weiteres Mittel zurückgegriffen werden. Für *Direct Manipulation* bietet sich das *Gesture*-Pattern an.

Auch die *Strukturierung* der Präsentation lässt sich 1:1 auf die Strukturierung der *Mind Map* zurückführen. *Mind Maps* sind immer als Baum aufgebaut.

Damit ist auch die *Navigation* angesprochen. Die *Selektion* eines einzelnen Knotens in der *Mind Map* ist durch die *Direct Selection* gegeben. Die *Orientierung* wird unterstützt durch das vorgeschlagene *Zoomable Interface*.

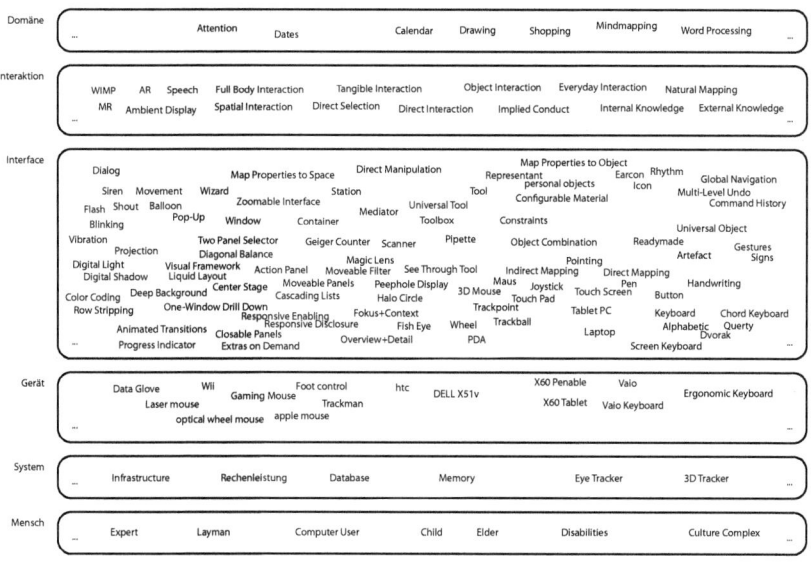

Abbildung 8.9.: **Das Schichtenmodell als Gerüst für das Designwissen, formuliert in Patterns.**

Abbildung 8.9 zeigt einen Ausschnitt der Patterns, die im Modell in den unterschiedlichen Schichten verortet sind. Wie die unterschiedlichen Patterns nun ausgestaltet wurden, unter der Zuhilfenahme weiterer allgemeiner Patterns für die visuelle Gestaltung, ist als Ergebnis des konkreten Designs in Kapitel A.2.1 näher beschrieben.

Betrachtet man die Aufgaben des Interfaces weiter so fällt auf, dass bisher der Punkt *Preferences* nicht angesprochen worden ist. *Preferences* spiegeln die Einflussmöglichkeit des Systems auf das Interface wider. Dieser Punkt spielt in diesem Fall allerdings keine Rolle für die Interaktionsgestaltung, da das System nicht als aktiv wahrgenommen wird, weshalb die *Preferences* nicht betrachtet werden müssen.

Ein Punkt allerdings, der bisher nicht behandelt wurde und der im *dimian*-Projekt tatsächlich nicht adressiert ist, ist die *Übersicht* als Navigations-

*Aufgabe*. In der Tat ist festzustellen, dass die Analyse des *dimian*-Systems ergibt, dass die *Übersicht* nicht gegeben ist und an diesem Punkt Verbesserungspotential besteht. Dieser Punkt wurde in einem nachfolgenden Projekt zum *Mind Mapping* angegangen und durch das *Overview-and-Detail*-Pattern gelöst worden.

Bisher wurde die Modellierung als Möglichkeit betrachtet, ein bestehendes System zu analysieren. Beginnt man jedoch mit einem neuen Projekt, oder steht vor der Aufgabe des Redesign, sucht man eine neues geeignetes Interfaces.

### 8.3.2. Synthese

Die Synthese eines neuen Interfaces beginnt mit der Ausarbeitung einer Idee für die Interaktion. In diesem Kapitel wird der Einsatz des Modells für diesen Zweck behandelt. Dabei wird die Synthese des Interfaces für das *Tangible Reminder*-System aufgezeigt. Dieses Beispiel wurde deshalb gewählt, weil es mit seinen verschiedenen existierenden Versionen einen Einblick gewährt in die Entscheidungsfindung und das Redesign einzelner Teile des Interfaces. Dazu wurden, von verschiedenen Voraussetzungen ausgehend, unterschiedliche Syntheseschritte durchgeführt. Die hier vorgestellten Varianten beziehen sich auf den ersten Prototypen, der mit Nutzern getestet wurde, sowie auf die beiden veröffentlichten Varianten [Herm 07] (beschrieben in Kapitel A.2.3) und [Mahl 09a] (beschrieben in Kapitel A.2.4).

Bei der Modellierung des Interfaces im Sinne einer Interfaceidee, vor der eigentlichen Formalisierung im *Software Engineering*, steht im Vordergrund, sich nicht einzuschränken sondern vielmehr einen möglichst breiten Ansatz zu wählen, um zu einem geeigneten Interface zu gelangen. Trotzdem besteht der Akt der Generierung von Ideen immer aus dem Zusammentragen von notwendigen Voraussetzungen und dem Nachgehen von Verbindungen, um darauf bauend bewusst Lösungen auszuschließen oder zu favorisieren. Die Modellierung schreibt dabei keinen Weg vor nach dem vorgegangen werden muss, um zu einer Lösung zu gelangen. Vielmehr können die Voraussetzungen, die festgelegt werden, ganz unterschiedlicher Natur sein und auf unterschiedlichen Schichten bestehen. Im einen Projekt ist das System vielleicht durch die Verbindung zu anderen Systemen eingeschränkt. Im anderen Projekt besteht die Vorgabe, bestimmte Geräte verwenden zu müssen.

Im Redesign eines Projektes wird häufig auf einer ganzen Reihe von Vorgaben aufgesetzt und nur an den Schwachstellen weitergearbeitet. Ein Beispiel findet sich in diesem Kapitel mit den Ausarbeitungen der verschiedenen Versionen eines Projektes.

**Tangible Reminder Basic Version**

Die Voraussetzungen für ein neues Projekt wie der ersten Version des *Tangible Reminders* bestehen allerdings meist im Zweck des Systems, in dessen Aufgabe.

Der Zweck des *Tangible Reminders* ist ganz allgemein das Erinnern an Termine. Darüber hinaus soll der *Tangible Reminder* ein System sein, das von jedermann einfach genutzt werden kann. Diese beiden Punkte können als Ausgangspunkte genutzt werden, um Ideen für Interfaces auszuarbeiten. Noch bevor überhaupt über eine Modalität oder eine Interaktionsform nachgedacht wird, kann betrachtet werden, welche Lösungen für die beiden Voraussetzungen als Patterns existieren.

Die Aufgabe des Erinnerns erfordert das Erlangen der Aufmerksamkeit des Nutzers. Das Erlangen der Aufmerksamkeit ist eine Aufgabe, die auf der *Aufgabenschicht* als Pattern formuliert ist. Dieses abstrakte Pattern hat Verbindungen zu konkreten Patterns auf der *Interface-Schicht*, die Lösungen für diese Aufgabe anbieten.

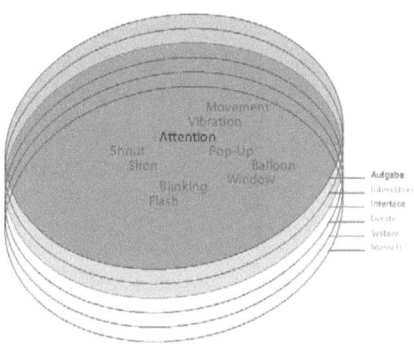

Zur Auswahl stehen hier das *Pop-Up-Window*-Pattern, *Balloon*-Pattern, *Blinking*-Pattern, *Flash*-Pattern, *Siren*-Pattern, *Shout*-Pattern, das *Vibration*-Pattern und das *Movement*-Pattern. Bei den Patterns handelt es sich um sehr unterschiedliche Ausprägungen von Lösungen für die Aufgabe der Erlangung der Aufmerksamkeit. Einige verwenden den visuellen Kanal, andere setzen auf taktile oder akustische Reize. Bereits an dieser Stelle könnte nun von jedem Pattern ausgehend versucht werden, über die Vernetzung der einzelnen Patterns zu verschiedenen Ansätzen für Interfaces zu gelangen. Allerdings können beim *Tangible Remin-*

*der* noch weitere Einschränkungen getroffen werden, die den Lösungsraum weiter verkleinern.

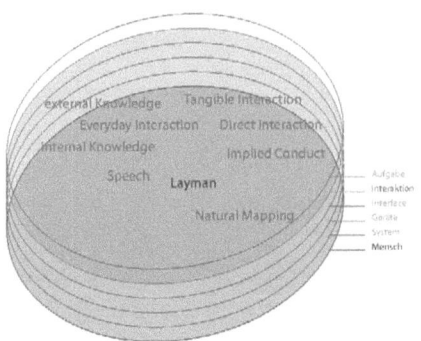

Das *Tangible Reminder*-System zielt ab auf die alltägliche Nutzung durch Menschen ohne besonderes Vorwissen, insbesondere auch ohne Vorwissen im Bereich der Computernutzung. Die einfache Nutzung als Voraussetzung für die komplette Anwendung kann in der Rolle des Menschen als *Laie* auf der *Mensch-Schicht* formuliert werden.

Die Nutzerrolle des Laien auf der *Mensch-Schicht* ist verbunden mit dem *Everyday Interaction*-Pattern, dem *Tangible Interaction*-Pattern, dem *Speech*-Pattern, dem *Implied Conduct*-Pattern und dem *Direct Interaction*-Pattern. Die Forderung nach Einfachheit der Interaktion spiegelt sich im Rückgriff auf bekannte Interaktionsformen und Metaphern in den Patterns wider. Die angebotenen Interaktionsformen aus dem Framework stellen eine Auswahl an Interaktionsformen und Vorgehen aus dem Bereich des *Tangible Interaction* sowie der Sprache dar. Die Auswahl zeigt aber auch die Möglichkeit, ein *Mapping* einzusetzen, das die Interaktion nicht auf den realen Raum und tangible Interaktion beschränkt, sondern die Interaktionsmöglichkeiten auf den virtuellen Raum ausdehnt.

Von den Patterns der Interaktionsformen kann ebenfalls wieder ausgegangen werden, um über die weiteren Verbindungen zu Ideen für eine Interfacelösung zu gelangen. Diese Vorgehensweise ist üblich in Patternsystemen. Das Schichtenmodell bietet aber, im Gegensatz zu den bisherigen Patternsammlungen, zusätzlich ein Gerüst, das verwendet werden kann, um weiter an den Interfacelösungen zu arbeiten. Die Patterns sind neben der Anordnung in Schichten auch innerhalb der Schichten unterteilt. Die Dimensionen entsprechen denen aus der Kategorisierung. Die Dimensionen innerhalb der Schichten können als Richtlinien verstanden werden, an denen Lösungen weiterentwickelt werden können. Die Ordnung, die so entsteht, kann nun an dieser Stelle beispielsweise auf der *Geräte-Schicht* betrachtet werden, um sich klar darüber zu werden, welche Kanäle bedient werden wollen, zum Beispiel im Zusammenspiel mit den Patterns der Interaktionsformen.

In der *Interface-Schicht* kommt zur Unterteilung anhand der Dimensionen zusätzlich die Unterstützung durch die *Interface-Aufgaben*, die ganz allgemein von einem Interface gelöst werden müssen (siehe Abbildung 8.10).

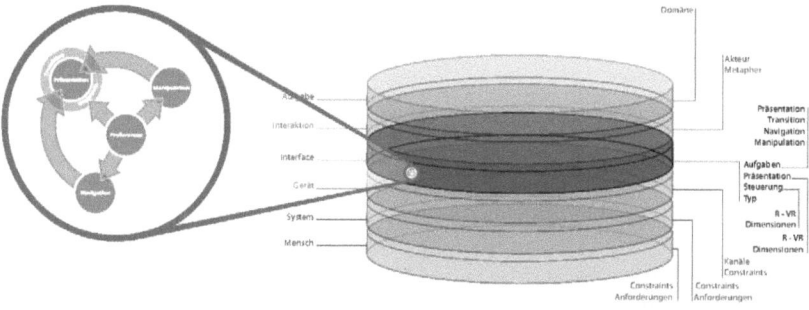

Abbildung 8.10.: Das Schichtenmodell mit den einzelnen Schichten, der *Aufgabe*, der *Interaktion*, dem *Interface*, den *Geräten*, dem *System* und dem *Menschen*, zusammen mit der Aufteilung der *Interface-Aufgaben*, dem *Präsentationsteil*, bestehend aus *Visualisierung* und *Transition*, und dem *Aktionsteil*, bestehend aus *Navigation* und *Manipulation*.

Hat man die Voraussetzungen zusammengetragen, geht es an die Entscheidung für ein Interface. Da wir uns hier in der Phase befinden, in der wir ein zu den Vorgaben passendes Interface suchen, wird typischerweise mehr als eine Interfacemöglichkeit weiter entwickelt und auf Tauglichkeit untersucht werden.

Für den *Tangible Reminder* wird in diesem Beispiel nun aber nicht jede mögliche Interfacelösung ausgearbeitet, sondern der Ast weiterverfolgt, der im *Tangible Reminder* favorisiert wurde, also die Verwendung der *Tangible Interaction*.

Bei der Ausarbeitung einer Interfacelösung hilft hier die Aufarbeitung der *Interface-Aufgaben*, die jedes Interface bedient. Das sind die *Präsentation*, inklusive einer möglichen *Transition* bei Änderungen, die *Manipulation* und die *Navigation*. Diese allgemeinen Aufgaben gilt es nun mit den Möglichkeiten der *Tangible Interaction* und dem Zweck der Applikation in Einklang zu bringen.

Die Hauptaufgabe des *Tangible Reminders* ist die Erinnerung an Termine. Insbesondere die *Präsentation* von *Erinnerung* und *Terminen* sowie die *Navi-*

*gation*, um einen Termin auszuwählen, stehen somit im Fokus.

Mögliche Ideen für die Erinnerung respektive der Erlangung der Aufmerksamkeit wurde bereits kurz in Form von Patterns angesprochen. Diese müssen nun auf Konsistenz mit anderen ausgewählten Patterns und einsetzbaren Geräten für die Interaktion untersucht werden.

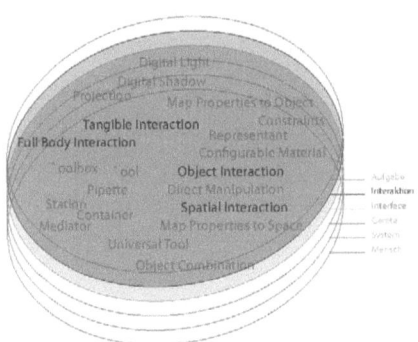

Die Interaktionsform hängt auch immer stark mit der Präsentation der einzelnen Informationseinheiten zusammen. Sind die *Steuerungs-* und die *Präsentationsdimension* in der Kategorisierung getrennt, so werden über die Patterns die Zusammenhänge repräsentiert. Die Hauptaufgabe der Selektion von Terminen und die Erinnerung an diese betrifft nun also, in welcher Weise Termine präsentiert werden und wie mit ihnen interagiert wird. Es besteht die Möglichkeit die *Tangible Interaction* weiter in die Aktionsmöglichkeiten der *Full Body Interaction*, der *Spatial Interaction* und der *Object Interaction* zu untergliedern. *Full Body Interaction* beschreibt den Einsatz des ganzen Körpers als Eingabemedium, mit Gesten, Mimik und so weiter. Die *Spatial Interaction* nutzt den Raum als Mapping, um die Eigenschaften der Informationseinheit zugänglich zu machen.

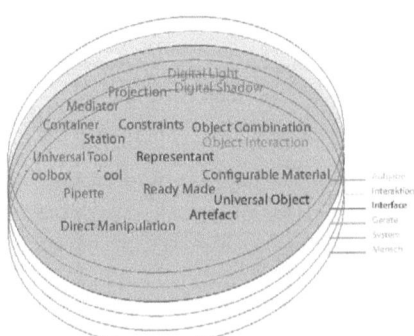

Die *Object Interaction* behandelt reale Objekte als Einheiten, um Dateneinheiten zu repräsentieren, aber auch um Werkzeuge zu verkörpern.

Um die Termine als Einheit zu betrachten und nicht als Zeitpunkte, zum Beispiel in einem Kalender, kommt beim *Tangible Reminder* die *Object Interaction* zum Zuge. Damit ist vor allem die Präsentation eines Termins als *reales Objekt* definiert, nicht aber dessen Ausprägung, genauso wenig ist festgelegt, wie die Interaktion konkret aussieht. Für die Verwendung als Repräsentant kommen *Artefakte* infrage, die entweder für den Verwendungszweck als Termin neu geschaffen werden müssen ober man greift auf *Readymades* zurück. Im *Tangible Reminder* werden *Readymades* verwendet und es wird sogar noch ein Schritt weiter gegangen, indem die Verwendung von *Personal Objects* erlaubt wird. *Personal Objects* ermöglichen eine starke Bindung und damit eine Wiedererkennung des Objektes als Termin auf der einen Seite und eine gewisse Privatheit auf der anderen Seite, da das Objekt vom Nutzer selbst gewählt werden kann und nur er die Verbindung zum Termin kennt.

Die Interaktion mit einem Termin muss das *Readymade* als *Repräsentant* in irgend einer Form miteinbeziehen. Für einfache *Repräsentanten*, insbesondere *Readymades*, bieten sich an, diese entweder mit einem *Tool* zu bearbeiten oder aber mit den Objekten direkt zu agieren und Funktionen über eine
*Station* aufzurufen. Diese Formen der Interaktion können als *Object Interaction* verstanden werden, aber teilweise (im Falle der Verwendung der Station) auch als *Spatial Interaction* aufgefasst werden. Das Pattern der *Station* hat deshalb auch Verbindungen zu beiden Interaktionsarten, der *Object Interaction* und der *Spatial Interaction*.

Beim *Tangible Reminder* ist die Entscheidung für die Verwendung einer *Station* getroffen worden. Die *Selection*, als inter-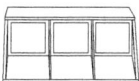
aktiver Part der Hauptaufgabe, wird erreicht, indem ein *Readymade* als *Repräsentant* für einen Termin auf eine *Station* bewegt wird. Die *Station* muss nun als Gerät natürlich einigen Randbedingungen genügen. Sie muss das physikalische Objekt des *Repräsentanten* fassen können. Sie muss genauso für Laien benutzbar sein und soll sich in die Umgebung einpassen. Zudem existiert bisher nur eine Station, mit der die Erinnerung an einen Termin realisiert werden kann. Um dem entgegenzuwirken wurden dem *Tangible Reminder* mehrere Stationen spendiert. Diese wurden zusammengefasst zu einem Element und als Möbelstück realisiert.

Die Benachrichtigung über den Status des Termins wurde bei den Voraussetzungen bereits angesprochen. Zentraler Punkt hierbei ist die Erregung der Aufmerksamkeit. Von den verschiedenen Lösungen, die aufgezeigt wurden, eignet sich für den Einsatz im Möbelstück am besten das *Blinking*. Die Umsetzung über den visuellen Kanal, der mit dem *Blinking* verbunden ist, ermöglicht eine Trennung der verschiedenen Stationen und die Nutzung von *externem in der Welt vorhandenem Wissen*, um die Trennung zu verstehen. Ähnlich effektiv würde zum Beispiel die Verwendung von *Bewegung* über ein reales Objekt sein. Akustische Signale (*Siren*), würden erlerntes Wissen erfordern, um die einzelnen Stationen trennen zu können. *Sprache* wäre ebenfalls eine Möglichkeit, die aber nicht verwendet wurde, genauso wenig der Rückgriff auf Elemente virtueller grafischer Anzeigen wie *Pop-Ups*.

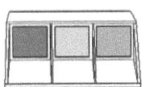

Der Grund, beim *Tangible Reminder* den visuellen Kanal durch Blinken zur Erregung der Aufmerksamkeit zu verwenden, ist vor allem die Idee zusätzlich die Dringlichkeit des Termins zu transportieren. Die Verwendung von Beleuchtung in Verbindung mit *Color Coding* liefert dies ohne Aufmerksamkeit zu erregen, solange nicht eine bestimmte Dringlichkeitsstufe gegeben ist. Damit verhält sich der *Tangible Reminder* im Hintergrund als *Ambient Display*, solange bis der Termin ansteht und die betroffene Station zu blinken beginnt. Die anderen Lösungen zur Erinnerung bieten diese Möglichkeit des Wechsels von Unaufdringlichkeit und Erinnerung nicht, mit Ausnahme der *Bewegung*. Diese allerdings bietet weniger Ausdrucksmöglichkeiten. Die Verwendung des *Color Codings* anstelle eines vollen Displays wird mit der ausreichenden Ausdrucksmächtigkeit und vor allem mit der Entfernung vom Computer begründet.

Das Design des *Tangible Reminders* in Form, Ausarbeitung, Materialien, Größe wird hier nicht betrachtet. Hier geht es um die Entwicklung der Interfaceidee, die mit der Skizze endet. Die Ausarbeitung des *Tangible Reminder* kann an diesem Punkt als Interface zur Erinnerung verwendet werden. Die Beschreibung bisher hat nur diesen Teil umfasst und im Allgemeinen nur die Wege beleuchtet, die genutzt wurden. An einigen Stellen hätten auch andere Entscheidung begründet werden können. Auch die Beschränkung auf eine Form der Interaktion ist nicht zwingend, vielmehr können die Interaktionsarten auch kombiniert werden. Zum Beispiel wäre es denkbar, mehrere Kanäle zur Erinnerung zu nutzen oder verschiedene Zugangswege zu gewähren. Trotzdem macht es hier Sinn, sich aufgrund der gebotenen Einfachheit zumindest zunächst auf die Hauptaufgabe zu beschränken und dafür eine geeignete Interaktionsform zu finden.

Nutzt man die *Interaktions-Aufgaben* weiter um das Interface aufzubauen, so sind bisher nur die Präsentation des Termins abgedeckt und die Teile der Navigation. Die Präsentation deckt den *Repräsentanten* für einen Termin und die Dringlichkeit des Termins ab. Für die *Navigation* ist die *Steuerung*, in Form der Selektion eines Terminrepräsentan-

ten und des Ablegens auf einer Station des *Tangible Reminders* erledigt. Auch die *Orientierung* welcher Termin gerade selektiert ist, ist über die Belegung der Stationen durch reale Objekte einfach zu erfassen.

Allerdings bringt die Verwendung von *Readymades* das Problem mit sich, dass keine einfache *Übersicht* über die Objekte besteht, die mit Terminen verbunden sind. Eine *Strukturierung* ist nicht gegeben. Dies ist nicht unbedingt als Problem zu sehen, da eine *Strukturierung*, in Form einer Hierarchie oder ähnlichem, nicht existiert, was mit der Verwendung realer Repräsentanten zusammenhängt. Die *Übersicht* über die Termine ist aber ein Problem, das beim *Tangible Reminder* in dieser Variante nicht gelöst ist.

Weiterhin ist die Frage der *Manipulation* bisher ungeklärt. Es besteht kein Interface um einen Termin zu erzeugen, zu ändern oder zu löschen.

Um die Aufgabe der *Manipulation* von Terminen zu lösen, kann nun, aufbauend auf den gemachten Entscheidungen, wiederum über das Modell nach Lösungen gesucht werden. Die Festlegung auf reale Objekte als Repräsentanten ist notwendig, um das *Tangible Reminder*-System, wie es bisher skizziert wurde, weiterzuverwenden. Die *Manipulation* eines Termins muss also wieder mit der Interaktion mit realen Objekte gekoppelt werden. Wie oben vorgestellt, wird wieder die Entscheidung getroffen eine *Station* zu verwenden, um mit dem Termin zu interagieren. Für die *Manipulation* wird diese aber nur als *Mediator* verwendet, um auf die Eigenschaften des Termins über eine *GUI* mit *WIMP*-Interface zugreifen zu können. Der Auswahlprozess geeigneter Patterns wurde in diesem Falle ausgespart, da er keine neuen Aspekte liefert. Speziell für grafische Interfaces existieren Patterns bis hinunter auf *Widget*-Ebene und die Patterns können zur Gestaltung herangezogen werden.

Ein Punkt der aber neu hinzukommt, ist die Einbeziehung von Eingabegerä-

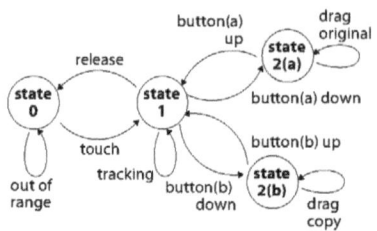
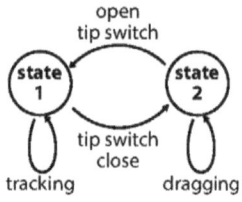

Abbildung 8.11.: Modellierung der Funktionalität des *Touch Pads*.

Abbildung 8.12.: Verwendete Funktionalität des *Touch Pads*.

ten. Zur Aufgabe der *Manipulation* soll ein Laptop verwendet werden. Dieses Laptop verfügt zur Eingabe über eine Tastatur und ein Touchpad mit zwei Tasten. Für eine klassische Eingabemaske, wie sie beim *Tangible Reminder* für die Manipulation aufgebaut wurde, ist das Zeigegerät nur zur Selektion nötig.

Das Touchpad, mit seiner Funktionalität als *State 0-1-2*-Gerät mit zwei *Dragging States* (siehe Abbildung 8.11), wird nur als *State 1-2*-Gerät (siehe Abbildung 8.12) verwendet, um die *Selektion* der jeweiligen Eigenschaft innerhalb der Masken zu vollbringen.

Für die Aufgabe der *Manipulation* wird beim *Tangible Reminder* aufbauend auf dem ersten Interface, eine zweite, unabhängige Lösung erzeugt. Diese besteht aus einem Laptop-System, dem eine *Station* angeschlossen ist, um die Verbindung zum *realen Objekt* als Repräsentant für einen Termin herzustellen. Für dieses unabhängige Interface wurde wiederum das Modell verwendet, um zu einer Lösung zu gelangen. Es sei bemerkt, dass die angesprochenen *Interface-Aufgaben* auch hier neu gelöst werden mussten. Die *Manipulation* der Daten eines Termins wurde genauso wie die *Präsentation* über das grafische Interface mit klassischen Masken und den Eingabegeräten *Touch Pad* und *Keyboard* gelöst. Die *Navigation* durch die Eigenschaften des Termins ist in allen Punkten von *Strukturierung* und *Übersicht* über die Masken bis hin zu *Orientierung* und *Steuerung* durch die Auswahl abgearbeitet.

Für die *Manipulation* als Aufgabe wird mit dem grafischen Interface die Möglichkeit geboten, einzelne Eigenschaften, aber auch ganze Termine zu erzeugen, zu ändern oder zu löschen. Die spätere Ausgestaltung der Lösung, mit dem Aussehen der einzelnen Elemente des Interfaces und den Eigenschaften von Größe et cetera, waren nicht Ziel dieser Modellierung. Nebenstehend ist die realisierte Lösung des Interfaces für die Manipulation abgebildet (Foto von Marc Hermann). Hierbei ist festzuhalten, dass für den Manipulationsteil des *Tangible Reminders* die Voraussetzung der einfachen Bedienung durch Laien durchbrochen wurde und stattdessen die Interaktionsfähigkeit des Nutzers mit dem Rechner vorausgesetzt wurde. Diese Einschränkung wurde bewusst eingegangen und der Fokus auf den ersten Part, dessen Interface-Synthese hier genau beleuchtet wurde, gelegt.

**Tangible Reminder – publizierte Version**

Nach einer ersten Expertenevaluation ist das Manipulationsinterface in Augenschein genommen worden.

Dabei sollten keine großen Änderungen durchgeführt werden, sondern das System nach Möglichkeit einfacher gestaltet werden. Dazu wurden die verwendeten Patterns durchgegangen und Alternativen dafür gesucht. Behält man die Lösung der *Station* mit angeschlossenem PC bei, so stellt man schnell fest, dass als erster Punkt sehr einfach vom Laptop auf ein anderes,

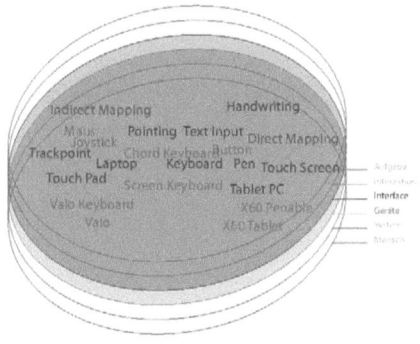

einfacheres Gerät gewechselt werden kann, ohne am grundlegenden Inter-

247

face Änderungen vornehmen zu müssen.

Zum Austausch des *Touch Pads* muss das neue Gerät ebenfalls als *State 1-2*-Gerät (siehe Abbildung 8.12) fungieren, um die *Selektion* wie gehabt zu unterstützen. Ein *Tablet PC* kann dies mit *Touchscreen* und *Pen* bieten. Bemerkenswert ist, dass auch der Wegfall der Tastatur, die das Laptop unterstützt, keinerlei Probleme bereitet. In der *Interface-Schicht*, in der die Tastatur als *Interface-Typ* verwendet wird, besteht kein Unterschied, egal, ob das *Konzept der Tastatur* wie in der ersten Version des *Tangible Reminders* durch die *Laptop-Tastatur* realisiert wird oder durch eine *Screen-Tastatur* wie in der neuen Version. Die Umgestaltung sowohl des *Pointing-Devices* als auch des *Text-Eingabegerätes* bereitet also keine Probleme und ist durch die Modellierung einfach zu bewerkstelligen und zu begründen. Das Interface an sich hat keine Änderung erfahren was die Gestaltung der Präsentation und der Manipulation anbelangt. Was allerdings geändert wurde, und daraus lässt sich der Mehrwert ableiten, ist, dass das Eingabegerät für das *Pointing* nun nicht mehr ein indirektes, sondern ein direktes *Mapping* verwendet.

Eine weitere Vereinfachung als Alternative zum *Screen-Keyboard* stellt die Verwendung der *Handschrifterkennung* dar. Dies bietet sich an, nachdem nun auf dem *Tablet PC* eine direkte Eingabe mit *Stift* vorhanden ist. Diese Möglichkeit der Texteingabe wird allerdings als Alternative zum *Screen-Keyboard* angeboten. Auch von der Maßnahme Handschrifterkennung einzusetzen kann, man eine einfachere Bedienung für Laien erwarten, da davon auszugehen ist, dass unbedarfte Nutzer eher im Umgang und dem Schreiben mit einem Stift als mit einer Tastatur vertraut sind.

Trotzdem ist das Bearbeiten eines Termins immer noch stark auf die *GUI* und *WIMP*-Interaktion beschränkt. Im Zuge dieses ersten Redesigns wurde nicht nur untersucht, inwieweit die Steuerung des Manipulationsinterfaces über die Auswahl anderer Geräte erleichtert werden kann, sondern auch bei den Terminen wurde noch einmal angesetzt.

Eine Analyse der Termine führt zur Aufspaltung der Termine in drei Klassen. Erstens die absoluten Termine, welche die allgemeinste Form der Termine darstellen. Zweitens die wiederkehrenden Termine, die in einem bestimmtem Rhythmus auftreten. Und drittens die relativen Terminen die zu einer bestimmten Zeit beginnen und nach einer festen Zeit einer Erinnerung bedürfen. Bisher wurden alle Termine als absolute Termine behandelt, mit einer festen, einmaligen Ablauf- und damit Erinnerungszeit. Die Reise an ein bestimmten Ort im Urlaub ist ein Beispiel für solche Termine. Die ständige Einnahme von Medikamenten immer zur gleichen Zeit ist ein Beispiel für die zweite Klasse, die wiederkehrenden Termine. Der dritte Fall, der relativen Termine, tritt häufig auf in Arbeitsabläufen. Ein Beispiel dafür ist etwa das Aufbrühen von Tee.

Man kann nun die Unterstützung der einzelnen Terminklassen als Voraussetzung für den *Tangible Reminder* ansehen und auf die speziellen Eigenschaften eingehen. Auch hier soll allerdings drauf geachtet werden, dass die neuen Interaktionsformen und Interfaces nicht mit dem bisherigen *Tangible Reminder* kollidieren sondern mit der Objektinteraktion und dem gebauten Möbelstück mit seinen drei Stationen harmonieren.

Betrachtet man die Möglichkeiten der *Object*- beziehungsweise der *Spatial Interaction* bieten sich andere, bisher nicht verwendete Patterns, die zu anderen Interfacelösungen führen. Die Interaktion mit *Readymades* als reale Repräsentanten für einen Termin steht weiterhin fest. Eine Möglichkeit ohne große Änderungen am bisherigen Interface auszukommen bietet die 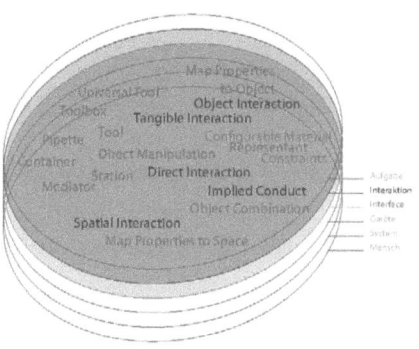 Möglichkeit der *Object Combination*. Man kann spezielle *Artefakte* definieren, die zum Beispiel Zeitpunkte oder Zeitspannen repräsentieren. Das Einlegen von einem Repräsentanten und einem Zeit-*Artefakt* würde dann den Erinnerungszeitpunkt definieren. Damit würde man aber den Termin über mehrere Objekte verteilen, was dem Konzept des *Repräsentanten* widerspricht. Stattdessen könnte bei bestimmten Objekten das in die Station stellen des *Repräsentanten* als das Starten beziehungsweise das Definieren des Termines betrachtet werden. Der Akt der Interaktion zwischen *Repräsentant* und *Station* kann als *konkludentes Handeln* verstanden werden. Wenn eine Teetasse in eine Station des *Tangible Reminders* gelegt wird, so kann dies als Start für einen relativen Termin betrachtet werden. Wird eine Medikamentenschachtel in eine Station des *Tangible Reminders* gelegt, so wird ein wiederkehrender Termin gestartet. Das *konkludente Handeln* kann als Interaktionsform genutzt werden. Sehr stark treten dabei das Wesen und die Constraints der verwendeten *Readymades* in den Vordergrund. Die Verbindung zwischen der Art des Termins und dem verwendeten Objekt muss schlüssig sein, um *konkludentes Handeln* korrekt einsetzen zu können. Diese Art der Interaktion wird in der publizierten Variante des *Tangible Reminders* verwendet.

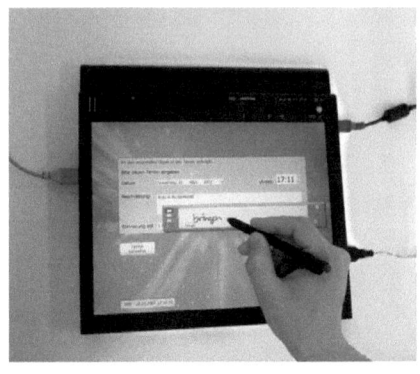

Betrachtet man die Art der Manipulation, die nun für diese speziellen Terminarten gelöst werden kann, so ist dies nur das *Update* eines Erinnerungszeitpunktes. Alle anderen Punkte, vor allem das Binden eines Termines an ein Objekt, sind nach wie vor unverändert über die *Manipulationsstation* durchzuführen.

Nebenstehende Abbildung zeigt das *Tangible Reminder*-System mit geändertem Gerät für die *Manipulationsstation*. Anstelle des indirekt agierenden *Touch Pads* wird der *Pen* zur Selektion *direkt* auf dem grafischen Interface genutzt. Die *Texteingabe* geschieht über *Handschrifterkennung* anstelle der *Tastatur*. Die Änderung durch Einführung des *konkludenten Handelns* manifestiert sich nicht zusätzlich, sondern drückt sich nur in einem andern Vorgehen aus und kann deshalb nicht auf einer Abbildung wiedergegeben werden.

**Tangible Reminder Mobile**

Die publizierte Version des *Tangible Reminders* wurde ausgewertet um festzustellen, wie gut die Nutzer mit dem System zurecht kommen. Das *Tangible Reminder*-System wurde in den Tests gut angenommen, allerdings wurde die *Manipulationsstation*, trotz des Wechsels auf den *Tablet PC* immer noch als Computersystem und damit als Hürde [Chua 99] [Bail 01] empfunden [Herm 07]. Die reine Anwendung des *Tangible Reminder*-Systems fand dagegen Anklang, weshalb für die Weiterentwicklung und das damit verbundene Redesign des Interfaces nur die *Manipulationsstation* umgestaltet wurde.

Hier wird nun die Synthese der dritten Variante des *Tangible Reminder*-Systems vorgestellt, um die Bandbreite der Interfacelösungen und den Einsatz des Modells im Redesign aufzuzeigen. Ausgangspunkt für die Überarbeitung ist das *Tangible Reminder*-System mit seinen grundlegenden Festlegungen auf *Tangible Interaction*, *Readymades* als persönliche *Repräsentanten* für Termine und die Weiterverwendung des *Reminder*-Möbelstücks. Die zu lösenden Probleme, wie sie bereits oben angesprochen wurden und noch immer nicht gelöst sind, sind zunächst die komplette *Überarbeitung* des *Manipulationssystems*, um die Hürde der Anmutung als Computersystem zu überwinden. Außerdem ist nach wie vor die Verbesserung der *Navigation* geboten, da im *Tangible Reminder*-System die *Übersicht*, welche Termine existieren, fehlt.

Für die *Manipulation* im Bereich der *Tangible Interaction* bietet das Modell einige Varianten in Form von Patterns an. Manche wurden bereits angesprochen, etwa die *Object Combination*.

Die Kombination eines Termin-*Repräsentaten* mit speziellen *Artefakten* könnte genutzt werden, um die Manipulation von Eigenschaften eines Termins zu bewerkstelligen. Die *Station* könnte weiterverwendet werden, um die *Selektion* des zu bearbeitenden Termins über seinen *Repräsentanten* zu bewerkstelligen.

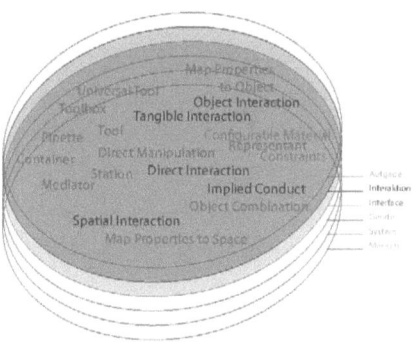

Für die *Präsentation* bei einer solchen Lösung würde sich das *Digital Light*- oder *Digital Shadow*-Pattern eignen, in Verbindung zum Beispiel mit *Projektion* oder einem *Back Projection*-Tisch.

Eine andere Lösung würde das Ausreizen der *Spatial Interaktion* darstellen. Anstelle einer *GUI*-Lösung mit Masken für die einzelnen Eigenschaften eines Termines könnten diese als Dimensionen in den Raum oder auf eine Oberfläche *gemappt* werden. Würde ein Repräsentant in diesem Bereich platziert, so könnten die Eigenschaften des Termins analog zum Mapping angepasst werden. Auch hier wäre eine *Präsentation* der Eigenschaften beispielsweise über eine Projektion möglich.

Die Lösung, die letztendlich im *Tangible Reminder Mobile* favorisiert wurde, ist die Anwendung des *Tool*-Patterns. Die Bearbeitung des *Repräsentanten* durch ein *Tool* benötigt wiederum eine Lösung für die *Präsentation* der Eigenschaften des Termins, deren *Manipulation* und die *Navigation* durch diese. Zusätzlich muss auch die initiale *Selektion* des zu bearbeitenden *Repräsentanten* eines Termins bedacht werden. Neben den zu beantwortenden Fragen zum *Interface* muss eine Auswahl über das zu verwendende *Gerät* getroffen werden.

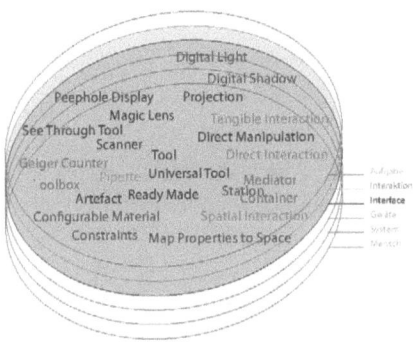

Für die Abfrage von Eigenschaften eines Objektes eignet sich der Einsatz eines *Scanners*, ein Pattern, das sich für den Zweck der *Präsentation* der Termineigenschaften anbietet. Beim *Scanner*-Pattern handelt es sich noch um ein abstraktes Konzept, das sich noch nicht auf eine bestimmte Art der *Präsentation* festlegt. Erst die Kind-Patterns bieten Konzepte dazu an, etwa indem sie Sprache, Töne oder visuelle *Präsentation* als Lösung anbieten. Die Patterns haben dann auch immer konkrete Anforderungen an das zu verwendende Gerät. Das *See Through Tool*-Pattern etwa benötigt den visuellen Kanal. Entweder kann dies geschehen, indem das Tool dies selbst bewerkstelligt, in Form eines Displays, oder aber indem die Anwendung des Tools eine *Projektion* veranlasst.

Im Fall des *Tangible Reminder Mobile* wurde hier die Entscheidung getroffen, sich auf das *See Through Tool*-Pattern in Verbindung mit einem Gerät zu beschränken, das die Visualisierung selbst bewerkstelligen kann.

Als *Gerät* kommen hierbei wieder die grundlegenden Möglichkeiten in Betracht, ein spezielles *Artefakt* für diesen Zweck zu kreieren, ein existierendes Gerät, ein *Readymade*, dafür zu verwenden oder ein *Universal Tool* einzusetzen, das alle für den Einsatzzweck nötigen Voraussetzungen mit sich bringt.[2] Im *Tangible Reminder Mobile* wird aus Gründen der Verfügbarkeit auf ein mobiles Gerät zurückgegriffen, das für die prototypische Umsetzung verwendet wird, wohlwissend, dass ein speziell angefertigtes Gerät besser geeignet wäre.

Das *See Through Tool*-Pattern propagiert die Präsentation einer Umge-

---

[2] Streng genommen können *Universal Tools* auch als *Readymades* gelten. Um den Charakter des bekannten Gerätes beim *Readymade* vom universellen Einsatzzweck des *Universal Tools* abzuheben, werden beide hier getrennt.

bung, indem durch das Werkzeug hindurch gesehen wird. Dies kann neben dem wirklich Durchsehen auch virtuell umgesetzt werden. Genau dieser Weg wird mit dem Einsatz des mobilen Gerätes auch gewählt. Gleichzeitig ermöglicht dieses Vorgehen den Einsatz des *Magic Lens*-Patterns, bei dem visuell Informationen zu einem Objekt gegeben werden, die ohne das Werkzeug nicht sichtbar sind.

Für den *Tangible Reminder Mobile* ist das *Digital Light*- und das *Digital Shadow*-Pattern favorisiert worden. Allerdings stellt der Einsatz hohe Anforderungen an das Gerät, um die Illusion des *Digital Light* oder des *Digital Shadow* zu realisieren. Darum wurde auf eine andere Lösung ausgewichen, die der direkten *Einblendung* der Eigenschaften als *Text* über das Bild des Repräsentanten.

Für die *Manipulation* der Eigenschaften gibt es wieder verschiedene Möglichkeiten. Die Präsentation der Eigenschaften erfolgt eingeblendet im Display, weswegen die Lösungen von einfachen *GUI*-Elementen bis zu speziellen Interfacelösungen für die jeweilige Termineigenschaft reichen. Ideal für das *See Through Tool*-Pattern wäre, diese Elemente passgenau in die reale Welt einzubetten, was wiederum wegen den Beschränkungen des zu verwendenden Gerätes verworfen wurde. Stattdessen wurde sich wiederum auf eine Eingabemaske zurückgezogen, die aufgerufen werden und über den *Touchscreen* des mobilen Gerätes per Finger oder Stift bedient werden kann. Damit ist auch die *Navigation* durch die Eigenschaften des Termins über die Verwendung einer *GUI* klar.

Das *Werkzeug* als *See Through Tool* in Verbindung mit dem *Magic Lense*-Pattern liefert nun eine Möglichkeit, die Eigenschaften des Termins abzufragen. Implizit ist damit auch schon die *Selektion* des Termins über den Repräsentanten gelöst. Die Verwendung des *See Through Tool*-Patterns bedingt *Spatial Interaction*, das Gerät muss sich mindestens insoweit nahe am Repräsentanten befinden, dass der Repräsentant durch das Gerät gesehen werden kann. Insofern liegt es nahe, die *Spatial Interaction* für die Selektion zu nutzen. Beim *Tangible Reminder Mobile* wird die Nähe zum Repräsentanten direkt dafür genutzt. Wird das Werkzeug nahe genug an einen Repräsentanten herangeführt, so wird dieser ausgewählt. Natürlich könnten auch hier andere Patterns zum Einsatz kommen, etwa das Drücken eines *Buttons* oder der Einsatz von *Sprachbefehlen*.

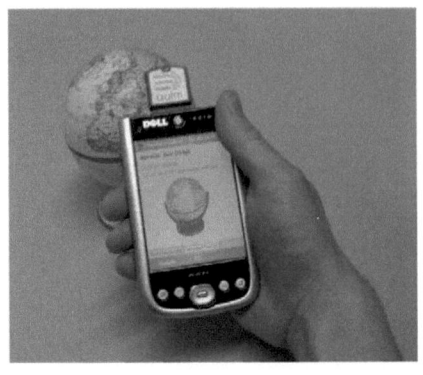
Der Einsatz eines Werkzeuges, das benutzt werden kann um Repräsentanten direkt zu untersuchen und auf die verbundenen Eigenschaften zuzugreifen, verringert auch das weiterhin bestehende Problem des fehlenden *Überblicks*. Die Einblendung der Eigenschaften eines Repräsentanten durch das Heranführen des Werkzeugs erleichtert durch die Mobilität und den Wechsel des Interaktionsparadigmas von Objektinteraktion zu Werkzeuginteraktion die Untersuchung vieler Objekte. Dadurch ist ein *Überblick* über die vorhandenen Repräsentanten vereinfacht.

Nebenstehende Abbildung zeigt das realisierte Interface des *Tangible Reminder Mobile*. Er stellt einen weiteren Schritt in Richtung des *Ubiquitous Computing* dar, wenn auch nicht immer die Wunschlösungen für die Interfaceteile realisiert werden konnten. Zumindest aber gelingt es in dieser Stufe des Projekts den Computers als sichtbares Gerät zu verdrängen und einen Eindruck zu bekommen, wie mit Werkzeugen und realen Objekten interagiert werden kann.

Die Synthese der verschiedenen Versionen des *Tangible Reminders* zeigt in den einzelnen Kapiteln verschiedene Lösungen von Interfaces. Im Zusammenspiel von *Kategorisierung* als Gerüst, *Interface-Aufgaben* als Anhaltspunkte für die Erarbeitung des Interfaces und *Patterns* zur Bereitstellung von Lösungen und Alternativen kann zu den unterschiedlichen Varianten gelangt werden.

Abbildung 8.13 zeigt das Schichtenmodell als Gerüst für das Designwissen in Form von Patterns mit den besprochenen Varianten des *Tangible Reminders* in der Zusammenfassung. Orange markiert sind in Abbildung 8.13 die Patterns, die beim *Ambient Display* des *Tangible Reminders* Verwendung finden. Das *Ambient Display* dient als Grundlage für alle Varianten der Manipulationsinterfaces und ist fester Bestandteil aller Varianten.

Die Patterns die im Manipulationsinterfaces der *Tangible Reminder Basic Version* zum Einsatz kommen, sind in Abbildung 8.13 grün markiert. Die Patterns, die in der *publizierten Version des Tangible Reminders* zum Einsatz

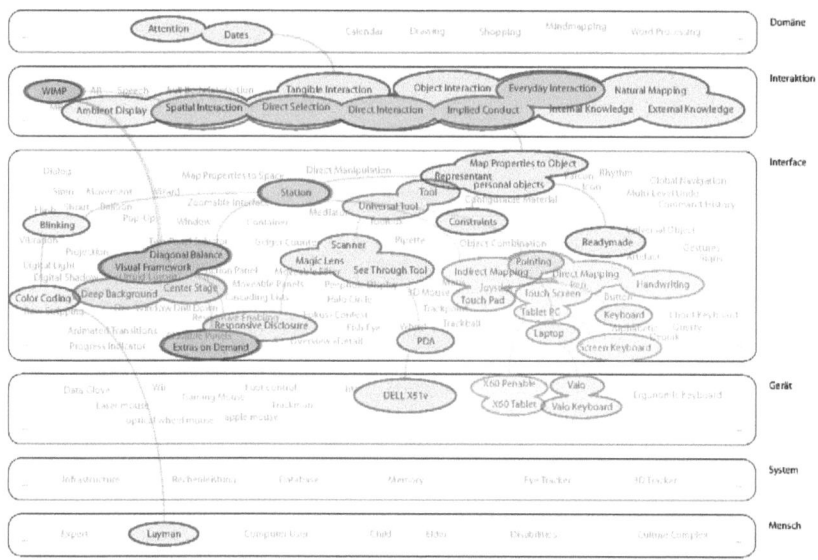

Abbildung 8.13.: Das Schichtenmodell mit Designpatterns. Das *Ambient Display* des *Tangible Reminders* ist orange markiert, die drei Varianten des Eingabesystems in grün, blau und rot.

kommen, sind blau markiert. Im Gegensatz zur *Basic Version* ist beim *Redesign*, der *publizierten Version*, eine weitgehende Übereinstimmung in den Patterns zu beobachten. Erst in den Patterns, die sich auf den *Interface-Typ* beziehen ist ein Unterschied festzustellen, der vom Austausch des *Laptops* durch einen *Tablet PC* herrührt.

Die Patterns die beim *Tangible Reminder Mobile* zum Einsatz kommen, sind in Abbildung 8.13 rot markiert. Hier ist ein deutlicher Unterschied zu den beiden vorhergehenden Versionen zu beobachten. Die *Interaktionsform* wird gewechselt und dazu passend andere *Interfacepatterns* ausgewählt. Nur in der Verwendung der *WIMP*-basierten Patterns stimmen alle drei Varianten des Manipulationsinterfaces überein. Die hier im Schichtenmodell aufgeführten Patterns sind bei Weitem nicht vollständig. Es wird vielmehr ein Ausschnitt gezeigt, um den Einsatz des eigenen Modells und die Unterschiedlichkeit der möglichen Lösungen aufzuzeigen.

Das Modell zielt auf die Erarbeitung eines *Interfaceansatzes* ab. Jedoch können die Interfaceansätze auch weiter verwendet werden, um daraus konkrete Lösungen für Interfaces abzuleiten. Der Einsatz von konkreten Patterns ist dabei vor allem in den Bereichen, in denen bereits Patternsammlungen bestehen (siehe zum Beispiel [Tidw 99a, Tidw 05] oder van Welie [Weli 00, Weli 02, Weli 03]), möglich.

## 8.4. Fazit

Anders als in anderen Modellen steht hier nicht die Fokussierung auf das System im Vordergrund und auch nicht die mittlerweile häufige Fokussierung auf das Interaktionsdesign. In diesem Modell werden das Interface und die Interaktion gleichermaßen gefasst und in Zusammenhang zu ihren Einflussgrößen gestellt, dem *Kontext* aus *Aufgabe, Gerät, System* und *Mensch*. In unterschiedlichen Schichten werden die an der Interaktion beteiligten Elemente beschrieben.

Die Abstrahierung, die die *Interface-Schicht* einführt, bietet nun einige Vorteile. Die Modellierung abstrakter *Interface-Aufgaben* schafft eine Möglichkeit, sich jedwedem Interface unabhängig von verwendetem Kanal und verwendeter Domäne zu nähern. Die Modellierung einzelner *Interface-Typen*, unabhängig vom konkreten Gerät ermöglicht, auf der Konzeptebene ein Interface zu schaffen und dessen Möglichkeiten zu erkennen. Diese Konzepte können unabhängig von den konkreten Geräten sein und, virtuell und real gleichermaßen, verwendet werden.

Zusätzlich wird das Modell verwendet zur Einordnung von Interfacepatterns und damit die *Struktur* geschaffen, um diese zugreifbar zu machen. Patterns bilden einen Ansatz, der durch die Verbindung von *Kontext* und *abstrakter Lösung* sowohl die *Problembeschreibung* und die *Voraussetzungen mit einem Lösungsschema verbindet* als auch deren weitere *Verbindungen aufzeigt*. Im Modell bieten die *Geräte-, System-, Mensch-* und *Aufgaben-Schicht* eine Möglichkeit, diese *Voraussetzungen* zu *modellieren* und damit eine *Verbindung* zwischen *Patterns* und *Modellierung* im Designprozess zu schaffen.

Es wird eine Lösung geboten, die sich für den Einsatz *in der ersten Konzeptionsphase* eignet und dort die *internalisierten mentalen Modelle der beteiligten Personen offenlegt* und *zu durchbrechen* hilft.

Das Modell bedient den Umfang der in ubiquitären Umgebungen nutzbaren Interfaces. Durch den Einsatz des Modells wird es dem Designer ermöglicht, die Menge der bestehenden Interfaces für seine Anforderungen zu überblicken. Es erlaubt, sich fundiert durch das Designwissen, vorhanden in den verschiedenen Schichten der Modellierung, formuliert als Patterns, für eine Interfacelösung zu entscheiden, die dann im Designprozess umgesetzt wird.

*»Solange du nicht zu steigen aufhörst, hören die Stufen nicht auf, unter deinen steigenden Füßen wachsen sie aufwärts.«* – *Franz Kafka (Kurzgeschichten, Fürsprecher)*

# 9

# Fazit

Laut Ben Shneiderman besteht das zentrale Problem für *Mensch-Maschine-Interaktions*-Forschung in der Entwicklung angemessener Theorien und Modelle.

*»the central problem for human-computer-interaction researchers is to develop adequate theories and models.«* – Ben Shneiderman [Shne 04]

In diesem Sinne ist diese Arbeit eine klassische *HCI*-Arbeit. Sie beschäftigt sich mit der grundlegenden Frage, wie für ubiquitäre Anwendungen eine Interfacelösung gefunden werden kann. Um diese Frage zu beantworten, werden verschiedene Modelle aufgestellt, angefangen bei der ubiquitären Interaktion selbst, über eine Klassifikation ubiquitärer Interfaces bis zu einem Modell zur Unterstützung des Interfacedesign. Der Blickwinkel, der dabei auf Interaktion und Interfaces eingenommen wird, ist immer der des Menschen.

## 9.1. Zusammenfassung

Nach einer kurzen Einleitung in die grundlegenden Fragestellungen und Voraussetzungen, die das *Ubiquitous Computing* mit sich bringt, geht die Arbeit zum Einen auf die Möglichkeiten ein, wie Designwissen formuliert werden kann, zum Anderen, wie sich der Designprozess für Applikationen im Allgemeinen und Interfaces im Besonderen darstellt. Dabei werden die Problemfelder für diese Arbeit identifiziert. Sind diese Problemfelder noch allgemein gefasst, werden sie danach auf das *Ubiquitous Computing* bezogen, um den ganzen Raum möglicher Interfaces zu konkretisieren.

Die daraus entstehenden Fragestellungen für das Interfacedesign münden zunächst in ein Interaktionsmodell für ubiquitäre Interaktion. Darauf aufbauend wird eine Klassifikation erarbeitet, die speziell auf ubiquitäre Interaktion abgestimmt ist und besonders auf das Zusammenspiel von Realität und Virtualität abzielt. Eignet sich die Klassifikation zur Taxierung interaktiver Systeme, so bleibt die Frage nach der Unterstützung zur Synthese, der generativen Kraft eines Modells, offen. Zu diesem Zweck wird ein Modell vorgestellt, das auf das Interaktionsmodell für ubiquitäre Interaktion aufbaut und deren Komponenten als Schichten enthält.

Die Arbeit adressiert damit verschiedene Probleme des Interfacedesigns im ubiquitären Umfeld. Mit diesem Aufbau ist es möglich, verschiedene Probleme zu lösen:

- Die Arbeit stellt ein Modell für die ubiquitäre Interaktion vor. Im Gegensatz zum klassischen Interaktionsmodell des *HCI* [Hewe 92] fällt die Maschine als Interaktionspartner weg. Die Interaktion wird zur Aktion, mit realen Objekten und Geräten als Repräsentanten und Werkzeugen. Diesem Umstand wird Rechnung getragen und gleichzeitig werden die klassischen Interaktionsformen einbezogen.

- Mit dem Aufkommen interaktiver Systeme ist zu beobachten, dass die Entscheidung für ein Interface immer weiter in das System eingreift und demzufolge im Designprozess immer mehr an Bedeutung gewinnt und in immer früheren Phasen notwendig wird. Dies gilt in besonderem Maße für das *Ubiquitous Computing*. Dem Interfacedesign fehlt aber ein Modell, das in der ersten Phase des Designprozesses eingesetzt werden kann. Das vorgestellte generative Modell leistet dies.

- Die Notwendigkeit eines solchen Modells leitet sich aus der Tatsache ab, dass jedes Design mit einem mental bereits gefestigten Modell beginnt. Dies kann nun externalisiert und damit diskutiert werden.

- Das vorgestellt Modell wirkt damit dem Umstand entgegen, stets auf bekannte, immer gleiche Interfacelösungen zu setzen.

- Stattdessen zeigt das Modell die bestehenden Möglichkeiten der Interaktion auf, abhängig von den gemachten Voraussetzungen.

- Das Modell bietet verschiedene Zugangswege, sich dem Interfacedesign zu nähern. Das Modell besteht nicht auf einem festen Weg, sondern kann, ausgehend von den jeweiligen Voraussetzungen, eingesetzt werden.

- Zur Formulierung des Designwissens kommen Patterns zum Einsatz. Das Modell bietet den Patterns die nötige Struktur, um die Patterns zugreifbar und einsetzbar zu machen.

- Ubiquitäre Interaktion ersetzt nicht zwangsläufig alle vorherigen Interaktionsformen, sondern integriert diese. Im vorgestellten Modell lassen sich Interfaceparadigmen fassen, die von klassischen Interaktionsformen bis zu den neuen Aktionsformen des *Ubiquitous Computing* reichen.

## 9.2. Ausblick

Die Herausforderungen des *Ubiquitous Computing*, in Bezug auf die Interaktion, liegen in der Entwicklung neuer Interaktionsparadigmen und in der Schaffung neuer Interfaces. Diese Modellierung leisten einen Beitrag dazu. Für die weitere Entwicklung sind die Analyse von neuen Projekten und die Erweiterung des Designwissens in Form von neuen Patterns nötig. Je umfassender diese Basis, desto besser können Interfacevorschläge erarbeitet und der Designprozess unterstützt werden. Eine weitere Erleichterung, und damit bessere Integration des hier vorgestellten Vorgehens in den Designprozess, ist die Entwicklung von Tools, die die Auswahl von Patterns unterstützen und Vorschläge bereithalten. Mit der Entwicklung von Tools kann auch die Einpassung des Modells in den Entwicklungsprozess weiter vorangetrieben werden. Die Evaluation des Modells im Einsatz mit Designexperten und *Software*-Designern im Designprozess ist ein nächster Schritt.

## 9.3. Schlusswort

Die Vision des *Ubiquitous Computing* stellt die Informatik als gesamte Disziplin vor enorme Herausforderungen. Technisch genauso wie in der Handhabung fordert das Paradigma Anstrengungen, die langsam aber stetig umgesetzt werden. Die Infrastruktur auf der ubiquitäre Systeme beruhen wird immer leistungsfähiger, die Geräte machen stetig Fortschritte. Nach den ersten wissenschaftlichen Projekten werden langsam kommerzielle Produkte geschaffen werden, die immer weiter in den realen Raum vordringen. In dieser Zeit des Umbruchs ist die Arbeit an der Nutzerschnittstelle zu deren Design die vorgestellte Arbeit ihren Beitrag leistet, wichtiger und spannender denn je.

**Anhang**

# Projekte

Im Vorfeld dieser Arbeit sind eine Reihe eigener Projekte entstanden, diezu dieser Arbeit beigetragen haben. Die Arbeiten sind an den entsprechenden Stellen im Hauptteil referenziert. Anhang A ist eine Zusammenstellung der bereits geleisteten Beiträge in Form von Vorführungen, Vorträgen und Veröffentlichungen, die zusammen einen weiten Bereich der unterschiedlichen Gebiete der *Mensch-Maschine-Interaktion* abdecken und als Basis für vorliegende Arbeit dienen.

Die kurze Vorstellung der Arbeiten ist in verschiedene Kapitel unterteilt, die sich nach der Art der Arbeiten und deren Veröffentlichung richten.

## A.1. Buchkapitel »Mobile Device Interaction in Ubiquitous Computing«

In [Mahl 08] wird auf die Vision des *Ubiquitous Computing* und deren Verwobenheit mit anderen Techniken eingegangen. Zentrales Thema des Buchkapitels ist die Eingliederung technisch wenig ausgestatteter Umgebungen durch den Einsatz mobiler Geräte und die damit verbundene Aufrechterhaltung der Illusion der ständigen, allumfassenden Verwobenheit von Virtualität und Realität.

Dazu werden die Vorteile von mobilen Geräten in diesem Zusammenhang beleuchtet und die Aufgaben für neue Interfaces, vor allem im Bezug auf *Mixed Reality*-Werkzeugeinsatz, aufgezeigt. Exemplarisch werden dann bestehende eigene Lösungen sowie Lösungen aus der Literatur präsentiert und deren Beiträge in Hinblick auf die Überbrückung der Kluft zwischen ubiquitärer Interaktion und dafür nötigen, noch nicht erfüllten Voraussetzungen erörtert. Die Arbeit zeigt, dass *Mobile Interaction* die Möglichkeit bietet mit alltäglichen Geräten zu interagieren, auf deren digitale Repräsentanten zuzugreifen und auf virtuellen Objekten zu interagieren. Sie können als Schritt in der Evolution in Richtung des *Ubiquitous Computing* gesehen werden.

## A.2. Konferenzbeiträge

### A.2.1. dimian – Direct Manipulation and Pen Based Mindmapping

Das *dimian*-Projekt befasst sich mit dem Einsatz von stiftbasierten Eingabegeräten für die Anwendung des *Mind Mapping*. *Mind Mapping* ist eine Technik, die oft verwendet wird um Ideen festzuhalten und strukturiert abzulegen. Zum Einsatz kommt sie häufig in *Brain Storming Sessions* und sie findet allgemein weite Verbreitung. Das *Mind Mapping* macht bewusst Gebrauch von der zweidimensionalen Natur beispielsweise von Papier oder Bildschirm, den Medien, die wir zur Notation verwenden. Eine *Mind Map* entsteht immer aus einem zentralen Begriff, der Wurzel, und wächst in alle Richtungen, indem verwandte Begriffe angehängt werden. Eine Verbindung wird durch eine Kante eingezeichnet, es entsteht ein Baum. Neben den Kanten als Verbindungen macht sich die *Mind Map* auch die zweidimensionale Struktur des entstehenden Baumes zu Nutze. Die Anwender sortieren ihre Gedanken nach dem Ort, je nachdem, in welchem Teilbaum ein Begriff zu liegen kommt [Buza 93], [Tver 02].

Dass es beim Einsatz dieser Technik häufig zu großen Änderungen im Baum kommt, ist offensichtlich. Es werden neue Begriffe genannt, die nicht als Blatt in einen Baum einsortiert werden können, durch neu hinzugekommene Begriffe werden Blätter obsolet oder müssen, teilweise mit ganzen Teilbäumen, verschoben werden.

Abbildung A.1.: Das *dimian*-Interface (Quelle: World Usability Day Stuttgart 2007, Photo: Michael Marek).

Natürlich kann hier die digitale Technik von Nutzen sein. Änderungen an *Mind Maps* können damit leicht und schnell vonstatten gehen. Allerdings kommt es häufig dazu, dass digitale Anwendungen ihrem eigentlichen Zweck im Wege stehen und stattdessen durch ihre Vielzahl an Funktionen eher vom Zweck ablenken. Im *dimian*-Projekt wurde versucht, ein möglichst einfaches Interface zu realisieren, das die Handhabung von echten *Paper Mind Maps* mit den digitalen Möglichkeiten der Bearbeitung verbindet.

Das *dimian*-Projekt wurde angelegt, um auf einfachen Geräten, die beispielsweise mit Fingern bedient werden können zu funktionieren, zum Beispiel *Touchscreens* und *Smart Boards*. Die Tests zur Implementierung wurden allerdings auf einem *Tablet PC* mit Stifteingabe durchgeführt.

Die Initiative für die Erstellung einer *Mind Map* und deren Bearbeitung liegt immer beim Nutzer. Allerdings wird die Aufgabe des Layouts vom System übernommen. Der Nutzer kann sich voll und ganz auf die Erstellung der *Mind Map* konzentrieren. Das Interface selbst baut weitestgehend auf direkte Manipulation in Verbindung mit Gesten und den Einsatz von Kontextmenüs für selten benötigte Funktionen.

Um einen Knoten anzulegen, beginnt der Nutzer an einem existierenden Knoten und zieht eine Linie aus diesem heraus (siehe Abbildung A.2). Das System erzeugt daraufhin einen neuen Kindknoten an dem Knoten, an dem die Aktion begonnen wurde. Für das Löschen eines Knotens wird die *Durchstreichen-Geste* (siehe Abbildung A.3) verwendet.

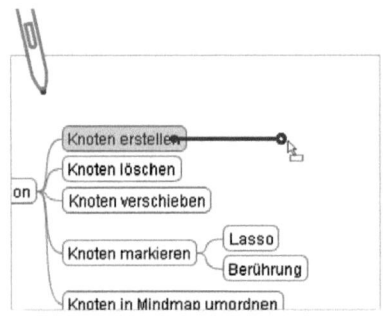

Abbildung A.2.: Aktion um einen Knoten zu erstellen.

Abbildung A.3.: Aktion um einen Konten zu löschen.

Um mehrere Knoten zu markieren, wird die *Lasso*-Geste verwendet (siehe Abbildung A.4). Neben den direkten Gesten, die sich die Eigenheit des Graphen zunutze machen, wie eben ein Lasso zur Auswahl, werden auch abstrakte Gesten verwendet, etwa um Knoten zu vergrößern, um deren Wichtigkeit zu betonen. In Abbildung A.5 wird das Vergrößern eines Knotens mit Hilfe eines Pfeils nach oben symbolisiert.

Abbildung A.6 zeigt, wie Knoten im Baum einfach verschoben werden können. Dies funktioniert ebenfalls mit Teilbäumen. Um die weniger häufig genutzten Funktionen unterzubringen und zu kapseln, sind diese in einem Kontextmenü untergebracht, das erst nach einer kurzen Wartephase eingeblendet wird. Das Kontextmenü ist kontextsensitiv, Abbildung A.7 zeigt das Menü für einen Knoten.

Das *dimian*-Projekt befasst sich vor allem mit dem Erstellen eines natürlichen Interfaces für die Domäne *Mind Map*. Es beschäftigt sich mit der Frage, wie ein Interface für *Tablet PCs* genauso wie für die *Tabs* aus Mark Weiser Vision [Weis 91] verwendet werden könnten. Das *dimian*-Projekt zeigt den Wechsel von *GUI*-Interaktion hin zu Paradigmen des *Ubiquitous Computing* auf und bildet insofern eine wichtige Basis für die Modellierung. Das *dimi-*

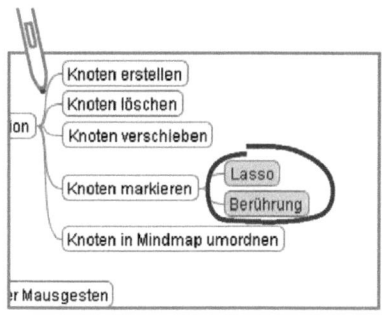

Abbildung A.4.: *Lasso-Geste* um mehrere Knoten auszuwählen.

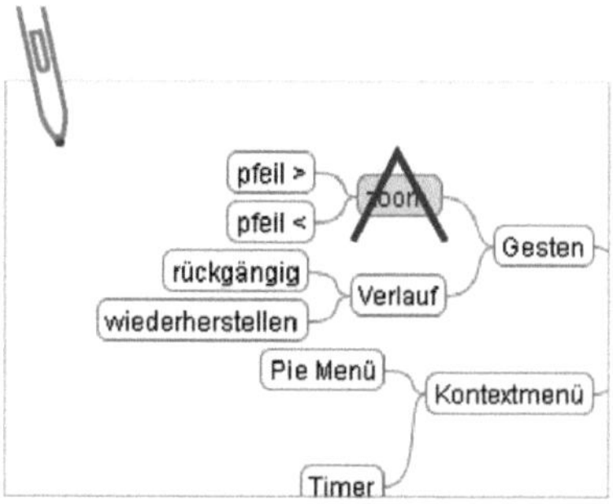

Abbildung A.5.: Geste um einen Knoten zu vergrößern.

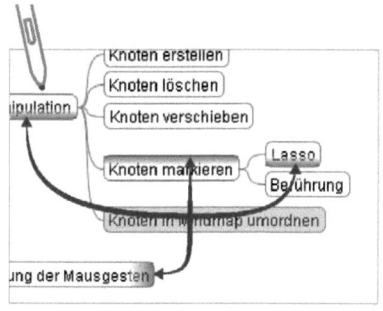
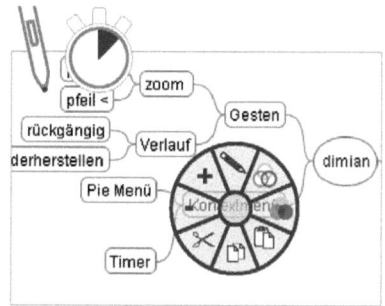

Abbildung A.6.: *dimian* erlaubt das verschieben von Knoten oder Teilbäumen.

Abbildung A.7.: ein Kontextmenü enthält selten benötigte Aktionen.

*an*-Projekt zeigt weiterhin die Notwendigkeit neuer Interfaces beim Einsatz neuer Interaktionsparadigmen und -geräte. Die Arbeit deckt für die Modellierung den Bereich der *Mobile Interaction* und *Pen Interaction* ab.

Veröffentlicht wurde das Projekt auf der *iea2009* [Mahl 09b]. Außerdem wurde es auf verschiedenen Veranstaltungen einem breiten Publikum präsentiert, etwa beim *World Usability Day 2007* (dort entstand die Fotografie die in Abbildung A.1 zu sehen ist).

## A.2.2. Universal Device Access with FreeMote

Das *FreeMote*-Projekt realisiert eine reale universale Fernbedienung zur Steuerung realer Geräte. Basierend auf dem *Wii Remote Controller* wird die Möglichkeit der einfachen und intuitiven Gerätesteuerung gegeben. Reale Geräte können mithilfe des integrierten Gerätes erkannt und über 3D-Gesten gesteuert werden.

Das Zeigen (*Pointing*) der *FreeMote* auf ein *FreeMote*-fähiges Gerät, zum Beispiel eine Lampe, einen Fernseher, eine *HiFi*-Anlage oder einzelne Boxen, aktiviert dieses und ermöglicht, es zu steuern.

Herkömmliche Bedieninterfaces nutzen ein indirektes *Mapping* von Geräten auf Knöpfe. Der Nutzer muss dieses *Mapping* erlernen oder auf externes Wissen wie Beschriftungen oder Bedienungsanleitungen zurückgreifen, um das Interface nutzen zu können.

Die Bedienung der Stereoanlage oder der Lichtanlage durch die Ausnutzung der räumlichen Gegebenheiten erleichtert hingegen die Interaktion und macht das Interface insgesamt einfacher und übersichtlicher. Der Überfrachtung heutiger Interfaces wie Fernbedienungen wird entgegengewirkt.

Die *FreeMote* macht den kompletten Raum, im Zusammenspiel mit den darin vorhandenen Geräten, zum Interface, nutzt deren spatialen Charaker und ermöglicht eine wesentlich direktere Interaktion – die Interaktion scheint direkt zwischen dem Nutzer und dem Gerät stattzufinden.

Zur Steuerung der Geräte werden Gesten genutzt, die vom Nutzer frei gewählt werden können. Allerdings existiert ein vordefiniertes Set an Gesten die als Standardgesten, auch über *Geräte-Klassen* hinweg, angeboten werden, um für gleiche Funktionen gleiche Gesten anzubieten und so die mentale Belastung weiter zu senken.

Das *FreeMote*-Projekt beschäftigt sich mit der Interaktion im realen Raum und folgt der Idee des *Invisible Computer* des *Ubiquitous Computing*. Die Frage die in der Arbeit vor allem behandelt wird, ist neben der möglichst einfachen *Steuerung* vor allem das *Auffinden* von Interaktionsgeräten. Dieser Punkt ist deshalb so interessant, weil es sich bei den Geräten um reale Geräte handelt, die weder als Computer erscheinen, noch sich von anderen Geräten im Raum unterscheiden.

Realisiert ist die Auffindung und Identifizierung der steuerbaren Geräte durch Infrarot-*LED*-Arrays, die an den zu steuernden Geräten angebracht werden. Durch das Aussenden räumlicher und zeitlicher Patterns kann damit ein Gerät eindeutig identifiziert werden.

*FreeMote* befasst sich mit der Interaktion im realen Raum, unter Einbeziehung von Geräten als Werkzeuge. Für die Modellierung deckt *FreeMote* den Bereich der *Tangible Interaction* speziell auch der *Full Body Interaction* und der *Spatial Interaction* ab. Besonderes Augenmerk liegt dabei auf der *Navigation* und der *Auffindung* von Objekten im realen Raum.

Das *FreeMote*-System wurde im Praktikum *Ubiquitous Computing* zusammen mit Markus Hipp und Christian Spika sowie Frank Wahnschaffe und Kevin O'Brien realisiert. Veröffentlicht wurde *FreeMote* als Konferenzbeitrag auf der *Intelligent Environments Konferenz 2009* [Hipp 09].

### A.2.3. The Tangible Reminder

Der *Tangible Reminder* ist ein Projekt, in dem sich *Ambient Displays* und *Tangible Interaction* vereinen. Für den Zweck der Erinnerung an Termine wurde ein reales Möbelstück entwickelt. In Abbildung A.8 ist dieses Möbelstück abgebildet. Es besteht aus drei Fächern, in die Gegenstände gelegt werden können.

An diese Gegenstände ist mittels *RFID*-Chip ein Termin gebunden. Der *Tangible Reminder* erkennt so den Termin und färbt die Rückwand des entsprechenden Faches ein. Die Färbung reicht von Grün über Orange bis Rot.

Liegt ein Gegenstand in einem Fach, so ändert sich dessen Farbe nur langsam, entsprechend seiner Dringlichkeit, das System bleibt unaufdringlich. Steht der Termin aber an, so kommt ein vierter Zustand hinzu – der *Tangible Reminder* macht nun durch rotes Blinken auf den Termin aufmerksam.

Die Auswahl der Gegenstände mit denen interagiert werden will und die als Repräsentanten für Termine gelten sollen, kann vom Nutzer selbst getroffen werden. Einzige Voraussetzung ist das Vorhandensein oder Anbringen eines *RFID*-Chips. Die Bindung an persönliche Objekte ist ein wesentlicher Punkt beim Einsatz des *Tangible Reminder*. Zum Ersten schafft dies eine ho-

 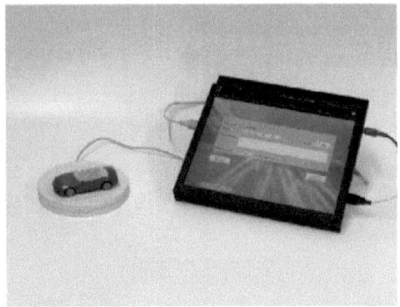

Abbildung A.8.: Der *Tangible Reminder*-Setzkasten. Die Rückwände der Fächer werden je nach Objekt und zugehörigem Termin eingefärbt.

Abbildung A.9.: Zur Änderung und zur Anzeige des mit dem Objekt verknüpften Termins ist ein Computer nötig.

he mentale Bindung, der Nutzer kann sich besser an den verbundenen Termin erinnern. Zum Zweiten schafft der Einsatz auch eine Privatheit, die daher rührt, dass nur der Nutzer die Beziehung zwischen Termin und Gegenstand kennt.

Bisher wurde nur das Präsentationssubsystem des *Tangible Reminder* betrachtet. Zur Verknüpfung eines Artefaktes und eines Termins wird weiterhin auf einen Computer zurückgegriffen. In der ersten Version war dies ein *Laptop*, in der nächsten ein *Tablet PC*, auf dem immerhin per Stifteingabe und Handschrifterkennung die technologische Hürde verringert werden konnte (siehe Abbildung A.9). Das *Input*-Subsystem ermöglicht es, an einen Gegenstand einen konventionellen Termin zu binden. Der *Tangible Reminder* unterstützt auch relative und wiederkehrende Termine. Relative Termine setzen anstelle eines festen Ablauftermins einen *Timer*, der mit dem Einstellen eines Artefaktes in ein Fach zu laufen beginnt. Demonstriert wurde diese Terminart etwa mit dem Einsatz einer Teetasse mit einem festen Brüh-*Timer*. Wiederkehrende Termine haben keine feste Ablaufzeit, sondern kehren regelmäßig wieder. Damit ist auch für diese Art von Terminen keine zusätzliche Interaktion notwendig. Zum Einsatz kommen könnte diese Art von Terminen zum Beispiel bei Tabletten, die mehrmals täglich eingenommen werden müssen. Ist dieser regelmäßige Termin an die Tablettenpackung gebunden, kann diese selbst an die Einnahme erinnern.

Der Fokus des *Tangible Reminder*-Systems liegt auf dem Einsatz von *Ambient Displays* und *Tangible Interaction* um ein Interface zu schaffen, in dem der Computer immer mehr in den Hintergrund gedrängt wird. Für die Modellierung deckt die Arbeit den Bereich der *Object Interaction* ab. Der *Tangible Reminder* vereint dabei so unterschiedliche Herangehensweisen wie *Ambient Interaction*, *Tangible Interaction* und *WIMP Interaction* zu *Mixed Interaction*. Alle diese Ansätze finden Eingang in die Modellierung. Am *Tangible Reminder* wird außerdem der Einsatz des Modells in der Synthese, beginnend bei ersten erarbeiteten Interfaces, bis hin zu den *Redesigns* und der Version des *Tangible Reminder Mobile* demonstriert.

Der *Tangible Reminder* wurde auf der *Intelligent Environments Konferenz 2007* vorgestellt [Herm 07].

### A.2.4. Mobile Interfaces in Tangible Mnemonics Interaction

Aufbauend auf dem *Tangible Reminder* und dessen Interaktion mit nutzergewählten realen Gegenständen als Repräsentanten für Termine wurde die Interaktionsmetapher geändert.

Anstelle des Laptops als Eingabegerät wird nun komplett auf *Tangible Interaction* gesetzt. Die Repräsentation des Termins durch das Artefakt wird nun auch für die Eingabe durchgehalten. Ein mobiles Gerät wird verwendet, um als *Werkzeug* zu fungieren und um die Termine sowohl anzuzeigen als auch zu ändern. Dabei wird auf das *Magic Lens*-Pattern zurückgegriffen, das als Pendant zur Lupe anstelle von Vergrößerungen den Blick auf die digitalen Eigenschaften des Artefakts freigibt.

Abbildung A.10.: Ein *PDA* wird als virtuelle Lupe verwendet, um realen Objekt ein Interface für virtuellen Interaktion zu bietet [Mahl 09b].

Das Projekt fokussiert auf den Einsatz von mobilen Geräten als Wegbereiter für das *Ubiquitous Computing* und den Einsatz von realen Werkzeugen zur Manipulation von digitalen Daten. In die Modellierung bringt es die Punkte des Einsatzes *mobiler Universalgeräte* als *Tools* für den *Ubiquitous Computing*-Einsatz ein und zeigt den Wandel des Nutzers vom *Benutzer* zum *Akteur* auf.

Das Projekt wurde auf der *HCI International 2009, 13th International Conference on Human-Computer Interaction* vorgestellt [Mahl 09a].

## A.2.5. Pedestrian Navigation System Implications on Visualization

Die Entwicklung von mobilen Geräten in Form von *PDAs* und *Smartphones* im Zusammenspiel mit zunehmend ausgeklügelter Sensorik ermöglicht es, diese Geräte auch als intelligente Karten einzusetzen. In diesem Projekt wurden mobile Kleingeräte eingesetzt, um die Fußgängernavigation zu erleichtern. Es stellen sich allerdings andere Problem als etwa bei Navigationslösungen für Autos. Vorrangiges Ziel bei der Fußgängernavigation ist nicht, möglichst schnell an einen bestimmten Punkt zu gelangen sondern vielmehr, sich in einer bestimmten Umgebung zu orientieren, um dort Aufgaben erledigen zu können. Meist sind die Aufgaben so gelagert, dass nicht genau ein bestimmtes örtliches Ziel, sondern vielmehr ein ganze Reihe von Zielen in Frage kommen, um eine Aufgabe zu lösen. Das Standardbeispiel für solche Szenarien ist die Suche nach einem Restaurant in der Nähe.

Die *Constraints* für ein solches Projekt in realer Umgebung sind deutlich andere als im Labor beziehungsweise am Arbeitsplatz. Die Aufmerksamkeit des Nutzers, die wichtigste Ressource, gehört nicht im ersten Maße dem Gerät, sondern ist vielmehr auf die Interaktion mit der Umwelt gerichtet. Es kommt also zu einem großen Teil darauf an, ein Interface zu schaffen, das möglich schnell Informationen liefert und möglichst wenig ablenkt, ergo möglichst wenig Aufmerksamkeit auf sich zieht.

Ziel des Projektes war aufzuzeigen, in welcher Weise bei einem festen Kanal alleine schon die Wahl einer geeigneten Präsentation die Aufmerksamkeit beeinflusst.

Im Rahmen einer Diplomarbeit hat Markus Reuff hier einen Prototypen entwickelt und eine Nutzerstudie durchgeführt, in der wir nachweisen konnten, dass alleine die Einführung der *Halo*-Kreise die Interaktionszeit, und damit das Maß an benötigter Aufmerksamkeit, signifikant reduziert werden konnte. Abbildung 6.3 zeigt den Prototypen mit *Halo*-Kreisen. Die *Halo*-Kreise [Baud 03] sind eine Technik, die es erlaubt *Points of Interest (POIs)* anzuzeigen obwohl sie außerhalb des Kartenausschnitts liegen, ein Problem, das bei der Fußgängernavigation häufig vorkommt. Durch die Visualisierung kann der Nutzer aber trotzdem die Lokation des *POI* bestimmen, ohne mit der Karte interagieren zu müssen, also ohne zum Beispiel die Karte zu verschieben.

Kernpunkte der Arbeit sind die Untersuchung geeigneter Präsentationsformen und der Umgang mit der Aufmerksamkeit des Nutzers. Die Berücksichtigung des Nutzers und seine geänderte Rolle im Bezug auf die Nutzung des Gerätes machen dieses Projekt für die Modellierung interessant. Der Einsatz in realen Umgebungen stellt ganz andere Voraussetzungen an eine Applikation, ein Szenario, das im *Ubiquitous Computing* ständig auftritt und deshalb in die Modellierung Eingang finden muss.

Dieses Projekt wurde auf der *HCI International Konferenz 2007* vorgestellt [Mahl 07].

## A.2.6. Visual Attention in Auditory Display & Attention Driven Auditory Display

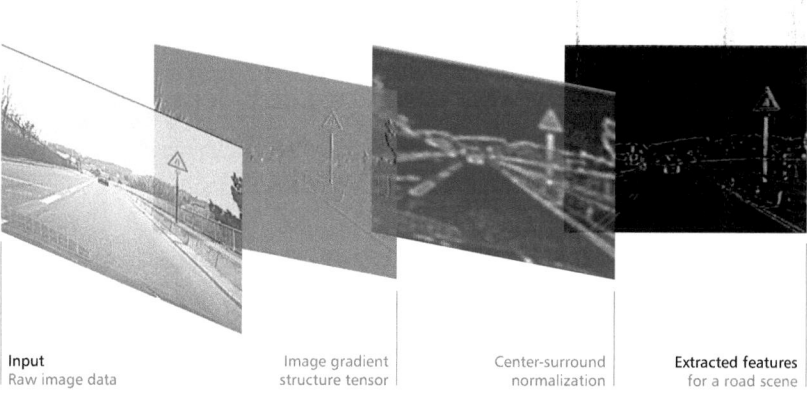

| Input | Image gradient | Center-surround | Extracted features |
| Raw image data | structure tensor | normalization | for a road scene |

Abbildung A.11.: Aufbereitung eines Bildes vor der Sonification.

Dieses Projekt beschäftigt sich mit der Nutzung neuer Kanäle für die Präsentation. Durch den Einsatz von *Computer Vision*-Algorithmen werden aus einem 2D-Bild *Features* extrahiert, die dann wiederum in Sound umgesetzt werden. Es geht hier allerdings nicht darum, ein harmonisches Musikstück zu erzeugen, sondern vielmehr darum, die interessanten Punkte aus dem Bild zu extrahieren und in Sound umzusetzen.

Dazu werden zwei unterschiedliche Methoden präsentiert. Erstere versucht das Bild in Linien zu zerlegen und bestimmt deren Steigung. Die zweite versucht im Bild Objekte zu extrahieren. In beiden Fällen werden die extrahierten Features dann in Töne umgesetzt. Dabei wird auf $MIDI^1$-Sounds zurückgegriffen, um neben den Parametern von Tonhöhe und Lautstärke vor allem den Klang einzelner Instrumente verwenden zu können. Der Charakter der *einzelnen Instrumente* kann nämlich recht gut vom Menschen unterschieden werden. Abbildung A.11 zeigt den Prozess der Zerlegung des Bildes in seine Features. Abbildung A.12 illustriert die Umsetzung in den *Sound Space*.

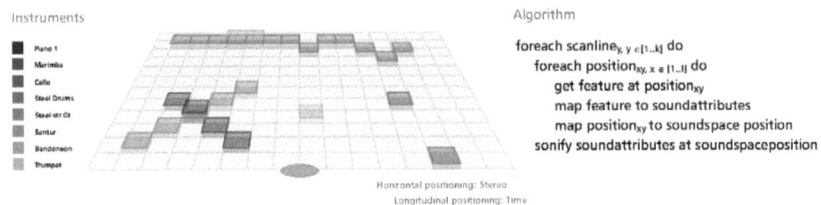

Abbildung A.12.: Umsetzung der extrahierten Features in den *Sound Space*.

Diese Arbeit befasst sich mit Ansätzen, Informationen aus einer Modalität in ein andere zu überführen, in diesem Fall aus der visuellen in die akustische. Die Einbeziehung verschiedener Kanäle ist ein wesentlicher Bestandteil von ubiquitären Anwendungen, soll doch der Computer in den realen Raum integriert werden. Damit müssen die möglichen Interaktionskanäle betrachtet werden, weshalb diese Arbeit als Grundlage für die Modellierung zu verstehen ist.

Die Ergebnisse dieser Arbeit wurden auf der *TWK 8th Tübingen Perception Conference* [Mahl 05] und auf der Konferenz für *Perzeption und Interaktion 2006 (PIT2006)* [Mahl 06] vorgestellt.

---

[1] *MIDI* steht für *Musical Instrument Digital Interface*. MIDI beschriebt Sound nicht anhand physikalischer Größen, sondern anhand von musischen Parametern wie *Note*, *Lautstärke* und *Instrument*.

## A.2.7. A Method for Smart Graphics in the Web

Dieses Projekt befasst sich mit der Gestaltung von hoch dynamischen Interfaces für den Einsatz im *WWW*. Sogenannte *Smart Graphics*, die neben der einfachen Präsentation dynamische Inhalte und Logik enthalten, werden dafür untersucht.

Basierend auf der Analyse von *Smart Graphics*-Anwendungen wird ein Modell entwickelt, das zum Einen ein flexibles Interface erlaubt, um im Interface auf Nutzerinteraktion zu reagieren, zum Anderen aber auch den kompletten Austausch oder die Erweiterung des Interfaces zur Laufzeit erlaubt.

In diesem Projekt spielt neben der Gestaltung der Nutzerschnittstelle vor allem die Systemmodellierung eine Rolle. Basierend auf dem *MVC*-Modell wird ein Modell vorgeschlagen, das verschiedene Logikarten kennt und deren Verteilung erklärt. Durch diesen Ansatz werden eine dynamische Bindung und der Austausch von Präsentationen zur Laufzeit möglich. Die verwendeten Techniken sind, da das System auf den Einsatz im *Browser* konzipiert wurde, *SVG* und *Javascript*. Damit befasst sich das *Smart Graphics*-Projekt mit der Entwicklung von Interfaces basierend auf *WIMP*-Interaktion mit klassischen Ein- und Ausgabegeräten. Es deckt den Bereich der klassischen Interfaces für die Modellierung ab.

Das Ergebnis dieser Arbeit wurde auf der Konferenz *Smart Graphics 2004* vorgestellt [Mahl 04].

## A.2.8. nometa

Das *nometa*-Projekt setzt Handbewegungen in Musik um. Über die Auswertung von Kamerabildern wird die Position der Hand gefunden und verfolgt. Die Position der Hand und deren Bewegungen werden über die Zeit als Eingabedaten verwendet um Musik zu erzeugen. Dabei wird bei der Umsetzung der Daten darauf Wert gelegt, dass die erzeugte Musik stets harmonisch ist. Dazu wird der Eingabebereich in einzelne Spalten geteilt, die geeignete Akkorde anbieten, um so harmonische Wechsel und Übergänge zu gestalten, wenn sich die Hand in diesen Bereich bewegt. Das *nometa*-Projekt untersucht vor allem den Bereich der *Full Body Interaction*, insbesondere den Einsatz von Gesten für die Steuerung, und wird in diesem Zusammenhang für die Modellierung interessant.

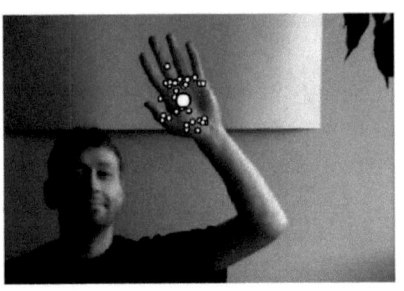 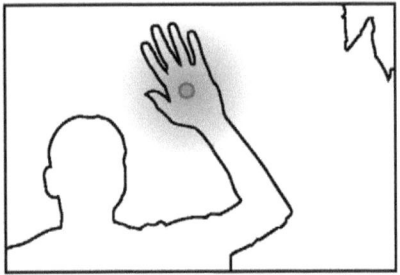

Abbildung A.13.: Im *nometa*-System wird die Handposition ausgewertet um Musik zu generieren.

Die Installation wurde unter anderem auf dem World Usability Day 2007 in Stuttgart präsentiert und dem Publikum zur Verwendung angeboten.

### A.2.9. grid – Generic Rectilinear Interface Device

Klanggenerierung ist ein Genre, das zwar faszinierend aber komplex ist und für Laien schwer verständlich. *grid* besteht aus einem *Framework* zur Klangerzeugung mit verschiedenen Effekten, die über ein einfaches Interface angesprochen werden können. Mittels tangibler Interaktion mit Holzklötzchen auf einem Tisch können sphärische Klänge erzeugt werden. Dabei beeinflussen sich die unterschiedlich farbigen Klötzchen untereinander über ihre Nähe, Menge und Größe.

Zentrale Punkte der Arbeit sind in diesem Zusammenhang die tangible Interaktion und der additive Aufbau von Repräsentanten. Das *grid*-Projekt bringt für die Modellierung die *Object Interaction* mit zusammengesetzten Repräsentanten ein und die Verwendung verschiedener Modalitäten in der *natürlichen Interaktion*.

Das Projekt entstand im *Praktikum æsthetic computing«* und wurde auf der *Mensch und Computer 2009, Workshop on Innovative Computerbased*

*Musicinterfaces* präsentiert und mit dem *Best Student Project Award* ausgezeichnet [Horn 09] (Foto von Axel Fürstberger).

## A.3. æsthetic computing praktikum

Neben den eigenen Arbeiten, die auf Konferenzen vorgestellt oder als Buchartikel veröffentlicht wurden, sind eine Reihe anderer Projekte entstanden, die im Zusammenhang mit vorliegender Arbeit genannt werden können. Dazu gehören eine Reihe an Arbeiten, die im »*Praktikum æsthetic computing*« entstanden sind.

Die Projekt, die hier zusammengefasst sind, befassen sich alle mit der Umsetzung neuer Interaktionstechniken und mit der Zusammenführung von Realität und Virtualität. Die Projekte mit ihren *Mixed Interaction*-Lösungen sind allesamt Projekte, die in der Modellierung abgebildet werden können müssen. Vor allem die große Bandbreite der eingesetzten Medien ist der Grund dafür, dass hier ausgewählte Arbeiten präsentiert werden.

Die Arbeiten haben im Wesentlichen keine feste Domäne, die sie bedienen, sondern fokusieren auf ästhetische Gesichtspunkte. In Folge dessen sind die hier kurz angerissenen Projekte – mit der Ausnahme des oben bereits vorgestellten *grid*-Systems – nicht in Form von wissenschaftlichen Publikationen veröffentlicht, sondern wurden in einer Ausstellung im *Stadthaus Ulm* einem breiten Publikum präsentiert.

### A.3.1. typotisch

*typotisch* ist ein Exponat, das auf den Einsatz von neuen Medien in Verbindung mit Typographie fokusiert und Worte mit Bewegung, Übergängen und Effekten zu neuen Ausdrucksformen verbindet. Im *typotisch* vereinen sich reale Objektinteraktion mit virtueller, kinetischer Typographie. Das Platzieren von Wortkärtchen auf einem eigens

281

gebauten Tisch erzeugt in einer Projektion bewegte Worte und Bewegungen analog zu den gelegten Bahnen. Mit besonderen Worten sind Effekte verbunden, die die Semantik der Worte wiedergeben.
*typotisch* ist ein Beispiel für das Spiel mit der Eindimensionalität des textuellen Mediums. Die Bahnen an Worten werden kontinuierlich als Eingabestrom begriffen und auf einer 2D-Fläche entlang abgelaufen. Die dadurch entstehende Dynamik wird zusätzlich verstärkt durch Effekte, die in der Projektion eingeblendet werden. Die Interaktion, die Schaffung der als Projektion wiedergegeben Animation, erfolgt allein durch tangible Interaktion mit kleinen beschrifteten Plättchen, die auf dem *typotisch*, analog zu Kühlschrankmagneten, aneinandergereiht werden. Ähnlich dem *grid*-System wird auf tangible Steuerung gesetzt, jedoch eine visuelle, animierte Präsentation erzeugt (Foto von Johannes Hanika).

## A.3.2. sehen und gesehen werden

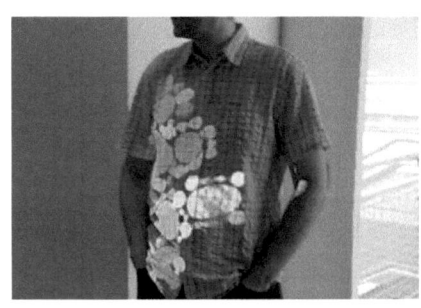

In diesem Projekt sind Menschen nicht nur die Initiatoren für Visualisierungen, sondern vielmehr auch deren Projektionsfläche. Das Spiel zwischen Vordergrund und Hintergrund, aktivem und passivem Part vereint in einer Person, ist zentrales Thema dieser Installation. Treten mehrere Personen in Aktion, entstehen Wechselwirkungen zwischen den Visualisierungen, die von anderen Personen erfasst werden können. Der Betrachter wird in die Präsentation einbezogen, in ständig wechselnden Rollen von Betrachter und Teil der Installation selbst.
Interessant an dieser Arbeit ist der Bezug des Menschen zur Virtualität, nämlich die Verwendung seines Körpers als Projektionsfläche. Zudem wird hier nicht der Nutzer, sondern das System als aktiver Part wahrgenommen, mit dem in Interaktion getreten werden kann. Mit minimalem Eingriff, nämlich der einfachen Bewegung in die aktive Ebene, wird das System aktiv. Dem Nutzer wird jedoch nicht die Kontrolle entzogen, er kann sich stets aus der

Installation zurückziehen und sie damit beenden (Foto von Axel Fürstberger).

### A.3.3. soundscape

Auch das *soundscape*-Projekt beschäftigt sich mit Soundinterfaces. Allerdings wird hier *Sound* nicht als Präsentations-, sondern als *Steuerungs*-Medium verwendet. Über ein Mikrofon werden die Geräusche des Nutzers aufgenommen und damit eine Visualisierung gesteuert. Diese besteht aus der Projektion des eigenen Kamerabildes. Die Tonhöhe sowie die Lautstärke des Eingabesignals beeinflussen die Visualisierung und die Verfremdung des Kamerabildes.

Bereits die Verwendung des Kamerabildes bezieht den Betrachter mit in die Installation ein, aber erst sein aktives Eingreifen über Sprechen, Gesang und Schreien lässt ihn das Projekt voll erleben. Damit wird der Betrachter, nicht nur ermutigt aktiv zu werden, sondern auch Konventionen zu überschreiten (Foto von Axel Fürstberger).

### A.4. Fazit

Die eigenen Projekte, die hier kurz beschrieben wurden, decken einen großen Bereich der Probleme ab, die vorliegende Arbeit behandelt. Insofern bilden die Projekte zu einem großen Teil das Fundament für die präsentierten Ergebnisse.

Der Umfang der Beschreibung der einzelnen Projekte ist der Referenzierung innerhalb der Arbeit angepasst. Für einen weitergehenden Einblick sei auf die zugehörigen angegebenen Veröffentlichungen verwiesen. Die Projekte selbst wurden durch die Veröffentlichung allesamt entweder einem *Review*-Prozess unterworfen oder – im Falle der *æsthetic computing*-Exponate – mussten sich in einer Ausstellung vor Publikum beweisen.

Die grundlegenden Arbeiten bezüglich der Interface-Aufgaben, vor allem bezogen auf mobile Geräte, wurden bereits in Form eines Buchkapitels veröffentlicht.

# B
# Literaturverzeichnis

[Aart 03]   E. Aarts and S. Marzano. *The New Everyday Views on Ambient Intelligence*. 010 Publishers, 2003.

[Abow 02]   G. D. Abowd, E. D. Mynatt, and T. Rodden. "The Human Experience". *IEEE Pervasive Computing*, Vol. 1, pp. 48–57, 2002.

[AEC]   AEC. "ARS Electronica | Center". http://www.aec.at/center_about_en.php.

[Alex 75]   C. Alexander. *The Oregon Experiment*. Oxford University Press, New York, USA, 1975.

[Alex 77]   C. Alexander, S. Ishikawa, and M. Silverstein. *A Pattern Language: Towns, Buildings, Construction*. Oxford University Press, New York, USA, 1977.

[Alex 79]   C. Alexander. *The Timeless Way of Building*. Oxford University Press, New York, USA, 1979.

B. Literaturverzeichnis

[Alex 81]   C. Alexander. *The Linz Café / Das Linz Café*. Oxford University Press, New York, USA, 1981.

[Alex 85]   C. Alexander, H. Davis, J. Martinez, and D. Corner. *The Production of Houses*. Oxford University Press, New York, USA, 1985.

[Alex 87]   C. Alexander, H. Neis, A. Anninou, and I. King. *A New Theory of Urban Design*. Oxford University Press, New York, USA, Nov 1987.

[Ambi]   Ambient Devices. "Ambient Devices: Orb". http://www.ambientdevices.com/cat/orb/. Last visited: January, 29th 2010.

[Appl 92]   Apple Computer. *Macintosh Human Interface Guidelines*. Addison-Wesley, Reading, MA, 1992.

[Azum 97]   R. Azuma. "A Survey of Augmented Reality". *Presence: Teleoperators and Virtual Environments*, Vol. 6, No. 4, pp. 355–385, 1997.

[Bach 04]   C. Bach and D. L. Scapin. "Obstacles and Perspectives for Evaluating Mixed Reality Systems Usability". *Proceedings of the IUI-CADUI'04 Workshop on Exploring the Design and Engineering of Mixed Reality Systems*, January 13th 2004.

[Bail 01]   B. P. Bailey, J. A. Konstan, and J. V. Carlis. "The effects of interruptions on task performance, annoyance, and anxiety in the user interface". In: M. Hirose, Ed., *Human-Computer Interaction - INTERACT 2001 Conference Proceedings*, pp. 593–601, IOS Press, 2001.

[Bann 91]   L. J. Bannon. *From human factors to human actors: the role of psychology and human-computer interaction studies in system design*, pp. 25–44. Lawrence Erlbaum Associates, Hillsdale, 1991.

[Barf 94]   L. Barfield, W. van Burgsteden, R. Lanfermeijer, B. Mulder, J. Ossewold, D. Rijken, and P. Wegner. "Interaction design at the Utrecht School of the Arts". *SIGCHI Bull.*, Vol. 26, No. 3, pp. 49–86, 1994.

B. Literaturverzeichnis

[Bass 01a] L. Bass and B. E. John. "Achieving usability through software architecture". In: *ICSE '01: Proceedings of the 23rd International Conference on Software Engineering*, p. 684, IEEE Computer Society, Washington, DC, USA, 2001.

[Bass 01b] L. Bass and B. E. John. "Architectural Patterns for Usability". In: *Proceedings of OOPSLA 2001*, ACM, New York, Tampa, Florida, 14-18 October 2001.

[Bass 02] L. Bass and B. E. John. "Supporting the CANCEL Command Through Software Architecture". Tech. Rep. CMU/SEI-2002-TN-021, Software Engineering Institute, Carnegie-Mellon University, Pittsburgh, PA, 2002.

[Bass 03] L. Bass and B. E. John. "Linking usability to software architecture patterns through general scenarios". *J. Syst. Softw.*, Vol. 66, No. 3, pp. 187–197, 2003.

[Bast 09] R. Bastide. "An Integration of Task and Use Case Metamodels". In: *Proceedings of the 13th International Conference on Human-Computer Interaction. Human-Computer Interaction - New Trends*, pp. 579–586, Springer-Verlag, Berlin, Heidelberg, July 2009.

[Baud 03] P. Baudisch and R. Rosenholtz. "Halo: a technique for visualizing off-screen objects". In: *CHI '03: Proceedings of the SIGCHI conference on Human factors in computing systems*, pp. 481–488, ACM, New York, NY, USA, 2003.

[Bayl 98] E. Bayle, R. Bellamy, G. Casaday, T. Erickson, S. Fincher, B. Grinter, B. Gross, D. Lehder, H. Marmolin, B. Moore, C. Potts, G. Skousen, and J. Thomas. "Putting it all together: towards a pattern language for interaction design: A CHI 97 workshop". *SIGCHI Bull.*, Vol. 30, No. 1, pp. 17–23, 1998.

[Beau 01] O. Beaudoux and M. Beaudouin-Lafon. "DPI: A Conceptual Model Based on Documents and Interaction Instruments". In: *People and Computer XV - Interaction without frontier (Joint proceedings*

## B. Literaturverzeichnis

*of HCI 2001 and IHM 2001)*, pp. 247–263, Springer-Verlag, Berlin, Heidelberg, 2001.

[Beau 04]   M. Beaudouin-Lafon. "Designing interaction, not interfaces". In: *AVI '04: Proceedings of the working conference on Advanced visual interfaces*, pp. 15–22, ACM, New York, NY, USA, 2004.

[Beck 96]   K. Beck, R. Crocker, G. Meszaros, J. Coplien, L. Dominick, F. Paulisch, and J. Vlissides. "Industrial experience with design patterns". *Software Engineering, International Conference on*, Vol. 0, p. 103, 1996.

[Beig 01]   M. Beigl, H.-W. Gellersen, and A. Schmidt. "Mediacups: experience with design and use of computer-augmented everyday artefacts". *Comput. Netw.*, Vol. 35, No. 4, pp. 401–409, 2001.

[Bele 03]   J. Belenguer, J. Parra, I. Torres, and P. J. Molina. "HCI Designers and Engineers: It is possible to work together?". In: M. B. Harning and J. Vanderdonckt, Eds., *Closing the Gaps: Software Engineering and Human-Computer Interaction*, pp. 14–19, Louvain-la-Neuve, Belgium, 2003.

[Bell 98]   R. Bell. "Code Generation from Object Models". *Embedded Systems Programming*, Vol. 11, No. 3, March 1998.

[Benf 04]   S. Benford, D. Rowland, M. Flintham, R. Hull, J. Reid, J. Morrison, K. facer, and B. Clayton. "'Savannah': Designing a Location-Based Game Simulating Lion Behavior". In: *Proceedings of ACM Advanced Computer Entertainment (ACE 2004)*, ACM Press, Singapore, July 2004.

[Benf 05]   S. Benford, D. Rowland, M. Flintham, A. Drozd, R. Hull, J. Reid, J. Morrison, and K. Facer. "Life on the edge: supporting collaboration in location-based experiences". In: *CHI '05: Proceedings of the SIGCHI conference on Human factors in computing systems*, pp. 721–730, ACM, New York, NY, USA, 2005.

[Bert 06]   O. W. Bertelsen. *Tertiary Artefactness at the Interface*, pp. 357–368. MIT press, Cambridge, Massachusetts, USA, 2006.

[Beye 97]   H. Beyer. *Contextual Design: Defining Customer-Centered Systems*. Morgan Kaufmann Publishers Inc., San Francisco, CA, USA, 1997.

[Bier 93]   E. A. Bier, M. C. Stone, K. Pier, W. Buxton, and T. D. DeRose. "Toolglass and magic lenses: the see-through interface". In: *SIGGRAPH '93: Proceedings of the 20th annual conference on Computer graphics and interactive techniques*, pp. 73–80, ACM, New York, NY, USA, 1993.

[Birb 91]   N. Birbaumer and R. F. Schmidt. *Biologische Psychologie*. Springer-Verlag, Berlin, Heidelberg, 2 Ed., 1991.

[Bodk 00]   S. Bødker, P. Ehn, D. Sjögren, and Y. Sundblad. "Cooperative Design - Perspectives on 20 years with 'the Scandinavian IT Design Model'". In: *Proceedings of the First Nordic Conference on Human-Computer-Interaction (NordiCHI)*, Stockholm, Sweden, 2000.

[Bodk 06]   S. Bødker. "When second wave HCI meets third wave challenges". In: *NordiCHI '06: Proceedings of the 4th Nordic conference on Human-computer interaction*, pp. 1–8, ACM, New York, NY, USA, 2006.

[Bolt 06]   J. D. Bolter and D. Gromala. *Transparency and Reflectivity: Digital Art and the Aesthetics of Interface Design*, pp. 369–382. MIT press, Cambridge, Massachusetts, USA, 2006.

[Boms 09]   B. Bomsdorf and D. Sinnig. "Model-Based Specification and Validation of User Interface Requirements". In: *Proceedings of the 13th International Conference on Human-Computer Interaction. Part I*, pp. 587–596, Springer-Verlag, Berlin, Heidelberg, 2009.

[Borc 00a]   J. O. Borchers. "Interaction design patterns: twelve theses". In: *position paper presented at the Workshop on Pattern Languages for Interaction Design, The CHI 2000 Conference on Human Factors in Computing Systems*, ACM Press, The Hague, Netherlands, April 2-3rd 2000.

## B. Literaturverzeichnis

[Borc 00b] J. O. Borchers. "A Pattern Approach to Interaction Design". *Proceedings of the DIS 2000 International Conference on Designing Interactive Systems*, pp. 369–378, August 16-19 2000.

[Borc 01] J. Borchers. *A Pattern Approach to Interaction Design*. John Wiley & Sons, 2001.

[Borc 02] J. Borchers. "Teaching HCI Patterns: Experience from Two University Courses". In: *ACM CHI 2002 International Conference on Human Factors of Computing Systems*, Minneapolis, MI, April 21-25 2002. position paper for 'Patterns in Practice: A Workshop for UI Designers'.

[Bosc 03] J. Bosch and N. Juristo. "Designing software architectures for usability". In: *ICSE '03: Proceedings of the 25th International Conference on Software Engineering*, pp. 757–758, IEEE Computer Society, Washington, DC, USA, 2003.

[Bowd 02] R. Bowden, P. Kaewtrakulpong, and M. Lewin. "Jeremiah: the face of computer vision". In: *SMARTGRAPH '02: Proceedings of the 2nd international symposium on Smart graphics*, pp. 124–128, ACM, New York, NY, USA, 2002.

[Brig 03] Brighton Usability Group. "The Brighton Usability Patterns Collection". http://www.cmis.brighton.ac.uk/research/patterns/home.html, 2003.

[Brod 04] C. Brodersen and J. F. Kristensen. "Interaction through negotiation". In: *NordiCHI '04: Proceedings of the third Nordic conference on Human-computer interaction*, pp. 259–268, ACM, New York, NY, USA, 2004.

[Broe 95] W. Broer, W. Etschmann, R. Hahne, and V. Tlusty. *Epochen der Kunst 5*. Oldenbourg Verlag, München, 1995.

[Brow 88] C. M. Brown. *Human-computer interface design guidelines*. Ablex Publishing Corp., Norwood, NJ, USA, 1988.

[Brow 96] J. Brown and P. Duguid. *Keeping It Simple: Investigating Resources in the Periphery*, pp. 129–145. Addison-Wesley, Menlo Park, CA, 1996.

## B. Literaturverzeichnis

[Brow 98] W. J. Brown, R. C. Malveau, H. W. McCormick, III, and T. J. Mowbray. *Antipatterns: refactoring software, architectures, and projects in crisis*. John Wiley & Sons, Inc., New York, NY, USA, 1998.

[Butz 04] A. Butz. "Between location awareness and aware locations: where to put the intelligence". *Applied Artificial Intelligence, Special Issue on AI in Mobile Systems*, Vol. 18, No. 6, June 2004.

[Butz 06] A. Butz and A. Krüger. "Applying the Peephole Metaphor in a Mixed-Reality Room". *IEEE Computer Graphics and Applications*, Vol. 26, pp. 56–63, 2006.

[Buxt 90] W. A. Buxton. "A Three-State Model of Graphical Input". In: D. D. et al., Ed., *Human-Computer-Interaction - INTERACT '90*, pp. 449–456, Elsevier Science Publishers B.V., Amsterdam, 1990.

[Buxt 97] W. A. Buxton. *Living in Augmented Reality: Ubiquitous Media and Reactive Environments*, pp. 215–229. Erlbaum, Hillsdale, N.J., 1997.

[Buza 93] T. Buzan. *The Mind Map Book: Radiant Thinking - the major evolution in human thought*. BBC Books, 1993.

[Calv 03] G. Calvary, J. Coutaz, D. Thevenin, Q. Limbourg, L. Bouillon, and J. Vanderdonckt. "A Unifying Reference Framework for multi-target user interfaces". *Interacting with Computers*, Vol. 15, No. 3, pp. 289–308, June 2003.

[Capi 06] T. Çapın, A. Haro, V. Setlur, and S. Wilkinson. "Camera-Based Virtual Environment Interaction on Mobile Devices". In: *Computer and Information Sciences - ISCIS 2006*, pp. 765–773, Springer Berlin / Heidelberg, 2006.

[Card 80] S. K. Card, T. P. Moran, and A. Newell. "The keystroke-level model for user performance time with interactive systems". *Commun. ACM*, Vol. 23, No. 7, pp. 396–410, 1980.

[Carr 90] J. M. Carroll. "Infinite detail and emulation in an ontologically minimized HCI". In: *CHI '90: Proceedings of the SIGCHI conference* on *Human factors in computing systems*, pp. 321–328, ACM, New York, NY, USA, 1990.

[Chal 04] M. Chalmers. "Coupling and Heterogeneity in Ubiquitous Computing". In: *ACM CHI 2004 Workshop Reflective HCI: Towards a Critical Technical Practice*, 2004.

[Chan 07] A. Chang, J. Gouldstone, J. Zigelbaum, and H. Ishii. "Simplicity in interaction design". In: *TEI '07: Proceedings of the 1st international conference on Tangible and embedded interaction*, pp. 135–138, ACM, New York, NY, USA, 2007.

[Char 07] S. Charfi, E. Dubois, and R. Bastide. "Articulating Interaction and Task Models for the Design of Advanced Interactive Systems". In: *TAsk MOdels DIAgrams for UI design (TAMODIA), Toulouse*, pp. 70–83, Springer Berlin / Heidelberg, november 2007.

[Char 09] S. Charfi, E. Dubois, and D. L. Scapin. "Usability recommendations in the design of mixed interactive systems". In: *EICS '09: Proceedings of the 1st ACM SIGCHI symposium on Engineering interactive computing systems*, pp. 231–236, ACM, New York, NY, USA, 2009.

[Chit 06] L. Chittaro. "Visualizing Information on Mobile Devices". *Computer*, Vol. 39, No. 3, pp. 40–45, 2006.

[Chri 05] E. Christiansen. "Competence affirmation as a complementary quality of human-computer interaction". In: *Proceedings from workshop 9 'Quality, Value(s) and Choice', CHI2005*, Portland, OR, 2.-7. April 2005.

[Chru 00] M. Chrusch. "The whiteboard: seven great myths of usability". *interactions*, Vol. 7, No. 5, pp. 13–16, 2000.

[Chua 99] S. L. Chua, D.-T. Chen, and A. F. L. Wong. "Computer anxiety and its correlates: a meta-analysis". *Computers in Human Behavior*, Vol. 15, No. 5, pp. 609–623, 1999.

[Chun 04] E. S. Chung, J. I. Hong, J. Lin, M. K. Prabaker, J. A. Landay, and A. L. Liu. "Development and evaluation of emerging design patterns for ubiquitous computing". In: *DIS '04: Proceedings of the 5th conference on Designing interactive systems*, pp. 233–242, ACM, New York, NY, USA, 2004.

[Chur 03]  A. Churi and V. Lin. "Platypus amoeba". In: *Adjunct proceedings of the 5th international conference on ubiquitous computing (Ubicomp 2003)*, pp. 28–30, Seattle, Washington, October 2003.

[Cler 04]  T. Clerckx, K. Luyten, and K. Coninx. "The mapping problem back and forth: customizing dynamic models while preserving consistency". In: *TAMODIA '04: Proceedings of the 3rd annual conference on Task models and diagrams*, pp. 33–42, ACM, New York, NY, USA, 2004.

[Clin 96]  M. P. Cline. "The pros and cons of adopting and applying design patterns in the real world". *Commun. ACM*, Vol. 39, No. 10, pp. 47–49, 1996.

[Coad 92]  P. Coad. "Object-oriented patterns". *Commun. ACM*, Vol. 35, No. 9, pp. 152–159, 1992.

[Coen 98]  M. H. Coen. "Design principles for intelligent environments". In: *AAAI '98/IAAI '98: Proceedings of the fifteenth national/tenth conference on Artificial intelligence/Innovative applications of artificial intelligence*, pp. 547–554, American Association for Artificial Intelligence, Menlo Park, CA, USA, 1998.

[Cons 99]  L. L. Constantine and L. A. D. Lockwood. *Software for use: a practical guide to the models and methods of usage-centered design*. ACM Press/Addison-Wesley Publishing Co., New York, NY, USA, 1999.

[Coop 97]  J. R. Cooperstock, S. S. Fels, W. Buxton, and K. C. Smith. "Reactive environments". *Commun. ACM*, Vol. 40, No. 9, pp. 65–73, 1997.

[Corp 92]  M. Corporation. *The Windows Interface: An Application Design Guide*. Microsoft Press, Redmond, WA, 1992.

## B. Literaturverzeichnis

[Cout 06]   C. Coutrix and L. Nigay. "Mixed reality: a model of mixed interaction". In: *AVI '06: Proceedings of the working conference on Advanced visual interfaces*, pp. 43–50, ACM, New York, NY, USA, 2006.

[Cout 87]   J. Coutaz. "PAC: An Object Oriented Model For Implementing User Interfaces". *SIGCHI Bull.*, Vol. 19, No. 2, pp. 37–41, 1987.

[Craf 05]   B. Craft and P. Cairns. "Beyond Guidelines: What Can We Learn from the Visual Information Seeking Mantra?". In: *IV '05: Proceedings of the Ninth International Conference on Information Visualisation*, pp. 110–118, IEEE Computer Society, Washington, DC, USA, 2005.

[Cuom 94]   D. L. Cuomo and C. D. Bowen. "Understanding Usability Issues Addressed by Three User-System Interface Evaluation Techniques". *Interacting with Computers*, Vol. 6, No. 1, pp. 86–108, 1994.

[Dahl 93]   N. Dahlbäck, A. Jönsson, and L. Ahrenberg. "Wizard of Oz studies: why and how". In: *IUI '93: Proceedings of the 1st international conference on Intelligent user interfaces*, pp. 193–200, ACM, New York, NY, USA, 1993.

[Dear 02]   A. Dearden, J. Finlay, L. Allgar, and B. McManus. "Evaluating pattern languages in participatory design". In: *CHI '02: CHI '02 extended abstracts on Human factors in computing systems*, pp. 664–665, ACM, New York, NY, USA, 2002.

[Dear 06]   A. Dearden and J. Finlay. "Pattern Languages in HCI: A Critical Review". *Human-Computer Interaction*, Vol. 21, No. 1, pp. 49–102, 2006.

[Dey 01]   A. K. Dey, P. Ljungstrand, and A. Schmidt. "Distributed and disappearing user interfaces in ubiquitous computing". In: *CHI '01: CHI '01 extended abstracts on Human factors in computing systems*, pp. 487–488, ACM, New York, NY, USA, 2001.

[DIN 06]   DIN. "Ergonomie der Mensch-System-Interaktion - Teil 110: Grundsätze der Dialoggestaltung (DIN EN ISO 9241-110)". 2006.

B. Literaturverzeichnis

[Dix 04]   A. J. Dix, J. E. Finlay, G. D. Abowd, and R. Beale. *Human-Computer Interaction (3rd Edition)*. Prentice Hall, 2004.

[Dix 98]   A. Dix, J. Finley, G. Abowd, and R. Beale. *Human-computer interaction (2nd ed.)*. Prentice-Hall, Inc., Upper Saddle River, NJ, USA, 1998.

[Dona 01]  G. M. Donahue. "Usability and the Bottom Line". *IEEE Softw.*, Vol. 18, No. 1, pp. 31–37, 2001.

[Dour 01]  P. Dourish. *Where the action is: the foundations of embodied interaction*. MIT Press, Cambridge, MA, USA, 2001.

[Dove 90]  K. Dovey. "The pattern language and its enemies". *Design Studies*, Vol. 11, No. 1, pp. 3–9, 1990.

[Dubo 01]  E. Dubois, L. Nigay, and J. Troccaz. "Consistency in Augmented Reality Systems". In: *EHCI '01: Proceedings of the 8th IFIP International Conference on Engineering for Human-Computer Interaction*, pp. 111–122, Springer-Verlag, London, UK, 2001.

[Dubo 07]  E. Dubois, G. Gauffre, C. Bach, and P. Salembier. *Participatory Design Meets Mixed Reality Design Models*, pp. 71–84. Springer Netherlands, 2007.

[Duch 75]  M. Duchamp and M. Sanouillet. *The essential writings of Marcel Duchamp. Marchand du sel - Salt Seller*. Thames, Hudson, London, 1975.

[Duec 03]  G. Dueck. *Wild Duck - Empirische Philosophie der Mensch-Computer-Vernetzung*. Springer, Berlin, 2003.

[Duns 08]  A. Dünser, R. Grasset, and M. Billinghurst. "A survey of evaluation techniques used in augmented reality studies". In: *SIGGRAPH Asia '08: ACM SIGGRAPH ASIA 2008 courses*, pp. 1–27, ACM, New York, NY, USA, 2008.

[Duyn 03]  D. K. V. Duyne, J. A. Landay, and J. I. Hong. *The Design of Sites: Patterns, Principles, and Processes for Crafting a Customer-Centered Web Experience*. Addison-Wesley Professional, Reading, MA, 2003.

## B. Literaturverzeichnis

[Ehre 90]   C. von Ehrenfels. "Über Gestaltqualitäten". *Vierteljahrsschrift für wissenschaftliche Philosophie*, Vol. 14, pp. 242–292, 1890.

[Ekma 72]   P. Ekman. "Universals and cultural differences in the judgments of facial expressions of emotion". *Nebraska Symposium on Motivation, 1971*, Vol. 19, pp. 207–282, 1972.

[Engl 67]   W. English, D. Engelbart, and M. Berman. "Display-Selection Techniques for Text Manipulation". *Human Factors in Electronics, IEEE Transactions on*, Vol. HFE-8, No. 1, pp. 5–15, March 1967.

[Eric 00]   T. Erickson. "Lingua Franca for design: sacred places and pattern languages". In: *DIS '00: Proceedings of the 3rd conference on Designing interactive systems*, pp. 357–368, ACM, New York, NY, USA, 2000.

[Eric 98]   T. Erickson. "Interaction Pattern Languages: A Lingua Franca for Interaction Design?". In: *UPA 98 Conference*, Washington, DC, 1998.

[Face 04]   K. Facer, R. Joiner, D. Stanton, J. Reid, R. Hull, and D. Kirk. "Savannah: mobile gaming and learning?". *Journal of Computer Assisted Learning*, No. 20, pp. 399–409, 2004.

[Finc 00]   S. Fincher. "Capture of practice : Is it obvious?". In: *BCS HCI Group/IFIPWG13.2 Workshop on HCI Patterns, November 2000*, 2000. http://www.cs.kent.ac.uk/people/staff/saf/patterns/bcs.pdf.

[Finc 02]   S. Fincher and I. Utting. "Pedagogical patterns: their place in the genre". In: *ITiCSE '02: Proceedings of the 7th annual conference on Innovation and technology in computer science education*, pp. 199–202, ACM, New York, NY, USA, 2002.

[Finl 02]   J. Finlay, E. Allgar, A. Dearden, and B. McManus. "Pattern Languages in Participatory Design". In: X. Faulkner, J. Finlay, and F. Detienne, Eds., *People and Computers XVI - Memorable yet Invisible, Proceedings of HCI2002*, pp. 159–174, Springer Verlag, London, UK, 2002.

B. Literaturverzeichnis

[Fisc 01]  G. Fischer. "User Modeling in Human–Computer Interaction". *User Modeling and User-Adapted Interaction*, Vol. 11, No. 1-2, pp. 65–86, 2001.

[Fish 04]  K. P. Fishkin. "A taxonomy for and analysis of tangible interfaces". *Personal Ubiquitous Comput.*, Vol. 8, No. 5, pp. 347–358, 2004.

[Fish 05]  P. A. Fishwick. *Aesthetic Computing*. MIT Press, 2005.

[Fitz 93]  G. W. Fitzmaurice. "Situated information spaces and spatially aware palmtop computers". *Commun. ACM*, Vol. 36, No. 7, pp. 39–49, 1993.

[Fitz 95]  G. W. Fitzmaurice, H. Ishii, and W. A. S. Buxton. "Bricks: laying the foundations for graspable user interfaces". In: *CHI '95: Proceedings of the SIGCHI conference on Human factors in computing systems*, pp. 442–449, ACM Press/Addison-Wesley Publishing Co., New York, NY, USA, 1995.

[Flor 04]  M. Florins and J. Vanderdonckt. "Graceful degradation of user interfaces as a design method for multiplatform systems". In: *IUI '04: Proceedings of the 9th international conference on Intelligent user interfaces*, pp. 140–147, ACM, New York, NY, USA, 2004.

[Folm 03]  E. Folmer, J. Van Gurp, and J. Bosch. "A framework for capturing the relationship between usability and software architecture". *Software Process Improvement and Practice*, Vol. 8, No. 2, pp. 67–87, 2003.

[Folm 04]  E. Folmer and J. Bosch. "Architecting for usability: a survey". *Journal of Systems and Software*, Vol. 70, No. 1-2, pp. 61–78, February 2004.

[Folm 05]  E. Folmer, J. van Gurp, and J. Bosch. "Software Architecture Analysis of Usability". In: *Engineering Human Computer Interaction and Interactive Systems*, pp. 38–58, Springer Berlin / Heidelberg, 2005.

## B. Literaturverzeichnis

[Folm 06] E. Folmer. "Usability Patterns in Games". In: *Proceedings of Future Play 2006 conference*, Ontario, Canada, 2006.

[Fowl 98] M. Fowler. *Analysis Patterns: reusable object models*. Addison Wesley Longman, Menlo Park, CA, 1998.

[Gali 02] W. O. Galitz. *The Essential Guide to User Interface Design: An Introduction to GUI Design Principles and Techniques*. John Wiley & Sons, Inc., New York, NY, USA, 2002.

[Gamm 95] E. Gamma, R. Helm, R. Johnson, and J. Vlissides. *Design Patterns. Elements of Reusable Object-Oriented Software*. Addison-Wesley Professional, 1995.

[Gauf 08] G. Gauffre, E. Dubois, and R. Bastide. "Domain-Specific Methods and Tools for the Design of Advanced Interactive Techniques". In: H. Giese, Ed., *Models in Software Engineering*, pp. 65–76, Springer, http://www.springerlink.com, juin 2008.

[Gave 95] W. W. Gaver, G. Smets, and K. Overbeeke. "A Virtual Window on media space". In: *CHI '95: Proceedings of the SIGCHI conference on Human factors in computing systems*, pp. 257–264, ACM Press/Addison-Wesley Publishing Co., New York, NY, USA, 1995.

[Geie 05] M. Geier. *Martin Heidegger*. Rowohlt Taschenbuch Verlag, 2005.

[GNOM 08] GNOME Project. "GNOME Human Interface Guidelines 2.2". http://library.gnome.org/devel/hig-book/stable/, 2008.

[Gold 05] E. Golden, B. E. John, and L. Bass. "The value of a usability-supporting architectural pattern in software architecture design: a controlled experiment". In: *ICSE '05: Proceedings of the 27th international conference on Software engineering*, pp. 460–469, ACM, New York, NY, USA, 2005.

[Gold 76] A. Goldberg and A. Kay. "SMALLTALK-72 Instruction Manual". Tech. Rep., Xerox Palo Alto Research Center, Palo Alto, California, 1976. Technical Report SSL-76-6.

B. Literaturverzeichnis

[Grah 02] I. Graham. *A Pattern Language for Web Usability*. Addison-Wesley Longman Publishing Co., Inc., Boston, MA, USA, 2002.

[Gran 01] Åsa Granlund, D. Lafrenière, and D. Carr. "A Pattern-Supported Approach to the User Interface Design Process". In: *Proceedings of the 9th International Conference on Human-Computer Interaction, HCII*, p. 5, New Orleans, USA, 05. - 10. Aug 2001.

[Gran 99] Åsa Granlund and D. Lafrenière. "PSA: A pattern-supported approach to the user interface design process". Workshop report, UPA '99 Usability Professionals Association Conference, June 29 – July 2 1999.

[Gree 85] P. Green and L. Wei-Haas. "The Wizard of Oz: a tool for rapid development of user interfaces.". Tech. Rep. UMTRI-85-27, University of Michigan, Ann Arbor, Transportation Research Institute, 1985.

[Grif 00] R. Griffiths, L. Pemberton, J. Borchers, and A. Stork. "Pattern languages for interaction design: building momentum". In: *CHI '00: CHI '00 extended abstracts on Human factors in computing systems*, pp. 363–363, ACM, New York, NY, USA, 2000.

[Grif 05] R. Griffiths and L. Pemberton. "Don't write guidelines write patterns!". http://www.it.bton.ac.uk/staff/lp22/guidelinesdraft.html, 2005.

[Gurp 02] J. van Gurp and J. Bosch. "Design erosion: problems and causes". *Journal of Systems and Software*, Vol. 61, No. 2, pp. 105–119, March 2002.

[Hach 05] M. Hachet, J. Pouderoux, and P. Guitton. "A camera-based interface for interaction with mobile handheld computers". In: *I3D '05: Proceedings of the 2005 symposium on Interactive 3D graphics and games*, pp. 65–72, ACM, New York, NY, USA, 2005.

[Hall 03] P. A. V. Hall, C. J. Lawson, and S. Minocha. "Design patterns as a guide to the cultural localisation of Software". In: V. Evers, K. Röse, P. Honold, J. Coronado, and D. L. Day, Eds., *Proceedings*

301

## B. Literaturverzeichnis

                *of the 5th Annual International Workshop on Internationalisation of Products and Systems (IWIPS 2003)*, pp. 79–88, Product & System Internationalisation, Inc., Berlin, 17th-19th July 2003.

[Harp 08]    R. Harper, T. Rodden, Y. Rogers, and A. Sellen. "Being Human: Human-Computer Interaction in the year 2020". Tech. Rep., Microsoft Research Ltd., 7 J J Thomson Avenue, Cambridge, CB3 0FB, England, 2008.

[Hawl 97]    M. Hawley, R. Poor, and M. Tuteja. "Things that think". *Personal and Ubiquitous Computing*, Vol. 1, No. 1, pp. 13–20, 1997.

[Heid 67]    M. Heidegger. *Sein und Zeit*. Max Niemayer Verlag, 11 Ed., 1967. first published author = Martin Heidegger, title = Sein und Zeit, year = 1927, editor = Edmund Husserl, publisher = Jahrbuch für Phänomenologie und phänomenologische Forschung, volume = 8.

[Heid 76]    M. Heidegger. *Gesamtausgabe Band 9*. Klostermann, Frankfurt a. M., 1976.

[Henr 05]    A. Henrysson, M. Ollila, and M. Billinghurst. "Mobile phone based AR scene assembly". In: *MUM '05: Proceedings of the 4th international conference on Mobile and ubiquitous multimedia*, pp. 95–102, ACM, New York, NY, USA, 2005.

[Herm 07]    M. Hermann, T. Mahler, G. de Melo, and M. Weber. "The tangible reminder". In: *Intelligent Environments, 2007. IE 07. 3rd IET International Conference on*, pp. 144–151, Sept. 2007.

[Hewe 92]    T. T. C. Hewett. "ACM SIGCHI curricula for human-computer interaction". Tech. Rep., ACM, New York, NY, USA, 1992.

[Hipp 09]    M. Hipp, T. Mahler, and M. Weber. "Universal Device Access with FreeMote". In: V. Callaghan, A. Kameas, A. Reyes, D. Royo, and M. Weber, Eds., *Intelligent Environments 2009 - Proceedings of the 5th International Conference on Intelligent Environments*, pp. 311–318, IOS Press, Barcelona, 2009.

B. Literaturverzeichnis

[Hix 93] D. Hix and H. R. Hartson. *Developing user interfaces: ensuring usability through product & process*. John Wiley & Sons, Inc., New York, NY, USA, 1993.

[Ho 05] J. Ho and S. S. Intille. "Using context-aware computing to reduce the perceived burden of interruptions from mobile devices". In: *CHI '05: Proceedings of the SIGCHI conference on Human factors in computing systems*, pp. 909–918, ACM, New York, NY, USA, 2005.

[Holm 04] L. E. Holmquist, A. Schmidt, and B. Ullmer. "Tangible interfaces in perspective: Guest editorsíntroduction". *Personal Ubiquitous Comput.*, Vol. 8, No. 5, pp. 291–293, 2004.

[Holm 99] L. E. Holmquist, J. Redström, and P. Ljungstrand. "Token-Based Acces to Digital Information". In: *HUC '99: Proceedings of the 1st international symposium on Handheld and Ubiquitous Computing*, pp. 234–245, Springer-Verlag, London, UK, 1999.

[Horn 06] E. Hornecker and J. Buur. "Getting a grip on tangible interaction: a framework on physical space and social interaction". In: *CHI '06: Proceedings of the SIGCHI conference on Human Factors in computing systems*, pp. 437–446, ACM, New York, NY, USA, 2006.

[Horn 09] T. Hornberger, T. Mahler, and M. Weber. "GRID - Generic Rectilinear Interface Device". In: *Innovative Computerbased Music-Interfaces (ICMI 2009), Workshop at Mensch & Computer Conference*, Berlin, September 2009.

[Hove 04] E. van den Hoven and B. Eggen. "Tangible Computing in Everyday Life: Extending Current Frameworks for Tangible User Interfaces with Personal Objects". In: *Proceedings of EUSAI 2004*, pp. 230–242, Springer Berlin / Heidelberg, Eindhoven, The Netherlands, November 8-10 2004.

[Hove 05] E. van den Hoven and B. Eggen. "Personal souvenirs as ambient intelligent objects". In: *sOc-EUSAI '05: Proceedings of*

## B. Literaturverzeichnis

                *the 2005 joint conference on Smart objects and ambient intelligence*, pp. 123–128, ACM Press, New York, NY, USA, 2005.

[Hvan 03]    E. T. Hvannberg. "Multi-Faceted Development". In: M. B. Harning and J. Vanderdonckt, Eds., *Closing the Gaps: Software Engineering and Human-Computer Interaction*, pp. 34–39, 2003.

[Hwan 06]    J. Hwang, J. Jung, and G. J. Kim. "Hand-held virtual reality: a feasibility study". In: *VRST '06: Proceedings of the ACM symposium on Virtual reality software and technology*, pp. 356–363, ACM, New York, NY, USA, 2006.

[Ihde 90]    D. Ihde. *Technology and the Lifeworld - from Garden to earth*. Indiana University Press, Bloomington and Indianapolis, 1990.

[Iraw 06]    S. Irawati, S. Green, M. Billinghurst, A. Duenser, and H. Ko. "An Evaluation of an Augmented Reality Multimodal Interface Using Speech and Paddle Gestures". In: *Advances in Artificial Reality and Tele-Existence*, pp. 272–283, Springer Berlin / Heidelberg, 2006.

[Ishi 97]    H. Ishii and B. Ullmer. "Tangible bits: towards seamless interfaces between people, bits and atoms". In: *CHI '97: Proceedings of the SIGCHI conference on Human factors in computing systems*, pp. 234–241, ACM, New York, NY, USA, 1997.

[ISO 01]    ISO. "Software Engineering - Product Quality - Part 1: Quality Model". 2001.

[Java 07]    H. Javahery, A. Deichman, A. Seffah, and T. Radhakrishnan. "Incorporating human experiences into the design process of a visualization tool: A case study from bioinformatics". In: *Systems, Man and Cybernetics, 2007. ISIC. IEEE International Conference on*, pp. 1517–1523, Oct. 2007.

[John 04]    B. E. John and L. Bass. "Tutorial, „Avoiding 'We can't change THAT!': Software Architecture and Usability"". In: *Conference Companion of the ACM Conference on Computer-Human Interaction*, 2002, 2003, 2004. Tutorial.

## B. Literaturverzeichnis

[John 05] B. E. John, L. Bass, M.-I. Sanchez-Segura, and R. J. Adams. "Bringing Usability Concerns to the Design of Software Architecture". In: *Engineering Human Computer Interaction and Interactive Systems*, pp. 1–19, Springer Berlin / Heidelberg, 2005.

[John 09] B. E. John, L. Bass, E. Golden, and P. Stoll. "A responsibility-based pattern language for usability-supporting architectural patterns". In: *EICS '09: Proceedings of the 1st ACM SIGCHI symposium on Engineering interactive computing systems*, pp. 3–12, ACM, New York, NY, USA, 2009.

[John 89] J. Johnson, T. Roberts, W. Verplank, D. Smith, C. Irby, M. Beard, and K. Mackey. "The Xerox Star: a retrospective". *Computer*, Vol. 22, No. 9, pp. 11–26, 28–29, Sep 1989.

[Juli 00] S. Julier, Y. Baillot, M. Lanzagorta, D. Brown, and L. Rosenblum. "BARS: Battlefield Augmented Reality System". In: *RTO MP-049: IST Symposium on New Information Processing Techniques for Military Systems*, pp. 27–1 – 27–7, 2000.

[Juri 03a] N. Juristo, A. Moreno, and M.-I. Sanchez-Segura. "Architectural Sensitive Usability Patterns". In: *Proceedings of International Conference on Software Engineering*, 2003. Workshop Bridging the Gaps between Usability and Software Development.

[Juri 03b] N. Juristo, A. Moreno, and M.-I. Sanchez-Segura. "Techniques and Patterns for Architecture-Level Usability Improvements. Deliverable 3.4. STATUS project. Http://www.ls.fi.upm.es/status". 2003.

[Juri 07] N. Juristo, A. Moreno, and M.-I. Sanchez-Segura. "Guidelines for Eliciting Usability Functionalities". *IEEE Trans. Softw. Eng.*, Vol. 33, No. 11, pp. 744–758, 2007.

[K MA 06] K-MADe. "K-MADe : Kernel of Model for Activity Description environment". http://kmade.sourceforge.net/, 2006.

[Kamm 77] O. Kammerlohr. *Epochen der Kunst, Band IV*. Buchversandt Kammerlohr, Erlangen, 1977.

B. Literaturverzeichnis

[Kay 72]  A. C. Kay. "A personal computer for children of all ages". In: *Proceedings of the ACM National Conference*, August 1972.

[Kay 77]  A. Kay and A. Goldberg. "Personal Dynamic Media". *Computer*, Vol. 10, No. 3, pp. 31–41, 1977.

[Kay 96]  A. C. Kay. "The early history of Smalltalk". In: *History of programming languages—II*, pp. 511–598, ACM, New York, NY, USA, 1996.

[Kazm 94]  R. Kazman, L. Bass, M. Webb, and G. Abowd. "SAAM: a method for analyzing the properties of software architectures". In: *ICSE '94: Proceedings of the 16th international conference on Software engineering*, pp. 81–90, IEEE Computer Society Press, Los Alamitos, CA, USA, 1994.

[Kell 83]  J. F. Kelley. "An empirical methodology for writing user-friendly natural language computer applications". In: *CHI '83: Proceedings of the SIGCHI conference on Human Factors in Computing Systems*, pp. 193–196, ACM, New York, NY, USA, 1983.

[Khle 67]  W. Köhler. "Gestalt psychology". *Psychologische Forschung*, Vol. 31, No. 1, pp. 18–30, 1967.

[Koff 15]  K. Koffka. "Zur Grundlegung der Wahrnehmungspsychologie. Eine Auseinandersetzung mit V. Benussi". *Zeitschrift für Psychologie*, Vol. 73, pp. 11–90, 1915.

[Koff 22]  K. Koffka. "Perception: an introduction to the Gestalt-Theorie". *Psychological Bulletin*, Vol. 19, No. 10, pp. 532–585, 1922.

[Kras 88]  G. E. Krasner and S. T. Pope. "A cookbook for using the model-view controller user interface paradigm in Smalltalk-80". *Journal of Object Oriented Programming*, Vol. 1, No. 3, pp. 26–49, 1988.

[Land 96]  T. K. Landauer. *Trouble with Computers: Usefulness, Usability, and Productivity*. MIT Press, Cambridge, MA, USA, 1996.

[Lea 94]  D. Lea. "Christopher Alexander: an introduction for object-oriented designers". *SIGSOFT Softw. Eng. Notes*, Vol. 19, No. 1, pp. 39–46, 1994.

## B. Literaturverzeichnis

[Leac 05]   M. Leacock, E. Malone, and W. C. "Implementing a pattern library in the real world: A Yahoo! case study". In: *American Society for Information Science and Technology Information Architecture Summit*, Montréal, Québec, Canada, 3rd-7th March 2005.

[lEco 00]   E. de l'Ecotais, K. Ware, and M. Heiting. *Man Ray*. Taschen Verlag, Köln, 2000.

[Lede 92]   A. L. Lederer and J. Prasad. "Nine management guidelines for better cost estimating". *Communications of the ACM*, Vol. 35, No. 2, pp. 51–59, 1992.

[Limb 04]   Q. Limbourg and J. Vanderdonckt. "Addressing the mapping problem in user interface design with UsiXML". In: *TAMODIA '04: Proceedings of the 3rd annual conference on Task models and diagrams*, pp. 155–163, ACM, New York, NY, USA, 2004.

[Liu 07]    W. Liu, A. D. Cheok, C. L. Mei-Ling, and Y.-L. Theng. "Mixed reality classroom: learning from entertainment". In: *DIMEA '07: Proceedings of the 2nd international conference on Digital interactive media in entertainment and arts*, pp. 65–72, ACM, New York, NY, USA, 2007.

[Loos 04]   J. Looser, M. Billinghurst, and A. Cockburn. "Through the looking glass: the use of lenses as an interface tool for Augmented Reality interfaces". In: *GRAPHITE '04: Proceedings of the 2nd international conference on Computer graphics and interactive techniques in Australasia and South East Asia*, pp. 204–211, ACM, New York, NY, USA, 2004.

[Lour 99]   K. Loureiro and D. Plummer. "AD Patterns: Beyond Objects and Components". Tech. Rep., Gartner Group, 1999. Research Note # COM-080111.

[Mach 86]   E. Mach. *Beiträge zur Analyse der Empfindungen*. G. Fischer, Jena, 1886.

[Maed 06]   J. Maeda. *The Laws of Simplicity (Simplicity: Design, Technology, Business, Life)*. The MIT Press, Cambridge, MA, 2006.

## B. Literaturverzeichnis

[Mahe 01] M. J. Mahemoff and L. J. Johnston. *Usability Pattern Languages: the 'Language' Aspect*, pp. 350–358. IOS Press (For IFIP), Tokyo, Japan, 2001.

[Mahe 98] M. Mahemoff and L. Johnston. "Pattern Languages for Usability: An Investigation of Alternative Approaches". In: *APCHI '98: Proceedings of the Third Asian Pacific Computer and Human Interaction*, p. 25, IEEE Computer Society, Washington, DC, USA, 1998.

[Mahl 04] T. Mahler, S. Fiedler, and M. Weber. "A Method for Smart Graphics in the Web". In: A. Butz, A. Krüger, and P. Olivier, Eds., *Proceedings of the 4th International Symposium on Smart Graphics, SG 2004*, pp. 146–153, Springer, Banff, Canada, May 23-25 2004.

[Mahl 05] T. Mahler, P. Bayerl, M. Weber, and H. Neumann. "Attention Driven Auditory Display". In: *Proceedings of the 8th Tübingen Perception Conference*, 2005.

[Mahl 06] T. Mahler, P. Bayerl, H. Neumann, and M. Weber. "Visual Attention in Auditory Display". In: E. André, L. Dybkjær, W. Minker, H. Neumann, and M. Weber, Eds., *PIT*, pp. 65–72, Springer, 2006.

[Mahl 07] T. Mahler, M. Reuff, and M. Weber. "Pedestrian Navigation System Implications on Visualization". In: C. Stephanidis, Ed., *HCI (6)*, pp. 470–478, Springer, 2007.

[Mahl 08] T. Mahler and M. Weber. *Advances in Human-Computer Interaction*, Chap. Mobile Device Interaction in Ubiquitous Computing, pp. 311–330. Vol. ISBN 978-953-7619-15-2, In-Tech Education and Publishing, Oktober 2008.

[Mahl 09a] T. Mahler, M. Hermann, and M. Weber. "Mobile Interfaces in Tangible Mnemonics Interaction". In: *Human-Computer Interaction. Ambient, Ubiquitous and Intelligent Interaction*, pp. 58–66, Springer, 2009.

[Mahl 09b] T. Mahler and M. Weber. "Dimian - Direct Manipulation and Pen Based Mindmapping". In: *Proceedings of the 7th International Congress on Ergonomics (iea 2009)*, Beijing, August 2009.

B. Literaturverzeichnis

[mahl 09c] thorsten mahler. "aesthetic computing". http://medien. informatik.uni-ulm.de/~mahler/aec/aec_ausstellung.html, 2009.

[Mann 96] S. Mann. "Smart clothing: the shift to wearable computing". *Communications of the ACM*, Vol. 39, No. 8, pp. 23–24, 1996.

[Mann 97] S. Mann. "Smart clothing: The wearable computer and wearcam". *Personal and Ubiquitous Computing*, Vol. 1, No. 1, pp. 21–27, 1997.

[Mans 05] B. Mansoux, L. Nigay, and J. Troccaz. *The Mini-Screen: An Innovative Device for Computer Assisted Surgery Systems*, pp. 314–320. IOS Press, 2005.

[Marc 04] A. Marcus. "Patterns within patterns". *interactions*, Vol. 11, No. 2, pp. 28–34, 2004.

[Mars 87] C. Marshall, C. Nelson, and M. M. Gardiner. *Design guidelines*, pp. 221–278. John Wiley & Sons, Inc., New York, NY, USA, 1987.

[Mayh 92] D. J. Mayhew. *Principles and Guidelines in Software User Interface Design*. Prentice Hall, Englewood Cliffs, NJ, 1992.

[Merl 09] B. Merlin, C. Hurter, and M. Raynal. "Bridging Software Evolution's Gap: The Multilayer Concept". In: *HCD 09: Proceedings of the 1st International Conference on Human Centered Design*, pp. 266–275, Springer-Verlag, Berlin, Heidelberg, 2009.

[Mess 04] J. Messeter, E. Brandt, J. Halse, and M. Johansson. "Contextualizing mobile IT". In: *DIS '04: Proceedings of the 5th conference on Designing interactive systems*, pp. 27–36, ACM, New York, NY, USA, 2004.

[Mhlh 08] M. Mühlhäuser and I. Gurevych. *Introduction to Ubiquitous Computing*, pp. 1–20. IGI Global, 2008.

[Milg 94] P. Milgram and F. Kishino. "A Taxonomy of Mixed Reality Visual Displays". *Transactions on Information Systems*, Vol. E77-D, No. 12, pp. 1321–3129, December 1994.

## B. Literaturverzeichnis

[Milg 95] P. Milgram, H. Takemura, A. Utsumi, and F. Kishino. "Augmented reality: a class of displays on the reality-virtuality continuum". In: H. Das, Ed., *Society of Photo-Optical Instrumentation Engineers (SPIE) Conference Series*, pp. 282–292, December 1995.

[Moli 02] P. J. Molina, S. Meliá, and O. Pastor. "User Interface Conceptual Patterns". In: *Interactive Systems:Design, Specification, and Verification*, pp. 159–172, Springer Berlin / Heidelberg, 2002.

[Moli 90] R. Molich and J. Nielsen. "Improving a human-computer dialogue". *Communications of the ACM*, Vol. 33, No. 3, pp. 338–348, 1990.

[Mull 95] K. Mullet and D. Sano. *Designing visual interfaces: communication oriented techniques*. Prentice-Hall, Inc., Upper Saddle River, NJ, USA, 1995.

[Nava 05] D. Navarre, P. Palanque, R. Bastide, A. Schyn, M. A. Winckler, L. Nedel, and C. Freitas. "A Formal Description of Multimodal Interaction Techniques for Immersive Virtual Reality Applications". In: M. F. Costabile and F. Paternò, Eds., *Human-Computer Interaction - INTERACT 2005: IFIP TC13 International Conference, Rome, Italy, 12/09/2005-16/09/2005*, pp. 170–183, Springer-Verlag, http://www.springerlink.com/, septembre 2005.

[Niel 93] J. Nielsen. *Usability Engineering*. Morgan Kaufmann Publishers Inc., San Francisco, CA, USA, 1993.

[Niel 94] J. Nielsen. "Enhancing the explanatory power of usability heuristics". In: *CHI '94: Proceedings of the SIGCHI conference on Human factors in computing systems*, pp. 152–158, ACM, New York, NY, USA, 1994.

[Niga 97] L. Nigay and J. Coutaz. *Multifeature Systems: The CARE Properties and Their Impact on Software Design*, Chap. 9, p. 9. AAAI Press, 1997. This book is available in ISO 9660 CD format only 16 pages.

[Nils 05] T. Nilsen and J. Looser. "Tankwar: Tabletop war gaming in augmented reality". In: *Proceedings of 2nd International Workshop* on *Pervasive Gaming Applications (PerGames)*, Munich, Germany, 2005.

[Norm 07a]  D. A. Norman. *The Design of Future Things*. Basic Books, 2007.

[Norm 07b]  D. A. Norman. "Simplicity is highly overrated". *interactions*, Vol. 14, No. 2, pp. 40–41, 2007.

[Norm 88]  D. A. Norman. *The Psychology of Everyday Things*. Basic Books, New York, NY, April 1988.

[Norm 98]  D. A. Norman. *The invisible computer*. MIT Press, Cambridge, MA, USA, 1998.

[Palo 09]  Palo Alto Research Center. "Ubiquitous Computing". http://www.ubiq.com/hypertext/weiser/UbiHome.html, 2009.

[Pasc 00]  J. Pascoe, N. Ryan, and D. Morse. "Using while moving: HCI issues in fieldwork environments". *ACM Trans. Comput.-Hum. Interact.*, Vol. 7, No. 3, pp. 417–437, 2000.

[Pasc 99]  J. Pascoe, N. Ryan, and D. Morse. "Issues in Developing Context-Aware Computing". In: *HUC '99: Proceedings of the 1st international symposium on Handheld and Ubiquitous Computing*, pp. 208–221, Springer Berlin / Heidelberg, 1999.

[Pate 07]  F. Paternò. "Designing Multi-device User Interfaces: How to Adapt to the Changing Device". In: *Human-Computer Interaction - INTERACT 2007*, pp. 702–703, Springer Berlin / Heidelberg, 2007.

[Pate 97]  F. Paternò, C. Mancini, and S. Meniconi. "ConcurTaskTrees: A Diagrammatic Notation for Specifying Task Models". In: *INTERACT '97: Proceedings of the IFIP TC13 Interantional Conference on Human-Computer Interaction*, pp. 362–369, Chapman & Hall, Ltd., London, UK, UK, 1997.

[Pemb 00]  L. Pemberton. "The Promise of Pattern Languages for Interaction Design". http://www.it.bton.ac.uk/staff/lp22/HF2000.html, 2000. Human Factors Symposium.

## B. Literaturverzeichnis

[Pfaf 85]   G. E. Pfaff, Ed. *User Interface Management Systems*. Springer-Verlag New York, Inc., Secaucus, NJ, USA, 1985.

[Pipe 02]   B. Piper, C. Ratti, and H. Ishii. "Illuminating clay: a 3-D tangible interface for landscape analysis". In: *CHI '02: Proceedings of the SIGCHI conference on Human factors in computing systems*, pp. 355–362, ACM, New York, NY, USA, 2002.

[Poyn 95]   R. Poynor. "The Hand That Rocks the Cradle". *I.D. The International Design Magazine*, pp. 60–65, 1995.

[Pree 94]   J. Preece, Y. Rogers, H. Sharp, D. Benyon, S. Holland, and T. Carey. *Human-Computer Interaction*. Addison-Wesley, Wokingham, UK, 1994.

[Pres 92]   R. S. Pressman. *Software Engineering: A Practitioner's Approach*. McGraw-Hill, New York, NY, 1992.

[Prib 05]   C. Pribeanu. "Towards a Pattern Language for UID". In: *Proceedings of the 7th International Conference on Informatics in Economy*, pp. 1312–1316, Economica, Bucharest, Romania, 19-20 May 2005.

[Prib 07]   C. Pribeanu. "Tool Support for Handling Mapping Rules from Domain to Task Models". In: *Task Models and Diagrams for Users Interface Design*, pp. 16–23, Springer Berlin / Heidelberg, 2007.

[Puer 99]   A. Puerta and J. Einsesnstein. "Towards a general computational framework for modelbased interface development systems". In: *Proceedings of IUI'99*, pp. 171–178, ACM, New York, NY, USA, 5-8 January 1999.

[Reac 09]   Reactable. "Reactable supports Digital Luthiers". http://www.reactable.com/reactable-systems-sponsors-digital-luthiers/, 2009.

[Rinn 05]   C. Rinner, M. Raubal, and B. Spigel. "User Interface Design For Location-Based Decision Services". In: *13th International Conference on Geoinformatics*, 2005.

B. Literaturverzeichnis

[Rodd 03]  T. Rodden and S. Benford. "The evolution of buildings and implications for the design of ubiquitous domestic environments". In: *CHI '03: Proceedings of the SIGCHI conference on Human factors in computing systems*, pp. 9–16, ACM, New York, NY, USA, 2003.

[Rose 00]  S. Rosenthal, A. Koghi, and I. Kredler. *Dinge in der Kunst des XX. Jahrhunderts*. Steidl, Göttingen, 2000.

[Ryok 04]  K. Ryokai, S. Marti, and H. Ishii. "I/O brush: drawing with everyday objects as ink". In: *CHI '04: Proceedings of the SIGCHI conference on Human factors in computing systems*, pp. 303–310, ACM, New York, NY, USA, 2004.

[Saun 02]  W. S. Saunders. "A Pattern Language". *Harvard Design Magazine*, Vol. 16, No. Winter/Spring, pp. 74–78, 2002.

[Schm 02a] D. Schmalstieg, A. Fuhrmann, G. Hesina, Z. Szalavári, L. M. Encarnação, M. Gervautz, and W. Purgathofer. "The studierstube augmented reality project". *Presence: Teleoper. Virtual Environ.*, Vol. 11, No. 1, pp. 33–54, 2002.

[Schm 02b] A. Schmidt. *Ubiquitous Computing - Computing in Context*. PhD thesis, Lancaster University, November 2002.

[Schm 96]  D. Schmidt. "Using design patterns to guide the development of reusable object-oriented software". *ACM Comput. Surv.*, p. 162, 1996.

[Schw 04]  C. Schwesig, I. Poupyrev, and E. Mori. "Gummi: a bendable computer". In: *CHI '04: Proceedings of the SIGCHI conference on Human factors in computing systems*, pp. 263–270, ACM, New York, NY, USA, 2004.

[Seff 02]  A. Seffah and P. Forbrig. "Multiple User Interfaces: Towards a Task-Driven and Patterns-Oriented Design Model". In: *Interactive Systems:Design, Specification, and Verification*, pp. 118–132, Springer Berlin / Heidelberg, 2002.

[Shae 04]  O. Shaer, N. Leland, E. H. Calvillo-Gamez, and R. J. K. Jacob. "The TAC paradigm: specifying tangible user interfaces". *Personal Ubiquitous Comput.*, Vol. 8, No. 5, pp. 359–369, 2004.

## B. Literaturverzeichnis

[Shne 04]  B. Shneiderman and C. Plaisant. *Designing the User Interface: Strategies for Effective Human-Computer Interaction (4th Edition)*. Pearson Addison Wesley, 2004.

[Shne 97]  B. Shneiderman. *Designing the User Interface: Strategies for Effective Human-Computer Interaction (3rd Edition)*. Addison-Wesley Longman Publishing Co., Inc., Boston, MA, USA, 1997.

[Silv 01]  P. P. da Silva. "User Interface Declarative Models and Development Environments: A Survey". In: *Interactive Systems Design, Specification, and Verification*, pp. 207–226, Springer Berlin / Heidelberg, 2001.

[Sinn 05]  D. Sinnig, A. Gaffar, D. Reichart, P. Forbrig, and A. Seffah. "Patterns in Model-Based Engineering". In: *Computer-Aided Design of User Interfaces IV*, pp. 197–210, Springer Netherlands, 2005.

[Smit 86]  S. L. Smith and J. N. Mosier. "Guidelines for Designing User Interface Software". Tech. Rep., Mitre Corp., Bedford, MA, 1986.

[Smit 96]  B. C. Smith. *On the Origin of Objects*. MIT press, Cambridge, Massachusetts, USA, 1996.

[St A 02]  R. St. Amant and T. E. Horton. "Characterizing tool use in an interactive drawing environment". In: *SMARTGRAPH '02: Proceedings of the 2nd international symposium on Smart graphics*, pp. 86–93, ACM, New York, NY, USA, 2002.

[Stol 08]  P. Stoll, F. Alfredsson, and S. Lövemark. "Usability supporting architecture pattern for industry". In: *NordiCHI '08: Proceedings of the 5th Nordic conference on Human-computer interaction*, pp. 593–594, ACM, New York, NY, USA, 2008.

[Stol 09]  P. Stoll, A. Wall, and C. Norström. "Applying the Software Engineering Taxonomy". Technical Report ISSN 1404-3041 ISRN MDH-MRTC-241/2009-1-SE, Mälardalen University, September 2009.

[Thom 00]  B. Thomas, B. Close, J. Donoghue, J. Squires, P. de Bondi, M. Morris, and W. Piekarski. "ARQuake: An Outdoor/Indoor Augmented

Reality First Person Application". In: *ISWC '00: Proceedings of the 4th IEEE International Symposium on Wearable Computers*, p. 139, IEEE Computer Society, Washington, DC, USA, 2000.

[Tidw 05]  J. Tidwell. *Designing interfaces: patterns for effective interaction design*. O'Reilly, Sebastol, 2005.

[Tidw 98]  J. Tidwell. "Interaction Patterns". In: *Proceedings of Pattern Languages of Program Design PLoP'98*, p. 23, Monticello, IL, 1998.

[Tidw 99a]  J. Tidwell. "Common ground: A pattern language for human-computer interface design.". http://www.mit.edu/~jtidwell/interaction_patterns.html, 1999.

[Tidw 99b]  J. Tidwell. "The Gang of Four Are Guilty". http://www.mit.edu/~jtidwell/gof_are_guilty.html, 1999.

[Tnni 05]  M. Tönnis, C. Sandor, C. Lange, and H. Bubb. "Experimental Evaluation of an Augmented Reality Visualization for Directing a Car Driver's Attention". In: *ISMAR '05: Proceedings of the 4th IEEE/ACM International Symposium on Mixed and Augmented Reality*, pp. 56–59, IEEE Computer Society, Washington, DC, USA, 2005.

[Tomk 99]  C. Tomkins. *Marcel Duchamp, eine Biographie*. Carl Hanser Verlag, München, 1999.

[Trae 00]  H. Trætteberg. "Model based design patterns". In: *The CHI 2000 Conference on Human Factors in Computing Systems*, The Hague, Netherlands, April 2-3rd 2000. position paper presented at the Workshop on User Interface Design.

[Trae 02]  H. Trætteberg. "Using User Interface Models in Design". In: C. Kolski and J. Vanderdonckt, Eds., *Computer Aided Design of User Interfaces III, Proceedings of the Fourth International Conference on Computer-Aided Design of User Interfaces*, pp. 131–142, Kluwer Academics Publishers, 2002.

[Tver 02]  B. Tversky. "What do sketches say about thinking". In: *Sketch Understanding, Papers from the 2002 AAAI Spring Symposium*, pp. 148–151, AAAI Press, 2002.

## B. Literaturverzeichnis

[Ullm 00] B. Ullmer and H. Ishii. "Emerging frameworks for tangible user interfaces". *IBM Syst. J.*, Vol. 39, No. 3-4, pp. 915–931, 2000.

[Ullm 01] B. Ullmer and H. Ishii. *Emerging frameworks for tangible user interfaces*, pp. 579–601. Addison-Wesley, August 2001.

[Ullm 02] B. A. Ullmer. *Tangible interfaces for manipulating aggregates of digital information*. PhD thesis, Massachusetts Institute of Technology, 2002. Supervisor-Ishii, Hiroshi.

[Unde 99] J. Underkoffler and H. Ishii. "Urp: a luminous-tangible workbench for urban planning and design". In: *CHI '99: Proceedings of the SIGCHI conference on Human factors in computing systems*, pp. 386–393, ACM, New York, NY, USA, 1999.

[Vand 99a] J. Vanderdonckt. "Advice-Giving Systems for Selecting Interaction Objects". In: *UIDIS '99: Proceedings of the 1999 User Interfaces to Data Intensive Systems*, p. 152, IEEE Computer Society, Washington, DC, USA, 1999.

[Vand 99b] J. Vanderdonckt. "Assisting Designers in Developing Interactive Business Oriented Applications". In: *Proceedings of HCI International (the 8th International Conference on Human-Computer Interaction) on Human-Computer Interaction: Ergonomics and User Interfaces-Volume I*, pp. 1043–1047, L. Erlbaum Associates Inc., Hillsdale, NJ, USA, 1999.

[Vand 99c] J. Vanderdonckt. "Development milestones towards a tool for working with guidelines". *Interacting with Computers*, Vol. 12, No. 2, pp. 81–118, November 1999.

[Vieg 96] J. Viega, M. J. Conway, G. Williams, and R. Pausch. "3D magic lenses". In: *UIST '96: Proceedings of the 9th annual ACM symposium on User interface software and technology*, pp. 51–58, ACM, New York, NY, USA, 1996.

[Wagn 04] D. Wagner, T. Pintaric, and D. Schmalstieg. "The invisible train: a collaborative handheld augmented reality demonstrator". In: *SIGGRAPH '04: ACM SIGGRAPH 2004 Emerging technologies*, p. 12, ACM, New York, NY, USA, 2004.

B. Literaturverzeichnis

[Want 92] R. Want, A. Hopper, V. Falc ao, and J. Gibbons. "The active badge location system". *ACM Trans. Inf. Syst.*, Vol. 10, No. 1, pp. 91–102, 1992.

[Want 99] R. Want, K. P. Fishkin, A. Gujar, and B. L. Harrison. "Bridging physical and virtual worlds with electronic tags". In: *CHI '99: Proceedings of the SIGCHI conference on Human factors in computing systems*, pp. 370–377, ACM, New York, NY, USA, 1999.

[Weis 91] M. Weiser. "The Computer for the Twenty-First Century". *Scientific American*, Vol. 265, pp. 94–104, 1991.

[Weis 95] M. Weiser and J. S. Brown. "Designing Calm Technology". http://www.ubiq.com/hypertext/weiser/calmtech/calmtech.htm, 1995.

[Weis 97] M. Weiser and J. S. Brown. "The coming age of calm technolgy". In: *Beyond calculation: the next fifty years*, pp. 75–85, Copernicus, New York, NY, USA, 1997.

[Weli] M. van Welie. "Interaction Design Pattern Library". http://www.welie.com/patterns/.

[Weli 00] M. van Welie, G. van der Veer, and A. Eliëns. "Patterns as Tools for User Interface Design". In: *International Workshop on Tools for Working with Guidelines*, pp. 313–324, Biarritz, France, 7-8 October 2000.

[Weli 01] M. van Welie. *Task Based User Interface Design*. PhD thesis, Vrije Universiteit Amsterdam, 2001.

[Weli 02] M. van Welie, K. Mullet, and P. McInerney. "Patterns in practice: a workshop for UI designers". In: *CHI '02: CHI '02 extended abstracts on Human factors in computing systems*, pp. 908–909, ACM, New York, NY, USA, 2002.

[Weli 03] M. van Welie and G. van der Veer. "Pattern Languages in Interaction Design: Structure and Organization". In: W. Rauterberg, Menozzi, Ed., *Proceedings of Interact '03*, pp. 527–534, IOS Press, Amsterdam, The Netherlands, Zürich, Switzerland, 1-5 September 2003.

B. Literaturverzeichnis

[Well 93] P. Wellner, W. Mackay, and R. Gold. "Back to the real world". *Commun. ACM*, Vol. 36, No. 7, pp. 24–26, 1993.

[Wert 22] M. Wertheimer. "Untersuchungen zur Lehre von der Gestalt". *Psychologische Forschung: Zeitschrift für Psychologie und ihre Grenzwissenschaften*, Vol. 1, No. 1, pp. 47–58, 1922.

[Wert 23] M. Wertheimer. "Untersuchungen zur Lehre von der Gestalt II". *Psychologische Forschung: Zeitschrift für Psychologie und ihre Grenzwissenschaften*, Vol. 4, No. 1, pp. 301–350, 1923.

[Wert 25] M. Wertheimer. "Über Gestalttheorie". *Philosophische Zeitschrift für Forschung und Aussprache*, Vol. 1, pp. 39–60, 1925.

[Wii 09] "Wii at Nintendo". http://www.nintendo.com/wii/, March 2009.

[Wilm 06] U. Wilmes. *Moderne Kunst*. Dumont Buchverlag, Köln, 2006.

[Winn 02] T. Winn and P. Calder. "Is This a Pattern?". *IEEE Softw.*, Vol. 19, No. 1, pp. 59–66, 2002.

[Wino 85] T. Winograd and F. Flores, Eds. *Understanding computers and cognition*. Ablex Publishing Corp., Norwood, NJ, USA, 1985.

[Wolf 81] T. Wolfe. *From Bauhaus to our house*. Farrar Straus Giroux, New York, NY, 1981.

[Work 09] I. Workshop. "ICMI 2009 - Programm". http://www.icmi-workshop.org/index.php?option=com_content&task=view&id=13&Itemid=15, 2009.

[Work 92] T. U. T. D. Workshop. "A metamodel for the runtime architecture of an interactive system: the UIMS tool developers workshop". *SIGCHI Bulletin*, Vol. 24, No. 1, pp. 32–37, 1992.

[Yaho 06] Yahoo! "Yahoo! Design Pattern Library". http://developer.yahoo.com/ypatterns/, 2006.

[Yee 03] K.-P. Yee. "Peephole displays: pen interaction on spatially aware handheld computers". In: *CHI '03: Proceedings of the SIGCHI conference on Human factors in computing systems*, pp. 1–8, ACM, New York, NY, USA, 2003.

B. Literaturverzeichnis

[Zimm 95] W. Zimmer. "Relationships between design patterns". In: *Pattern languages of program design*, pp. 345–364, ACM Press/Addison-Wesley Publishing Co., New York, NY, USA, 1995.

[ZKM] ZKM. "ZKM | Zentrum für Kunst und Medientechnologie Karlsruhe". http://zkm.de/.

# Danksagung

Eine Arbeit wie diese entsteht in einem Prozess mit vielen Höhen und Tiefen, an dem, am ein oder anderen Punkt, wissentlich oder unwissentlich, eine ganze Reihe Menschen Anteil haben. Ohne deren Tatkraft zur richtigen Zeit wäre diese Arbeit nicht möglich gewesen.

Bedanken möchte ich mich bei Michael Weber zuerst für die Annahme als Doktorand, vor allem aber für die Freiheiten, die er mir lies, während ich in der Abteilung Medieninformatik arbeiten durfte. Mein Dank richtet sich weiter an meine Kollegen in der Abteilung, die sich alle geduldig meine Ideen angehört haben. Besonderer Dank gilt an dieser Stelle Stefan Dietzel, der mir immer wieder Feedback zu meinen Ansichten geliefert hat. In der Medieninformatik hatte ich das Glück neben den Mitarbeitern auch mit vielen außergewöhnlichen Studenten arbeiten zu können. Viele Projekte die ich betreut habe, insbesondere ein Projekt wie das æstetic computing, das mir sehr am Herzen lag, wäre ohne engagierte Studenten nicht möglich gewesen, für deren Einsatz ich mich hier bedanken will.

Dieser Version der Arbeit gingen eine ganze Reihe von Versionen voraus. Meinen Korrekteuren möchte ich danken für die Geduld mit meinen ersten Entwürfen und für die vielen Anregungen, die sie in diese Arbeit eingebracht haben. Besonderer Dank gilt hier Stefan Aubele, Axel Fürstberger, Johannes Hanika, Florian Schaub und Erika Himmelsbach. Marc Hermann, Axel Fürstberger und Johannes Hanika möchte auch dafür danken, dass sie mir ihre Fotos für diese Arbeit zur Verfügung gestellt haben.

Immens wichtig war zu bestimmten Zeiten die Unterstützung meiner Freunde, die mir immer wieder Mut gemacht haben um manches Tief zu überstehen. Ohne diese Hilfe wäre diese Arbeit zu keinem Abschluss gelangt. Be-

## B. Literaturverzeichnis

sonderer Dank gilt hier Axel Fürstberger, Stefan Aubele, Michaela Machholz-Jungholt und Susanne Wahl.

Als letztes möchte ich mich bei meiner Familie bedanken. Bei meinem Bruder, für die erste Hilfe, wann immer ich sie nötig hatte. Und bei den beiden Menschen, die sicher den größten Anteil daran haben, dass ich so weit gekommen bin, meiner Mutter und meinem Vater.

Danke.

Die VDM Verlagsservicegesellschaft sucht für wissenschaftliche Verlage abgeschlossene und herausragende

# Dissertationen, Habilitationen, Diplomarbeiten, Master Theses, Magisterarbeiten usw.

für die kostenlose Publikation als Fachbuch.

Sie verfügen über eine Arbeit, die hohen inhaltlichen und formalen Ansprüchen genügt, und haben Interesse an einer honorarvergüteten Publikation?

Dann senden Sie bitte erste Informationen über sich und Ihre Arbeit per Email an *info@vdm-vsg.de*.

**Sie erhalten kurzfristig unser Feedback!**

VDM Verlagsservicegesellschaft mbH
Dudweiler Landstr. 99          Telefon  +49 681 3720 174
D - 66123 Saarbrücken          Fax      +49 681 3720 1749
**www.vdm-vsg.de**

Die VDM Verlagsservicegesellschaft mbH vertritt

Printed by Books on Demand GmbH, Norderstedt / Germany